建築家ムッソリーニ

独裁者が夢見たファシズムの都市

パオロ・ニコローゾ
桑木野幸司 訳

白水社

建築家ムッソリーニ　独裁者が夢見たファシズムの都市

Mussolini architetto
Propaganda e paesaggio urbano nell' Italia fascista
by Paolo Nicoloso

装丁　細野綾子

建築家ムッソリーニ＊目次

はじめに

二十世紀前半の世界において、ファシスト政権下のイタリアほどに、公共建築に対して政治的に投資を行なった国家は、ちょっとほかに見当たらない。イタリアが一九二〇年代から、そしてとりわけ一九三〇年代を通じて建設した建物の数は半端ではなく、他の国々の建築事業の規模を軽く上回っていた。実際、数百にものぼろうかというおびただしい量の建物——たとえば、カーサ・デル・ファッショ（ファシスト政権時代に、イタリア各地および海外領土の自治体に建設された、ファシスト党の地方支部。総計五〇〇〇を超す数が建設されたといわれ、そのほとんどが新築であった）や学校、官邸や郵便局舎、省庁、裁判所、鉄道駅舎、全国バリッラ事業団会館、地方行政庁、プール、公共企業体の拠点、さらには新たに計画された都市や、古びた中央市街区に対する整備計画事業などなど——が、ファシスト体制の刻印を押すべく、イタリアの領土のそこかしこに建てられていった。これをナチス・ドイツと比較してみるなら、計画の上ではおそらくドイツのほうがより野心的で荘厳なプログラムを抱いていたと言えるが、実現した建物の数という点からみれば、ファシズムの方に軍配があがる。一九四一年の時点で、この膨大な建築生産事業の総括をしながら、建築家マルチェッロ・ピアチェンティーニはこう書き記している。このイタリアには、「同時代の他のいかなる国の人々も、およそ夢想だにしなかった大量の建物」が建設されたのだ、と。上から眺めたイタリア半島が、「排煙を吹き上げる巨大な工事現場」へと変容している、そんな魅惑的なイメージだ。これまでいく度となく提示されてきたこのイメージが、当時も今も人々の心をとらえてやまないのは、そこに何がしかの真実が含まれているからなのだ。

明らかに、当時のイタリアでは、建築と政治のあいだに、強固な同盟関係が結ばれていた。建築は、政治の道具となったのだ。建築を通じて、権力は、国民の同意を取りつけてゆく。この時期につくられた公共施設は、ファシズムの建築とみなされ、体制が国民のために建設したものと解された。建設されるものは何であれ常に、そしてはっきりと、ファシズムの標章を壁にかかげていた。いつの時代も「支配の道具」であった建築は、一党独裁者の手に握られるや、己の権力を誇示し、強化するための恐るべき道具と化す。建築はこの時期、政治体制とその首領たる統領《ドウーチェ》を賛美する目的で、広範に活用されていった。過去にも同様に建築が活用された事例がいくつか見られたわけだが、ファシスト政権がそれら特定の過去への参照を行なっているのは、偶然とはいえないのだ。コミュニケーションの手段として建築がどれほど有効な媒体であるか、また政治的な次元においてどれだけの成果を生みだしうるかは、誰の目にも明らかであった。建物の巨大な規模、その形状の美しさ、そして使用される材料の高価さ。これらが生み出す魅惑にからめとられたのは、なにも人の意見に流されやすい大衆だけではなかった。建築がそなえる物理的な具象性、社会への波及効果、高度な実用性といった要素は、政治からもっとも遠いところにいる人々をも惹きつける。さらには事業規模の大きさが、政治体制に批判的な者たちの異論をも打ちのめしてしまう。

とはいえ統領ムッソリーニは、ただ統治し、権力を保持するためだけに、建築を活用したわけではなかった。これまでのところは、ほぼ決まって、建築学が有するこの目的ばかりに光があてられてきた……すなわち、同意を獲得するための装置、という側面である。本書では、さらにそこから一歩踏み出して、いかにして建築が、大衆を教化する装置にもなりえたのか、という点を明らかにしてみたい。だが、建築にこの役割が課せられたのは、政治の推移の上での、ごく限られた期間のみであった。実際のところ、建築学に対してムッソリーニがとった立場は、常に同じというわけではなかった。たとえば三〇年代初頭に彼が示していた態度は、同年代末の立場とは異なっている。ここに断絶があることを認めることは、われわれがともすると陥ってしまう単純化の過ちを避けるうえで重要になってくるし、ムッソリーニと建築の新たな関係を見出すうえでも、必要な視点である。要約すればこういうことだ。初期の段階では、統領は大衆からの支持を得るために建築を活用した。それが次第に、社会を全体主義化するプロセスの中に建築を参加させるようになる。それは、イタリア人の性格、慣習、ものの考え方を修正することを目指したものであった。いや、もっとはっきり言うなら、本書で提示したい命題というのは、政治体制が全体主義へと進展してゆく中で、建築は欠くことのできない歯車になった、ということである。

　ムッソリーニは、大衆をファシズムへと教化する目的で建築を用いた。建築が持つ扇動の能力を活用したのだ。イタリアのファシズムが他から一線を画すのは、神話を基盤とした大衆政治を実行した点である。神話は、たとえば、ローマ帝国の過去と革命的現在とを結合するのに必要であったし、国民を一致結束させ、指導者の姿のもとに糾合するうえでも、また、戦士にして同時に建設家でもある「新しい人間《ウオーモ・ヌオーヴォ》」のモデルを普及させるうえでも、必要なものであった。建築の「深遠なる権能」――ピアチェンティーニは深みを込めてこう定義する――は、神話を視覚化し、それを大衆に根づけ、国民のものの考え方を変容させ、彼らの自我意識を涵養するための比類なき装置となる。要するに、人々をファシズムへと改宗させるための道具となったのである。まるで、国土全体を覆う巨大劇場の舞台背景を描くかのように、イタリア人たちが見てすぐに統領の事業だとわかる建築が、三〇年代を通じて次々と建立されていった。ファシズムが自らの政治を劇場的なしかたで演出してゆく場面において、建築が果たした役割の大きさは、決して無視できるものではない。それは表面的なお飾りでもなければ、経済活動の周辺部を縁取った振り付けなどでもなく、ムッソリーニの抱く世俗宗教を伝播するための、体制の真のシンボルであったのだ。

　太古の昔から、建築は、人々がアイデンティティを形成してゆく過程で、根本的な役割を果たしてきた。

建築モニュメントには、ある共同体全体に達する意味を伝達する能力がある。そして共同体は、そのモニュメントの中に、自らの姿を認めるようになる。建築を通じたこの自己同一化の仕掛けは、すでにその有効性が確証されていたものであったが、ファシズムはこれを、三〇年代の中頃に、確固たる姿勢で実行してゆく。それは、国民が自分たちを他者から区別し、ひとつにまとまる上で必要な、民族の帰属にかかわるあれこれの要素を、建築を通じて最大限明瞭な形で定めるためであった。そしてまたイタリア人たちの民族としての特性を鋳造するうえで必要とされたあれこれの神話の類を、ごく明快なかたちで、客観化して見せるための方途でもあった。同意を得るための建築から、教化装置としての建築へ。この変化を引き起こしたものが、様式に対する人々の考え方をも変えていったのである。二〇年代初頭には、ムッソリーニは伝統主義的な造形も、近代的なデザインも、およそ分け隔てなく支持していたのが、ある時、一つの転機を迎える。それ以降、彼が好意をしめす建築は、なるほど近代的ではあるが、古典主義的な傾向を帯びたものとなった。それをよく示しているのが、「E42」（エウル（EUR＝ローマ万国博覧会）の旧称。一九四〇年の末に計画の見直しが行なわれるまで、この呼称が用いられた）の建物群である。この万国博覧会計画は、その広大さと威厳をもって、史上他に類を見ぬものとなるべきであり、またファシズムのヘゲモニーを世に知らしめる政治イヴェントとしての重責を負うべきはずのものであった。芸術の領域においては自由を認める独裁者、というパラドックスが有効であるのは、三〇年代の中頃まででしかない。エチオピア戦争以降、全体主義化に向けた猛烈な加速がはじまると、彼自身が建築に介入し、その形状に刻印をほどこそうとする、はっきりとした意図が現れる。

　大衆を教化する建築は、明快な形を持ち、誰からも理解されるものでなくてはならない。そこで、一つの様式を「発明」する必要がある。その様式は、国家の記憶そのものに等しい「近代性」の諸特徴を放棄することのないものである必要がある。そして同時に、古代ローマにその起源を発する古典的伝統の総合でもあるものであり、国民の中に、帰属意識と国家への誇りとを覚醒させることができ、集団的想像力の中で、今また新たに権勢を得た国家、「文明の使命」のために召喚された国家、という観念を醸成させ、古典美の不変の秩序を参照することで、近代性が押し寄せてくる際の混沌、異質性、不安といったものに対する安全性を保障するイコンとなりうるものである必要がある。一九三七年から一九四〇年の間に、「Ｅ４２」は、この新たな造形言語をまとめあげるための実験場と化した。それは、ファシズム帝国の神話に形を与えることのできる言語であり、国内で同時期に建設がはじまっていた他の多くの現場に対し、あるべき建築のモデルを提供すべきものでもあった。

とはいえ、独裁者ムッソリーニにとって、上意下達に一つの「ファシズム様式」を課すことは意図するところではなかった。その様式は、もっとずっと繊細な戦略のもとに獲得されるべきもの、より複合的で、より多くの人々が参画し、段階的なプロセスを経たうえで得られるべきものであった。それは、あたかも自発的に生まれたかのように見えなくてはならない。「統一的な方針」を求めて一致協調した建築文化の総体が、率直に、かつ皆が納得のうえで表明したもの、そして大衆が完全に共有できるものでなくてはならない。換言するならば、その様式とは、国民の「総体的意志」の表現たるべきものであった。見かけの上では強制的ではなく、建築家たちの率直な意思をくみ取った末に出来《しゅったい》したもの、まるでユニゾンするように進展し、統一的な方針にむけて皆が前進した結果生まれた、国民の願望の直接的な表現となるものである。こうした建築政策こそは、他の独裁体制と比べた際に、イタリアのファシズムが特徴的に有していた、新奇で、際立った点の一つであった。後述するように、統領はこの政策を、すくなくとも公の目には命令的なものと映らぬように管理した。ところがその実、舞台裏では建築に介入し、一つの様式に向けた方向づけをおこなった。なぜなら、イタリア人とファシストが同義であるような、そんな仕方で、国民のアイデンティティを形成したかったからだ。

したがって当時のイタリアにおいては、建築を通じて個人の意識を操作し、国民のアイデンティティの規準を定めるという、非常に息の長いひとつの政治的な企図に立ち会うことになる。そこでいう建築とは、その形態言語がまちがっても「国際的」ではあってはならない。なぜならそれは「金権政治と社会主義」の同義語であるからだ。そうではなく、むしろまさに自分たちの国でつくられたという事実が、その建物の最大限の特徴となるような、そんな建築のことである。またその言語は近代的であるべきだ。なぜならファシズム国家イタリアは、来るべき未来にむけてその歩を進めるのであり、ファシズムは一つの革命であるからだ。だがその言語は、古典の伝統に結びつき、「アーチと円柱」で作られるか、あるいはともかく国民が見てすぐにそれとわかる要素からなるものでなくてはならない。いまこの時点で、イタリア人のすべてをまとめあげる能力のある言語であるとともに、歴史的なパースペクティヴのもとにおいてもそれが可能であるもの。イタリア芸術は常に古典を参照してきたのだが、その新たな言語にあっては、そうした過去の参照を通じて、この国の芸術が持つ永劫不朽の特徴、および普遍主義的な適性が、浮かび上がってくるようでなくてはならない。

過去におけるのと同様、いまふたたび、建築を通じて、世界に冠たるイタリア文明の優越性が主張されんとする。イタリアの歴史を特徴づけてきた、根深く、数世紀にもおよぶ窮状——文明と文化の偉大な伝統をもちつつも、古代ローマ時代をのぞけば、それに相応する国家の政治権力を表明し得なかった国の——その欠乏状態がいまや、ついに改められ、ファシズムと建築の強固な鉄の盟約のもとに、その明瞭な標章が見つかったかのようだ。数世紀の時を経て、再びイタリアに、偉大な国家の役割を回復したファシズム。そのかたわらに佇むのは、「文明の指導者」の役割さえ担うことの可能な、建築学の姿である。再生の強力なメタファーは、ファシズムと建築とを、緊密に結びつける。建築は他のどの芸術にもまして、ファシズム革命に対して、歴史的な奥行きを提供した。それは、支配への野心を正当化するうえで根本的なものであった。ファシズムがこの世に登場したのは、自らの秩序、その優越性を自負してやまぬ秩序を世界に広めるためであったのだが、その使命は建築学のうちに、基盤となる支柱を見出した。建築学はすでに、古代ローマとルネサンスの時代に不滅のモニュメントを生みだしており、そして今、新たな再生の時を生きているのだ。文明の祭典たる「Ｅ４２」の機会に、参加国同士の角逐が建築を舞台に展開することになったのは偶然ではない。ファシスト体制は、その最終目的、すなわちファシストの新たな文明の創出を実現するにあたって、次第に建築の中に、どうしても欠くことのできぬ得がたき同盟者の姿を認めていったのだった。

ファシスト体制の瓦解とともに、国外に建築を輸出しようという野心的な計画が無残にも崩壊したのが事実だとしても、国内において建築学がもたらした結末は、これとは異なるものであった。ここでは確かに、国民の同意の獲得という点に関しては、建築学は疑いの余地のない成果を生み出した。では大衆教化の面ではどうであったかというと、これについては、いまだによくわかっていないのだ。とはいえ、ここで考慮しておくべきなのは、建築の持つ大衆教化的な意図は、実に広範にわたるものであり、その成否を常に直接確かめることができない、という点である。つまり、その対象は、ムッソリーニの時代を生きていた人々だけではなく、未来の世代をも含むものだった。後世の人々もまた、自己同一化の過程に巻き込まれているのである。ファシスト体制によって実現した建築群は、国家の共有財産になるべく定められていた。ファシズム期の建築はこうして、栄光に満ちた歴史上の建築群の中に、自らも一員として加わり、「時」に挑戦することが可能な責任のある地位を、運命の手からさずかる。そしてその地位をもとに、やがて、イタリア人たちの歴史的記憶を支えることになる新たな基盤を形成してゆくのだ。だがファシズムは、歴史を植民地のように搾取するという野心のみを抱いていたのではなかった。すなわち、国民のアイデンティティとなる過去の遺産群を、時系列を無視して都合よく並び換え、現代の暦を賞讃してみせることが、ファシズムの唯一の野望ではなかったのだ。むしろ建築の持続的な特質を利用して、この歴史的な企図の影響力を、数十年後、いや数世紀先の未来の人々にまで、およぼそうと考えてもいたのだ。言葉を換えるならば、それらの建築は、統領の意図の中では、たとえすでにファシズムが存在しなくなった未来の時点においてさえも、その意味を伝え続けるものでなくてはならなかった。この点こそ、ムッソリーニが明快に自覚していたものであった。イタリア人が人類学的な尺度での変化をとげるには、長い時が必要であることを知っていた。この目的を遂げるためにも、長持ちするようにわざわざ大理石でつくった建築を、他の分野に比して、特権的に扱ったのである。

この建築政策を推進した筆頭の役者は、ムッソリーニその人であった。「私が詳しいのは、(絵画よりも)建築の方だ」。独裁者は美術批評家のウーゴ・オイェッティに向かってこうもらした。一九三四年のヴェネツィア・ビエンナーレを訪問した折のことである。この発言に、いかなる意味を与えることができるだろうか? 建築に関する事柄に、統領自身が実際に通暁していたということか? それとも、ありもしない才能を自賛してみせたのだろうか? あるいは展覧会の絵をどうしてもよく理解することができず、それをごまかすために口にした、前後の脈絡のないフレーズであろうか? もしくは、何か別の事を明らかにしているのだろうか? ムッソリーニの最初の公式伝記作家であったマルゲリータ・サルファッティは、二〇年代の半ばにこう書いている……「建築は、その有用性と、それを作るのに必要な労働力のゆえに、彼の興味を引いた。それは、古代ローマ人たちが建築に惹かれたのと同じ仕方においてであった。建築は、繁栄の指標であり、国家の偉大さの表現であったのだ[1]」。この説明が明らかにしているのは、建築学に与えられた高い評価と、統領を古代ローマの伝統の神話に位置づけようとする意図である。だが、果たしてこの説明だけで、ムッソリーニと建築が取り結んだ関係の複雑さを再現するのに、十分であろうか？　むしろ三〇年代を通じて、伝統や神話などよりはるかに多様な仕方で建築を巻き込んだ一つの計画が立ちあがったのではなかろうか？　より多くの人々が参加し、より野心的で、政策の中枢的な役割を担った一つのプロジェクトが、この時期に姿を現したのではなかったか？　まさにこれらの疑問こそ、本書の歴史研究の発端となったものであった。

本書で取り上げる、統領と建築の出会いの場面は、相当な数にのぼる。それらの事例は、やれ形式的な行為に過ぎないとか、やれお決まりの儀礼的な身振りだとか、あるいは外道ファシズム聖人伝中のささいな挿話程度のことだ、などといって片づけてしまってよいものではない。ムッソリーニはいつも仮面の下に顔を隠していたわけではなく、また脇役に徹していたのでもなかった。彼は、建築学への真の興味をも示していたのである。本書で分析する資料から明らかになるのは、彼には建築学的な諸問題に取り組む能力があったこと、そして建築家の仕事に介入する意図があったことである。彼が下した決定は、建物を覆う大理石の種類についてばかりではなく、もっと重要な問題、たとえば敷地の選定や建築の形状といったレベルにまでおよんでいた。ここから、すべてがプロパガンダへと還元されるのではないことがわかる。そしてこのプロパガンダという言葉が、実際に起こった事柄を説明するにはあまりに舌たらずであること、そしてその背後には、もっと深刻で、より複雑な何らかの事情があったことが明らかになる。ムッソリーニは、従来の理解とは異なり、イタリア建築史を彩る中心的な出来事に際して、決して脇役とはいえない一定の役割をしばしば果たしていたのだ。いやそれどころか、それらの出来事の推移を左右し、裁定を下しさえしたのである。力によってヨーロッパの新秩序を支配することになる、ファシズムの新文明を建設するという尊大な計画。その中にあって、建築に託された課題は、大理石の壁の内にこの神話の教えを表象し、衆目に知らしめることであった。毅然たる表情で、大衆を未来へと、新たな文明へと引き連れてゆくカリスマ的なムッソリーニの姿。そのかたわらにあって、建築もまた同じ本質をそなえ、ムッソリーニに匹敵するほどのカリスマ的な形状をもっていた。建築には、国民に安心感を与える権力の舞台装置をデザインする能力があった。人々は政権に対する忠誠を持たねばならず、また栄光に満ちた運命が自分たちを待っているのだと信じる必要があったのだ。一般に流布した見解によれば、ファシズムの独裁者は建築の領域においては確たる政策を持っていなかった、ということになっている。だがこの意見は、少なくとも一九三六年以降に問題を限定してみた場合には、根本的な見直しが必要だろう。

けれども統領と建築の関係という、これほどまでに重大で、またある意味で歴然たる事実でもあった現実――たとえば当時の新聞は一面記事で、建設現場を足繁く訪問する統領の姿を常に報じていたし、教育映画協会「ルーチェ」（LUCE）の映像でも公共施設の除幕式の模様は大きく取り上げられていた――に対して、ファシズム史家たちは、相応の関心をはらってこなかった。ムッソリーニ研究において記念碑的な業績をうちたてたレンツォ・デ・フェリーチェにしてからが、この問題をすっかり省いている。一九二二年の権力奪取から一九四三年七月の出来事にいたるまで、統領の事跡にささげられた四〇〇〇ページになんなんとするその著作の中で、「建築家」という言葉はただの一度も引かれていないのだ。[2]「E42」への言及こそあるものの、それとて、戦争資金の獲得手段であったという、無視できぬ事実があったからこそ、引かれているまでである。デ・フェリーチェのように鋭敏で緻密な研究者が、統領の積極的な建築政策を見落とすこと自体が奇妙である。あの浩瀚《こうかん》な著述のなかで、決して周縁的な出来事とはいえぬ当時の建築政策について、たったの数行でも割かれなかったことは、ちょっと説明に窮してしまう。

一方で、このテーマの展開に啓発的な仕方で貢献したのは、エミーリオ・ジェンティーレである。ゲオルゲ・モッセによるドイツの分析を参考とした彼の研究は、ファシズムの世俗宗教が、どのような仕方で建築を利用して警士《リークトル》（先導官とも。古代ローマの官吏で、公権力の象徴たる、斧の周囲に楡の棒を束ねた権標（ファッショ・リットーリオ＝束棹）を持って、執政官の前を進んだ。ムッソリーニはこれを、自党およびイタリア国家のシンボル

とした」崇拝を称揚し、また国民に政治的な信仰を植えつけたのかを、初めて明快な説得力をもって示すものであった。[3] その彼による最新刊は、ローマとその神話を扱うものであるが、ここでもまた、ファシスト体制が、モニュメントをあれこれ建造することによって、イタリア国民の運命に自らを刻みこもうとしていたのだ、という命題が繰り返されている。[4] その一方で、これらの研究とはまるで異なるアプローチと帰結をともなうとはいえ、建築史家たちの側もまたさまざまな著作で、建築とファシズムの関係に取り組んできた。[5] たとえばジョルジョ・チュッチは、七〇年代の中葉にいたっても、いまだにイデオロギーによりかかった議論をしており、当時の都市計画文化の立場から、ファシズムの反都市計画的な政策を見ていた。その一方で、アントーニオ・チェデルナは、ムッソリーニによる首都ローマへの介入を取り上げ、統領が、ローマ帝国神話の復興とファシストの新たな壮麗の創出をかかげて、歴史的街区を破壊した事例を逐一記録した——またディアーネ・ギラルドは、若き合理主義建築家たちが、体制の称揚に貢献した事例の一覧を示しているし、さらに近年の研究では、ジェフリー・シュナップがファシスト革命記念展に光をあて、同展が思いがけぬ政治的成功をおさめた点とともに、分析を加えている。[6] しかしながら個々の研究成果を別にすれば、これまでのところ、国民の同意を獲得する戦略のなかで、建築がいかなる役割を果たしたのかという点については、いまだに広範な視点から深く掘り下げられてはいない。さらに、当時の建築に託されていた大衆教化的な影響力を考察したり、あるいはファシズムに対して建築がどのようなあり方をしていたのかといった側面にさぐりを入れたりした研究ともなれば、なおさらその数は少ない。

概して、歴史家も建築史家も、少なくともどこか一面で、この問題を過小評価してきたのだ。わかりやすくいえば、歴史家たちは、ファシズムは確たる建築政策を持たなかったと主張し、一方で建築史家たちはこれを受けて、建築とは政治からは根本的に自立した存在なのだ、とやりかえしたといえる。対して本書は、この両分野の境界に挟まれて、これまで十分に探究されてこなかった領域を対象とするもので、従来とは異なる歴史上の命題を、集めた資料に基づいて提案してみたい。すなわちそれが、ムッソリーニは建築に対する一つの戦略を抱いていた、というテーゼだ。そしてその戦略は時とともに表情を変え、時には矛盾した仕方で表明されたりしながら、やがては、政策実行の総体において、ゆるぎない主要な地位を獲得するにいたったのだ。この点を本書では論じてみたい。

三〇年代に建築が果たした役割の研究を難しくしている理由の一つに、戦後、建築家たちがとった態度がある。ファシズム時代のイタリアで主役を演じた者たちは、自らの過去の一部を抹殺しようと試みたのだ。党員であったことも、党の思想を信奉したことも、そしてついには最高位の役職を担うほどに体制と親密な関係を取り結んだことも、みな否定された。建築家たちは、過去に自分たちが果たした役割の修正を試みて、見事に成功した。ファシズムから距離をとり、責任を回避し、関係を否認するか、あるいは協働したことを認めても、それはごく周縁的なものであったかのように見せた。危うい政治的な過去から、きっぱりと縁を切ったのだ。彼らがとりわけ声高に主張したのは、建築学がその根底においては、政治に対する免疫をもっている、ということであった。このような態度を建築家たちが取った理由の一つは、直感的に言い当てることができる。戦後も建築家として活動を続けてゆくための事情が、そこにはあったのであろう。それも、理解できないことではない。

ところが、これとは事情を異にし、そのうえいっそうたちが悪いといえるのが、当時の建築に関する歴史学の研究だ。これには残念ながら、ごく近年のものも含まれる。それらはいずれも、歴史的な文脈に操作を加えて脱・ファシズム化を図ったもので、現在もそれは進行中である。この種の研究は、建築家がファシズムと関係していたことや、ムッソリーニと密接な関係を結んでいたことを可能な限り過小に評価するか、あるいは意図的に分析をさけ、当時の建築家たちを規定していた政治的な枠組みから、彼らの活動を引きはがしてしまうのである。そうしておいて、いったい何の目的で建物がつくられたのかを、問うこともしない。歴史を平板化して、いったい誰が主人公であったのかをわからなくし、その価値をあやふやにしてしまう。彼ら歴史家の手にかかると、あたかも、公共建築をたてるということが、ムッソリーニ独裁体制の表現としてであろうが、民主主義イタリアの象徴としてであろうが、まったく同じことでもあるかのようになってしまう。

本書の冒頭で取り上げるのは、国民の同意形成のために建築が政治的に活用された際の、もっとも際立った場面、すなわち、全国巡検の途次に行なわれた落成式典のたぐいである。新聞やニュース映画で大々的に報道されたこの種の式典こそは、統領にとっても、また建築にとっても、ひときわ特別な自己展示の場であった。とりわけ一九三〇年代に、ムッソリーニはイタリアを縦横にくまなく踏破し、各地の建築作品に署名を残していった。一種の巡礼ともいえるこの旅行に、それこそ何十人もの建築家たちが随伴している。こうして統領は、当時の建築文化の主人公たちの知己を得たばかりでなく、たとえ表層的ではあったにせよ、イタリアでいまどれほど膨大な規模で建築事業が展開しているのかを、直接に把握する機会を得たのである。おそらく、現場で個々の建築作業に従事する人々よりもはるかに多くのことを認識したことだろう。統領の全国視察は事前に入念な検討がなされ、時には建設事業の巡検を主目的として、旅程が組まれることも少なくなかった。そのため、ムッソリーニの来訪にあわせて竣工や落成の日程が組まれ、統領の視察をよりいっそう「凱旋的な」行事となした。イヴェントは鳴り物入りで喧伝され、この国がいま最大限の力で近代化とファシズム化の道を歩んでいるというイメージを、作り上げていった。統領の行く先のいたるところで、建設工事が着工し、足場が組みあげられ、落成式が行なわれていった。

ローマを離れて各地を視察することも数多くあったが、やはりなんといっても統領が心血をいちばん注いだのが、首都の建築事業であった。ローマこそは、ムッソリーニの建築的意志がもっとも集中した場所であった。ここではすぐさま、はっきりと目に見える形で、政治的プログラムと建築とが会遇することとなる。ムッソリーニはここで、他のどの都市にもまして建築事業に手ずから広く深く介入した。計画段階から建設作業にいたるまで、統領みずからが管理を行なっていたことは、数多くの現場視察が物語っている。自らが筆頭に立って工事作業を監督しているのだということを、ローマ市民に知らせせようとしていたのだ。統領にとってローマは、都市全体が青空に開かれた、巨大な作業現場であった。そこには、最優先で遂行すべき一つの政治的な企図があった。古代ローマ帝国とルネサンス期のローマに続いて、いま第三のローマを実現させ、そこにムッソリーニ個人の刻印を押す、という企図であった。

本書で分析する統領の全国視察は、一九二九年から一九四〇年の期間にわたっている。一九二九年といえば、ラテラーノ条約が締結され、国民投票が行なわれた年だ。いずれも、体制への国民のゆるぎない同意を形成する上で一局面を画するできごとであり、これをもってイタリアは、国家のファシズム化にむけた決定的な一歩を踏み出し、ムッソリーニ崇拝を肯定してゆくことになる。一方で一九四〇年は、参戦の年に符合し、その兆候はすでにずいぶん前からあらわれていたのだが(7)、大衆の政治離れはますます進行してゆくことになる。さて、この二つの年に挟まれた期間に、ムッソリーニが踏破しなかったイタリアの県は一つもなく、ごくわずかな地方のみが、巡検の旅程から外れたのみである。こうして、数百にものぼる建築作品がムッソリーニの訪問を受けた。やや特殊な視点からの分析になるとはいえ、これらの視察旅行を通じて、当時の建設事業の規模がどれほど大きく、また建築作品にどれほどの重要性が認められていたのか、その全体像を再構成することができる。ここからさらには、どのようなメカニズムで都市建設者ムッソリーニの神話が生み出されて、またいかにして建築がもつ大衆を結集させる機能が称揚されていったのかが、明らかになる。統領というたった一人の人間の中に、無数の人々の労働が吸収・同化されていった。独裁者は、建築を通じて国民にメッセージを発する。建築は、統領と国民とが取り結んだ政治的協約を示す標章《エンブレム》となり、また忠誠と服従を迫る強靱な拘束具ともなった。建築とは、すなわち、国家を統合する象徴であったのだ。それは、永続するために石で作られ、後世の人々にファシズムの時代を伝え知らせるシンボルとされた。体制は、映画やラジオといった近代的なマスコミュニケーションの媒体も広く活用していたのだが、それらに負けるとも劣らず、建築というこの古い芸術は、どれほど効果的に当時の人々を集団的な暗示にかける力を秘めているのかを、はっきりと証明してみせたのである。近代世界においてもなお、建築の「深遠なる権能」は大衆の上に作用し、人々を一つにまとめあげ、自らのイコンの周囲に縛りつけたのである。

とはいえ、ムッソリーニが建設を裁可した作品には、大きなスタイルの幅がある。伝統的な作品と近代的な作品が、ともにあらわれるのだ。すなわち、アルマンド・ブラジーニとイニャーツィオ・ガルデッラ、あるいはウーゴ・ジョヴァノッツィとジュゼッペ・ヴァッカーロ、さらにはチェーザレ・バッツァーニとジュゼッペ・パガーノといった建築家の名が、ともにそこに見える。古典主義的な形体の建築に続いて、無造作に、合理主義スタイルの作品があらわれる。ここでわれわれは、これまでとは別の、さらに複雑な一つの問題に直面することになる。本書のもっとも核心を構成する、一つの疑問である。すなわち、ムッソリーニが下した建築上の選択とは、どのようなものであったのか？　という問いだ。さまざまな建築スタイルの傾向を前にして、彼自身が何か明確な態度を示したのだろうか？　選り好みを見せたのか、それとも中立の立場を守ったのか？

建築に関して公に発表されたムッソリーニの声明は非常に少なく、これらの疑問に対する解答を与えてはくれない。独裁者は作品への評価を示すことは少なく、そのわずかな評価も、あいまいで時には矛盾する。ムッソリーニは一九二五年から一九三四年にかけて、一連の声明を発表し、作品を裁可してゆくのだが、それは様式の観点からすると、矛盾するもののように見える。続いて、エチオピア戦争終結後の一九三〇年代後半になると、事情は変わってくる。統領の態度は、はっきりとした一つの方向性を帯びるようになるのだ。この変化は、体制が推進する全体主義政策の発展と軌を一にする形で表面化してくる。この問題については、本書の後半部分で扱うこととする。

ムッソリーニは、公の場では、寡黙な人物ということで通っているが、こと建築家たちとの関係という点からみるなら、たいへんな交際家であった。彼のもとに書簡を書き送る建築家もいれば、著作を届けるもの、あるいはアイデアを披露したり、事業の企画を提案したりするものがいた。なかには、ヴェネツィア宮に参内し、謁見を許可される建築家もいた。執務室の机上には無数のデザインが広げられ、床の上には模型の写真が散らばる。開いた台帳には、見積もりの最終額が書き込まれている。いずれも、統領と議論をし、自らのプロジェクトの有効性を示すために、建築家たちが用意した資料だ。ただし議論といっても、統領は反駁されることを嫌っていたから、この席で反対意見を表明することはご法度だった。建築家たちはここで、自身の建築が、政府の政策を十全に代弁する能力のあることを、統領に納得してもらおうとしたのだ。ヴェネツィア宮での謁見がかなった建築家の数はおよそ五〇名で、その際の記録が文書館に保管されている。なかには、ムッソリーニの方からじきじきに建築家を呼び出し、世界地図の間で召見するケースもあった。親密な雰囲気のなか、統領は言葉少なげに、今自分のいちばん気にかかっているアイデアをさりげなく強調し、芸術家を鼓舞した。自分の仕事を、統領がじきじきに監督し、デザインを検討くださったと知ることは、建築家にとっては大いなる誇りであり、問題解決のための言葉を直接たまわることは、ちょっとわれわれには想像できないほどの激励として、受け取られたのであった。首相ムッソリーニが、建築家ジョヴァンニ・ムーツィオやマーリオ・パランティやルイージ・モレッティに抱いていた親近感はすぐに察知できるし、フランチェスコ・レオーニに向けた敬愛の表現や、ブラジーニに対する満足感なども、見てとれる。だが、なによりも際立っているのが、建築家ピアチェンティーニに対する統領の傾倒ぶりであった。

全国視察とヴェネツィア宮での謁見を総合するなら、およそ一〇〇名あまりの建築家と接触をもったことになる。こういってよければ、ムッソリーニは当時のイタリアでもっとも活躍し、有能であった専門家たちのほぼ全員に、会っていたのだ。その顔触れは、ピエロ・ポルタルッピ、ヴァッカーロ、アダルベルト・リーベラ、アルナルド・フォスキーニ、ジュゼッペ・テッラーニ、ジォ・ポンティ、ジョヴァンニ・グレッピ、ジュゼッペ・サモナ、ルイージ・フィジーニ、ジーノ・ポッリーニ、マーリオ・リドルフィ、ルイージ・ピッチナート、ピエトロ・リンジェーリ、ピエトロ・アスキエーリ、マーリオ・デ・レンツィ、といった面々である。一九三〇年代、ムッソリーニは建築文化の広大な部門の中にあって、ひとり特権的な立場にたつ対談者となったのだ。謁見の合間や全国視察の途中に、認可を得ようと、統領にプロジェクト案が提示されることがたびたびあった。彼の与える承認は単なる形式的な身振りにすぎないこともあったが、こと大規模なプロジェクトとなると事情が異なった。というのもムッソリーニは、常に最新の情報が自分の手元にとどくことを望み、また、さほど重要な介入ではなかったとしても、ともかくプロジェクトに自分も参画して、常に彼自身の痕跡を残したいと思っていたからだ。ごく単純な行為、たとえば関連書類を自分のところに上げさせるとか、計画案を閲覧するとか、署名をするとかいった所作であっても、それは少なくとも、当の計画をムッソリーニ本人も共有していることを表明するものであった。統領自身がこの計画を望み、じきじきに検討し、実現にむけて監督を行なっている、ということを、世論にうったえかける行為ではあったのだ。これらの事情を合わせ見るならば、ムッソリーニがあらゆる権限を己に集約させていた姿がそこにうかびあがってくる。

とはいえ統領は、あれこれの計画を検討し、認可をあたえるだけにとどまってはいなかった。手ずから鉛筆を握り、修正を提案する首相の姿も、そこにはあった。その介入の度合いが、いたって控え目な場合もあれば、計画の根本にかかわる選択を左右することもあった。そしてこの点こそが、本書がこだわって分析を加えてみたい主題なのである。建築家でもありたいという、アルプスの向こう側の僚友が抱いていたような馬鹿げた野望は、おそらく念頭になかったのであろう。だが、一九三〇年代の半頃にかけて、ムッソリーニは建築に対する態度をいっそう明確なものとしてゆく。「新たな文明」の建設にむけ、政治的かつ教化的に段階を踏んでゆく過程で、建築が、決して副次的とはいえぬ一定の役割を果たすことが、わかっていたのだ。だからこそ、建築に対してより厳格な支配を行使し、その進むべき道を自らが決めたのである。

ムッソリーニのかたわらにあって作業に従事した建築家のうち、まちがいなくもっとも精励し、かつきわめて重要な役割を担っていたのが、ピアチェンティーニであった。彼が、首相府をカンピドーリオの丘に移す提案を行なったのは、ローマ進軍からわずか数か月後。それから一九四一年の夏に、ムッソリーニの息子ブルーノ〔ベニート・ムッソリーニの三男で、空軍の飛行士として活躍。一九四一年八月七日、ピサの空軍基地にて、飛行機事故のため死亡〕の墓廟計画を提出するまでの長きにわたる期間、ピアチェンティーニはムッソリーニの相談役の一人——それも、一九三〇年代を通じてもっとも意見を求められた一人——であった。このイタリア・アカデミー〔ファシスト政権と文化領域との連携を強化すべく、一九二六年に誕生した官立のアカデミー。組織は「物理・数学・自然科学」、「倫理・歴史」、「文学」、「芸術」の四部門に分けられ、各一五名のメンバーが任命された。会員には高額の年金が支給されたほか、公式行事の際には制服を着用する義務などがあった〕の建築家とムッソリーニの関係をさぐってゆくと、統領が、建築の分野においてどのような役割を果たしたのかがいっそう明らかになる。まさにピアチェンティーニとの共同作業を通じて、ムッソリーニは一つの建築政策を実験してゆく。それにともない、いくつかの建築様式が峻別されてゆくことになる。それがはっきりとあらわれるのが、ローマにおける二つのプロジェクト、すなわち大学都市と「Ｅ４２」の計画であった。

大学都市（一九三二―三五）は、重要な教育施設のための建築というだけでなく、イタリアの内外にむけて一つのメッセージを表明するための、一種の実験の場とも化した。すなわち、一九三一年に合理主義者と伝統主義者とが激しくやりあった論争を経たのち、いまやムッソリーニが統治するこの国の建築は、統一的な方針にそって展開を遂げている、という宣言をして見せる場となったのだ。まさにこのプロジェクトの統一性を際立たせる目的で、イタリア各地から十名あまりの専門家が召集され、それをピアチェンティーニが束ねあげた。イタリア建築界が「一つの統一様式」に到達できるということを、こうして内外に示したのである。ファシスト体制は国家全体を固く結束させようと望んでいたが、建築もまた、その凝集の過程を反映するのだという、それは証明でもあった。ムッソリーニは、ピアチェンティーニから何度も計画認可の要請を受けている。統領自らが平面計画のヒエラルキーを定めたほか、最初に提示された設計案に関しては、装飾が多すぎる、との理由で却下してもいる。

だが、さらなる重要性を帯びていたのは、まぎれもなく「E42」（一九三七―四三）であった。正確には、首都近郊の新たな衛星都市の建設といえるプロジェクトだ。大学都市の計画の際に採用された集団設計の原理は、ここではさらに大規模に適用され、イタリア国内のもっともすぐれた五〇名あまりの建築家が参画することになった。建築総監ピアチェンティーニのかたわらにあって、ムッソリーニは単なる見物人でも、サインをするだけの公証人でもなかった。統領その人が、この計画の総監督であったのだ。「E42」の現場において、建築は単に「古典主義的かつ記念碑的な価値観」を汲み上げるだけではなく、ムッソリーニ時代を確定する一つの決定的な様式を示さなくてはならなかった。ここではあらゆる作品の認可が統領の決定のもとにおかれ、計画の根幹をなす部分の設計案のいくつかは、彼の要請にしたがって修正が加えられた。

こうしてムッソリーニが建築の世界でいよいよ積極的に介入をすすめるのと並行して、国家の全体主義化に向けたプロセスが進行していた。それにともない、「新しい人間《ウォーモ・ヌオーヴォ》」の理想の実現にむけた計画もまた加速してゆく[8]。エチオピア戦争（一九三五―三六）は、正確にこの方向を目指して展開したものであった。政府がこの戦争を自ら求めたのは、戦闘的人間を形成するのに必要であったからだ。戦争のかたわらにあって建築もまた、新たなイタリア人の創出にむけた重要な役割を、日増しに帯びるようになっていった。戦闘と建設。これは、ムッソリーニにとっては並行するアクションであり、彼が政治の舞台で活動する際の二つの支柱であった。ドイツとは著しく異なる様相を帯びていたとはいえ、イタリアもそこから大きく隔たることはなかった。ファシズムは、「イタリアのやり方」で戦争に飛び込み、また平時には国民の性格を鋳《い》なおすべく建築事業に打ち込んだのである。全体主義に向けた実験のなかで、「Ｅ４２」はもっとも大規模な挑戦であったといえる。したがって、ムッソリーニが一九三九年に、戦時と同様の国家総動員令をこのプロジェクトのために発動したのも、偶然ではない。「イタリア国民の一人ひとりが、今日この瞬間から、自分も計画に参画しているのだという自覚を持たねばならない」。それは、建築を通じて、ファシズム文明を世界に冠絶したものにしようという企図であった。

　これはデ・フェリーチェが適切にも強調したことだが、イタリア帝国を建設して後、ムッソリーニの政策にも彼の心理にも、ある根本的な変化が生じる。それは、「永続」を目指す論理から、「果断な挑戦」への移行であった[9]。この変化は建築にも現れる。最初のころは、公共建築を通じて、自らの痕跡が永続することをねらっていたムッソリーニであるが、それがいまや、建築学のもつ、より積極的で、効果的な機能に着目するようになる。この段階になると、国家を全体主義化し、イタリア人の新たな意識を形成してゆくための協力者として、建築が召喚されるのだ。そこで必要とされる建築は、ファシズムが歴史の歩みを加速しようとして稼働させた政治的な神話群と結びつき、相互に影響しあうことが可能なものでなくてはならないであろう。なかでも特に、古代ローマ文明の神話との結びつきが重要となる。大衆を国民化し、人々の帰属意識の根源となるような集合的アイデンティティを提示してゆく中で、このローマの神話こそは、最も有効に機能したものであったからだ。したがって建築はもはや、かつてのように、抽象に向かおうが伝統に傾こうがどちらでもかまわない、といった態度であってはならない。むしろはっきりと一つの様式によって他から区分され、栄光ある過去の造形言語を喚起すると同時に、われわれの現代世界を正真正銘に表現するものであり、その姿や形状の意味するものが、はっきりと大衆にも理解できるものである。建築とは、そうあるべきであった。こうした一連の展開を具体的な形として提示したのが「E42」であり、それは「新たな文明」の構築に向けての堂々たる舞台背景となるものであった。したがって「E42」は単なる仮設の博覧会場ではなく、「新生した国民」がそこで暮らすための現実の都市として構想されたのである。大理石の宮殿が立ち並ぶこの都市こそは、統領がかねて喚起する、古代ローマ人の末裔を待ちうける輝かしい未来像に自らを重ね合わせることが可能な場所であり、魅惑的な扇動の言葉を、中味のある、堅固な確信へと作り変える可能性を秘めていたのだ。

「新しい人間」を生みだすにはさまざまな困難がともない、時間がかかることを十分に理解していたムッソリーニは、自らの手で時の流れを早めようとする。人々の変容を促すのに必要な建築的背景を、まず先に作ってしまおうという魂胆であった。それは、やがてモダニズム建築を次第にわきへと押しやってゆくことになる、一つの変化の現れでもあった。そもそもモダニズム建築は、国際主義を標榜した不安定な造形言語をもち、外国のモデルの影響をまともに受けすぎていて、まるでイタリアらしくない。このようなスタイルが、ローマ神話がかかげる、帝国建設者たる戦闘的人間のモデルと結びついて、豊穣な成果を生み出すとはとうてい思われなかった。その一方で「E42」は、これを単体の計画を超えた、さらに大きなコンテクストに置いて見るならば、ムッソリーニの帝都ローマ造成事業における、一つの範例と位置づけることができる。他にも、コンチリアツィオーネ通りやリナシメント通りの開削、アウグストゥス帝廟区域の整備、テルミニ駅やリットーリオ宮の建設などはみなこの大事業の一環で、いずれもムッソリーニの判断にその実行がゆだねられていた。同じことは、「E42」をさらに一歩すすめるものとしてモレッティが計画した大規模なムッソリーニのフォーロや、一九四一年度都市調整計画大綱・部分的修正案などにもあてはまる。

ムッソリーニの挙動は、なにも首都の建築のみを左右したのではなかった。似たような事情は、ミラノでも見られた。都市調整計画大綱にのっとって実施された主要な建設事業、たとえば大聖堂広場、サン・バビーラ広場、ディアス広場、カヴール広場、アッファーリ広場、サン・フェデーレ広場などの整備はいずれも、首相が直々に指揮棒をふるったものだ。その他の諸計画も含めて、全体としてこれらの事業をみるならば、それは帝都ミラノの上に「統一的な特徴」を刻印しようとする性格のものであったことがわかる。ムッソリーニからのあれこれの修正指示は実に多岐にわたっており、彼を都市調整計画大綱の共同策定者の一人とみなすことも、十分に可能であろう。

だが、事情はローマとミラノのみにとどまるものではなかった。国家全体が、この建築造形の一大プロジェクトに巻き込まれていったのだ。イタリアの都市で何か大規模な建設事業を実施する際には、かならずムッソリーニのお墨付きが必要であった。そうした都市介入のうち、ボルツァーノ、ジェノヴァ、リヴォルノ、トリエステなどをはじめとするおよそ十あまりの都市では、ピアチェンティーニが自ら鉛筆を握って案を作成するか、もしくは芸術上の顧問として計画を指導し、またそれらの任務に関して、ムッソリーニもよく事態を把握していた。これら一連の都市介入の事例を通じて、ある一つのプロセスが先駆的な姿で浮かびあがってくるように思われる。それは直線的に発展するというより、むしろ多角的に段階を追って進展してゆき、ついには統一的な建築の方針を国家規模にまで押し広げてゆくことになる、そんなプロセスだ。帝都ローマはそのモデルとなる事例であり、なかでも「E42」はその起源に位置するべき核であった。このプロセスが十分な実現を見るにはおそらく数十年の歳月を要したであろうが、歴史上のあれこれの事象によって、ほどなく中断を余儀なくされてしまう。しかしだからといって、たいして重要ではないということには決してならない。一つ念頭においておくべきなのは、一九三〇年代の末の段階で、ファシズム体制はこれほど早く、しかも劇的な仕方で、自らの権力が崩壊を迎えるなどとは、夢想だにしていなかった、という点だ。参戦の決定にしてからが、短期間での勝利を想定した、一種の挿話ていどにしか当初は見なされておらず、まちがってもこの戦争が原因で、野心的な建築事業の継続が危うくなろうなどとは考えられていなかったのだ。

中途で放棄されてしまったこの計画の断片からだけでも、全体主義の実験に建築を参加させようというムッソリーニの明確な意志は、十分に見てとれる。国民を圧倒的な視覚効果で教化し、新たな神秘主義の渦に巻き込んでゆくためには、ファシズムの世俗宗教の建築的シンボルは、共通した造形言語の特徴をいくつか持たねばならない。そして、こうして獲得される建築の統一性が、今度は間接的に、国民の意思をもっとも明瞭な形で表現したものとなってゆく。統制された集団へと作り変えられ、己の使命に確信を抱いている大衆の総意を、建築が代弁するのである。そしてまさにこの、再発見された建築の統一性を通じて、イタリアは「歴史との偉大な誓約」の瞬間に立ち会うことが可能となるであろう。今次大戦の緒戦を勝利で飾った後に、イタリア国家を最終的に待ちうけているのは、新興の国家群――とりわけ、アドルフ・ヒトラー率いるドイツ帝国――との激しい角逐であろう。それは、全世界にファシズムの「新たな文明」を認めさせる上で、避けられぬ競合であろう。その決戦の舞台はほかならぬ、再び統一のなった建築の領域にこそ、訪れよう。それはちょうど過去の偉大な時代、たとえば古代ローマやルネサンス期に、建築を通じて文明が世界に拡散していったのと同じことだ。ファシズム時代の建築は、自らこう宣言する。自分はかかる伝統、かの「唯一の血統」の正当な継承者であり、その結果として、普遍的な価値をも有しているのだと。こうして今一度、正当な名分のもとに、己の建築と文明の優位性を諸外国に認めさせることができると、ファシズム建築は信じたのである。

もう一度強調しておくが、統一的な建築の方針を生みだそうというこの企図には、厳格なプランがあったわけではなく、また何かしら明瞭な指針に沿って展開していたわけでもなかった。むしろ、実践の場で、時には直感に基づく行動が幾重にも積み重なって進展していったのであり、また、個々の現場ごとに実情が異なるという事実をもあえて受け入れてゆくような、そんな特徴をもっていた。その歩みの核に位置していたのがヴェネツィア宮殿であり、また非公式のものも含めた建築家とムッソリーニの懇談であり、検討を重ねた無数の設計図面の紙束であった。こうして、建築をめぐる一つの複雑な戦略が浮かび上がってくる。そして、建築を巧みに政治に取り込んでゆくその戦略は、決して最終目標を見失うことはなかった。建築がどれほど体制と有機的に癒着しようとも、政府の目指すものが、建築学そのものの未来と等しくなることはありえなかったのである。建築がいかに根本的な役割を果たそうとも、それはあくまで手段でしかなかった。ファシズムの「新文明」と「新しい人間」を生みだし、それによって西洋世界を席巻するための、道具立てにすぎなかったのである。

建築家ムッソリーニ

第一章　建築をめぐる旅

1　落成式の人、ムッソリーニの神話

独裁主義体制が確立してゆくながれのなかで、おおかたのイタリア人が納得の上で、すすんでファシズムを承認したのが二〇年代末のことであった。国民の合意はその後、多少のぶれはあるものの、三〇年代を通じてさらに強固なものとなってゆく。政府が打ち出した「人民のなかへ」と向かう広範な政策のなかでも、失業者の大量雇用を必然的にともなう公共事業への投資は、とりわけ際立った施策であった。土木事業における政府の業績をほめたたえ、全国にはりめぐらされた膨大な公共投資の成果を刈りあつめるべく、ムッソリーニは率先して、イタリア各地を繰り返し視察してまわった。情報メディアを独占し、効果的なプロパガンダ機構――はじめは政府の新聞局が担当し、のちに国民文化省が引き継いだ――を従えていたムッソリーニの全国行脚は、政府に対する国民の同意をとりつけるための、一大事業へと様変わりする。なかでも、ムッソリーニ個人の神話をたっぷりと醸成することで、統領《ドゥーチェ》その人へと大衆の賛同が向かうことに、意が置かれた。

これはレンツォ・デ・フェリーチェが強調していることだが、イタリア国民がファシズムに与えた同意が特異であるのは、その意志が「具体的で、自覚をともなう参加行動」を通じて表明されたのではない、ということだ。大衆のファシズムへの参加はむしろ、「ある種の非合理的で宗教的な」形をとった。(1) ムッソリーニの人物像の周囲に、正真正銘の大衆宗教が生み出されてゆく。統領の神話、それは「古代ローマ

文化」、「帝国」、「新生イタリア」などの他の神話群とともに、一つの政策を表明したものであった。それは、とりわけ人々の感情にうったえかけ、信仰至上主義的な立場にもとづいて同意を得ようとする、そんな政策のあらわれであったのだ。そこでは、審美的な側面が決定的な役割を演じることになる。「美と力の崇拝——統領が後に何度も繰り返す言葉だ——は、ファシズム観念の根源的な基盤である」(2)。ファシズムのように、政治を宗教的に構想する場合、大衆の信頼と信仰を勝ち取るには、美の観念を用いて、感情のレベルで人々を巻き込むことが不可欠となる。ギュスターヴ・ル・ボンのひそみにならう形で、ムッソリーニにとってもまた、人々を統治することはすなわち、彼らの想像力の中で行動することを意味した。それはつまり、魅惑的なイメージを作り出し、喚起する、ということだ。そして建築には、まさにこの力が備わっていた。建築は、心に深く残る効果的な印象を大衆に伝えることができる芸術であった。「仮にもし、ヘブライ人を統治することになったら、ソロモン神殿を再建するだろう」、とル・ボンは述べている。ムッソリーニが「決定的な」影響を受け、何度もひもといた著作に見える言葉だ(3)。ル・ボンのこのフレーズが、ムッソリーニの頭から去ることはなかったと思われる。とりわけ、彼がこののち建築に与えてゆく重要性の度合いを考慮するなら、なおさらのことだ。のちにムッソリーニ自身が表明している。「イタリアに現体制を構築するにあたって」、自分は、このフランス人社会学者の著作が提示する原理から着想をえたのである、と(4)。

大衆のイメージにもとづいた政治信条を構築するうえで、大黒柱として機能したのが、つまるところ、統領の全国視察であった。この巡検行の段取りは、まず統領の到着セレモニーがあって、それを迎える群衆の海、ムッソリーニの「歴史的」な演説、そして再訪を約束する言葉、と流れてゆく、まるで祭儀のような形式を踏むものであった。その際、際立った特徴となっていたのが、統領の立ち寄る先々が、建築物を目印とした経路に沿っていた、という事実である。学校、カーサ・デル・ファッショ、バリッラ事業団海岸キャンプ。体制がまじめに仕事に取り組んでいること、そしてその体制が、これまでまともな市民権を与えられずに放っておかれた大衆を、社会と政治の両面から取り込もうとしていること。そのことを世間に向かって証明するのにもっとも効果的であったのが、まさにこの種の建築であったのだ。こうしてあらゆる建築物が、「人民のなかへ」と命ずるムッソリーニの指令を、実践に移したものとなった[5]。すべての建築作品が、国民の同意という巨大なモザイク画を構成する断片となり、あるいはファシズムの現政権と過去の自由主義政権とを対比するための手段となる。どんなに些細な建物であっても、集団の想像力の中では、ファシズムの近代国家建設という企図に加えられた、一つの立派なレンガ片とみなされた。あらゆる建築は、後世に伝えるべきファシズムの標章であったのだ。それは、日常的な時間の感覚が変容し、なにかしら格別で、自分はいま唯一の瞬間を生きていると感じられるような、そんな神話化された歴史の地平に、ファシスト体制が姿を現したことを意味するものであった。これを総体として見るならば、具体的なひとつの建設行為に立ち会っているということになる。だがそのかたわらには、大規模で執拗な性格をもった近代的なマス・コミュニケーションの操作が行なわれ、大衆そのものが造形されていたのだった。ここで思い出しておきたいのは、大衆というのは、それ自体では受動的なものとみなされた存在であり、「責任能力をもたず」、まるで「コロイド溶液」のようなものであるという点で、だからこそ、形を外から与えられる必要があったということだ[6]。

落成式典が執り行なわれ、建築作品がおごそかに国民に下賜される。だが実際には、作品を本当に所有することになるのはムッソリーニその人であった。国民に「与えられた」これらの建築は、「彼の」建築へと変化する。統領が、まるで主題節の儀礼でも行なうかのようにいく度となく繰り返した、数々の身振りがある。左官用のこてを手に取ったり、モルタルを塗ってみせたり、構築中の壁にレンガを組み上げたりと、これらの仕種そのものが、一つの儀式となり、象徴的な力を帯びていったのだった。大衆の目には、ムッソリーニの姿がみるみる巨大化してゆき、やがて国家を組み立てるただ一人の建設者として映るようになる。その統領こそ、国土全体を「もくもくと排煙を吹き上げる」、槌音のたえない巨大な作業場へと作り変えた張本人であった。群衆は、彼の姿の内に自己を重ねてゆく。それ以外の役者たち、たとえば政治家や地方の企業家、職人、建築家などはみな、統領のイコンのなかに取り込まれて消えてしまう。ムッソリーニはこのメカニズムを存分に活用して、自らの姿が、新生イタリアの筆頭の創造主と映るよう配慮した。そして自身の神話をさらに発展させ、保持するために、建築を利用してゆく。ル・ボンの著作を読み込んでいた彼には、よくわかっていた。「歴史が永続化させることのできるのは、ただ神話のみである」ということが。(7)

統領が全国視察のなかでつぎつぎと除幕式を行なっていった建築作品を見るならば、この神話イメージを作るのに、建築がどれだけ貢献していたのかが見てとれる。いや、もっと視野を広げるなら、建築がどれほど積極的に、ファシスト体制に対する国民の同意形成に参画していたのかが、見えてくる。とはいえ、すでに触れたように、視察の対象となった建物のタイプは、実に多岐に渡っていた。モダニズムの賛歌のような作品もあれば、伝統的様式を墨守するものもあり、設計にあたる建築家たちもまた、まるで正反対の芸術観を表明していた。この段階では、ムッソリーニの全国視察と、「彼の」建築様式とのあいだに、明確な関係を想定することはできない。別の言い方をするなら、プロパガンダ活動を推進するためならば、様式の多様性などおかまいなく、あらゆる建設事業を利用していたということだ。

政府に対する国民の同意が盤石なものとなったのが、一九二九年から一九三九年にかけてである。この間、イタリアのすべての県がムッソリーニの全国行脚の経路となり、全部で八九ある県庁所在地のうち実に七〇までが、統領の訪問を受けた。このリストの中には、南部のすべての都市と島が含まれる一方で、北部の一部の拠点、たとえばヴェレーゼ、ソンドリオ、コモ、ベルガモなどは除外されている。また、三二〇を超す各地の主だった地域・地区が、やはり同時期に巡検の対象となっている。統領がローマを離れ、視察のために費やした日数は、実に二〇〇日を超えていた。組織的かつ徹底的な仕方で、あらゆる場所に自らの存在を刻印しようという明確な意図が、ここには明らかに存在していた。バシリカータのトリカリコや、アオスタ渓谷地方のコーニエ、シチリアのグロッタカルダなど、それまで顧みられることのまずなかったような辺境地区にさえも、しっかり足を延ばしている。国民とじかに抱擁をかわすこと。これは、ムッソリーニの政治行動がもつ近代的な特徴の一つであり、彼以前の「恥ずべき」自由主義政治の伝統とは、はっきりと一線を画すものであった。

落成式主催者としての統領の活動は、ハンマーを振り下ろす動作のように、いく度となく繰り返された。先にあげたほぼすべての都市や地方で、工事開始の最初の石を据え、あるいは竣工式を行ない、建設途中や完成間近の現場を訪問してまわっている。大都市のなかには、複数回の訪問を受けたところもあった。たとえばフィレンツェが六回、ミラノとナポリが五回、ヴェネツィア四回、トリノ三回、といった具合だ。特殊なケースが、ムッソリーニの故郷ロマーニャ地方である。生誕の地であるプレダッピオ、そして第二の生家たるロッカ・デッレ・カミナーテ、さらには余暇を過ごした海岸地帯などは、いく度となく訪問対象となった。なかでもフォルリは統領を一七度も迎え、リッチョーネにいたっては一九回の訪問を数えている。さらにもう一つ、特別な場所があった。アグロ・ポンティーノである。政府がさかんに喧伝した、農業用干拓事業が集中していた地域がここであり、とりわけこの地域では沼沢地の土地改良が成功をおさめていた。それからムッソリーニは、新造計画都市リットーリア（現在のラティーナ市）に少なくとも八回滞在し、「都市建設者」の神話を確かなものとしてもいる。礎石を据える段階からはじまり、やがて製糖工場がたち、鉄道駅が整備され、裁判所が建設されるにいたるまで、街の成長を丹念に見守った。

視察の日時はほぼ必ずと言っていいほど、ファシズム暦の祝祭日が選ばれたり、あるいは国家のファッショ化を記念する各種の祭日に合わせて日程が調整されたりしていた。三月二十三日はファシスト党の結党記念日。四月二十一日はローマの創立記念日。五月九日は帝国の建国祝日。五月二十四日は開戦記念日。十月二十八日はローマ進軍の日。十一月四日は第一次世界大戦の戦勝記念日、といった具合だ。これらの祝日の記念式典行事の中に、建物の献堂式が挿入されることによって、建築は、ファシズムのイデオロギーからの要請にすすんで応じることとなったのである。

　ムッソリーニが視察の途中で触れたあらゆる建築作品は、ただちに政治的な意味合いを獲得するか、あるいはすでにそういった意義を有した建物ならば、それをさらに増幅させていった。これらの建築は、統領の存在と自己同一化し、つねに彼のイメージのもとに認識された。落成式典の記憶は、すぐさま歴史的価値を帯び、やがて神話的な後光を放って、建物とともに後世の人々へと伝えられてゆく。たとえどれほどあわただしい視察であっても、統領がここを訪れたという事実が、一種の神聖さを生みだしていったのだ。建築はこうして、集団的記憶を形成する、地方のシンボルとなった。いや時として、国家レベルでのシンボルとなることさえあった。そしてファシズムはまさにこの集団記憶の周囲に、イタリア人の永続的なアイデンティティを構築しようとしていたのである。一九二六年十月にムッソリーニはこう述べていた。「私が発する指令は、動詞ひとつである――永続せよ！　日々、月々、そして年を継いで、永続するのだ！」[8]永続するとはすなわち、「体制を常に盤石のものとし、より多くを『達成』し、イタリア人を最大限にファッショ化する」ことであった。[9]永続するという動詞には、もうひとつの意味があった――そしてこちらの方は、明瞭な形で追及されていった――。それは、向こう数十年にわたって残り続ける建築、後世の人々にファシズムの標章を残すような建築をたてる、ということだ。そのため建築は可能な限り、大理石で覆われる。ヒトラーと同じく、ムッソリーニもまた、建設事業に際してこの側面を際立たせた。

2　建設すること、戦闘すること

一九三二年、ファシズムは政権獲得十周年を記念して、みずからの業績を称賛すべく、一種の総括を企図する。完成したか、もしくは実現の途上にある諸事業は、「活動する国家」の進歩の度合いを、「聖別」して見せなくてはならない。統領は、落成式典と政治演説とを交互に行なうことで、大衆との間に一種の想像上の関係を芽生えさせ、これに活気を与えていった(10)。ムッソリーニが、見せかけの対話のなかで、大衆にむかって直接語りかける。すると、人々は熱狂してその後にしたがう。統領が短く問いを発すれば、民衆は口をそろえて、是か否かで答える。このやりとりが、それまで形のさだまらなかった群衆の渦を稠密な集団へと作り変え、統一のとれた政治勢力を形成していったのだ。飾り気がなく、張り詰めて、毅然たる口調で語るムッソリーニの演説と、そこで喚起される数々の扇動的なイメージに、すっかり魅了され、酔いしれた群衆。彼らはたちまち幻想に引き込まれ、自分たちの指導者とともに今この瞬間を、唯一無二の主人公として生きているのだという、たまらない幸福感に襲われる。そして現在というこの時間が、神話的な次元にまで高められ、過去の栄光に満ちた歴史を受け継ぎながら、存在してゆくのだと信じてやまない。集会広場に押し寄せた群衆に向け、こうした言葉を発したかと思うと、統領は次いで具体的な事実へと目を向け、建築の作業現場や、竣工した作品のもとへと向かってゆく。これらの建築事業が示しているのは、彼の政策が目指したもう一つの側面であった。それは、演説の言葉とは裏腹に、イデオロギー色を排してひたすら実践的であろうとする、そんな態度であった。

以上のようなことが、同年十月二十三日のトリノ訪問の際にも見られた。午前にカステッロ広場に立ち、ユリウス・カエサルによって再建されたこの都市がもつ、古代ローマ精神をまくしたてるムッソリーニ。

口にこそ出さなかったが、都市の再建者として、もう一人の「ローマの統領」を暗に並置しようとしていることは、誰の耳にも明らかだった。次いで役者も顔負けの名演技ぶりで、ファシズムの敵対者たちを執拗にからかい続ける。やつらは「いっぱいくらわし」て、「ありもしない必要性」を押しつけるために、国民を「ねつ造した」のだ、と。工業労働者たちが占めるこの街で、労働者階級への賛辞を送ってみせるムッソリーニ。諸君は「その両の肩に、不可避の重荷を背負い」、「危機を目の前にして、なお己の義務に」忠実である。そしていかなる社会的な争議も、それはファシスト政権に対する攻撃であるばかりか、国家全体をおびやかす危険として、祖国への「裏切り」として、理解せねばならないのだ、と。[11]

統領は日を改めて、作業途中にある現場を数日にわたって視察している。ウンベルト・クッツィの手になる青物市場、ラッファエッロ・ファニョーニ設計のスタジアム、ジョヴァンニ・シェヴァッレの貯蓄銀行などが訪問対象となった。[12]これらの巡検行にことこまかに仕組まれた演出は、一つのメッセージを伝えることを狙っていた。すなわち、ファシズムが力で課す社会的な「調和」を通じてのみ、勤勉な労働から恩恵を引き出すことができるのである、という主張だ。スタジアムや市場や学校といった施設は、政治イデオロギーと平行して流れる第二旋律を奏でるものであった。

「進めよ、建てよ！」統領は、この言葉を残して街を去った。それは――「戦えよ、勝てよ」のフレーズにもまして――新たな十か年を見すえて「トリノ市民」に託した、指令の句であった。それから二日後、今度はミラノでも、「調和」だとか、「統領と国民を結ぶ絆」だとかといった主題を再び取り上げ、それらをさらに拡大して見せている。「力で課す統一」こそは、イタリア国民をファシスト体制へと同調させ、彼らがついに「自らの歴史の主人公」になることを可能とするものであった。大聖堂《ドゥオーモ》前広場に集まった群衆を前に、ムッソリーニはこう予言してみせる。二十世紀は「ファシズムの世紀となるであろう！」そして威圧的な口調で、誇大妄想じみた好戦的な野心を宣言する。「向こう十年のあいだに、全ヨーロッパは

［図1］マルチェッロ・ピアチェンティーニ設計、ブレーシャ市のヴィットーリア広場、1929-32年。建築家を脇に従えたムッソリーニは、広場の竣工式の日に、こう発言することになる。これらの「華麗な建物群」を前にしては、言葉は「余計である」。

ファシズムを奉ずるか、ファッショ化の洗礼をうけることになろう[13]」

十一月一日の朝は、ブレーシャ訪問にあてられた。ピアチェンティーニ設計の新中心街区［図1］を視察するためだ。ブレーシャ市のこの広場は、ファシズム体制の一連の建築事業のなかでも、際立った成功をおさめた作品の一つである。建築家を脇に従え、ヴィットーリア広場に降り立った統領は、ここではあえて言葉数を少なくし、建築に場をゆずっている。いかなる教訓じみた演説であっても、建築自体のもつ効力にはかなわないからだ。それは、ファシズムを建築作品そのものと同一化するための、ひときわストレートなやり方であった。だが、それは政治的エリートのシンボルとしてではなく、「国民の体制」を象徴するものであった。すなわち、統領に自由を奪われた上に、同意をも求められた、その当の大衆のシンボルとして、建築がとらえられたのである。要するにこれらの建築もまた、統領が自らを語るための、一種の手法であった。そしておそらくは、最善のやり方であったといえる。統領は機転をきかせて、こんなことを言う。「この広場を囲む華麗な建物群を前にしては、言葉は余計である。なぜなら、建築そのものが事実を語っているからだ」[14]。ムッソリーニはよくわかっていたのだ。演説の言葉などよりも、ここでの儀式や、彫刻然とした統領の雄姿、そしてこの式典が執り行なわれる建築的な器といったもののほうが、はるかに大衆の記憶に強く刻印されるであろうことを。

ブレーシャを後にした統領は、ガルドーネへと赴き、その地のガブリエーレ・ダンヌンツィオを訪ねた。ある意味これは、義務ともいえる訪問であった。大衆との関係を築く上でムッソリーニが採用した行動様式は、ダンヌンツィオのおびただしい経験を大いに活用したものであった。この元「司令官」は、政治、それも神話と象徴に従属する政治のために、革新的な典礼のあれこれを入念に作りあげていたからだ。実際ムッソリーニが採用した古代ローマ式敬礼、群衆相手の対話の様式、バルコニーからの演説、世俗界に適用したキリスト教のシンボリズムなどはみな、ダンヌンツィオの美学から派生したものであった。そしてその美学は、建築にも大きな意味をもつことになる[15]。イル・ヴィットリアーレ〔ダンヌンツィオの自邸の呼称で、彼自身が命名した〕周辺のせまくるしい混雑を縫って、ジャンカルロ・マローニが統領の案内役となり、いつ終わるともしれぬ作業現場へと引率した。いずれの工事も、ほぼ完全に国家が請け負った事業であった。いや、贅美を尽くしたこのガルドーネの金ぴかな隠遁地にしてからが、統領がこの畏怖すべき詩人を政治的に沈黙させるべく、「倫理面でも物質面でも」廃頽に導いた結果できあがった産物であったのだ[16]。ムッソリーニは続いて同月の三日にはアンコーナに到着し、そこでグイード・チリッリ作の戦没者慰霊碑の除幕式に出席して、制作者を称賛している。そしてその日の午後には、ローマへの帰途についた。本書で後述する、数々の建設事業の落成式を執り行なうためである。

統領のかたわらには、ブレーシャではピアチェンティーニが、ガルドーネではマローニが、アンコーナではチッリが、それぞれ随伴していた。ムッソリーニと建築家たちの会見の機会をすべて資料で裏づけることはできないのだが——ごく一部の例外をのぞけば、新聞の報告記事は統領に関する記述のみで埋められている。その一方で、写真やニュース映画などを見ると、新聞などよりよほどはっきりと、視察行に参加していた面々の様子がわかる——、ほぼ確実に、これら無数の建築巡検の道中、統領は常に、プロジェクトの企画者たちの随伴をうけていたといえる。首相に紹介され、そのかたわらにひかえることを許され、質問に答え、称賛の言葉を賜ること。建築家にとってこれらの行為は、統領が描く歴史的な企図への参画を、公に認められたことを意味していた。十年という時間の区切りで見てみるならば、統領の視察行には実に大勢の建築家の一団がつき従った計算になり、その数は一〇〇名を超える。彼らが設計した建築群は、ファシズムが着工した国民の合意という大建造物を支えるのに、並はずれた威力を発揮した。(17)

一九三三年度は視察の回数はぐっと減少し、ヴェネツィア、リッチョーネ、アグロ・ポンティーノを訪問したのみであった。翌一九三四年の九月にはプーリア地方に到着。バーリ港内に艦船アウローラ号が入港したのは、朝八時ちょうどであった。そこから、ヴィンチェンツォ・ファソーロ設計のスタジアムに入場し、ついでロベルト・ナルドゥッチ設計の郵便局を称賛。そののちナザーリオ・サウロ海岸通りに赴き、ムッソリーニの新たな都市バーリの景観が、地中海に開けたこの海岸の背後に浮かぶさまを鑑賞した。一行は視察をさらに続けて、サヴェーリオ・ディオグアルディ設計の空軍司令部、バッツァーニ設計の憲兵宿舎、カルロ・ヴァンノーニの公共事業省館とまわったのち、ルイージ・バッファ設計の県庁舎の落成式を短く執り行なった。正午をまわったころ、ふたたびヴィットーリオ・エマヌエーレ広場に戻り、政庁舎のバルコニーに姿を見せたムッソリーニ。群衆に向けて、数千年の歴史をほこるイタリア国民の起源を称揚し、偉大な文明と帝国の誕生に立ち会ってきた地中海の住人たちの始原を称賛してみせたあと、今度は対照的に、ナチズムの人種理論をからかってみせる——その背後には、オーストリア政府転覆をねらうクーデター騒動ののちに、ヒトラー率いるドイツとの関係が悪化していたことがあるのだが——。「わが民族は三千年になんなんとする歴史を有するのであってみれば、アルプス以北の者どもが奉ずるあの手の理論など、王者の憐れみをもって眺めやることができるのだ」[18]。この言葉のうちに、後により具体化する一つの政治的選択を、すでに萌芽のかたちで見てとることができる。それは、文明という主題をめぐっては、もっとも危険で信頼のおけない同盟者との対決をも辞さぬ、という姿勢であった。

翌日、レッチェでバリッラ事業団会館の落成式に立ち会い、ついでターラントに赴いて、ブラジーニ設計の政庁舎の落成式に参加。この巨大で威厳にみちた庁舎は、ローマの豪奢に対抗しようとするものであった[19]。つづくブリンディジでは、ガエターノ・ミンヌッチ設計の海軍士官学校のプロジェクトを吟味し、その最初の礎石を現場に据えた。ついで巡航船で港を横切り、ルイージ・ブルナーティ制作の水兵記念碑がそびえ立つ防波堤に船を係留し、石でできた舵の頂部にまで昇った。統領はこの作品に関しては、難産だった建設プロセスの推移を長期にわたって見守り、市長のセラフィーノ・ジャンネッリが提示した誇大妄想趣味的な先案に対しては、却下の指示を下してもいた[20]。ついでフォッジャに赴くと、バッツァーニ設計の政庁舎のテープカットを行ない、ブラジーニ設計の市庁舎の作業現場を視察。この市庁舎についてはすでに一度、現場を訪れたことがあった。そして日程の最後に、統領はピアチェンティーニ設計の大学校舎に立ち寄る。この建物に関しても実は、このイタリア・アカデミーの建築家が提示した最初の案を、あまりに豪奢すぎる、として却下した経緯があった[21]。

一九三五年六月にはサルデーニャ島に足を延ばし、八月にはボルツァーノとトレントの両県を踏破している。アルト・アディジェ地方の都市ボルツァーノでは、ピアチェンティーニが設計した、軍隊司令部の建物を訪問。また統領は、かねてからデザインを知っていた、同じくピアチェンティーニ設計の凱旋門を当地でついに目の当たりにして、建築家に称賛をおくっている。後に見るように、この作品については、その立案過程からムッソリーニ自らが関与していた[22]。トレント市ではエットレ・ファジュオーリを召し連れて、ドス丘陵上の、落成して間もないチェーザレ・バッティスティ記念碑を訪問。このモニュメントについても統領は、その計画段階から作業の推移を見守っていたものであった。[23] しかしながらヴェネツィア・トリデンティーナ地方を訪問した主たる目的は、ボルツァーノ県で執り行なわれる大規模な軍事演習に立ち会うことであった。一〇万の兵士を前にムッソリーニは宣言する。わが軍はやがて一〇〇万の兵を数えるにいたるだろうと。[24] ファシストによるエチオピア侵攻計画は、体制そのものと有機的に一体化した戦略であり、開戦の時はもはや間近にせまっていた。「建てよ！」そして「戦え！」この二つが、新たな十年期に向けて統領が発した指令であったことは、忘れてはならない。二つの動詞は両立不可能でないばかりか、むしろムッソリーニの奉ずるイデオロギーを補完するものであった。そのことは、建築現場の視察と閲兵式とを、統領が交互に繰り返していたことからもうかがえる。だが、この政策はやがて財政問題と衝突することになる。戦争は、ムッソリーニへの国民の支持を固めるために必要であった。そこにはもちろん、いまや軍隊のトップを兼ねるまでに拡張した、彼個人の権力を増大させるという意味合いもある。したがって、失敗を犯す危険だけは、避けたいところであった。人員ならびに物的資源において圧倒的な優越を確保するために、統領は国庫を空にする。エチオピア侵攻にかかった費用は四〇〇億リラ。その結果、国家財政の支出総額は二〇―二五パーセントの増大に転じ、そのぶん公共事業への投資にしわ寄せがきた。とはいえ、その公共土木事業とて、国民の合意を堅固にし、「新しい人間」を形成してゆくためには、戦争に引けを取らぬほどの重要性を有していたのではあった。[25]

それから数か月後、すでにエチオピア戦争に突入しているなかで、ポンティーニア市の落成式を行なった。これは、リットーリアとサバウディアに続く、アグロ・ポンティーノ地方で三番目の新造計画都市であった。市内の建物の多くがいまだ建設途上にあるなか、式典が執り行なわれたのは十二月十八日。新都市の落成を、「結婚指輪の日」（一九三五年十一月十八日、ムッソリーニは国際連盟が発動した経済制裁に対抗するため、イタリア国民に対して結婚指輪（通常は黄金製）を国家に寄進するよう要請した。翌十二月十八日、数百万のイタリア国民がこれにこたえて指輪を差し出した。これにちなんで、この日は「結婚指輪の日」と呼ばれた」に合わせようとする、意味ありげな意図がそこにはうかがえる。その日、大都市から地方の村落にいたるまで、イタリアのすべての女性たちは、国家への婚礼の忠誠を誓ってみせた。それは、エチオピア侵略に対して国際連盟が課した経済制裁を不服とする、抗議の行動であった。おびただしい群衆の参加する途方もない規模の儀礼が催され、圧倒的な扇動と尖鋭なプロパガンダの渦の中、ファシズムと祖国の観念との一致が祝福された。その際、とりわけ女性に対しては、一つの献身的行為、「全面的な服従の姿勢」が要求された。すなわち、彼女たちが秘蔵している品物のなかで「もっとも高価でかけがえのないもの」を一つ、祖国のために提供することが求められたのである。[26]ファシズム体制下のイタリアでは、女性自身もまた、夫や息子が命をかけて戦っている戦争の完遂のために、資金提供の最前線にいる。このことが、すべての者の目に明らかになる必要があった。ポンティーニア市の質素な新築住居群を背後に、ムッソリーニは移住者たちの前にたつ。彼らはとりわけヴェネト地方から、困窮を逃れるためにやってきた者たちであった。統領は説明する。エチオピア戦とは「貧しき者、相続権を奪われた者、労働者のための戦争である！[27]」そしてこの戦争が諸君の戦いであるのならば、これらの建物が諸君の家なのだ。それは、二つの事柄がまったく同一の地平に位置していることを悟らせる、最小限の言葉ではあった。戦争と建築は、ファシズムの教化政策においては並行して展開する営為であったのである。

3 「永続する」ための建築

一九三六年五月九日の夕刻。ヴェネツィア宮のバルコニーに立ったムッソリーニはこう宣言する。「ローマの運命の丘の上に、いま帝国の再興がかなったのだ！」イタリア中の都市や村落の広場で、ラジオから流れる演説に聞き入った群衆の数は、莫大なものであった。それにつけても、群衆を鼓舞し、集団の想像力を思うままに操る統領の能力は、見事なものである。彼自身、帝国建設というこの度の偉業にはことのほか満足していた。本人が後に回顧しているように、「イタリア国民の魂を、根底から揺り動かす」ことに成功したことを、誇りに思っていたのである。そこでいう国民とは、その性根において信じやすく従順で、「真実を求めて時間を浪費するようなことに、まちがっても没頭してはならない」、そんな存在であった。(28)

イタリア国民を形成するための方策は、アフリカの戦線から国内視察の場へと位相を移しながら展開しており、外交政策と内政とが相互に関連しあっていることを示していた。国内での合意を取り付けることは、国際舞台において強気の外交にうったえるうえで、なくてはならぬ条件である。その一方で、軍事的成功によって満足感を得ることは、国民をファシストへと「改良」してゆく作業を急進化させる上では、不可欠な前提条件でもあった。エチオピア併合後には、統領の全国視察はその頻度を一段と増し、またその行程もいっそう入念に計画されるようになる。加えて、公共事業への投資も、統領の訪問予定都市に優先してまわされるようになる。ムッソリーニの巡検の行程は、一つの想像上の軌跡を描くようにして、建築から建築をめぐってゆくものであった。とはいえ、ムッソリーニが次々と訪れ、ファシズムの栄光の殿堂へと迎え入れていった建築群は、統一性をそなえているとはとても言い難いものであった。このことは、ここでもう一度強調しておいてよいだろう。これらの建築はむしろ、全体主義国家がたびたび直面する政治的要請に、その都度こたえるかたちで計画されていったものであった。いずれの作品も「永続する」ための論理を反映するにとどまっており、いまだ「果断な挑戦」のロジックを表明するにはいたっていない。この永続性の強調は、エチオピア侵攻後のムッソリーニの政策を特徴づけるものでもあった。そこに決定的な転機が訪れるのは、大衆の教化に自ら参画する建築が登場する一九三七年の後半、すなわち「Ｅ４２」の計画が始動してからのことである。そしてその時でさえ、建築の様式的統一性は段階的なしかたであらわれてゆき、そこには少なからぬ意見の相違もみられることになる。帝国を建設したムッソリーニは、一九三六年の秋、マルケ地方とエミリア・ロマーニャ地方を踏破している。コッリドーニアに立ち寄り、市庁舎の落成式に参加。ついでマチェラータにいたって、バッツァーニ設計の新たな戦傷者会館にゴーサインを出している。そこからボローニャへと北上し、ヴァッカーロ設計のボローニャ大学工学部を訪問、建築家としばし時を過ごしたのち、ローマ通りを歩いて、進行中の計画について最新の説明をうけた。ボローニャではこの他、アルベルト・レニャーニとルチャーノ・ペトルッチが手がけたガス公社ビルの除幕式をおごそかに行ない、ピエル・クレシェンツィ通りの住宅群を視察、さらにフランチェスコ・サンティーニが計画したファシスト革命団地〔公営住宅協会によって、ファシスト革命の遂行における死傷者の家族のために建設された集合宅地〕を訪れている。それから足早にイモラまで足を延ばし、アドリアーノ・マラビーニ設計のカーサ・デル・ファッショのテープカットを行なった。[29]

　一九三七年三月、統領は地中海を渡り、リビアに降り立った。旅の途上では、北アフリカ地域の大規模な植民地化にむけてのさらなる支援を宣言し、また地中海への拡張が政策の中心であることを強調している。[30] 随行したウーゴ・オイェッティの言葉を信じるならば、ムッソリーニはレプティス・マグナおよびサブラタで荘厳な古代ローマ遺跡の数々を目にし、深い感動をうけた。それがのちに、建築政策の指針をさだめる上で決定的となるいくつかの場面において、一定の影響をおよぼすことになったのだという。実際、「Ｅ４２」の計画が始動したのはまさにこのリビア行から数か月後のことであり、統領の趣味はこののち、ローマ的伝統の復古の方向へと次第に傾いてゆくことになる。地中海の対岸にそびえるこの圧倒的な遺跡から、ムッソリーニはいわく名状しがたい圧倒的な魅力を受け取った。そしてそこから、新たな国

［図2］フランチェスコ・フィケーラ設計、カターニアの裁判庁舎、模型、1937年。ムッソリーニは同市を訪れた際に、この模型を検証し、建築家を手ずから激励している。

家のために、帝国の威光と建築の壮麗を呼びさますための、さらなる確信を得たのである。

　リビアから戻ると、プレダッピオを訪れて、新たなカーサ・デル・ファッショのための敷地を、詳細に検討している。これは、「ラケーレ・ムッソリーニの技師」と呼ばれたアルナルド・フッツィの設計によるものであった[31]。同年八月には、シチリア島を縦に横に、くまなく踏破している。海峡の街メッシーナでは、アンジョロ・マッツォーニ設計の中央海洋駅のために、最初の礎石を据えている。同駅の未完成の模型を見学したのち、関係当局側からの異論がちらほら出ていたにもかかわらず、工事の着工を指示したのであった[32]。カターニアでは、フランチェスコ・フィケーラ設計の裁判庁舎［図2］のために、最初の礎石を据え、シラクーザでは、エルネストおよびガエターノのラピサルディ兄弟設計の戦没者合祀霊廟《パンテオン》の落成式に参加。そしてラグーザでは、エルネスト・ラ・パドゥーラ設計の新たなカーサ・デル・ファッショを同じく序幕し、ペルグーザでは五〇棟の新築住宅を市民に引き渡した。そしてジェーラでの休憩中のおりのことである。常には彫像然とした姿で、

「表情の読めぬ」容貌を崩さぬ公人ムッソリーニではあったが、そんな彼にも、ひと皮めくれば、ふしだらな側面があることを示すエピソードがあった。ボッタイは日記にこう記している。とある海水浴場の円形テラスの上で、小さな楽団の音楽にあわせ、「『いかにも庶民然とした姿態の』少女たちの群れに、目を泳がせる統領。体型の維持に気遣うこともなく、その肢体はややずんぐりして、肥満の気味を呈していた。のびきった皮膚に、あの不気味な笑みをうかべつつ、体を揺らし、踊っている」[33]。数日後、政府広報筋は、このニュースの報道を禁止した[34]。

エンナでは群衆を前に、一八六〇年よりこの方、当市をおとずれた政府の人間は余がはじめてである、と演説している。実際には、この街が県庁所在地に昇格してまだ十年とたっていなかったのだが。同市で統領は、新たな中心市街区の整備計画のためにサルヴァトーレ・カローニア・ロベルティが作成した模型を検討している[35]。アグリジェントでは、母子保護会館の建設のために礎石を据えた。そしてパレルモでは、シチリア銀行の新本店に、最初に足を踏み入れた人物となった。この建物もまた、カローニア・ロベルティの設計になるものであった。同市では次いで、ラピサルディ兄弟設計の裁判所の建設現場を視察し、ジユゼッペ・スパトリーサノ設計の傷痍軍人会館の起工を認可、さらにはアントニーノ・ポッラーチ設計の消防士宿舎、および母子保護会館の落成式を行なった。そしてパレルモを去る前に、フォーロ・イターリコに姿を現し、一五メートルの高さの演壇からこう宣言する。シチリアとファシズムは、「完全に一心同体」である。そして諸君に約束しよう、「第二のローマ帝国の建設」は、この島の千年を越える歴史のなかで、「もっとも幸福な時代」の幕開けを告げるものとなることを。こう述べたあと、シチリアのトラパーニ市でここ数日行なわれている恒例の軍事演習を念頭に置きながら、こんな予言の言葉を残した。「ここ（シチリア）には、何人たりとも、たとえ一兵とて、敵は上陸することはかなわぬであろう[36]」

太陽の照りつける、それは爽快な一日であった。ヒトラーとローマで会談してから数日を経たこの日、統領は海からジェノヴァへと降り立つ。群衆の波が最初に彼を迎えたのは、ピアチェンティーニ設計のアーチが睥睨《へいげい》する、ヴィットーリア広場であった。このローマの建築家は、市全体の建築計画の諮問役も務めていた［図3］。市の新たなファシストのフォーロ（広場）に立ったムッソリーニは、先日のヒトラーとの会談の成果を大いに自賛し、ドイツとの間に、堅固で永続的な友好関係が結ばれたことを誇って見せた。返す刀でフランスと英国の外交政策をやり玉にあげ、こう告げる。「国家間、および大陸間の闘争は、もはや阻止することはできぬ。闘争をやめたものが、負けるのだ」。そしてこう付け加えて、大衆を安心させる。ヒトラーは「われわれにもおとらぬ熱意で、平和をのぞんでいる。だが、平和を確かなものとするためには、武装せねばならぬのだ[37]」。

翌日は、いくつかの街区でカーサ・デル・ファッショの落成式をこなし、またジェノヴァ・ストゥルラでは、アンジェロ・クリッパ設計のガスリーニ小児科病院の落成を祝った。ガスリーニ病院は、民間の融資で実現したものであり、ファシスト体制の作品ではなかったのだが、統領はこれをわがものとしてしまった[38]。ついで、ふたたびヴィットーリア広場に舞い戻り、ピアチェンティーニが設計したＩＮＦＰＳ（全国ファシスト社会保障機構）会館の部屋を大衆に公開した。統領と建築家は実は、わずか四日ほど前に、ローマのコンチリアツィオーネ通り開削予定の作業現場で、面会したばかりであった。ムッソリーニを囲む高官のなかでも、もっとも信頼のおける一人として、このイタリア・アカデミーの建築家はまるで影のごとくに、統領に着き従っていた。ヴィットーリア広場から、ムッソリーニは次いでドゥーカ・ダオスタ通りにいたり、エウジェーニオ・フセッリ設計の障害児母親会館の落成式典を宰領した。フセッリといえば、ピアチェンティーニの建築事務所の中でも、もっとも緊密な協力関係にあるスタッフの一人であった[39]。式がおわると、今度はダンテ広場に移動して、ピアチェンティーニの手になる建設途上の摩天楼、およびジーノ・チプリアーニ設計の全国保険協会（ＩＮＡ）会館を称賛した。このチプリアーニは、同保険会社の不動産部門をとりまとめる腕利きのエンジニアであった。その日の午後は、レヴァンテ海岸の訪問に充てられた。車に搭乗しての駆け足の視察であったが、その行程は、各地区での現場訪問によって区切られていた。すなわち、ラパッロではルイージ・ヴィエッティ設計のカーサ・デル・ファッショの工事現場を訪れ、キアヴァーリではカミッロ・ナルディ・グレーコ設計のPNF（全国ファシスト党）キャンプを巡検、そしてセストリ・レヴァンテではベニアミーノ・ベッラーティ設計のカーサ・デル・ファッショの落成式を行なった。そして迎えたジェノヴァ滞在の最終日。この日に視察を行なったのは、サヴィニョーネの山岳コロニー、モンテ・グラッパ通りにあるカミッロ・ナルディ・グレーコ設計のGIL（リットーリオ・イタリア青年団）学院、そしてミルコ・ダペーロとラッファエーレ・ブルーノ設計になるジェノヴァ・プラの新たなカーサ・デル・ファッショであった。これら訪問対象となったファシスト党の拠点、ないしは統領をあがめる政治宗教のための聖地のいくつかは、ある壮大な企図に従って実現したものであった。その計画によれば、一九三八年から四〇年にかけてのわずか三年間のみでも、実に九五〇棟以上のカーサ・デル・ファッショの建設を予定しており、最終的にはイタリア全国で八〇〇〇の自治体に施設を供給することを目指すものであった。[40] ムッソリーニの絶対的指揮のもとに企図された、これら未曾有にして驚嘆すべき規模の建設計画リスト。これこそは、全体主義的な観点からイタリア国民の総ファシスト化をめざすプロセスが、毛細血管のように国家の隅々まで入り込んでゆく様を、もっとも顕著な形で証明するものであった。この国民ファシスト化の過程は、三〇年代後半から実行に移されているが、この政策に関してはファシズム史家エミーリオ・ジェンティーレが入念に分析を加えている。[41]

統領はその年の九月、イタリア北西部の視察にでかけている。ジェノヴァ訪問のときと同様、トリエステでもまた、海からの入市という演出が凝らされた。そこからウニタ（統一）広場の演壇にのぼり、余はナチス・ドイツによる対チェコスロバキア侵略政策を支持するものである、と演説している。トリエステ

［図 3］ジェノヴァのヴィットーリア広場に据えられた基壇上に立つムッソリーニ。1938 年 5 月 14 日。

は、イタリアでもっともユダヤ人コミュニティの数が多いことで知られていたが、ムッソリーニは演説のなかで、そのユダヤ人問題についても、「喫緊の時事課題」として触れている。いわく、世界のヘブライズムの中には「ファシズムとは相いれることのできない敵対者の姿」を認めることができるのだ、と。統領はさらに続けて、ファシズムの抱く人種観は「ゆるぎない優越性」に基づいたものであることを主張し、「必要な解決手段」をただちに講じる旨を宣言した。こうして、ナチスによる一九三五年のニュルンベルク法を真似たユダヤ人差別の法律を制定し、ヒトラーの政策に忠実たることを示したのであった。その法は、ことユダヤ人児童の学校からの追放に関しては、本家のドイツよりもさらに厳しい内容のものであった。ムッソリーニはこう考えていた。ユダヤ人排斥の運動によって、国家のアイデンティティは際立つ。それは、新たな文明の構築をめざすファシズム革命を実現させるためには、必要な一歩であるのだ。[42]

これに続く日々、ムッソリーニは、熱狂的ともいえる無数の落成式典の渦のただ中に、主人公として身を置くことになった。ただし熱狂的とはいってもそれはいつものことで、またそれらの式典群の演出は、事前に注意深く計算されたものでもあった。エンリーコ・パオロ・サレムは、この都市のヘブライ人市長であった。同市の景観に、新たなファシズム的容貌を付け加えるのにもっとも力があったのも実は彼であったのだが、いまやムッソリーニはこのトリエステ市を祝福し、自己と同一化しようとさえしていた。市長がその任を解かれたのは、統領の訪問のわずか数日前のことであった。ムッソリーニの視察日程中、彼のかたわらに随行して、もっともおいしい部分を独り占めしていたのが、時の公共事業相、トリエステ出身のジュゼッペ・コボッリ・ジーリであった。ピアチェンティーニには耐えがたい輩であったようで、建築家はこう漏らしている。「トリエステにお似合いの無学な奴だよ、あのブーツをはいた無能大臣閣下は」[43]。

このヴェネツィア・ジューリア地方の都市トリエステで、統領が建設の起工式を行なったのは、ラッファエッロ・バッティジエッツリおよびフェッルッチョ・スパンガーロ設計のカーサ・デル・ファッショ、オベルダン広場にあるウンベルト・ノルディオ設計のＧＩＬ（リットーリオ・イタリア青年団）会館、同じくノルディオがファニョーニと共同で設計した大学新校舎であった。当時の政治情勢の変化を反映するかたちで、統領の凱旋的な市街訪問の経路からは外された建物があった。ピアチェンティーニ設計のジェネラリ保険会社ビルと、ノルディオ設計のＲＡＳ（アドリア海保険連合）ビルである。いずれも、ユダヤ人資本が経営する会社であった。(44) また統領が落成式典の儀式を執り行なった建物としては、レディプーリア（ここは実際には未完成であったのだが）ならびにカポレットの納骨堂で、いずれもグレッピおよびジャンニーノ・カスティリオーニの設計になるもの。それから、オスラーヴィアにあるギーノ・ヴェントゥーリ設計の納骨堂。戦闘と虐殺のあったこれらの地には、この日、子供を連れた母親たちが、統領のたどる道筋に整列させられていた。その母子たちに向かってムッソリーニは言う。「今日の子供たちも、明日には兵士へと成長するだろう。常に勝利をつかみ取る、イタリア軍の兵士に」。ついでウーディネでは、エルメス・ミデーナ設計のＧＩＬ（リットーリオ・イタリア青年団）会館、およびプロヴィーノ・ヴァッレとアレッサンドロ・リモンジェッリ設計の納骨神殿の落成式を行なっている。(45) また市庁舎では、市長のピエル・アッリーゴ・バルナバが、貯蓄銀行の模型を統領に差し出している。これは市の新たな中心部にファシズム的容貌を刻むために計画された建物で、フォスキーニおよびチェーザレ・パスコレッティの手になるものであった。後者は、ピアチェンティーニの建築スタジオで働くスタッフである。

トルヴィスコーザは、ジュゼッペ・デ・ミンが計画した新造の自給自足都市であったが、ムッソリーニはこの街で、セルロース生産のための機械設備を、自らの手で始動させた。そしてトレヴィーゾから飛行機でいっきにローマに戻り、アウグストゥス帝治世二千年を祝福するこの年をしめくくる行事として、修復のなったばかりの平和の祭壇《アーラ・パーキス》を、ヴィットーリオ・モルプルゴ設計の展示館の中で公開した。翌日はふたたびヴェネト地方へ。パドヴァ、ベッルーノ、ヴィチェンツァ、ヴェローナといった地方の拠点都市を見て回るためである。さきの首都への電光石火のごとき移動は、統領の神出鬼没ぶりをアピールする目的も確かにあった。だが何より強調したかったのは、帝国ローマの徴のもと、中央とこれら地方拠点とを結ぶ絆が現れるのだ、ということであった。そして、神が望んだ歴史の「驚くべき循環」のゆえに、統領が、再び地上に現れた皇帝の権威をもって国土を駆け巡る、そう強調したかったのだ。ともあれムッソリーニの到着を待つ間、ヴェネト地方の諸都市では、現場作業員や農夫たちが「にせものの統領」を前に、何度も何度も、整列の予行演習を繰り返していたのだった。(46)

ヴェローナのブラ広場で、統領はヴェネト地方民への辞去の演説を行なった。目下、ドイツ＝チェコスロバキア間の国境紛争は一挙に大詰めを迎えようかという情勢にあったわけだが、ムッソリーニはこう宣言する。平和的解決を模索することが必要だ。ヨーロッパ国家間の紛争は好ましいものではない、と。だが、こうも予告する。やがて「紛争の性格上、われわれが直接関与することになる」ときがやってくるだろう、「その折には、われわれはいかなる逡巡もなくたちむかうであろう」。だが一九三八年九月のこの段階では、統領には平和が必要であった。戦争は、帝国の境界を広げ、「イタリア国民を教化する」のに役立つが、まだ準備がととのっていなかった。この演説の後、ムッソリーニは同盟相手のドイツ人たちに自国の状況を伝えている。それを受けて、ドイツの大衆扇動ならびに民意操作のエキスパートの一人はこうコメントしている。「統領は、イタリア国民に準備をさせる必要がある、とのことだ。実際これは、彼が今まさに、精密かつ用意周到に行なっていることだが」。国民啓蒙宣伝相ヨーゼフ・ゲッベルスの言葉である。この時期の統領の視察巡行に際しては、かつてなかったほどの徹底ぶりで、出迎える大衆を幾何学的に配列することに意が砕かれている。たとえば、ヴェローナ市の円形劇場で執り行なわれたＧＩＬ（リットーリオ・イタリア青年団）の集会などがその典型だ。これなどもまた、単に見かけの上ばかりではなく、その内実においても全体主義政治がいっそう強化された徴候であり、戦争にはおせじにも向いているとはいえない国民の性質を鍛えなおそうとする意図の現れでもあったのだ[47]。それから数か月たった同年の十二月、統領は海路よりサルデーニャ島に上陸し、チェーザレ・ヴァッレ、イニャーツィオ・グイーディ、エウジェーニオ・モントゥオーリらがデザインした計画都市カルボーニアの落成式を執り行なった[48]。

一九三九年の三月はカラーブリア地方を踏破、そして五月の半ばにはピエモンテ地方およびアオスタ渓谷地方をまわった。この二つの視察行の間に、イタリアは対外侵略政策を敢行、四月にはアルバニアに侵攻している。すでにヒトラーは三月にチェコスロバキアに侵攻していたが、それへの対抗からムッソリーニは宣言する。「アルバニアは、バルカン半島のボヘミアである」〔一九三九年四月六日、イタリア軍は、バルカン半島のアルバニアを占領した。ムッソリーニの発言は、イタリア軍の行動を、前月のドイツ軍によるボヘミア占領との類比で語ってみせたもの[49]〕。レッジョ・カラーブリア地方の視察の途中、統領は、マーニャ・グレーチャ（マグナ・グラエキア）国立博物館の完成のために、二〇〇万リラの予算を計上する決定を下した。ピアチェンティーニ設計のこの建物は、予算不足で、工事が中断していたからだ。ムッソリーニはカラーブリア地方の将来の事業を描きながら、こう語っている。この地方には「新たに（都市を）二つ造り、それらをナポリとレッジョに連結する二本の高速道路でつなげる」べきである[50]。だが南部イタリアでは、なかなか事業が軌道に乗らなかった。体制による建築的な刻印が、より克明なかたちで残されたのは、むしろ北部においてであった。トリノでは、統領の視察行は、リッカルド・グァリーノがかつて所有していた途方もなく巨大な別荘からスタートした。このグァリーノなる人物は、繊維業の企業家で文芸保護家でもあったのだが、破産して流刑に処せられたという男であった。その別荘は、今や「国民に返却され」、マーリオ・パッサンティとパオロ・ペローナの手によって、子供のための日光浴治療施設へと改造されていた。ついで、フィアット社の助成を受けて、やはり同じ建築家コンビが手がけたファシスト市区団「ポルク」の拠点、フェッルッチョ・グラッシ設計の学生会館、エットレ・ソットサスの自給自足経済展〔エチオピア侵攻への制裁として、国際連盟による、イタリアへの輸出入を禁止する経済措置が発動されたのを受けて、ムッソリーニは一九三六年三月、自給自足経済政策を打ち出す。「自給自足経済展」とは、こうした背景のもとに、国産品の生産・販売促進を目的に開催されたもので、ソットサスがその設営デザインを担当した）とまわる統領。そこからさらに、アスティにあるオットリーノ・アロイーシオ設計のリットーリオ会館と、アレッサンドリアにあるガルデッラ設計の結核予防施療院を見て回った。

そしてトリノ市のヴィットーリオ・ヴェネト広場に立ったムッソリーニは、群衆に向かって演説をはじめる。前回の訪問時に余が残した指令の言葉を、市民諸君が忠実に履行したことを、余は大いに誇りに思う。イタリアはこの七年の間に、「建設し、戦い、そして勝ったのだ」。この成功に気をよくした統領は、よしこうなったら、ファシズムの教化政策のプログラムを徹底的に推し進めてやろう、との誓いを新たにする。それは、イタリア人の性格の奥底に深く刻み込んで、「新たなイタリア人の肉体的かつ倫理的な型」をつくりあげることを目指すプログラムであった。また統領は演説の中で、「ドイツ」とともに歩んでゆくことがわれわれの義務である、と強調している。「全国民が希求する正義にかなった平和を、ヨーロッパにもたらすために」必要な措置なのだと。[51] その翌日は、ヴィットーリオ・ボナデ設計のフィアット・ミラフィオーリ工場の落成を祝っている。統領は事前に、その建設計画には目を通していた。同工場は、その勤務の質の高さを通じて、体制が望む「労働の社会的進歩」のモデルたらんとするものであった。だが、その「社会的進歩」とやらに納得していなかったのが、新工場前の広場に整列して統領を出迎えた、五万人からなる労働者の大多数であった。統領が称賛してやまない、国民とファシズムとのあいだの不可分の連帯も、社会主義の伝統を受け継ぐここの労働者たちのあいだでは、多少のほころびを露呈する。この工場建築のご利益で、彼らのあいだに新たな党員が生まれた様子はない。政治警察がまとめた同集会の報告書は、新聞に掲載された華々しい凱旋報道とは、およそかけはなれたものであった。ムッソリーニの言葉が熱狂的な歓呼を巻き起こすことはなく、まばらな拍手も、最前列あたりからぽつりぽつりと聞こえてくるのみ。大多数の労働者たちは、むっつりと腕を組んだまま、微動だにしなかった。なんとか観衆を参加させようと、統領は労働者たちとのデュエットを試みる。余が数年前に行なった、社会福祉政策の演説を諸君はおぼえているかね？　と、問いかけてみる。だが、観衆からはあいまいな答えしか返ってこない。すると、統領はあきらかに冷静さを失い、みるみる不機嫌になって、演壇からこう叫んだ。「おぼえておらんなら、演説稿をもう一度読み直しておきたまえ！」このお寒い歓迎にひどく気分を害した統領は、まったく「いまいましい町」だ！　とののしりながら、トリノを後にすることとなった[52]。

4　ファシズム生誕の都市で

ミラノ、ファシズムが産声をあげたこの街に、ムッソリーニは一九一二年から一九二二年まで暮らしている。彼の政治生命の重要な時節に、しっかりと結びついた都市だ。ミラノはまた、経済的に国内でもっとも活気のある都市であり、国家を近代化しようとするファシズムの能力を試す、もっとも前衛的な実験場でもあった。そしてほかならぬこのミラノにおいてこそ、国家のもっともダイナミックな容貌が、建築作品の実現を通じて現れることになる。そして一九三〇年代に、統領はこのロンバルディアの都をたびたび訪問している[53]。

一九三〇年の五月も暮れにさしかかった、ある日の午後。ヴェネツィア通りを訪れた統領は、プラネタリウムのテープカットを行ない、設計者のポルタルッピを褒め称えた。その翌日は、ポンティとマーリオ・シローニを随伴して、トリエンナーレの開催されているモンツァに行脚。王宮《パラッツオ・レアーレ》内の展示室に、ずいぶんと長い間とどまった。ついで公園に降り立つと、ポンティとエミーリオ・ランチャが設計した休暇の家や、グルッポ・セッテの若手の何人かが設計した電気館を見てまわった。ポンティとシローニに向かって、大変「素晴らしい」展覧会であった、と拍手を送って会場を後にすると、[54] ふたたびミラノへ。サンタンブロージョ広場にある、戦没者慰霊碑の境内で執り行なわれた式典を宰領するためだ。このモニュメントについても、統領は数年前からその計画を吟味していた［図４］。式典でムッソリーニを出迎えた者の中には、ふたたびポンティの姿があり、他にもムーツィオ、アルパーゴ・ノヴェッロ、マルゲリータ・サルファッティらの名がみえる。[55] だがここでは、傷痍軍人や在郷軍人らの大群衆が押し寄せたため、建築家たちの出番はまるでなかった。ムッソリーニは群衆とともにあり、「あつまったすべての人々の瞳をみつめ、その傷口に目を注いだ」と、その模様をある新聞記者は伝えている。あつまった群衆を代弁しながら、「偉大な傷痍軍人」カルロ・デルクルアは統領の姿をたたえ、この男は、「国民の傷を癒し、その祈願を成就するために」神から直接遣わされたのだと、まるで人為を超えた救世主のごとくに描き去った。[56]

統領は続いて大聖堂広場に立ち寄り、イタリアの第一次世界大戦参戦記念日を祝う演説を行なっている。戦争の体験は、ファシズムによって神話化され、祖国の神にささげるべき「英雄崇拝、殉教礼賛の武勲詩」へと姿を変える。[57] 先次大戦は、国家が転生する出来事として、そしてムッソリーニのたどる道筋を先取りするものとして、解釈されてゆく。宣戦布告のなされた日付は、「国民の体制」が誕生した日とされる。その体制がやがて、ファシズムとして具体的な形をその身に帯びてゆくのだ。歓呼して出迎えた群衆たちにむかって、ムッソリーニは威勢のいい言葉で歯切れよく宣明してみせる。余が統領の地位にある今日、「イタリア国民は、己の未来の完全な支配者となったのだ[58]」。

ムッソリーニが再びミラノを訪れたのは、一九三二年の十月のことで、トリノ訪問の後に立ち寄っている。最初に巡検を行なったのは、ポルタ・ヴィットーリア通りにある、ピアチェンティーニ設計の新裁判

［図4］アルベルト・アルパーゴ・ノヴェッロ、トンマーゾ・ブッツィ、オッターヴィオ・カルビアーティ、ジョヴァンニ・ムーツィオ、ジォ・ポンティ設計、戦没者慰霊碑、ミラノ、1926–29年。ムッソリーニは準備段階の図面を吟味した際、こんな意見を表明している。これだと、勝利を称えるシンボルよりも、憐憫をかきたてるシンボルのほうが、ちと全面に出すぎてはいまいか。

庁舎の工事現場であった。現場では当時、敷地にもともとたっていた古い兵舎の取り壊しを終え、基礎工事のために地盤を掘削している段階であった。建築家は現場で統領を出迎えると、設計図や模型が設営されている一画へと案内した。この新裁判庁舎はとてつもなく巨大な規模をほこり、建物の一隅からは、全高六〇メートルになんなんとする資料保管棟が立ちあがるというデザインであった。ムッソリーニはすでに数か月前にこの計画を吟味し、その内容をよく知っていたのだが、ピアチェンティーニの説明に、「興味津々」で聞き入っているポーズをとった。集まった報道陣を前に、二人は、台本通りのやりとりを演じてみせる。工事にはどれぐらい時間がかかるかね？　と統領。四か月ほどもあれば完成いたしましょう、と建築家（だが実際には、九か月を要した）。現場作業員の数を可能な限り増員したまえ、と統領が要求すれば、一五〇〇名までの増員が可能とお約束できます、というのもこの建物は「レンガ造り」となっておりますゆえ、と返す建築家。

現場を後にしたムッソリーニは、通りを挟んでほぼ真向かいに建つ、ファシスト工業労働組合会館にゆき、その落成式を祝った。アントーニオ・カルミナーティ率いる設計集団が手がけたこの建物に対し、統領は「簡素にして近代的、それでいて力強い」と称賛の言葉をおくった(59)。ついでセンピオーネ公園に移動し、芸術館《パラッツオ・デッラルテ》の現場を視察。そこではムーツィがずいぶん前に到着して、歓迎式典の準備をあれこれと進めていた。この建物は、ムッソリーニが細心の注意をそそいだ作品で、彼がみずからイニシアティヴをとり、計画の吟味ならびに承認を行ない、工事の進行を逐一見守っていたものであった(60)。巡検はおよそ四五分間つづき、ここでも、裁判庁舎のときと同じ台本が繰り返された。ムッソリーニはすでに知っていることをあれこれと尋ね、それに対してムーツィは、統領の望み通りの返事をかえした。

公園内で、「建築・デザイン」トリエンナーレ会場の設営現場を見て回る統領。その随員の中には、ピアチェンティーニの他に、ポンティの姿もあった。そのポンティは、センピオーネ公園内に建設予定であった金属製のリットーリオの塔の設計を手掛けていた。やはりこの計画にもとっくに通暁していた統領であったが、現場では、塔の基礎工事がどこで行なわれるのかを、正確に説明させている。これより数か月前のこと、ムッソリーニのもとに計画の初案が提出された時には、八一メートルしかない高さを見て、低すぎる！　と却下。「見るからにもっと大胆な計画を打ち出せんのか」とミラノ人たちを批判し、塔の高さは「いずれにせよ、ミラノ大聖堂のもっとも高い部分を、さらに上回るもの」でなくてはならぬ、と命じている(61)。こうして一一〇メートルまで高さが引き上げられることが決定した。それは、ファシズムの構築物が教会のそれを凌駕することを示すためであった。同じようなことが、ドイツでも見られた。アウグスブルクの中心街の整備計画をめぐる議論のなかで、ヒトラーはこう命じている。ナチスの塔は、バイエルンの古都にたつ大聖堂の、そのもっとも高い尖塔よりも、さらに二〇メートル高く作るように。わが党の建築物が、他の組織の建物の足下に控えるようなことがあっては絶対にならん(62)。とはいえ、教会に対する政策において、独伊両政府の対応ははっきりと異なっていた。というのも数か月後に、イタリアの独裁者は考えを改めているからだ。今や、宗教界とのあいだには良好な関係が確立されていた。そしてこう言い渡すのである。「人の作りしものが、神を上回ることはできない」――その日の朝、統領はイルデフォンソ・シュステル枢機卿と長い時間話し込んでおり、その席上、おそらくはこの問題にも触れられたことであろう――。そこで統領はポンティに命じて、計画を再検討させ、塔の高さが、「大聖堂頂部の聖母マリアの小像より、少なくとも一メートル低く」なるよう、デザインを変更させている。

一九三四年十月の初旬、統領はふたたびこのロンバルディアの都に、三日間の日程で滞在している。予定表には、建築現場の視察がぎっしりとつまっていた。統領が建築文化に触れる絶好の機会となったのが、新築の芸術館で開催されたイタリア航空博覧会で、会場ではムーツィオ、ポンティ、パガーノ、マローニ、ルチャーノ・バルデッサーリらが出迎えている。[63] そして二年前の訪問時と同様、ムッソリーニはポルタ・ヴィットーリア通りにある裁判庁舎まで足を延ばし、そこで時間通りに建築家ピアチェンティーニの出迎えを受けた。やはり模型の提示が行なわれたが、今回のものはファサード部分のみであった。その後、庁舎の中庭をめぐり、飾り気のないいくつかの部屋を足早に見て回ったのち、今度はモスコーヴァ通りにある『ポーポロ・ディターリア』新聞社を訪れ、パガーノが設計した新たな社屋を称賛した。

そして大聖堂前広場で執り行なわれた儀式には、「大海のごとく」群衆がおしよせ、その数は、政府筋の報道の発表によれば五〇万人にのぼったという。その群衆を前にムッソリーニは、ファシスト協同体を称揚し、これこそは、資本主義や共産主義にとってかわるべきモデルである、と宣言している。さらに言葉を続け、協同体主義がこの先、取り組むべき目標を、人々にこう示す。社会面においては、保障された労働、正当な給与、品格のある住まい。外交政策においては、「イタリア全国民の、軍事的な準備」を徹底すること。[64] とはいえ、ファシズムが掲げた公共住宅政策は、ミラノ周辺地区のように例外的に実現したケースはあったものの、おしなべて扇動目的の空約束にとどまった。そのことは、戦後の悲惨な住宅事情を見れば明らかである。一九三五年から一九三九年にかけて、一万三七〇〇棟の公営住居が建設され、七万五〇〇〇人の収容が可能となっていたが、そもそも時の公共事業相の試算では、住宅需要を完全に満たすには、二〇年間で三二万戸を建設する必要があるとされていたのだった。この計画の遅れは、体制が住宅建築を犠牲にして、モニュメントや式典関係の大建築に予算を回したという事実によって、説明される。[65]この選択こそは、ムッソリーニが建築のイメージに対して、何を最優先に託していたのかを、雄弁に物語っている。すなわち、イタリア人に古代ローマの神話を徹底してふき込むことによって、彼らの性格を形成すること。そのためには、建築が作り出す舞台装置もまた活用されることになり、万人のための健康な住まいなどという課題は、後回しにされたのだ。

統領が最後にミラノを訪れたのは、第二次世界大戦の足音もさしせまった、一九三六年十月三十日のことであった。パガーノとシローニに歓待されて、第六回「建築・デザイン」トリエンナーレの会場となった芸術館の展示室を見て回り、イストリア出身の建築家パガーノの手になる新たなパヴィリオンなども視察した。その翌日には、大聖堂広場に降り立ち、つるはしをもって、王宮の付属棟「マニカ・ルンガ」に最初の一撃を加えた。ここにアレンガーリオと称されるバルコニー付きの建物を建設するためであるが、この決定の背後には、明確な政治的意味合いがあった。館内には、統領用の説教壇の他に、ファシズムに殉教した人々をまつる聖所も計画されており、それまで大聖堂の存在が圧倒的に支配していた広場に、「ファシズムの信仰」にささげられた建物が立ちあがることになったのである。[66]統領は次いで、モンテ・サント通りに赴き、ムーツィオが設計した、報道記者組合の新本部の落成を祝った。[67]

十一月一日は、戦闘ファッショが初めて結成された地である、サン・セポルクロ広場に足を運んだ。そこには、ピエロ・ポルタルッピ設計の、ミラノ・ファシスト連盟の新本部の建設が予定されていた。計画では、歴史的スタイルの建物の脇に、近代的な塔が立ちあがることになっていた。統領がそのプロジェク

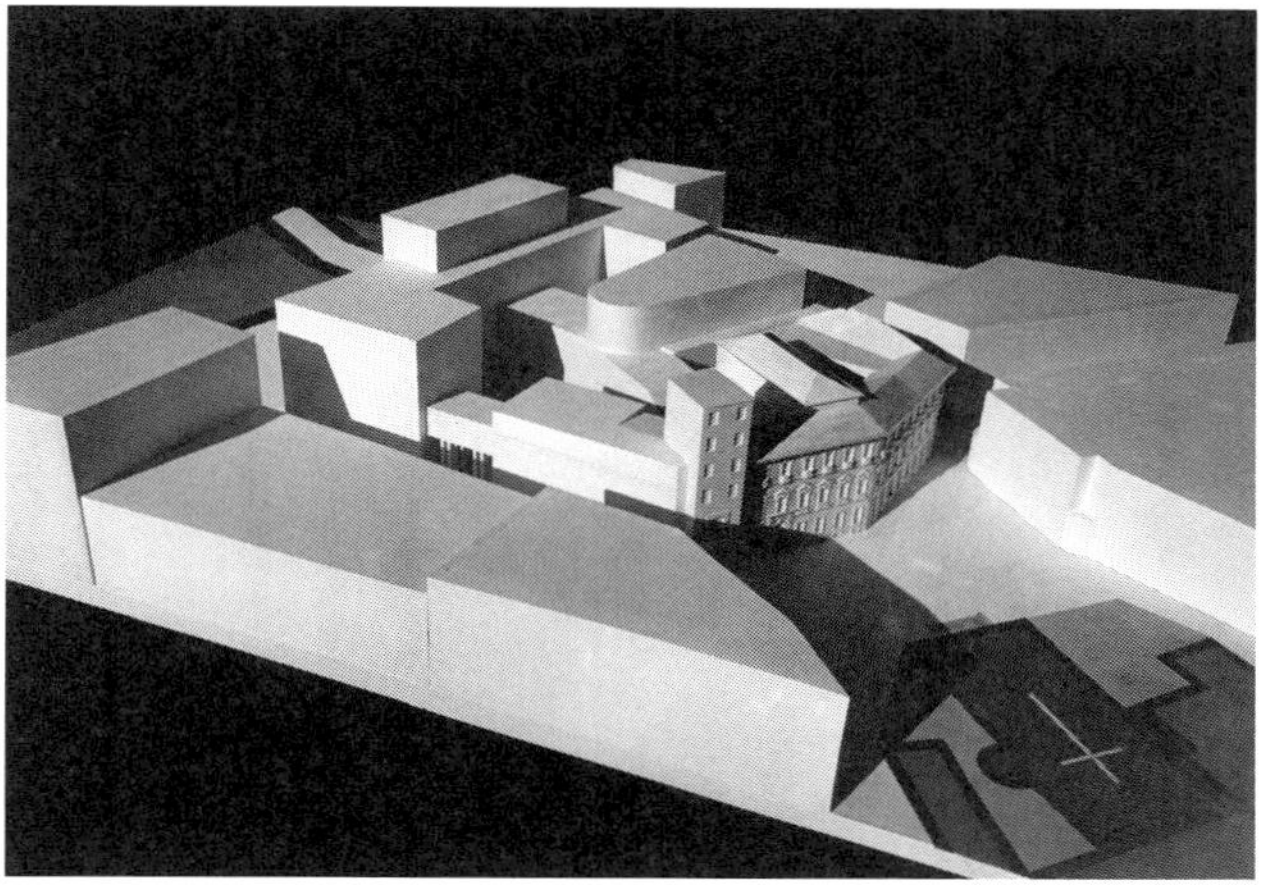

［図5］ピエロ・ポルタルッピ設計、ミラノ・ファシスト連盟、模型、1936年。このプロジェクトはムッソリーニのもとに、1936年11月1日に提出された。

トを吟味しているさなか、建築家は別の案の提示も行なっている。それは、さらに規模の大きなもので、街区ブロック全体への介入を想定するものであった。ムッソリーニはその提案を好意的に評価したが、作業を能率化するよう、くぎを刺してもいる。「計画の全体はこれでよろしい。だが、いったいいつから工事が始まるのかね？この点がもっとも重要だ」(68)［図5］。統領は、工事の開始にはどんな手続きが必要で、またそれがどれだけ時間がかかるかを知っていたのだが、ここでは突然、お役所仕事への不満を代弁する役を買って出た。結局のところ、そのお役所仕事の能率の悪さは、統領自身にも責任の一端があったのだが。ともあれ、彼が現場で最初につるはしを加えてから、一年たったのちに、ようやく建設工事がはじまったのであった(69)。統領はそれから、『ポーポロ・ディターリア』新聞社にも立ち寄り、トゥッリオ・ニコーリが設計したファシスト市区団「ダンヌンツィオ」の会館建築を吟味、これを褒め称えた。また、ファシスト市区団「ムッソリーニ」の会館建築の建設現場を訪れた際には、作業員たちに向かって、余もかつては工事現場で働いていたことがある、と、有名な説話を語って聞かせている。[70] そこへ、マーリオ・バッチョッキの手になる設計案が持ち込まれると、建物の隅に塔を立ち上げた形で完成させたまえ、と指令を下している。ついさっき左官たちにまじって、統領自らも左官であった経歴を披露したかと思えば、今度は、建築家の役割を買って出ているのだ。政治的な合意を獲得するには、同一化の原理が利用される。となれば、この現場で起こったことが、果たして入念に準備された演出だったのか、それとも即興だったのかを判定するのはちょっと難しい。ともあれこのファシスト会館は、統領が望んだ塔を加えた形で実現することとなる。[71]

大聖堂前広場には、ミラノ市民たちが集まっていた。彼らを前に統領は、外交政策の議論を、国内情勢と結びつけて演説を行なう。エチオピアへの侵攻はつい昨日のことであり、国民の合意はいまやその頂点に達していた。ムッソリーニはそこで、熱狂する群衆を巧みに操ってゆく己の能力をまざまざと見せながら、こう言ってのけるのだ。もし「民主主義が実現した国がある」とするならば、「それはファシズムのイタリアにほかならない！」実際のところ体制はここで、大衆を国家に統合する手続きを開始したのだ。そのプロセスは、民主主義の「真の」表明である、と喧伝されるが、もちろんそこで意図されているのは議会民主主義のような、ファシストが憎悪するデモクラシーのことではない。むしろ、首相と大衆とが直接結びつくことを前提とする、絶対的な民主主義、あるいは「民意」を体現する統領の存在に、全面的に依拠した体制を指していた。[72] ミラノは、かつてファシズム革命の誕生に立ち会った、親ファシズムの牙城たる都市であった。そのミラノに今度は、「帝国の価値の増大」を推進するための前衛基地たる役割が、託されることとなったのだ。本書の後半では、このイデオロギー政策がどのようにして都市イメージへと変換され、また都市の形状にムッソリーニ本人がどのように介入していったのかを、見てゆく。[73]

5　ムッソリーニに臣従する建築家たち

ムッソリーニは移動の際、電車、車、船を利用した。視察はきまっていつも、駆けあしで行なわれた。巡検のプログラムは、せわしないリズムで、次々と展開してゆく。彼がイタリア国民の心の中に浸透させようとしたのは、超活動的で、知性と体力の両面においてたぐいまれな天賦に恵まれた統領、というイメージであった。こうした印象を作り上げるため、およそ考えられるかぎりのあらゆるプロパガンダの手段が動員された。全国視察もまたその一環で、すなわち国民に、統領の卓越した能力を認めさせ、「新しい人間」の生ける原型と映るよう計画されたものであった。同じ日に六つの都市を訪問したり、車でいっきょに三〇〇キロ以上も走破したりして見せたのは、まさにそのためであった[74]。

群衆ではちきれんばかりの広場が瞬時に統領を引きよせ、人々との電撃ショックのような出会いが生じる。歓呼して出迎える民衆を前に、ムッソリーニが重要な演説をぶつ。すると広場は、さらなる喝采の渦につつまれてゆく。ムッソリーニは群衆の前に立つと、自分が芸術家であるかのように感じていた。それは建築家が、自分の設計した建物の前で感じるものとなんら変わりはなかった。彼にとって、政治とは芸術であった。それも筆頭の芸術、「芸術の中の芸術」ともいうべきものであった。その政治＝芸術は、人間を、あるいは群衆を、その材料とした。それは、生きているがゆえに、もっとも扱いづらい素材でもあった。自分は、イタリア人を造形し、国民全体を鋳造する課題を帯びた芸術家である、そうムッソリーニは感じていた。いわば、政治のミケランジェロだ。しかしながら、後に彼自身が嘆いているように、その政治＝芸術家が手にした素材には、欠陥があった。なぜなら、「イタリア人というのは、羊の群れのような粗悪な民族である」からだ[75]。統領にとって、言葉の力は計り知れない価値を持っていたが、多様な定義を受け入れる彼の身体もまた、人々の目にさらすべき立派な「支配の具《インストルメントゥム・レグニー》」であった。「目をギョロギョロと回転させ、顎をぐいと引き、下唇を突き出してみせる。そして足を開き、両手の拳はわき腹に」[76]。彼の身体はこうして、コミュニケーションをはじめる。ムッソリーニはさらに、自分の姿を人々にさらすことを好んだ。「フィレンツェからミラノまで移動する途中（……）、統領は食事をとるのも忘れて窓際に立ち続け、彼の姿を人々が称賛するにまかせていた。鉄道線路沿いにも、駅舎の庇の上にも、家屋の屋根にも、途切れることなくえんえんと、民衆の列は続いていた」[77]。線路の傍らに立ち、電車の通過を待ちわびる人々にとって、統領との出会いはほんの一瞬の出来事にすぎない。だが、窓越しにちらりと目にしたその顔が、神話の中で永遠に生き続けてゆくのである。

一九三五年の初頭から、飛行機――それは近代性のメタファーであって、ファシズムはその上に、英雄武勲詩を紡ぎ出そうとしていた――も移動手段として利用されるようになった。統領は三発動機の飛行機を駆り、パルマ、ヴィテルボ、パンテッレリーア、ボローニャ、ラ・スペーツィア、リミニ、マチェラータの各都市に舞い降りた。あるいは飛行艇に搭乗してフィウーメやナポリの上空を翔け、カナル・ダルシアでは、グスターヴォ・プリッツァー・フィナーリが設計した新造都市の工事現場を視察した[78]。時折、抜き打ちの訪問が行なわれることもあった。たとえば、一九三九年二月七日の朝のこと、統領はペルージャ空港に突然降り立った。つなぎの飛行服を脱ぎ捨て、素早くファシストの標章を付けると、急ぎ市街まで連れてゆかせ、ヴィットーリオ・エマヌエーレ広場に慌ただしく集まった群衆を前に、演説が行なわれた。似たようなことが、その前の日に、ナポリでも起こった。海外領土展の準備が遅れていることを心配し、急きょ視察に訪れたのだ。現場では、統領を迎える準備が整っていなかったが、彼はフィリッポ・メッリーアの設計グループが手がけた芸術館、それからヴェントゥリーノ・ヴェントゥーラ設計のファシスト党の塔を見て回った[79]。飛行場へと戻る途中、進路を変更して中心街区へと赴き、カリタ地区にあるマルチェッロ・カニーノ設計の県庁舎と、ジュゼッペ・ヴァッカーロの郵便局［図6］の前で車を止めさせている。

［図6］ジュゼッペ・ヴァッカーロ設計、ナポリの郵便・電信局、1931–36年。

この壮麗な郵便局舎には彫像を飾ることになっていた。だが統領は、アルトゥーロ・マルティーニが作った最初の粗型を見て、これではいかん、と却下している。それは聖ジェンナーロが、戦場で倒れた兵士から、血を受け取っている姿を彫ったものであった。ムッソリーニは言う。「血は、（ただ）祖国に（のみ）、ささげられるものだ[80]」。

　突然の訪問であったため、ナポリの建設現場では、工事現場監督と面会したのみで、設計者たちの姿はなかった。一方で、これが事前に計画された視察であった場合には、すでに指摘したように、ほぼ必ず建築家が立ち会い、少なくとも数分間は統領の傍らに控えることになる。そして常に準備をととのえておき、統領が合図を送るや、たちどころに随員の列から進み出て、建物の解説をし、図面を広げて見せ、説明を行なうのだ。たとえばローマでは、空軍省を訪れたムッソリーニを、ロベルト・マリーノが解説しながら案内しているし、高等建築学校校舎はグスターヴォ・ジョヴァンノーニが、著作家・出版者協会はモゼ・トゥファローリ・ルチャーノが、そしてフォーロ・ムッソリーニの建設現場はエンリーコ・デル・

デッビオが、それぞれ案内している。また、サバウディア市の建設セレモニーで統領を迎えたのは、ピッチナートとその設計チームであった。ミラノでは、新証券取引所の館内をパオロ・メッザノッテが案内し、「アルナルド・ムッソリーニ」学校の校舎視察には、アウグスト・マニャーギが随行した。エマヌエーレ・モンジョヴィは、ラヴェンナ中心街区の模型を提示し、ムーツィオは、ミラノ報道記者組合本部の始業式典で、統領のかたわらに控えていた。オリオーロ・フレッツォッティは、リットーリア市の裁判庁舎の落成式で、フッツィは、プレダッピオのカーサ・デル・ファッショ訪問時に、それぞれ統領に随伴。以下同様に、ファニョーニはフィレンツェ航空戦術学校で、ヴァッカーロはボローニャ大学工学部の前で。オルフェーオ・ロッサートは、アジアーゴのライテン丘にある納骨堂で、パスコレッティは、チヴィダーレの戦争孤児会館で。プロヴィーノ・ヴァッレは、ウーディネの納骨神殿の落成式で、バッツァーニは、フォルリの政庁舎で。ローマのリナシメント通りの開削工事現場では、視察に訪れた統領のかたわらに、フォスキーニが侍していた(81)。そのフォスキーニは、今度はデル・デッビオとともに、ローマのフォーロ・ムッソリーニ予定地で統領を出迎え、二人が設計したリットーリオ会館の起工のために、ムッソリーニがつるはしで地面を打ち、境界溝を掘ってゆくさまを、うやうやしく拝覧した。またコンチェツィオ・ペトルッチは、新都市ポメーツィアの落成式典で最前列に座し、チェーザレ・ヴァッレとイニャーツィオ・グイーディは、新都市カルボーニアの落成式典に立ち会っている。以上に列挙したのは、当然ながら、長大なリストのごく一部である。だがこれだけでも、統領と建築家たちの世界との結びつきが、どれほど広範で多岐にわたっていたのか、その大筋を把握するには十分であろう。上記の建築家リストからは、ピアチェンティーニの名は意図的に外してある。彼と統領との親密な関係については、のちほどくわしく語ることにしよう。

ムッソリーニは、設計者たちの仕事に対して、称賛の言葉をなげかけることが時折あった。ブレーシャ

［図7］アルベルト・レッサ設計、トリノの新リットーリオ会館の計画、模型、1938年。この計画はムッソリーニから称賛された。

のヴィットーリア広場では、ピアチェンティーニが設計した建物群をさして、「華麗」だと褒め、またボローニャでは、サンティーニが手がけたファシスト革命団地の計画に拍手をおくっている。またグイドーニアでは、〝同志《カメラータ》〟〔カメラータ——ファシスト党員同士の呼び名で、社会主義党員たちの呼び名である「コンパーニャ（同志）」に対比された。カーメラ（部屋）から由来する語で、同室で寝食をともにする者という軍隊的な含意があり、共通のイデオロギーのために戦うファシスト党員を指す言葉として使用された〕アルベルト・カルツァ・ビーニとその協力者たちに賛辞を呈し、カターニアでは、フィケーラの裁判庁舎を取り上げて高く評価している。レディプーリアでは、納骨堂の前に立ち、設計者のグレッピとカスティリオーニを激賞しつつ、「この二人の手がけたモニュメントは、数世紀の時を越えて、いや千年以上を経たのちもなお、評価されてゆくだろう」と宣明している[82]。トリノでは、新リットーリオ会館の模型［図7］と図面を前に、アルベルト・レッサを三嘆しているし、ローマでは、チルコ・マッシモで開催された国産繊維展およびイタリア鉱物展にたずさわった建築家たちの作品を、とりわけ高く評価している[83]。

視察に訪れ、あるいは起工・落成式典を宰領した百棟あまりの建築のかたわらに、統領はみずからの名前を添える。こうして国家の近代化の観念は、建設指導者の姿に重ね合わせられてゆく。このムッソリーニ神話の構築作業を、よりいっそう効果的に進め、堅固なものとするために、統領が演説を行なう演壇の形状は、象徴的な形体をまとった。一九三四年にミラノを訪問した際には、鋤の刃の形をもとにした幾何学的な演壇が作られ、またカターニアとジェノヴァでは、船先の形状をした演壇がしつらえられた。シチリアのグロッタカルダでは、硫黄の巨大なブロック片で演説用バルコニーが作られたかと思えば、ポメーツィアでは、演壇が果物や野菜でこんもりと覆われ、トリエステでは、再び「戦艦の甲板」モチーフが採用された。クーネオでは、アルプス山脈の稜線を背後に、山脚のような姿の演壇がしつらえられたし、トリノのフィアット・ミラフィオーリ工場で演説した際には、演壇は巨大な金敷の形状をしていた。統領が演説をする舞台背景を、いかに演出するか。これは、そこで発せられる言葉に決しておとることのない、重要な課題であった。民衆の想像力により効果的にうったえる力を秘めているのは、言葉よりもむしろ、そうした舞台背景のほうであったからである。演壇の形ばかりでなく、ムッソリーニの顔もまた、その表情を変え、時に応じて異なるマスクをかぶることになった。たとえば一九三六年九月、ジュゼッペ・ボッタイは、その種の表情の変容を書き記している。ローマ市の帝国通りに設営された演壇に登った統領は、整列した二万人のファシスト前衛青年団員の前で、みるみるとその表情を「石のように」こわばらせ、「シンボル」化させてゆく。その様を、ローマ総督ボッタイは当惑気味にこう記している。「統領の顔が、さっと固くなるのを私は見つめていた。あきらかに、無理やり作ったものだ。そんな顔は、人と誠実に付き合おうと思っている者には、有害でしかない(84)」

第二章　ムッソリーニの都市ローマ

1　第三のローマ

ファシズムが日夜構築しつつあったのは、ムッソリーニの神話であった。すなわち、新生イタリアを先頭に立って創造し、国家の近代化と建築風景の革新を推し進める者、という神話だ。そして建築や都市の変容を、統領《ドウーチエ》の姿そのものと重ねてゆくこのような手続きが、もっとも顕著に表れた場所があったとすれば、それはローマであった。独裁者は、首都の改造計画事業に、他の都市とは比べ物にならないほどの莫大な予算をつぎこんで、その容貌を変容させた。それはまさに、新たな「ムッソリーニの都市」と呼ぶにふさわしい。[1] 都市建設者ムッソリーニの神話は、すでに前章でも姿を現していたのだが、その根拠となったのは、建設現場に統領本人が立ち会っている、という事実であった。やがてこの領域における統領の存在はますますその重要度を増してゆき、建築上のさまざまな判断にまで介入するようになってゆく。ムッソリーニは、それがどれほど近親のものであっても、協力者たちの能力には信用を置いておらず、その一方で、自分の才能を過信しているところがあった。こうして、政治的な判断のみならず、高度な技術的な問題までも、その多くを自分で裁かないと気がすまなくなってゆく。そういった彼の振る舞いが、建築の専門領域にまで、深く立ち入ることになるケースが多く見られた。

　都市ローマに、徹底的な介入の鋏《はさみ》を入れ、その表情をがらりと変えること。過去の栄光に満ちたイメージを再建し、ローマ時代の神話を現代にふたたび蘇らせること――そのために不可欠な要素のいくつかは、まさに建築のうちに見出された――。そして、古代の建造物と競合することのできる新たなモニュメント群を構築すること。これらのアイデアは、一九二二年から一九二三年のあいだに、マルゲリータ・サルファッティとともに着想されたものであり、ファシスト政権の誕生直後から、政策を通じて表明されてきた。この美術批評家サルファッティという人物は、後にデ・フェリーチェが「古代ローマ文化中毒」と評したほどの趣味の持ち主であったが、その彼女がムッソリーニを全面的に支持して、古代ローマ神話の同化・吸収を進めさせたのであった。あなたの手で、ローマ帝国の文明を再興することだって不可能ではないわ――そう、彼女は説き伏せる。夜半のローマ。建設現場を縫って疾駆する車の中で、統領とその愛人は、新たな都市の姿を脳裏に描くのであった(2)。現実の都市そのものが、一つの素材として目の前にあった。それは、神話を増強させるべく、造形の手を加えてゆくべき対象であったのだ。一九二三年三月、総督区の制度が決定された大評議会の席上で、ムッソリーニは宣言する。「ファシスト政府は、新生イタリアのために、新たな帝都ローマを提示してみせよう(3)」。

最初は単なるほのめかし程度であったこの帝都建設のアイデアも、これに続く二つの機会では、より明快なヴィジョンとして具体化されている。一九二四年四月二十一日、ローマの市民権を獲得したムッソリーニは、こう明言する。

ローマの諸問題。この二十世紀の都市ローマがかかえる問題を、二つのカテゴリーに分けてみたい。一つは、必要に関するもの。そしてもう一つは、偉大であることに関するものである。(……)都市の偉大性をめぐる問題は、これとは別種のものである。見苦しい雑踏のただ中から、古代と中世のローマ全体を解放しなくてはならぬ。そして堂々たる、二十世紀のローマを創出する必要があるのだ。ローマは、ありふれた近代都市というレッテルのみに甘んじることはできないし、またそうあってもならない。ローマは、その栄光に見合っただけの都市であるべきなのだ。そしてこの栄光は、ファシズム時代の遺産として、後に来るべき世代へと伝えてゆくためにも、絶え間なく刷新してゆかねばならない(4)。

続いて一九二五年十二月三十一日、カンピドーリオにて、最初の総督としてフィリッポ・クレモネージを叙任する機会をとらえて、ムッソリーニはこう宣言している。

　私の考えは明瞭であり、諸卿に下す指令は正確だ(……)。今から五年の内に、ローマはその姿をもって、世界中の人々を瞠目させねばならぬ。あたかも初代皇帝アウグストゥスの御代のごとくに、広大で、統制が取れ、力強い都市として。(……)諸卿は、アウグストゥス帝の廟、マルチェッロ劇場、カンピドーリオ、パンテオンの周囲を、開削して広げるのだ。これらのモニュメントを囲んで密生している、後世の廃頽期につくられた雑屋などは、すべて撤去されねばならぬ。今より五年の間に広大な道路を開削し、コロンナ広場から眺めた時、パンテオンの巨躯が彼方に望めるようにするのだ。諸卿はまた、寄生虫のように群棲する世俗建築を取り壊して、キリスト教ローマの壮大な堂宇を解放されよ。千年の月日を経たわれわれの歴史的モニュメントは、それにふさわしい威厳をもって周囲から切り離し、卓越させねばならないのだ。こうして第三のローマは、丘陵を越え、聖なる河に沿って広がり、ティレニア海の砂浜にまで達するであろう。(……)再興のなったオスティア港から、無名戦士の墓碑〔ヴィットーリオ・エマヌエーレ二世記念堂に安置されている記念碑〕が見守るローマの心臓部にまでいたる、世界でもっとも長く、もっとも広闊な直線道が、地中海《マレ・ノストルム》に発する衝動を、伝動することになるであろう(5)。

これらの考えは、もちろんムッソリーニの独創になるものではなかった。古代のモニュメントを周囲から隔絶し、あるいは新たな道路を開削するために、不要な建物を取り壊す。これは、ファシスト政権以前の都市調整計画大綱でも広く採用されていた手法だ。古代ローマのフォーロにびっしりとはびこる中世の住宅群を取り壊して、すっきりさせようという案は、すでに一九一三年に、当時の古代・美術総監のコッラード・リッチが予見していたものである。[6] とはいえ、ムッソリーニが推進した都市整備計画大綱がもつイデオロギー的な影響力、ならびに大衆教化の効果は、先例よりもはるかに明快であった。古代の栄光を語りかけるこれらの魁偉《かいい》な建築群のただ中にたったとき、人々はたちまち魅惑され、自分たちの過去はこれほどまでに煌々たるものであったのか、と誇りに思うことであろう。そして建物から「暗示」を受け取り、強い感情を掻き立てられ、ファシズムのヘゲモニーを世界に冠たるものとするべく、野心的な計画の実現にむけて邁進することになるであろう。[7] 誤解のないように言っておくと、ここで謳われているローマのイメージとは、何か歴史的に「典拠のある」ものではなく、むしろ体制が都合よく発明したもの、都市のテクスチャーを破壊し、操作しながら作り上げたものであった。それは、建築と都市をめぐる虚構であった。都市ローマのファシズム神話を現代に適応化させるために、巧妙に作り上げた虚像であったのである。ムッソリーニが首都整備計画を託した者の中に、オイェッティの姿があった。芸術方面の政策における、統領の相談役の一人であった人物だ。一九二六年の夏のある日、ムッソリーニはそのオイェッティにパラッツォ・キージで接見した際、こう言っている。

われわれがローマを作り上げてゆく様を、卿は目にするであろう。今より五年の間に、パンテオン、マルチェッロ劇場、アウグストゥス帝の廟は、周囲の雑踏から解放される。そして十年の後には、広大な芸術の劇場が完成していることだろう（……）。一五年後には、全長二〇キロ、幅六〇メートルの道路がアルバーニの丘陵を越えて走り、その他、ヴィッラや邸館のことごとくが、完成を見ているだろう[8]。

このオイェッティとの対談の中では、オスティア港へといたる道に加え、アルバーニ丘陵方面への道路の計画が姿を現している。この二つの都市発展軸のうち、ムッソリーニがはっきりと優先させたのは、オスティア道路であった。ここでもまた、厳格な都市計画的な思想よりも、イデオロギー的な理由のほうが優位に立つ事例を見ることができる。ローマに港を与えるということは、すなわち、地中海制覇の野心を肯定することを意味していたからだ。

新帝都ローマの構築というムッソリーニのアイデアを、具体的に図面に落としてみせる役割に名乗りをあげたのが、アルマンド・ブラジーニであった。先に、帝都ローマに関する政策綱領が表明された二度目の機会として、首相の大晦日演説を引いたが、ブラジーニの名乗りはそれに先立つこと、数か月前の出来事であった。建築家は、マルゲリータ・サルファッティとは友人の間柄であり、古代ローマ帝国の称揚という点で彼女と共通の考えをいだいていた。そして、同年開催されたパリ国際装飾芸術展のイタリア館を、ブラジーニに設計させるようムッソリーニを説き伏せたのはサルファッティその人であり、したがって彼女が、ローマの都市計画事業でも何らかの役割を演じた可能性は、一概に除外できない[9]。一九二五年四月、ブラジーニはローマの新都心の設計を提出している。フォーロ・ムッソリーニと銘打ったその空間の創出のために、コルソ通りからボルゲーゼ広場、パンテオンへといたる区画の全域が取り壊しの対象となっていた。これによって、その地域の古代モニュメント群——オベリスク、モンテチトーリオ宮、アウレリウス帝の円柱、ハドリアヌス帝の神殿、パンテオン——を浮かび上がらせたうえで、それらを囲む広大な広場空間を巨大な列柱で閉じる、という計画であった[10][図8]。このような手法で構想されたムッソリーニの都市ローマは、いわば、相反する二つのアイデアを同時に取り込む能力を秘めているように見える。一つは、未来派に通じる要求で、偶像破壊のつるはしを振るって、「廃頽した」古めかしい建物や、「寄生虫」のごとくはびこる構築物を、ひとつ残らずたたき壊してしまいたい、という立場だ。そしてその傍らには、新しい都市空間を古代風の容貌で包み込みたい、という要求も同時に見られるのである[11]。

ブラジーニの計画に対して、絶妙のタイミングで対案を出してきたのがピアチェンティーニであった。「偉大なるローマ《グランデ・ローマ》」を描いたその計画については、後に詳しく見てみることにしよう。ともあれ、この二人の建築家の間には激しいライバル意識があり、この段階では、ムッソリーニはまだブラジーニのほうをひいきにしていたように見える。いや、ひいきというよりむしろ、自分こそがブラジーニ案に着想を与えてやったのだと、それから三年後に統領は言い張ることになる。実際一九二八年、新たなローマ総督に就任したスパーダに向かって、こんなことを言っている。例のブラジーニの計画だが、あれは私が「一九二五年の暮れにカンピドーリオで発した綱領にかなうものだ――古代の偉大なモニュメントを周囲から隔離すること、広大な広場と道路を開削すること、ファシストの標章を建築的に表現する施設を造ること。みな私が言ったことだ。したがって、先ほどの都市調整計画大綱に対しては、認可を与えることとし、計画の遂行に必要な処務が機敏に遂行されることを望むものである[12]」。これをうけてブラジーニは、フォーロの全体像を把握するための巨大な透視画を三枚、丹念に作成して統領に送り届ける一方で、スパーダのほうは、「帝都ローマの偉大な計画」を、統領の指令に従って実行に移すべく、手続きを急ぐことになる[13]。これに続く段階として、ブラジーニ案の実施に必要な特別権限をそなえた委員会が設置され、また設計者自身には建設工事の監督が任されることとなった。ところが、いざ具体的な作業に取り掛かる段になると、財源や行政の難しい問題に直面することになったばかりか、あろうことか首相その人が突然意をひるがえ

［図 8］アルマンド・ブラジーニ設計、ローマ都心部の計画、透視画、1925–26 年。この計画では、古代のモニュメントを切り出し、街区全体を破壊することを想定していた。これはムッソリーニにとっては、1925 年に表明したローマの未来に関する指針に応えたものと映った。

し、計画の実現を「将来のより適した時期」に先送りする決定を下してしまった[14]。この未完の企図の背後にはプロパガンダ的な意図が隠されていたのだが、それは実行されないまま終わった。しかしだからといって、ムッソリーニが二十年代中頃に抱いた、古代モニュメントを解放しようとする都市政策が、そのまま日の目を見ることなくお蔵入りになったわけではない。その後ブラジーニの計画が再び顧みられることはなかったが、それでもアウグストゥス帝の廟、マルチェッロ劇場、カンピドーリオの丘は、これに続く歳月のなかで、周囲の雑屋から隔離されていった[15]。唯一、手つかずのまま残されたのが、パンテオン周辺区域であった。だが、後に見るように、この区画を対象とした計画が存在しなかったわけではなく、周囲の建物が取り壊されずに済んだのは、単に、それよりも早くファシズム体制が崩壊してしまったからであった。

これに続く都市調整計画大綱の推移を追ってみるなら、そこには、「ムッソリーニの都市ローマ」の実現に向けた新たな一歩が見られ、またムッソリーニ本人も計画に積極的に介入していったことがわかる。新たな都市計画の実行組織を立ち上げるべく、ローマ総督フランチェスコ・ボンコンパーニは、多様なメンバーから成る委員会を任命した。それは首相直属の組織で、メンバーの中にはピアチェンティーニ、バッツァーニ、ブラジーニ、ジョヴァンノーニ、アルベルト・カルツァ・ビーニ、アントーニオ・ムニョスらの姿があった。彼らの肩書きを見てみると、イタリア・アカデミー会員三名、ローマ高等建築学校学長、全国建築家組合書記長、そして統領の信頼する考古学者、という陣容であった。全体の計画については統領が指針を定め、古代帝国期のモニュメントを隔離し、七つの丘の「地形が視認できる」ようにすることが強調された。また、芸術上の要求と交通問題の解決とを両立させること、そして「より拡大した相のもとに事象を」見ることが、委員会に課せられた。一九三〇年のローマを想定するのではなく、一九五〇年の状態を念頭におき、さらには二〇〇〇年時のローマをも見据えた計画を立てることが求められたのだ。[16]

一九三〇年十月二十八日、総督ボンコンパーニは、ピアチェンティーニ他の委員会メンバーと連れだって、計画の進展状況を統領に報告した。広大な地図、三〇枚あまりの透視図、各種の模型などが、真実の口《ボッカ・デッラ・ヴェリタ》広場にあるローマ博物館の一室に展示された。計画を説明するなかで、ローマ総督は、建築家たちの間に浸透した共同精神に触れている。彼らこそは、「統領閣下の御心の中にあるローマ」にふさわしい「計画」の製作者なのです。ボンコンパーニはさらに続けて言う。この計画は「ただ一人、閣下の御名を冠するべきものでありましょう」。それは、単にムッソリーニの認可を得るために提出されたものではなく、統領自らが検討を加えることを要求するものであった。政治畑の人間の前に、建築学の知性が、ひざまずいたのである。「計画をご承認いただくか、あるいは、閣下の高邁な御判断に従って修正をたまわりますように[17]」。要するにこの計画は、ムッソリーニ本人がつくった作品であるかのように見える必要があったのだ。

だが実際のところ、統領はどの程度まで、都市計画のデザインに関与していたのだろうか？　十月二十八日の段階では、実質、まだ作業は終わっておらず、委員会の会合——最終的には五〇回を数えた——はその後も続いた。その間ムッソリーニは、作業の進み具合を間近で監督している。たとえば一九三一年一月二十四日の土曜日、ローマ博物館に立ち寄った統領は、都市の未来像を説明する資料がまだ展示されていた部屋の中で、建築家たちとの会合を「宰領して」いる。そこでは、パンテオン周辺地区をどう整備するか、そして国会議事堂とウンベルト橋をつなげる道路をどう開削するか、といった問題が話し合われた[18]。その二日後には委員会の最終会合に臨席し、メンバーの意見が分かれている諸点について、かいつまんだ説明を受けた。そして最終的に、ピアチェンティーニが準備した報告書の発行に許可を与えている[19]。この都市調整計画大綱は、ムッソリーニに最終的な決断の多くをゆだねるものであった。報告書の結部でピアチェンティーニは実際こう記している。「以上が、われわれ委員会メンバーが統領閣下につつしんで提出する内容であります。閣下の天稟《てんぴん》ならびに崇高な叡智は、この分野におかれましても過去の偉人たちに十分比肩するものでありますれば（……）、本計画のさらに改良すべき点、いたらぬ点については、閣下ご自身がご判断いただけるものと存じます[20]」。

この計画は一九三一年七月、政令をもって承認され、その翌年に法律化された。八月には、やはり統領の臨席のもと、国内外の報道機関に向けて紹介されている。一九三二年の三月に、この都市調整計画大綱の政令が上院に提出され、法案化について話し合われた際に、ムッソリーニは国会で短く演説を行なって、審議に介入している。いわく、自分こそは、「率直に言わせてもらうなら、ローマ都市調整計画大綱の精神的な生みの親」である。なるほど、まだ完璧な案とはいえないが、ともあれ「実現可能な、考えうる限りの最良の計画である」。統領はつづけて、計画を取りまとめる過程で表面化したあれこれの意見の相違にも触れ、その理由を「委員会組織によって作成されたもの」であるのだから、と明確に説明している。「かつてナポレオンはこう警告した。一人の凡庸な将軍なら、勝利することができる戦闘も、偉大な将軍が五人で指揮をとると、負けるおそれさえある」[21]。その他の建築家たちの貢献ももちろん認めたが、基本的にこれ以降ムッソリーニは、この「五人の偉大な将軍」のなかから、とりわけ一人を特別に選び出すことになる。

「アウグストゥス帝のローマ、シクストゥス五世のローマの後、ムッソリーニのローマ（が建設されるであろう）」[22]。つまるところ「ムッソリーニの計画」としてお披露目された一九三一年の都市調整計画大綱は、それ自体が「ファシズム文化」の記録でもあったのだが、実現したのはそのごく一部分にすぎなかった。土地建物の投機にからんだ思惑がさまざまな部分的変更を生みだし、またムッソリーニの政策も一定せず、その要求もあれこれと変化したため、計画の実行は妨げられた。それから一〇年後に、同計画は部分的な変更をともなって再検討されることになる（一九四一年度・部分的修正案）。この修正案をまってはじめて、全体主義政策と調和するかたちで、建築的な刻印を都市に与えようとする試みが本格化するのであった。そこでは、建築のプロジェクトは「統一的な指針」のもとに計画され、「厳格な統制」を受けることになり、かつて一九三一年の都市調整計画大綱に見られた柔軟性は、影を潜めることになる。

2 「ためらうことなく」取り壊せ

ムニョスは、ローマ総督区制度における、古代遺跡および美術行政の総監督官の立場にあった。アントーニオ・チェデルナは彼を評して、「現代史上、まれにみる大規模な破壊劇場の演出家」であったとのべている。考古学者にして統領の側近の一人でもあったそのムニョスは、こう記している。「ローマの大改造事業の中にあって（……）ベニート・ムッソリーニその人の意志は、監督し、助言をあたえ、命令を下す、という形で完全に発揮されている」。ムニョスはさらに続けて、ムッソリーニは「一日も欠かすことなく、広大な計画の実行を監督し、その細部にいたるまで注意を払っている」としている。[23]この引用文は、プロパガンダが目的の著作から取ったものだから、その筆致には追従の姿勢がたぶんに含まれていたことは疑わざるを得ない。とはいえ、その言葉には真実の断片もまた含まれていた。その一つが、首都の公共建築の建設作業を熱心に監督する、首相の姿であった。ムッソリーニが歴代のローマ総督たちとかわした書簡を見てみるなら、ムニョスの発言が正確なものであったことがわかる。そこには、計画の監督を定期的に行ない、あるときは発作的に、ほとんど躁病的ともいえる態度で目を配る統領の姿があった。ムッソリーニの関心は、都市の全体イメージにのみ向けられていたわけではなかった。その対象は、新しい道路の開削や、街路の舗装状態の管理といったものから、建築の保存や、新築建造物と周辺環境の適合性、果てには広場へのモニュメントの設置や、破損の激しい城壁の崩落の危険性といったものにまで広がっていた。ムッソリーニはさらに、行政関連のささいな報告までも手元に保管して、その書類の束に、赤か青の鉛筆で勢いよく、あれこれと注釈をかきなぐるのであった。

こうして統領は、計画の根底にあるスケールの大きな問題と、およそ官僚が一人でもいれば十分処理できるような瑣末な事柄とを結びつけながら、プロジェクトを進めていった。その一例として、統領が一九二九年に総督ボンコンパーニに宛てた、一通の書簡がある。早急に実施すべき作業の計画を書面で伝えたものだ。優先順位の上位を占めているのは、古代モニュメントを解放するための周辺雑屋の取り壊しや、新しい道路の開削工事といった項目であるが、そのかたわらには、どうみても重要とは思われないような作業も顔を出している。たとえば、サラーリア通りの小壁の取り壊しなどがそれで、この壁の裏は「トラックの即席車庫になっている」から、というのである。このような雑多な作業リストを見ていると、都市計画の策定に当たって、相当多くの案が即興的に差し挟まれた、という印象をますます強くする。それは、都市の経営にあたり、自分こそが「支配者」なのだというメンタリティの現れともとれる。

総督ボンコンパーニに下された指令の中には、以下にあげる区域の建築取り壊しが含まれていた。すなわちマルチェッロ劇場の周辺、それから、真実の口広場からテヴェレ川にかけての一帯（ここには、噴水をそなえた広大な庭園が作られる予定だった）。さらには、ヴィットーリオ・エマヌエーレ二世記念堂の左側の街区も、そこに「サン・ピエトロに匹敵する規模の」広場を開削するべく、取り壊しが命令された。統領はさらにこう続けている。われらは、「やがて現状の二倍の人口をかかえることになるであろう、明日のローマ」を想定しなくてはならない。また、ファシスト工業総連盟本部会館の建設にも、ストップがかけられた。既存の建物を取り壊すばかりのところであったのだが、統領はまず「総連盟館が建設された場合と、されなかった場合とで、どうなるのかを事前に知っておきたい」と要求したのだ。一方で交通網整備の領域に目を向けるなら、独裁者が作業リストの筆頭にあげているのは、彼にとっては年来の親しいアイデアでもあった、「広壮で、水際に限りなく近い新たな道路」、すなわちローマと海を結ぶ道の建設であった。それから、早急に取り掛かるべき作業のリストには入っていなかったが、別の三つの「幅広い道路」の建設にも触れている。それぞれ、「ヴェネツィア広場からカヴール通りを経て駅にいたる道——ヴェネツィア広場からボッテーゲ・オスクーレ通りを経てラルゴ・アルジェンティーナへといたる道——ヴェネツィア広場からトール・デッリ・スペッキを経て、テスタッキオならびにオスティエンセ地区へといたる道」である。いずれも、統領の居城たるヴェネツィア宮を中心とする道路網であり、一九三一年度の都市調整計画大綱の中にこの三本の道路がしっかりと盛り込まれたことは、意義深いといえよう。そして、先の書簡に盛られた最後の指令は、市民住宅に関するものであった。ローマ総督のもとには、トレヴィーゾに建てられた住宅の設計図——「まことに庶民的なデザインだと思う」と、コメントを添えるムッソリーニ——が何枚か、送り届けられている。「もし卿に好都合であるなら、これらの住宅を大量にコピーするように。だが、贅沢や、つまらぬ装飾などは加えないこと」[24]。

以上に見たように、既存建築の取り壊しは、統領の都市政策の根幹をなす手段であった。一九三一年、総督ボンコンパーニは、ピエルローニ川岸通り沿いの、古い住宅群を取り壊す予定でいた。だがこの計画は、ピエトロ・フェデーレの猛反対にあう。フェデーレは、元公教育相で、中世史の教鞭をとるかたわら、イタリア史研究所の所長でもあった人物だ。ムッソリーニはさっそくこの論争に介入し、ローマ総督に対しては、「取り壊し」作業を継続するよう厳命した。ローマのこの一画にひしめく古びた住宅群のせいで、「アフリカよりひどい」光景がひろがっていることに辟易していたのだ。統領は元大臣をからかったあげく、中世住居の保護に固執するのもほどほどにしておくのだな、と脅しをかけている。もし彼が引かぬなら、「小汚い石塊を前に子供じみた感傷を催す、フェデーレ上院議員の憂鬱とやらも取り壊してやろうではないか[25]」。

破壊のつるはしに肩入れした別の事例として、一九三二年二月の統領の介入があげられる。コロッセオのそばに、オッピオ丘に面してたつ住居群を、「ためらうことなく」破壊するよう督促を行なっているのだが、その理由としてあげているのが、見た目の美しさの確保、そして何よりも交通の利便をはかる、というものであった。「交通が過密なこの地点に、広場が一つあると大変都合がいい[26]」。これらの記録は、少なくとも部分的には、ムッソリーニが公に与えようとした自己のイメージと不協和音をかもしだすものといえる。統領はそもそも、穏健で思慮深く、過去を尊重する者、というイメージをお雇い伝記作家のイヴォン・ド・ベニャクを介して与えようとしていたからだ。「何？　私が、ローマの中心部が深呼吸できるよう、なりふりかまわず取り壊すだと？　私がつるはしを持つ手を少しも緩めることなく、この蒼古たる都市を何十ヘクタールにもわたって破壊する？　なるほど私個人は、新鮮な空気を好む者ではある。だが、中世やルネサンス期のローマにだって、生き残る権利が与えられねばならない。ちまたではローマ劫掠《サッコ・ディ・ローマ》

〔一五二七年五月に、神聖ローマ皇帝カール五世率いる軍隊がローマに侵入し、略奪や破壊をほしいままにした出来事。これによって聖都で花開いていた盛期ルネサンス文化は終わりを遂げ、多くの芸術家がローマを去った〕の再来が口の端に上っているが（……）私の目はつねに開いている。過剰な取り壊しは、これを認めるものではない[27]」。

3　監視をおこたらぬ目

とある一日のこと、車両に乗ってローマ市内を移動していたムッソリーニは、クァットロ・フォンターネ通りに沿って遠近法を強調するような景観をつくっていた住居の列が、ふと、バルベリーニ宮の正面で途切れているのを目にとめた。そこだけ、ぽっかりと穴があいたように、空間が広がっていたのである。すぐさまローマ総督にむかって「実に遺憾な欠落」である、と通告する統領。このような場所に、「ヴォリュームを欠いた建物」を建設するのは間違いである、と判断したからだ。そして解決策として、すでに一部の新聞紙上でも提案されていたのだが、このゾーンを緑地として残すように指示を与えた。総督ボンコンパーニに対しては、こう具体的に説明している。「（建物の壁が続いている）この場所で思いがけずに緑地帯がぱっと姿を現し、既存の巨木の姿も見ることができたなら、さぞかし美しいだろうし、健康にもよいだろう！[28]」さて、それから数か月たって、くだんのスペースが壁で取り囲まれているのを目にするや、自分の助言が遵守されなかったことに気づき、たちまち怒気を発した。「おい、壁が見えるぞ。ここは、建物を建てるか、空白に残すかの、どちらかといっただろう。いや、空白のほうが、緑があってさらに良いだろう。ともあれ、これ以上ここを、こんな状態にしておくことは許さん！[29]」

さて、こんな小さな緑地などより、間違いなくもっとずっと重要であったのが、新たな公会堂《アウディトリウム》の建設をめぐる問題であった。統領の手元には、計画の見積もり書が届いており、準備段階での作業の推移についても把握していた。自らポルタ・カペーナ広場を訪れ、建設予定地の選択のよしあしを確かめてもいる[30]。だが、この案に完全に納得しているわけではなかった。なにより、三八〇〇万リラにも達しようかというその建設費用は、あまりに高額に思われたからだ。そういうわけで、対案を模索することとなった。可能ならば、何かしら非凡なものが望ましい。そこで統領が思いついた提案――「マクセンティウスのバシリカを再活用できないか検討すること」――は、いかにも無邪気な案であると同時に、不安を抱かせるものでもあった。この提案を通じて彼が表明したメンタリティとは、一方では古代ローマ性を称揚しておきながら、実際には古代遺跡への感受性を欠くものであったからだ。統領は古代遺跡を、あれこれ手を加えることが可能なものと考え、政治に役立てることのできる中立的な道具だと見ていたのである[31]。

　中世ばかりでなく古代をも含めた過去全般に対する、このような軽視の姿勢は、メタ・スーダンス遺跡に対しても見られた。それはコロッセオの脇から吹き出す古代の噴水で、ちょうどコンスタンティヌス帝の凱旋門の正面にあたる場所に位置していた。問題となったのは、この遺跡が、帝国《インペーロ》通り（現在のフォーリ・インペリアーリ通り）から凱旋《トリオンフィ》通り（現在のサン・グレゴーリオ通り）へと抜ける、新たな凱旋コースのさまたげとなっていたことだ。ムッソリーニは、ローマ総督を督促して、「雑草の生い茂る塊にすぎないメタ・スーダンスを取り壊す」のに、何のためらいもみせなかった。この噴水がどこにあったか、示しておいたほうがよいかね？　ほら、ここだよ、と鉛筆を握り、さっと図面に円を描く統領。「この円で十分だ[32]」。このケースでは、廃墟の観念は、体制にとっては危険なものとさえなった。もしこの廃墟が、蒼古たる雰囲気を醸し出しでもして、近代化のイメージと衝突したり、あるいは凱旋コースの要求するレトリックと矛盾したりするようなことにでもなったら、まずいわけである。

　また、政治の虚弱さを示す克明なサインとして映ったのが、仮の住まいに暮らす非定住者たちの姿であった。立ち退きによって、ローマの周辺区たるトール・ピニャッタ一ラに追いやられ、カオス寸前の「密集状態」で暮らしていた住民たちがいたのだが、統領はそれにがまんがならず、全部取り壊せ！　と命令を下している。バラックの住人のなかには、おそらく、統領の帝都ローマ建設のために、住み家を取り壊された人々も交じっていたことであろう。[33] ムッソリーニはまた、ポルテーゼ門へと続く道路の「嘆かわしい」状態をとがめている。あるいは、庭を囲むのに有刺鉄線を使うのは好ましくない、第一、子供がころんだら怪我をするじゃないか、と忠告を与えてもいる。[34] かと思えば、今度は、ローマでの統領の住まいたるヴィッラ・トルローニア周辺の住宅工事が、中断を繰り返すばかりでいつまでたっても完成しないのに業を煮やして、ついにはこんな脅し文句も放った。「一か月以内に工事を再開するか、あるいは作りかけのものを全部取り壊すか、どちらかにしろ。さもなくば、軍隊を投入して解決してもいいのだぞ[35]」。

警戒を怠らぬ目で、統領は、このローマで起こるどんなささいな事柄にも、常に注意を払っていた。こうして、さほど重要とも思われぬあれこれの問題を解決するために、多くの時間が失われていった。たとえば、シャトーブリヤンにささげられた記念碑に関して、どうも何かがしっくりこないことに気がついた統領は、ローマ総督のボンコンパーニにそのことを知らせている。「現在トリニタ・デイ・モンティに、シャトーブリヤンの記念碑が建設中であるが、そのすぐそばにある公衆便所、あれは吐き気がするほど周囲と調和がとれておらん[36]」。統領のお小言は、フォーロ・トライアーノの舗装状態にもおよんだ。「草ぼうぼうだ。対処しないと、早晩、猫どもが戻ってくるぞ」。あるいはまた、ある横断歩道が気に入らなかったとみえ、「ほとんど消えかけておる。いい加減な仕事のしるしだ。これなら、全部きれいに消したほうがまだいい。やりなおせ！」フォーロ・ディ・チェーザレの並木を見ては、「もう三年も前から、一本の木のまわりに足場が組んだまま放置されている。いったい何を待っているんだ。作業の再開か？　足場の撤去か？　それとも、私にだけ、この足場が見えているのかね？[37]」統領のおせっかいな監視癖はとどまるところを知らず、ついには、ローマ総督府の職員に向けてこんな命令まで下すようになった。「ファシスト諸君、四月一日である。今日から外套を脱ぐこと」[38]。

建設場所を巡って異論が噴出したのは、さきの公会堂の事例ばかりではなく、外務省についても同様であった。統領は一九三五年、時のローマ総督ボッタイにむかって、ポルタ・サン・パオロ通りの拡張を命じている。その理由は、「そこに外務省庁舎を建てねばならない」から、というのであった[39]。その後、考えを改め、ヴィッラ・ボルゲーゼ公園を新たな敷地として選んだものの、一九三七年にはまた白紙に戻ってしまい、正式な決定からはほど遠い状態が続いた。その年の十一月、ガレアッツォ・チアーノは日記にこう記している。「統領と短く対談。そこで、新外務庁舎の建設計画を大筋で決定[40]」。バルベリーニ広場にやがて立ち上がるであろう同庁舎は、「ムッソリーニの時代にそったもの、帝国外務省としての役割に見合ったものでなくてはならない」と。ところがその後、設計競技が行なわれた際、敷地として選ばれたのはまったく別の場所、すなわちカラカラ帝浴場のそばであった。だが、この程度で驚いていてはいけない。建築家たちが案を提出し、審査委員会の手によって優秀案――最優秀の三案は、カニーノ、モレッティ、ポンティらの計画であった――が選ばれたにもかかわらず、コンペの中止が言い渡された。そして今度は新たな敷地としてフォーロ・ムッソリーニが、一九四〇年の段階で選ばれているのである［図9・10］。こうした紆余曲折の背後には、何らの明確なプログラムも存在していなかったことは明らかだ。すべて、即興が生み出した産物であった。都市計画の分野における、こうした不安定さの多くは、統領に直接起因するものであった。彼はすべての権限を握っていたうえに、自分の政治的手腕には絶対といっていいほどの自信をもっていながら、あまりに多くの仕事に忙殺されて、結局は個々の計画をじっくりと深めてゆく余裕がなかったのだ。

このような食い違いだらけの状況に反して、エチオピア侵攻以降には、ローマを根本から改造するため

［図 9］ジオ・ポンティ設計（グリエルモ・ウルリヒ、エウジェーニオ・ソンチーニ、R・アンジェリ、カルロ・デ・カルリ、L・オリヴィエーリらと共同）、ローマの外務省舎の計画、模型、1940 年。同省は、カラカラ帝浴場とアウレリア城壁にはさまれた領域の、アルデアティーナ門のそばに立ちあがる予定となっていた。

［図 10］ルイージ・モレッティ設計、ローマの外務省舎の計画、模型、1940 年。全長 175 メートル超のこの建物は、近隣のカラカラ帝浴場の巨大建造物と比較すれば、その大きさがわかるであろう。

の、一つの明確な計画が姿を現してくる。そのことは、一九三八年から一九四一年にかけての四か年で実現すべし、とされた建物のリストをみれば明らかになる。このリストは、一九三七年十二月に、ローマ総督ピエロ・コロンナがムッソリーニに提出したものである。計画は表向きは歴史的街区を対象とするものであったが、その裏では、一九四一年に予定されていた万国博覧会の開催と密接に結びついたものであった。万国博はその後、開催を一年後ろにずらして、ファシスト政権の二〇周年記念行事の一環に組み込まれ、名称も「E42」と改められることになる。コロンナのリストには、すでに着工していた諸作業の列挙――ボルゴ地区の取り壊しとコンチリアツィオーネ通りの開通、リナシメント通りの開削、アウグストゥス帝廟の周辺地区の整備、ボッテーゲ・オスクーレ通りの拡張――に加え、これから着工すべき重要な工事として、合計二一もの計画が、関係図面とともに挙げられていた。そこであがっている計画の中には、テルミニ駅舎の建設、バルベリーニ広場とサンティ・アポストリ広場をつなぐ道路の開通、ヴィットーリオ・ヴェネト通りとサン・シルヴェストロ広場を結ぶ道路の開通、国会前広場とウンベルト一世橋をむすぶ道路の開通、サン・ベルナルド広場とヴィットーリオ・ヴェネト通りを結ぶ道路（それと並行して走る道路の建設もふくむ）の開通、フィオレンティーニ橋ならびにアフリカ橋の架橋、カンピドーリオ周辺雑屋の取り壊し作業の完成、などがあった(41)。なるほど、ここに上がった計画の多くは、すでに一九三一年度の都市調整計画大綱の中に含まれてはいたのだが、今回は、政治といっそう有機的に結びついた新たな視点、すなわち、「帝国の」首府のイメージを描く、という企図の中に組み込まれていると見ることができる。やはりこれと酷似した三か年計画の作業リストが、ミラノの市長から統領のもとに届けられている。建築はこうして、政治の舞台のなかで、ますます際立った地位をしめることになっていったのである。

4　ローマの作業現場の視察

当時のローマにあって、多少なりとも重要と目された建築であるならば、ほぼ例外なく統領が自ら設計案を検討し、あるいは現場を視察し、落成式を取り仕切った。ローマはその容貌を徐々に変えつつあった。そしてその変化は、隅々にいたるまで、統領の徹底した直接管理の下に置かれていたのである。一九三〇年の一年間に、ムッソリーニはざっと以下の項目をこなしている。すなわち、真実の口《ボッカ・デッラ・ヴェリタ》広場では、クレメンテ・ブシーリ・ヴィーチの計画に沿って進行中の整備工事を監督。[42] バーリ通りでは、マッツォーニが設計した鉄道余暇事業団《ドーポ・ラヴォーロ》会館のモニュメンタルな新建築をテープカット、[43] さらにマリーノ設計の空軍省の建設現場を視察。[44] また、「抜き打ちの」訪問をよそおって、ラッファエーレ・デ・ヴィーコ設計のネモレンセ公園、バルベリーニ通りの工事、オスティアの海岸通りの工事などを視察。[45] さらには、アスキエーリ設計の中央統計院の建築を吟味。[46] それから、まもなく第一回クアドリエンナーレの開催がせまっていた、ナツィオナーレ通りの博覧館の現場を臨検し、その場でアスキエーリとデル・デッビオとともに、展示会場の設営をめぐって、計画案の検討を行なった。[47] ファシズムの政権獲得記念日には、ガリバルディ・ブルバ設計の国営印刷所、ならびにヴィミナーレ宮にあるピエトロ・ロンバルド設計の黒シャツ隊記念堂の竣工式をそれぞれ行なっている。[48]

その翌年には、デ・ヴィーコが手がけたモンテ・テスタッチョの庭園群と、デル・デッビオ設計のフォーロ・ムッソリーニのための工事現場を訪れている。ちなみにこのフォーロ・ムッソリーニ建設のための大規模な作業場は、ファシスト政権下にあって、統領がもっとも足しげく訪れた現場の一つとなった。このフォーロは、もともとオリンピック競技用のスポーツ施設として生まれた空間であったが、それが後には、大衆動員のための場所へと変わり、いっそう際立った政治的・象徴的な価値を帯びてゆくこととなる。ファシズムは他の全体主義国家よりも一足先に、スポーツが、大衆と国家を一体化する特性を秘めていることを見抜き、これを強力無比なプロパガンダの具として用いている。スポーツを介して、政治にもっとも耐久性をもっていた人々の意識さえをも、とりこにしようと目論んだのだ。勇気、意志、力、克己といった、闘争型スポーツに特有の諸特徴をもって、これをイタリア民族に固有の性質、ひいてはファシズムのかかげる「新しい人間《ウォーモ・ヌオーヴォ》」の特徴である、と謳い上げたのである。このフォーロでは、スポーツのための空間がムッソリーニの空間となり、新たな帝国ローマのシンボルとなった。それは、イデオロギーのみか、身体のレベルにまでも権力の濫用がおよんだ一種の象徴的事例と見ることができる。「フォーロ・ムッソリーニは、やがてコロッセオよりも巨大に聳え、サン・ピエトロよりも大量の大理石で飾られるだろう」、こう統領は一九二九年の時点で予言していた。(49) かつての偉大なローマ皇帝たちと同じく、ムッソリーニもまた、自分にささげられたフォーロをここに作り上げた。こうして、「新たな皇帝」としての統領という神話に、具体的な建築の舞台をしつらえたわけである。さて、統領による竣工式儀礼はその後も途切れることなく、アスキエーリ設計の戦傷盲人館がこれに続いた。アスキエーリは一年を経ずして、三たび首相との面会の機会をもったことになり、ここに彼の建築家としてのキャリアは頂点をきわめた。(50) その年の終わりには、統領の姿は、アルベルト・カルツァ・ビーニをともなって、マルチェッロ劇場の作業足場のただ中にあった。すでに小さな雑屋群の取り壊しを終えて広々と整備されたスペースを前にしながらも、古代建築群の解放をなおもさまたげている「考古学者どものク…いまいましい衒学趣味」に対する毒矢を放ってやまないムッソリーニ。ここでもフェデーレ元大臣をはじめ「黴のはえた石ころをありがたがる大先生がた」がやり玉にあがり、連中は「悪臭を放つ壁」の保護を訴えて団結のかまえをみせておる、と嚇怒するのだった。(51) 統領は続いて、ジョヴァンノーニに引率されて高等建築学校の新校舎の建築現場を視察。作業は大幅に遅れており、十月に予定されていた竣工式は結局、延期を余儀なくされている。(52)

ピアチェンティーニに案内されて、統領は一九三二年四月、はじめて大学都市の建設現場を訪問している。のちに、何度も足を運ぶことになる現場であるが、その界隈の事情については本書の後半で語ることにしよう。その同じ日に、建設途中のバルベリーニ通りを巡検し、さらにコッラード・リッチをともなって、フォーロ・トライアーノの発掘現場を訪れている。そして古代ローマのフォーロを後にすると、今度はその現代版たる、統領自身の名を冠したフォーロにおもむき、レナート・リッチとエンリーコ・デル・デッビオの歓待をうけた。二人はムッソリーニを案内して、大理石のスタジアム［図11］、および体育アカデミーの建設現場をまわっている。[53] またそれとは別の日、統領はカンピドーリオの作業現場を視察に訪れている。周囲を取り囲む雑屋を徹底的に破壊することがここでの主な作業で、こうして、ありもしない偽りの過去をでっちあげ、この丘のイメージを根本から作り変えてしまおうとするものであった。ムッソリーニはこの視察の折に、建設途上にあったリソルジメント博物館の新建築にも足を延ばしている。現場で出迎えたのはブラジーニで、統領にむかって、ヴィットリアーノとミケランジェロの広場を連結する建物の素案を説明している。それから視察の一行はフォーロ・ディ・チェーザレに降り立ち、アッカデーミア・ディ・サン・ルーカの新建築をめぐる問題について、グスターヴォ・ジョヴァンノーニとコッラード・リッチとともに検討を加えた。この建物については、後に詳しくみることにしよう。[54]

時あたかも、ローマ進軍の十周年を記念する諸行事の準備がたけなわのころであったが、ムッソリーニはなおも、建築家や現場作業員の中に身を置くのだった。ヴェネツィア宮の窓からは、フォーロ・ロマーノの工事の様子を、直接把握することができた。そして十月二十八日の式典当日、儀礼を神聖化するために、ムッソリーニはファシストの黒い帽子に白い羽飾りをつけ、あたかも古代の軍隊指揮官のごとくに騎馬姿で堂々と、できたばかりの帝国通りを端から端まで闊歩した。ヴェネツィア宮とコロッセオを結ぶこの新しい大通りは、貴重な考古学遺跡が横たわるゾーンに徹底的に手を加え、ウェリアの丘を取り崩してまで作ったものである。何万立方メートルとも知れぬ、大量のローマ時代の土砂や遺跡が、ゴミ捨て場に

［図 11］エンリーコ・デル・デッビオ設計、ローマのフォーロ・ムッソリーニ内の大理石のスタジアム、1928–32 年。首都の建設現場の中でも、このフォーロ・ムッソリーニは、統領がもっとも足しげく視察に訪れた場所であった。

惜しげもなく放り捨てられた[55]。こうして出来上がった新たな大路は、フォーロ・ロマーノのなんとも魅惑的な情景のただ中を突き抜ける。それは、ファシズムと古代ローマ性、革命と伝統とが共生を――だが同時に解き得ぬ難問《アポリア》をも――見せる場として、体制が特別に選びだした空間のひとつに数えられることになる。ヴェネツィア宮前の広場を埋め尽くした大群衆に向かって、ムッソリーニはこの日の行進が持ちうる意味を、都合よくねじまげてこう宣言する。「かくも強靭で、猛々しい」今日の隊列行進は、かつてローマが、その栄光に満ちた歴史の中で目にした記念すべき数々の凱旋をも、うわまわるものである、と。こうした儀式は、大衆のうちに、何かの行動へと無性に駆り立てる激しいエネルギーを生み出す。ムッソリーニはそのことを十分に知悉していた[56]。その翌日には、ファシスト革命記念展の開幕式を執り行なった。この展覧会では、会場のファサードをリーベラとデ・レンツィが、O室をテッラーニが、そして殉教ファシスト慰霊碑をリーベラとアントーニオ・ヴァレンテが、それぞれ手がけている。統領は展覧会の準備中に、いく度となく、ナツィオナーレ通りの設営現場に足を運んでいる。(57) 同展の企画に参画した若い建築家たちにしてみれば、これは今まで味わったことのなかったような刺激に満ちたな体験となった。なぜなら、「自分たちの」統領が直接指揮をとる作品のために働き、そして彼ら自身の姿が歴史的な次元のなかへと投影されているさまを、目の当たりにすることになったからだ。

ファシスト革命記念展には、まるで未来派をほうふつとさせるような展示室もあり、現代のイメージが強力に打ち出された。これへの対抗軸を打ち出していたのが、古代ローマにその根源を求めようとした、フォーロ・ムッソリーニであった。ともに、ファシズムの称賛という目的に合致した企図ではある。だがここに見られる対比は、当時の政府が建築にたいして取った、折衷的な政策を象徴するものでもあった。フォーロの複合建築体は、十一月四日に落成している。そこには体育アカデミーとスタジアムが含まれていた。スタジアムは二つあり、そのうち一つは、全体をカッラーラ産大理石で覆い、イタリアの各県より寄贈された六〇体のアスリート像がその頂部をかざっていた。もう一つが、丘陵の脇を削って作られた糸杉のスタジアムで、芝で覆われた階段席は一〇万人の観客収容力をほこった。この他にもフォーロには、カッラーラ産大理石の一本石で作られたオベリスクが立っていた。高さ一八メートル、重量三八〇トン、ムッソリーニにささげられたモニュメントである。「国家の革新」のシンボルとされたこのオベリスクを造営するため、巨大な大理石の塊が、はるばるカッラーラ近郊のカルボネーラ採石場から取りよせられた。この採掘場の持ち主は、「大理石の盗人」とあだ名されたチリッロ・フィガイア。実はこの男、フォーロ建設を請け負った全国バリッラ事業団組織の総裁レナート・リッチの義父にあたる人物であった。こうした経緯で立てられたオベリスクであるから、国家のシンボル云々とは別に、もっとずっと散文的なかたちで、受注と発注をめぐる根深い恩恵関係の存在を語ってもいたわけである。(58) さて、統領はそれから十日余ののち、今度は、ピアチェンティーニが設計した共同体省《コルポラツィオーネ》の新庁舎の落成を祝っている。

一九三三年の春には、チプリアーニをともなってターラント通りの現場に赴き、全国保険協会（INA）が実現した住宅群を視察。ついで、トリオンフィ通りの拡張計画を吟味したのち、フォスキーニ設計のイーストマン歯科技工研究所を訪問。さらには、アルベルト・カルツァ・ビーニとともに、サン・ミケーレ手工業学院校舎の進捗状況を確認した。このカルツァ・ビーニに関しては、本当に建築家としての能力があるのだろうか、という噂が、まことしやかにささやかれており、おそらくはムッソリーニもそれを耳にしていたものと思われる。実際、こんな声が聞かれた。「カルツァ・ビーニの署名があるプロジェクトは、実は全部、建築家デ・レンツィが設計し、完成させたものだ」とか、カルツァ・ビーニが会長を務める公営住宅公社では、「実際にすべての仕事をこなしているのは、局長の（インノチェンツォ・）コスタンティーニ技師らしい」とか、そんな噂である(59)。

それから数か月たったある一日、統領はその日の公務をすべて、建設現場の視察に当てている。巡検は朝八時にスタートし、まずはトロント通りとターロ通りにある、国家公務員住宅公社が手がけた新築住宅を視察。ついでボローニャ広場に赴き、リドルフィとしばし懇談して、彼の設計した郵便局舎の図面と模型に検討を加えた。この若き建築家は、首都の四つの新郵便局舎のために行なわれた設計競技を勝ち抜いた一人であった。ちなみに、その他の勝者には、サモナ、アルマンド・ティッタ、リーベラ、デ・レンツィといった面々が名を連ねている。リドルフィの案はすでにコンペの審査を勝ち抜いていたのであるが、こうして現場でふたたび、統領から計画の承認をちょうだいするかたちとなった。だが、建築家のほうでは実は、工事過程で設計に大幅な修正を加えようと決めていたものだから、後にやっかいな問題をはらむことになってしまった(60)。さて、この日の統領の巡検はなおも続く。ピアチェンティーニの案内で大学都市を訪問したあとは、今度はターラント通りに移動して、建築家サモナから、コンペで入賞した郵便局の設計原案について説明をうけた。そこから市の中心部へ取って返し、ふたたびピアチェンティーニの案内で、ヴェネト通りにあるイタリア労働銀行の建設現場を視察。次いで、マッツィーニ通りにあるティッタ設計の郵便局の建設現場まで足を延ばした。そこから今度はカンピドーリオの丘にのぼり、家屋を何棟か取り壊す作業に立ち会っている。それが終わると、ムニョスを伴ってフォーロ・ディ・チェーザレへと降りて行き、コロッセオまで歩を進める統領。そこで立ち止まると、お伴の考古学者を相手に、先にも少し触れたメタ・スーダンス噴水、ならびにネロ帝の巨像跡《コロッスス・ネローニス》の処置をどうすべきか、言葉を交わした。そこからトリオンフィ通りを通過して、本日四番目の郵便局となる、マルモラータ通りにあるリーベラとデ・レンツィ設計の局舎の建設現場に足を止めた。二人の建築家からいとまごいの挨拶を受けた後には、そこからわずか数メートルの距離にあるサン・ミケーレ手工業学院舎の建設足場の前に立った。随伴したのは、統領に忠実ではあるが、あまり好かれていなかったアルベルト・カルツァ・ビーニである[61]。ムッソリーニはこの日一日で、実に十あまりの作品を視察し、半ダースをくだらない建築家たちと懇談したことになる。こうして、ローマという巨大な作業現場の隅々まで、統領が徹底して管理の目を行きとどかせているという印象を周囲に与えたのだった。

　そして十月二十八日の（ローマ進軍）記念日には、ふたたび隊列行進を執り行ない、トリオンフィ通りの開通、フォーロ・ディ・チェーザレにあるウェヌス・ゲネトリクス神殿の修復完了、カンピドーリオ周辺区域の家屋撤去作業の完成を祝福した。その日の最後には、九月四日広場にあるブラジーニ設計の飛行士会館に赴き、整列した航空兵たちに出迎えられ、軍隊ラッパの伴奏のもとに、重々しく建物の中に入っている。とはいえ、一年前には、統領はこのイタリア・アカデミーの建築家に対しては、決して寛容な態度を見せてはいなかった。実際、上院での議会演説で、この建物を指してこう評している。「労働災害者たちにとっては、本当にひどい災害がおこったものだ」。もともとこの建物は、全国労働災害保険協会（ＩＮＡＩＬ）の本部として構想されたものだったから、それを皮肉ったわけだ[62]。

5 建築とともにファシズムを伝承する

第二回ファシスト党・五年周期大会の開幕を前に、ムッソリーニはこう宣言する。「皇帝たちのローマ、教皇たちのローマのあとで、今日、ファシストのローマがある。古代と現代を同時にあわせもつ今日のローマこそは、世界中の人々から賛美の的となるであろう」[63]。古代を再び成型することと、現代性をかたどること。これが、都市ローマの建築政策として統領が採用した、二面作戦であった。一九三四年の春には、グイーディが設計した合理主義スタイルの小学校を訪ねるため、オスティアに赴いている。そのわずか数日後には、今度は、五万立方メートルの雑居区域を取り壊して解放したハドリアヌス帝の巨大建造物〔サンタンジェロ城〕を訪れ、アッティーリオ・スパッカレッリの案内で稜保や警邏回廊のあいだを逍遥した。その同じ日の午後は、トリオンフィ通りから続いて伸びる、アヴェンティーノ通りを自らの足で歩いている。海の方角に向かって伸びるこの道路を、ムッソリーニは五〇メートルの幅で作らせており、この日も実際に自分で歩いて、この大路から受ける印象を確かめようとしたのだった[64]。七月には、フォーロ・ムッソリーニを訪れ、エンリーコ・デル・デッビオが設計した宿泊施設の南棟、およびコスタンティーノ・コスタンティーニ設計の新テニス・スタジアムを視察。さらに、浴場施設の大理石模型を検証したのち、工事途中の建築足場の上までよじのぼって、作業の進捗状況を確認した[65]。ここには後に建築家モレッティが、統領のスポーツジムと通称される、ムッソリーニのための私的居住区を設計することになる。

十月二十二日の昼日中、セーターを着込み、工事用具を手にした統領は、ソデリーニ通りにある家屋の屋上にのぼり、みずからつるはしを振るって屋根に一撃を加えた。アウグストゥス帝廟の周辺区域に立つ家屋をきれいに取り壊し、整備する作業の着工を指揮するためである。それから一か月後には、リド・ディ・オスティアにある、ジャコモ・ボーニ設計の「九月四日」航海術寄宿学校建設のために、現場で最初の礎石を据えている［図12］。そしてカメラの前で、作業員たちにまじってセメントを満たした二輪の手押し車をみずから運び、シャベルを握る姿を見せ、あるいは腰に手を当て、建築家の説明に聞き入るのだった。そこからさらに、マッツォーニが設計した郵便局へと移動し、建物の詳細を視察。(66)統領は続けて、カヴール通りと帝国通りとが交差する地点で展開中の、別の解体現場にも足を運んでいる。雑屋を取り壊した跡地に、堂々たる建築作品を作ろうというのがムッソリーニの願望であった。その建物こそ、「永続性と普遍性を兼ね備え、ムッソリーニの時代を後世に伝えるにふさわしい」もの、すなわちリットーリオ宮であった。(67)統領はこの企図のために、建築家の一団を顧問役として身近に置くことを望んだ。バッツァーニ、ブラジーニ、アルベルト・カルツァ・ビーニ、ピアチェンティーニ、ポルタルッピといった面々が設計競技の審査委員会を構成したほか、おそらくは政党とのつながりを縁故に、クレメンテ・ブシーリ・ヴィーチ、ボーニ、ジーノ・カンチェッロッティ、デ・レンツィといった人々にも声がかかった。彼ら建築家たちは声をそろえて言う。「巨大なリットーリオ宮は、都市ローマと、それが立ちあがる地と、イタリア建築界とに、ふさわしい威厳をそなえたものでなくてはならない」。工事の完成は一九三九年三月二十三日と定められた。だが周知のように、事実はこれとはまったく異なる結末をむかえることになる。(68)

一九三五年十月二日、ムッソリーニはヴェネツィア宮のバルコニーから、エチオピアへの戦闘行動の開始を宣言。植民地での衝突はこうして、国家規模の戦争へと変容する。統領は絶大な効果をほこるプロパガンダを展開することで、圧倒的な国民の支持を取りつけたばかりか、世論に対してもっとも冷やかなまなざしをむけていた層からも、同意を得ることに成功している。(69)統領が目指したのは、帝国を建設することと、戦争を大規模な教化政策として敢行することであった。すなわち戦争は、イタリア人の特質を成形

［図 12］「九月四日」航海術寄宿学校建設のための最初の礎石を置くムッソリーニ、ローマ、1934 年 12 月 12 日。

するための道具であった。戦争は、ファシスト政権による十三年の統治を経た今、はたしてファシストの標榜する「新しい人間」が生まれつつあるのかを確かめるための、機会であった。[70] 戦線が拡大している中にあっても、ムッソリーニは建築の分野で手を休めることはまったくなかった。ローマ進軍の記念日には、サン・パオロ門とアヴェンティーノ通りをつなぐ、ピラミディ通りの開通を祝福している。だが、この日の主たる行事は、アヴェンティーノ地区にある、リーベラとデ・レンツィ設計の郵便局の完成式典であった［図13］。外観をしげしげと眺め、内部の部屋をめぐり、二名の建築家の腕前を高く評価する統領。この二人はすでに、ファシスト党の顧問役にも任命されていたのだった。[71] その翌日は、ふたたびつるはしを握り、ボッテーゲ・オスクーレ通りの家屋解体作業の着工を指揮した。[72] ついで公共事業相コボッリ・ジーリを随伴して、ドゥーカ・ダオスタ橋のための設計競技作品展を訪問。これは、フォーロ・ムッソリーニのそばを流れるテヴェレ川にかかる橋のためのプロジェクトで、ファソーロの案が優秀賞に選ばれている。[73] 翌三六年の一月には、チネ・チッタの建設工事の着工に立ち会っている。石灰で地面にラインが引かれたのち、統領が自ら、この複合施設のための最初の礎石を据えた。その場で模型を検討することも忘れずに行ない、報道人たちの前で、ジーノ・ペレッスッティを相手に、入念に練った台本通りの質疑応答を演じてみせた。実際には、これに先立つ数か月のあいだ、ムッソリーニは建築家をヴェネツィア宮の執務室にちょくちょく呼びつけ、計画の進捗状況をつぶさに報告させていたのだが。だが現場では、統領は建築家の言葉を、「アビシニアでの部隊の戦況報告を聞くのとかわらぬ熱心さで」聞き入ったという。(74)

四月には、フォーロ・ムッソリーニに建設中のオリンピック・スタジアムを視察。一九三二年ロサンゼルス大会でのイタリア人選手団の輝かしい活躍をうけて、ローマ市は一九四〇年の開催予定地に立候補していた。今やテーブルの上には、モレッティが手がけた準備計画の模型が展示されていた。(75) 一九三六年大会の開催地ベルリンではすでに着々と施設の建設準備がすすんでいたのだが、ピアチェンティーニが記しているように、ローマは、それらの建築と競合する作品を作ろうと望んでいた。ドイツの首都よりもはるかにオリンピックにふさわしい都市として、世界にアピールしようとしていたのである。(76) だがドイツは、そのさらに先を見ていた。アルベルト・シュペーアの設計で、ニュルンベルクに、四〇万人が収容可能な巨大オリンピック・スタジアムが計画されていたのである［図14］。その途方もなく巨大な姿を前に、ヒトラーは宣言する。ピラミッドの壮麗も、このスタジアムの前には霧散するほかない。「余は、未来永劫に残るものを建設する……なぜなら（……）現在のわれわれこそ、ドイツの至高の姿であるからだ」。一方イタリアの側では、日本に有利になるよう一九四〇年大会招致の立候補を取りやめることとし、目標をもっぱら一九四四年大会に切り替えていた。(77) 他方、アルプスの北側では、ニュルンベルク・スタジアムの完成をその一年後に予定していた。そしてヒトラーは威嚇じみた口調でこう通達する。このスタジアムが完成を見た暁には、以降のオリンピック競技は「ここで、ただここでのみ」開催されることになるだろう。

［図 13］ローマ市のサン・パオロ門そばに立つ郵便局舎の完成式典を執り行なうムッソリーニ。彼の右側には、建築家アダルベルト・リーベラとマーリオ・デ・レンツィの姿が見える。1935 年 10 月 28 日。

［図 14］アルベルト・シュペーア設計、ニュルンベルク・スタジアムの計画、模型、1937 年。このスタジアムは 40 万人を収容することができた。ヒトラーの考えでは、将来、オリンピック競技は「ここで、ただここでのみ」開催されなくてはならなかった。

宣戦布告よりも以前に、このスタジアム建築はヒトラーの世界征服の野望を語っていたのである。[78] イタリア政府もドイツ政府も、ともに、規模と方法の違いこそあれ、みずからの政治的な目標を達成するために建築を活用していた。双方にとって、戦争と建築は、全体主義的な視点から政策を実現してゆくための、主要な道具であった。「戦争と芸術は、国家を数世紀にわたって偉大ならしめる原動力であります」。ムッソリーニにあててこう書き送ったのは、フォーロ建設の立役者レナート・リッチであった。[79]

その同じ日の朝、ムッソリーニはフォーロで、やはりモレッティ設計のフェンシング・アカデミーの竣工式を執り行なっていた。建築躯体はその全身をカッラーラ産大理石で覆われ、角を削った稜線と、光かがやくプレート板とが相まって、まるで一体化した巨大なブロック塊のような印象を与えた。[80] 建物に入る前に、その力強い彫塑的な形状を存分に堪能する統領。この才能ある若き建築家もまた、かたわらの政治家と同じく、古典の伝統から着想を得ることで「感情的な変容」を引き起こすことに成功したのである。フォーロからヴェネツィア宮へと戻る際には、バリッラ事業団の隊列と熱狂的な群衆とが、道の両側に列を作って統領を見送った。みな、ムッソリーニの神話に酔いしれていた。父親のようなしぐさで子供たちを抱き、人々の敬礼には愛想よく応える統領。彼らにとっては、どこまでも人間の顔をそなえた独裁者であった。その場にいた誰ひとりとして、その同じ人物がわずか数日前には、国際条約で禁止されている化学兵器をエチオピア兵に使用するよう命じたなどとは、知るよしもなかった。「種類ト、量ノ如何ヲ問ワズ、アラユル瓦斯《ガス》ヲ」使え、との指令をうけて、マスタード・ガスが実戦に投入されたのはその一例である。それは、身体中に水膨れを生じ、激痛をともないながらゆっくりと死に至らしめる、おそるべき兵器だった。[81]

それから数日をおいて、ムッソリーニはいつものごとく、首都で進行中のもっとも重要な公共建築の建設現場を、視察してまわっている。その日はまず、アウグストゥス帝廟の訪問から開始し、モルプルゴが担当した周辺地区の整備計画を検討。ついでマダーマ宮に移動し、そこに展示されていた、リナシメント通りの開通作業を説明するフォスキーニの模型を吟味。そして最後には、リド・ディ・オスティアまで足を延ばし、消防士宿舎ならびに航海術寄宿学校の建築現場を巡検。また、イニャーツィオ・グイーディおよびチェーザレ・ヴァッレが設計した、海の道に建つローマ総督府の新庁舎の模型にも、検討を加えている(82)。この日のアウグストゥス帝廟の訪問を報じる新聞記事は、作業員たちが「熱狂にうちふるえて」仕事を中断した、などと書きたてているが、事実はその逆であった。検閲削除されたある一枚の写真を見てみると、そこには、統領に敬礼もせずに一心に作業に打ち込んでいる土木工員たちの姿が映っており、中には、ムッソリーニに背を向けてしまっている者までいる(83)。

別の日の早朝のこと、統領は時のローマ総督ボッタイを随伴して、サン・タンジェロ城を訪問。コンチリアツィオーネ通りの開削をめぐる、ピアチェンティーニとスパッカレッリの計画を吟味した。この地区への介入が持つ重要性、ならびにその建築・都市的な特性を、現場で実際に理解するためだ(84)。二人の建築家の案――スパッカレッリは、かつてピアチェンティーニの建築事務所で働いていたことを、ここで思い出しておく必要がある――が認可されたのに続き、ボッタイは統領に、さらに別の図面をあれこれと差し出して見せた。ところが、時がたつにつれますます民衆の数が増え、ひっきりなしに統領の前へと押しかけてくるものだから、今やムッソリーニはすっかりそちらに気を取られてしまっている。目の前に図面が広げられても、ボッタイの説明など上の空でろくに聞きもせず、図面に目を走らせようともしない。群衆へ向かう本能的な衝動が、統領の中ではいまや完全に優位にたった。遺憾に思いつつも、図面をたたまざるをえなかったのはボッタイである(85)。それから二日後には、ロマーニア通りにある国防義勇軍総司令部と、「ムッソリーニ」連隊宿舎の竣工式を執り行なった。二棟とも、ヴィットーリオ・カフィエーロが設計を手がけたものだ。ヴェネツィア宮へと取って返す途中に、ごく短く、フォーロ・ムッソリーニ脇のテヴェレ川にかかる橋の視察も済ませている。この橋については、数か月前に、その設計案を吟味していた。そして今、現場の巡検である。ローマ市民の目に、統領が工事を継続して監督している、という印象を与えたかったのだ。[86]

ボッタイは一九三六年十月二十八日の日記の中で、この日を、統領に随伴して「竣工式につぐ竣工式」で過ごしたことを想起している。その日はまず、チェーザレ・ヴァッレ設計のジューリオ・チェーザレ高校の竣工式を手始めに、フォーロ・ムッソリーニにある浴場施設内の屋内プール、およびモレッティ設計のスタジアムの建設現場を視察。フォーロ内のフェンシング・アカデミーではちょっとした余興として、統領みずからが摸擬試合に登場する一幕もあった。そこからプレネスティーノ広場に移動し、電車搭乗員のための公共集合住宅の竣工を祝った。[87]そこからヴェネツィア宮にとって返した後、広場に集まった群衆の喝采を受けて、統領はバルコニーの演壇に姿を現した。ローマだけではない、イタリアの「あらゆる場所で」、今日、公共建築の竣工式が執り行なわれていることに思いをいたせ、と演説するムッソリーニ。この公共事業の同時多発性は、注意深く演出されたものであった。イタリアの各地に同時に建設されたこれらの建築群は、驚くほどの統一感を人々に伝える役割を果たす。それは、国家をつつみこむ一種の神秘主義であった。イタリア国民が持つ集団的な力を発揚し、国土で展開している建設行為が途方もなく広範であることを示そうとする、神話であった。全国で展開する公共事業は、いわばいっせいに執り行なわれる巨大な典礼儀式である。その目的は、イタリア国民を巻き込んで、調和のとれた政治集団へと作り変えることにあった。そして彼ら民衆は、体制によって実現されてゆく建造物に、自己を同一化させてゆくのである。こうして政治的に一体化した大衆は、崇拝に参加することによって、いま首相のそばにいるのだと感じ、また自分たちも首相と同じように時代の主人公なのだ、と思いこむことができた。だが、これらの公共建築群は、単にその場かぎりの国民の同意を得るためだけに、計画されたのではなかった。ムッソリーニは布告する。これらの建築は、「われらの息子たちの、そのまた息子たち」にとって、「磨滅することのない標章」となるもの、後世の人々に「ファシズム時代のイタリア国民が、どれだけ独創力に恵まれていたのかを」示す証言となるべきもの、であった。[88]

さて、統領とローマ総督はこの日、長時間にわたっていっしょにすごしていたわけだが、二人の間でいったいどんな会話があったのだろうか？　帝都としてのローマ市の未来像を語らったのであろうか？　いや、どうもそうではなかったようだ。この日の日記の末尾にボッタイは、不満げにこう書きつけている。「ローマ市内のプロジェクトのことも、一九四二年の万国博のことも、ろくに話ができなかった」。代わりに話題にのぼったのは、「体制がすすめる、戦争準備」のことばかりであった。ここから受ける印象は、ムッソリーニがどうやらボッタイを、蚊帳の外に置こうとしていたということだ。統領は建築や都市計画のヴィジョンを頭に描いていたのだが、それを実現するための決定権は、他の誰とも共有したくはなかった。行政権限の面で、すでに多少なりとも競合関係にあったローマ総督とも、もちろんそれは共有されるべきものではない。統領は、自分の権力が少しでも弱体化することを恐れていたのである。ローマ総督の役職――何もこの職務に限ったことではないが――は、任期がごく短期間に限られていて、人が次々と交代した。これは、臣下の者が、権力にあまりに深く根を張るのを避ける意図からであった。そしてボッタイは、この日より数日後に解任されることになるのである。ムッソリーニはおそらく、そのことをすでに知っていたのであろう。ファシストのローマは、他の誰でもなく、ただひとり「ムッソリーニの」ものでなくてはならなかった。[89]もっとも忠実な側近に対してさえも、統領は皮肉っぽく、恩をあだで返すようなふるまいをみせ、ひたすら自分の神話の構築のみを目指していたのだった。[90]

とにかく建てまくりたいという統領の熱烈な願望は、もはや抑制がきかなかった。ボッタイと過ごしたその翌日には、ボルゴ地区にある旧家の屋根にのぼり、コンチリアツィオーネ通りを開通させるべく、取り壊し工事の開始を指揮した。それから数か月のうちに、リド・ディ・オスティアにある「九月四日」航海術寄宿学校の竣工式を執り行ない、またピアチェンティーニ設計の障害児母親会館の拡張工事を視察してまわっている。[91] これらの式典や催しは、より大きなファシズムの儀礼の一部を構成していたわけだが、それらすべての機会において、完成準備中《イン・フィエーリ》の国家イメージを体現する「男」、という図式が繰り返された。奇跡を成す人ムッソリーニが触れるやいなや、永遠の都ローマは、いや実際にはローマに限らずイタリア全土が、たちどころにその容貌を近代の、ファシストのそれへと改め、そしていまや、帝国の徴をも帯びることになったのである。先にみたように、建築家たちの果たした役割は非常に顕著であったのだが、事ここにいたると、彼らもまた場面から姿を消してゆく傾向にあった。建築家たちはムッソリーニの神話という巨大な歯車の中に、やがて完全に飲みこまれていったのである。

6　ローマ、この「予測不可能な都市」

一九三七年一月十四日の午後、首相はヴェネツィア宮にて、ドイツの航空相ヘルマン・ゲーリングに接見。スペイン内戦における、独伊両国の共同作戦についての打ち合わせを行なった。翌朝、ムッソリーニはこのナチス高官をともなって、フォーロ・ムッソリーニの施設群を見て回った。[92] この両日の行為は、統領の政治活動にとって、重要な契機をはらむものであった。それは、政府が展開する戦争と建築という二面政策を、相互の調和をはかりながらさらに強化してゆくための、決定的な瞬間であったのだ。広大な規模で建築活動が展開するのと歩調を合わせて、軍事行動もまたエスカレートしてゆく。統領は最初、エチオピア戦争の断行を強く望んだ。そして今、アジス・アベバ陥落のわずか三か月後というこの時期に、スペイン内戦への介入を決定したのだ。やがて、アルバニア侵攻がこれに続く。その行き着く先は、国家間の大規模な対戦の準備である。この動きにともない、国家の全体主義化の流れは、ますます加速してゆく。建築に対しては、戦争と同様、民衆に対してさらなる説得力をもつ計画が求められるようになった。建築を通じて、新たな価値観、新たな神話を伝えることがもくろまれたのである。ムッソリーニは国民の心の内に、自尊心を植えつけようとした。「平和の実現と、戦争の遂行。この両者の企図のために、自分たちはつねに総力を結集することができるのだ」という誇り[93]。こうして、イタリア人本来の気質を人類学的なレベルで変容させ、今一度、世界を支配する能力をそなえた戦闘的人種へとつくりかえようと望んだのである。

これに続く数か月の内に、統領はマッツォーニ設計のテルミニ駅舎建設のために最初の礎石を据え、チネ・チッタの訪問も行なった[94]。この映画村の竣工式は四月二十八日に執り行なわれたが、その同じ日に、ムッソリーニはトレ・フォンターネ地区まで足をのばし、「E42」の着工式を宰領している。パガーノを伴って、敷地に建つ木造の塔の上に登り、ローマから海にいたる大パノラマを堪能。そして、この計画都市にやがて作られるであろう道路や建物の姿を、眼下に思い描いた。再び地上に降り立つと、今度はピアンチェンティーニをはじめとする設計陣たちに案内されて、関連図面や模型が展示されているパヴィリオンに立ち寄った[95]。また五月の上旬には、芸術家連盟会館の開館式典に立ち会い、カルロ・ブロッジとしばし懇談。ついでヴェネト通りへと向かい、ピアチェンティーニの出迎えを受けて、イタリア労働銀行のテープカットを行なった。同銀行のテラスに昇った統領は、他のファシスト高官たちからやや離れて、イタリア・アカデミーの建築家の言葉に耳を傾ける一方で、足下に広がる市景を注意深く観察することにも怠りなかった[96][図15]。この二人は、わずか八日間のあいだに実に三度も会い、建築について話し合ったことになる[97]。

さて統領は、フォーロ・ムッソリーニにて、モレッティ設計の帝国広場、ならびにマーリオ・パニコーニとジューリオ・ペディコーニが作成した地球儀の噴水の除幕式を執り行なった。そして再度、モレッティ設計のオリンピック・スタジアムと、コスタンティーニ設計の屋内プールを訪れ、さらに日光浴療法のためのサロンを視察した[98]。フェンシング・アカデミーの館内では、モレッティの手になる、フォーロ建設の今後の計画案が展示されていた。複合施設群として構成されたこのフォーロは、やがて、帝都へのモニュメンタルな入口の役割を果たすことになる。それは、首都を南北軸に沿って通過しようとする者が、最初に目にする壮大な建築作品となるべきものであった。そしてここを通過した都市軸は、市内を走るなかで、古代建築と現代建築とを相互に配しながら壮大な凱旋路を形成し、やがてコロッセオとチルコ・マッシモにいたるまで伸びてゆく。この軸こそは、イタリアの南北をミラノからブリンディジまで結ぶ巨大な垂直ラインの中の、もっともモニュメンタルな区間を構成するものであった。フェンシング・アカデミー館内に展示された巨大な模型は、フォーロを中心とする四〇〇万平方メートルの区域をかたどったものであった。十六世紀のローマの市域に相当する面積である。この計画そのものが、ファシズムの抱く帝国主義的野望を生き生きと描く証言であり、フォーロの創造主の名を声高に宣言するものであった。敷地の中央に際立って聳えているのが国際集会場で、その観覧席部分は、広大な集会広場を抱え込むように伸びていた。その収容能力は四〇万人という。この数字はヴェネツィア広場の五倍に相当したほか、対抗するニュルンベルクのツェッペリンフェルト（ナチス党大会会場）と比しても一・五倍の規模を誇るものであった[99]［図16］。さてそのドイツの都市では、シュペーアが設計した観覧席——三九〇メートルの長さがあり、建築家本人が説明するところでは、カラカラ帝浴場のほぼ二倍に相当する——は、一九三四年秋のナチス党大会に向けて、すでに準備が完了していた[100]。そしてムッソリーニのもとに、国際集会場建設の提案——初期段階では、三〇〇万人程度の集客能力を想定していた——をレナート・リッチが持ち込んだのは、

［図 15］ムッソリーニとマルチェッロ・ピアチェンティーニ。ローマのヴェネト通りに完成したイタリア労働銀行新本店のテラスにて。1937 年 5 月 5 日。彼らの背後には、同じくピアチェンティーニが設計した、大使用ホテルのアーチ廊が見える。

［図 16］アルベルト・シュペーア設計、ニュルンベルクのツェッペリンフェルト（ナチス党大会会場）、1934–36 年。

一九三五年五月のことであった。[101] 建築を通じて国家の政治力を表明しようとする、統領と総統の戦いの火ぶたが、切って落とされたのだ。ムッソリーニの考えでは、これより先、この国際集会場の巨大な建築舞台を背景に、大衆を動員した歴史的な催しの数々が開催されねばならない。そしてこの空間において、ファシズムの新宗教をめぐる儀式が執り行なわれねばならないのであった。それらの圧倒的な規模の集会こそは、国家が持つ集合的エネルギーを象徴するものとなるであろう。

ファシズムの架空のイメージを作り、体制を自己賛美し、さらには大衆を政治に巻き込んで変容させてゆくこと。これらを実行してゆく過程において、展覧会や博覧会が果たした役割というのは、とても大きかった。[102] 一九三七年の六月から九月にかけて、ムッソリーニは実に三つの展覧会の開幕式典を執り行なっている。その最初のものは、チルコ・マッシモにて開催された夏季キャンプ・児童福祉展だった。そして残りの二つは、同じ日に開幕している。一つはナツィオナーレ通りで開催された「アウグストゥスのローマ性」展で、帝の治世より二〇〇〇年を祝福したものであった。もう一つはファシスト革命記念展で、こちらはバッツァーニが設計した近代美術館の新棟で開催された。ムッソリーニはこの革命展では、戦争に割かれたスペースを削減して、むしろ帝国の創建という側面のほうに力点を置いた展示を望んだ。こうすることで、革命が持つ、永続的な意義を称揚しようとしたのだ。展覧会というのは、いわば生きたモニュメントであり、したがって大衆を集めて、政治の新たな指導原理を教化する場とならねばならない。[103] この二つの展覧会が同時開催されたのは、明らかに計算の上でのことで、古代イタリアと現代イタリアの統合を強調しようとする意図がはたらいていた。その新旧統合のもっとも典型的なイコンが、ムッソリーニを現代のアウグストゥス帝とみなす図式であった。それはまた、ファシズムに市民権を与え、イタリア史の伝統の中に、しかるべき居場所を定めてやる試みでもあった。[104] アルフレード・スカルペッリが設計した古代展のファサードにしても、バッツァーニが設計した革命展のファサードにしても、ともに建築路線の変更を告げていた。かつて一九三二年のファシスト革命記念展覧会のためにリーベラとデ・レンツィが設計したファサードは、金属製の束棹を添えた角柱で飾られていたが、三七年の二つの展覧会ではそれに代えて、凱旋門のモチーフがともに採用されていた。[105] さて、開幕式を終えたその翌日、統領はドイツに向けて旅立っている。そしてベルリンのオリンピック・スタジアムで行なった演説では、われわれファシズムとナチズムの間には、共通する「点が数多く」あり、「対応関係」が見出されると語ることになる。加えて、独伊ともに建築の分野において古典主義的スタイルを好んで採用した点なども、両者の距離を縮めるのに貢献しているように見える。[106]

ムッソリーニの視察行が、単に大衆への顔見せの機会であったなどと思ってはならない。そう毎回、プロパガンダを目的とする空虚な美辞麗句に満ちた台本に沿って、行事が展開したわけではないのだ。たとえば統領が十月初旬にボルゴ地区の建設現場を訪れた際には、その手の演出はいっさい行なわれなかった。かわって、現場で出迎えたピアチェンティーニとスパッカレッリは、統領に向かって、容易には解決できぬ課題や、非常に専門的な建築の問題などを、次々とぶつけるのだった。たとえば、新たに開通するコンチリアツィオーネ通り沿いのファサードが不ぞろいである点とか、あるいは建物の歴史的解釈の問題とか、さらには遠近法的な眺望についての複雑な分析結果などが、統領に報告された[107]［図17］。問題のプロジェクトは当初、古代・芸術高等評議会の監査を巧妙にはぐらかすように計画され、これがオイェッティの反発をまねく結果となった。後には撤回されたものの、彼は辞任までちらつかせて抗議したという経緯があった。ムッソリーニはこの計画を自分の直接管理下に置くことを望んでおり、担当の二人の建築家とは、部外者としてでも表層的な仕方でもなく、自分こそが真の施主なのだという態度で議論を交わした。[108] ピアチェンティーニとスパッカレッリの両名はそれからほどなくして、ローマ教皇ピウス十一世にも謁見している。教皇もまた、この建築プロジェクトに興味を示していたのだ。保養地カステルガンドルフォからの帰還の途次、ピウス十一世はコンチリアツィオーネ通りの進入路の部分に立ち寄っている。ボルゴの背骨《スピーナ》と呼ばれた周辺地区の取り壊しがどのような効果を生みだし、またサン・ピエトロ大聖堂のバシリカや、その上にそびえるミケランジェロのクーポラがどのように見えるのかを、やはりムッソリーニと同様、二人の実施設計者をともなって現場で確かめたかったのである。[109]

統領はその年の十月、ミンヌッチが設計した博覧会事務局の最初の礎石を据え、もって「E42」の建設工事の着工を宣言した。[110] この建物に関しては、はじめから建築家を指名して設計が任されたが、その他の施設については、公募の設計競技が開催され、イタリアを代表する建築家たちが参加することになった。そしてその結果は――のちに見るように、ムッソリーニ本人とピアチェンティーニが裏で操作を加えたものであったのだが――、イタリア建築界の歩みを決定づける、非常に重要な意味合いを持つものとなったのである。さて、同じ月のローマ進軍記念日には、古風なローマ式のしぐさで、後のファルネジーナ宮〔外務省〕、すなわちリットーリオ宮建設のための境界溝を自ら穿ってみせている。この敷地はもともと、モレッティが国際集会場を計画していた場所であった〔図18〕。この新たな宮殿は、カゼルタの王宮に匹敵する規模を想定しており、その七二万立方メートルになんなんとする建築容積は、シュペーアがベルリンに計画したメガロマニアックな巨大施設群のいくつかと、十分に張り合うことのできるものであった。実際このリットーリオ宮は、それから三か月後に着工したヒトラーのための新総統官邸をはるかにしのぐ規模であったばかりか、ゲーリングの官邸と比較してみた場合でも、これを圧倒的に凌駕する大きさを誇っていた。だが、この建物のみが例外的な規模であったわけではない。カラカラ帝浴場そばに予定された外務省庁舎の設計競技では、五三万立方メートルの建築容積が設計条件として想定されていた。またミラノに建設されたピアチェンティーニ設計の裁判庁舎も、実に五八万立方メートルの容積を誇り、ナチスの第三帝国元帥の官邸と肩を並べる大きさであった。[111] リットーリオ宮の前面に展開する「大広場」には六〇

［図 17］ボルゴ地区の整備事業の状況を視察するムッソリーニ、マルチェッロ・ピアチェンティーニ、アッティーリオ・スパッカレッリ。1937 年 10 月 8 日。スパッカレッリの背後にいる眼鏡をかけた人物はヴィルジーリオ・テスタ。視察の途次、ムッソリーニは同行した二名の建築家から、建築学上の難題の数々をつきつけられた。

［図 18］ローマのフォーロ・ムッソリーニにて、リットーリオ宮建設予定地に境界溝を掘ってみせるムッソリーニ。その左手、第二列に、制服に身を包んだエンリーコ・デル・デッビオとアルナルド・フォスキーニの姿が見える。1937 年 10 月 28 日。

［図19］「E42」の模型を前にするムッソリーニ、ピアチェンティーニ、オッポ、チーニら。ピアチェンティーニの背後に、ガエターノ・ミンヌッチの姿もちらりと見える。1938年7月6日。

万人までの人員を収容することができ、その規模をサン・ピエトロ広場と比較すると二倍の広さ、コンコルド広場とはほぼ等しい面積を誇っていた。統領自身は、ベルリンと競合をするなら、どれだけ巨大なものを作るかではなく、むしろどれだけ文明化の度合いが進んでいるか、という点を基準とすべきと考えていた。だがそうはいうものの、やはりスケールを逸脱した巨大な構築物には、大衆の上に深い影響力を刻印する能力があり、ムッソリーニはその力を手放す気はなかった。ことこの点においては、ヒトラーとなんら異なるところはない。体制のシンボルたる建築物を魁偉《かいい》なプロポーションで作り、心理学的な側面から大衆に強い印象を与えようとしていたわけである。

　このファシスト党の建物の建設予定地は変遷をかさね、フォーリ・インペリアーリ地区、ポルタ・サン・パオロ地区を経て、最終的にはムッソリーニのフォーロが選ばれた。この最終的な決断が意味しているのは、政治の中心と青少年教育の中心地とが、「精神的・物理的に接近」したということである。[112]だがそれは同時に、都市計画上の決定について、首相がころころと意見を変えたということも示している。リットーリオ宮の敷地として、最初は市の中心部を挙げ、次いで南部に移動させたかと思うと、最終的にはその正反対の方角に位置する区域を選んでいるからである。この最終決断に際しては、問題の建物を南北の都市軸上に載せようという思惑がはたらいたように見えなくもないが、やはりちぐはぐな感じはいなめない。その点についても統領自身が、ローマには特殊な事情があるから仕方がないのだ、と言い訳をしている。時に相矛盾する多数のシンボルを抱えているこの都市に、さらにもう一つ、「予測不能な世界」という要素が今や加わったのである。[113] その年の九月には、彼の姿はローマ近郊のクァドラーロ地域にあった。教育映画協会「ルーチェ」の新本部ビルの着工式に出席するためである。式典が始まる前に、クレメンテおよびアンドレーア・ブシーリ・ヴィーチの二人は、統領に図面と模型を示して解説している。[114] その同じ月には、国産繊維展ならびにイタリア学術会議本部の開幕式も執り行なっている。翌年には、ローマと「E42」を結ぶ重要な幹線道路である「インペリアーレ通り」の開通工事に、着工の合図を出す統領。彼は、その博覧会場の建設現場に足しげく通うことになるが、その折に一度、ピアチェンティーニをともなって、同プロジェクトを解説する恒久展示が行なわれているパヴィリオンを訪問している。館内には、この新造計画都市の巨大模型が展示されていたのだった[115]［図19］。

7　ローマとベルリン……並行した動き

五月三日の夕刻、オスティエンセ駅に到着したヒトラーを出迎えた統領は、この機会にあわせてナルドゥッチが設計した仮設パヴィリオンへと国賓を案内した。その一年前には、ドイツの独裁者が、逆に統領をベルリンにて荘厳に出迎えていたのだった。その際、従来の外交的な歓迎式典はがらりとその様相を変え、一大スペクタクルが展開することとなった。ベルリンでは、ムッソリーニとヒトラーは連れ立って「都市の巨大な東西軸を通過したのだが、その通りはベンノ・フォン・アーレントの手によって一種の凱旋道路へと作り変えられ、道路わきには何百本という、紙でできた純白の柱が林立する壮観を生みだしていた」。ヒトラーはこの舞台背景が生み出す効果に大変満足し、これらの柱を石で作りなおすように指令を下してもいる[116]。ムッソリーニもまたこの演出にはひどく感銘を受けた一人であった。そして立場を逆にしたこの機会に、ドイツの首相に対抗しようとしたのである。古代帝国を彷彿とさせるべく、ローマ市内の各所に手が加えられ、街路は円柱、オベリスク、台座、壺などで飾り立てられた。いずれもベニヤ板か石膏でつくられ、本物の大理石に見えるよう上塗りがされていた。この非現実的で尊大なローマの中で、統領はヒトラーを伴って、細部にいたるまで徹底的に管理された「凱旋経路」を進んでゆく。二人はいっしょにボルゲーゼ美術館を訪れ、ディオクレティアヌス帝の浴場をまわった。そして「アウグストゥスのローマ性」展を見学したさいには、ローマ帝国時代の市域をかたどった八〇平方メートルもの巨大な都市模型の展示を前に、ヒトラーはひどく感銘を受けた。「たいへん興味深いものだ。かつてローマ帝国に比肩しうるような国家は一度も存在しなかったし（……）またいかなる帝国も、ローマほどに文明を普及させたこともなかった」[117]［図20］。つづいて二人の国家首脳は、フォーロ・ムッソリーニにまで足を延ばした。その際、ヒトラーの頭には――規模の面では懸隔があったが――たしかにニュルンベルクでの党大会のことがよぎった。この計画はシュペーアの手にゆだねられ、今まさに建設中であったのだった。さて五月八日の晩には、外国貴賓を歓迎する式典がオリンピック・スタジアムで執り行なわれた。芝生の上では、舞踏の振り付けで鉤十字のマークが描かれる一方で、マーリオ丘陵の斜面では、巨大な舞台の上でリヒャルト・ワーグナーの「ローエングリン」が、ピエトロ・マスカーニの監督で上演された[118]。

午前中には、ヒトラーは二度目となるパンテオン訪問を行なっていた。随行を許されたのは二名のみだ

［図 20］ラヌッチョ・ビアンキ・バンディネッリの説明に聞き入るヒトラーとムッソリーニ。1938 年 5 月 7 日にローマのボルゲーゼ美術館を訪問した折の写真。その翌日、ヒトラーは二度目となるパンテオン訪問を行なっているが、彼はこの建物から、ベルリンの国民会堂のための着想を得ている。

った。一人は建築家のラヌッチョ・ビアンキ・バンディネッリで、通訳とガイドを兼ね、もう一人はムッソリーニの代理として付き添ったボッタイであった。残りの随員はみな外で待たされた。格天井のヴォールトの下で、ひたすらおし黙ったまま、およそ十五分あまりたたずむヒトラー。やがて沈黙をやぶると、実は昨晩、必死になってこの建物の建設データのことをあれこれ調べていたのだ、と打ち明けた。この完璧なクーポラに目を向けながら、総統は間違いなく、ベルリンに構想中の国民会堂《フォルクスハレ》に思いをはせたに違いない。すでに計画はかなり進んでおり、彼自身、説明用スケッチを何枚か描いてもいた。パンテオンを特徴づけているこの格天井ヴォールトのモチーフは、ベルリンの建築でも提案されたものであった[119]。パンテオンを訪れたその同じ日に、コロッセオの前に立ったヒトラーは、私はこれを再建するつもりだ、と宣言している。この発言は、ニュルンベルクに計画中のフランツとルートヴィヒ・ルフ設計の議会堂をさしたものであった。祖国に戻る否や、総統はこの建物のデザインを修正させ、収容人数を六万人にまで増やした。こうすれば、ローマの古代闘技場を一万席上回るうえ、ケオプスが造営したピラミッドの二倍の容積に達することができたからである。[120] ローマ滞在中、ヒトラーは随員たちと建築について延々と話つづけた。彼がいちばん心を砕いているのは、「建物の耐久性と永遠性」の問題であった。唯一、花崗岩のみが、彼の望む建築にふさわしいように思われた。古代ローマ遺跡をめぐり歩いたこれらの日々の中で、ヒトラーの思惟はいくたびも、首都ベルリンの建築計画へと飛翔した。そのことを、ムッソリーニにも伝えている。ナチスの総統は、小国プロシアの首邑にすぎない街を、大ドイツに冠たる真の首都へと改造しようと望んでいたのである。だが、ゲッベルスが明かしているように、「総統は、脳裏に描いていた壮大な建築プロジェクトに関して、十分な情報をムッソリーニに与えなかった」[121]［図21］。第三帝国の首府が、やがてローマを凌ぐ荘厳な都になることを、今は知られたくなかったのだ。一方で、気の許せる側近たちに向かっては、こんなことをもらしていた。大ドイツの版図は、「北はノルウェーから、南はイタリア北部にまで達することになるだろう[122]」。

ヒトラーのイタリア訪問中には、両国のあいだに具体的な政策合意を見るにはいたらず、これといって目立った外交成果があがったわけではなかった。だが、ローマの古代遺跡を直接知見する機会を得たという点では、ナチスの総統にとっては大変有益な訪問ではあった。彼自身の描く建築計画についての確証をここで得たばかりか、さらなる刺激を受けることもできたからだ。口にこそ出して言わなかったが、一連の古代遺跡巡りは、今回の訪伊の中でも、決して二義的ではない意味合いを持っていた。だからこそヒトラーは、「興味のある芸術作品をじっくりと鑑賞するのに必要な時間を、おしみなく与えてくれた」統領に、謝意を表したのだった。[123] ヒトラーはこうして、古代ローマの壮麗さを存分に検証することができた。その注意深いまなざしは、デザインの着想と確証を得ようとする建築家の視線であった。[124] それに続く日々、ドイツに帰還した総統は、新たなアイデアやプロジェクトを矢継ぎ早に打ち出している。「いずれも、彼の描く建築計画から出たものであった」とは、ゲッベルスの言。その彼に対して、ヒトラーはこう打ち明

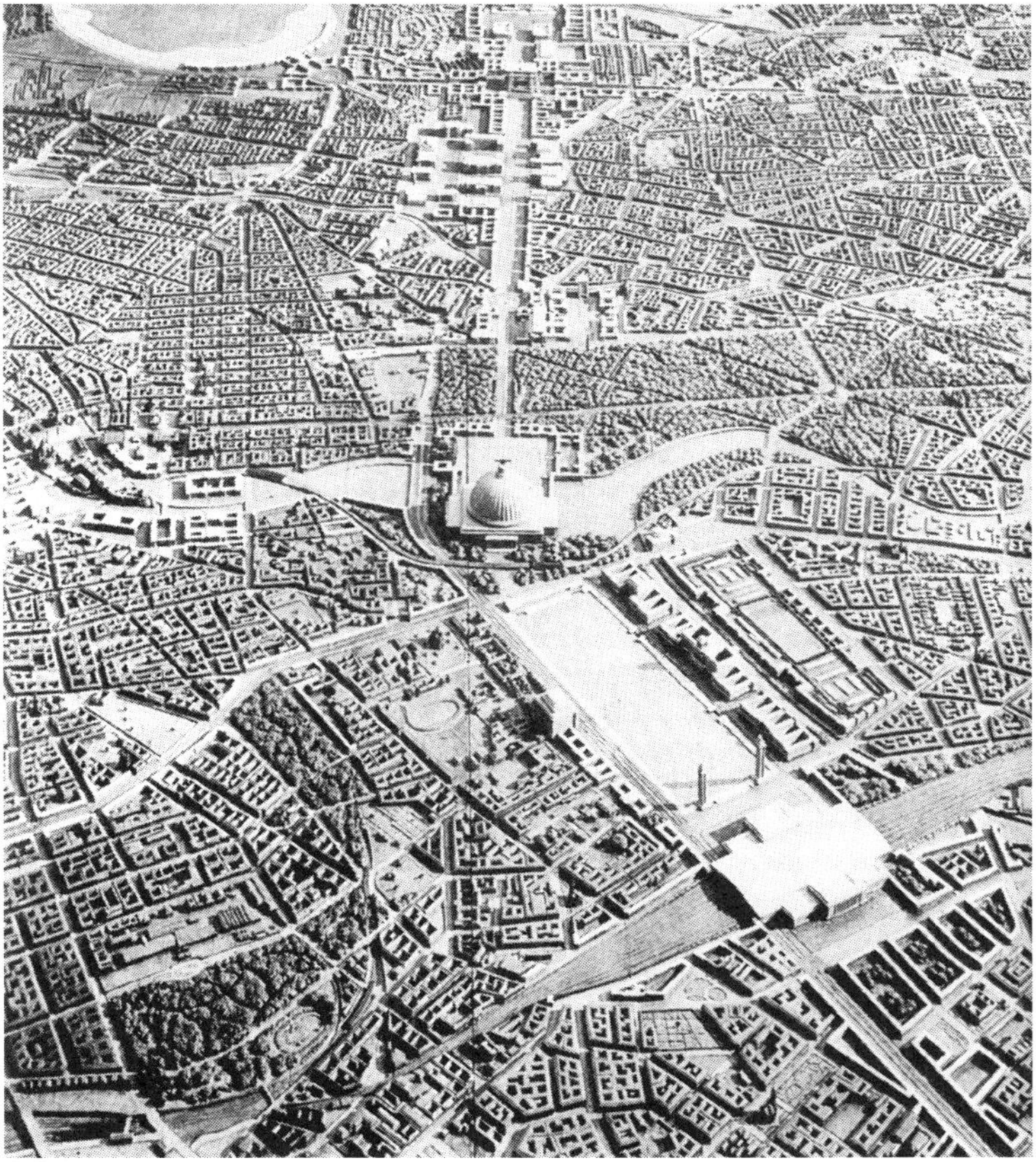

［図 21］アルベルト・シュペーア設計、ベルリン中枢部の計画、模型、1937–40 年。南北の鉄道駅を結ぶ軸の上に、第三帝国の顔となるような施設群が立ち並ぶ予定であった。総統は言い放つ。これら巨魁な建築の「息をのむ壮観なことよ！　これならば、われわれの世界で唯一のライバルたるローマをも顔色無からしむることができるだろう」。

けている。イタリアで見たものに「心の底から感動」して、「すぐさまあらゆるプロジェクトを拡張することを決めたのだ」[125]。建築の地平において、二人の独裁者の間に挑戦状がかわされたことは、明らかだ。両者にとって、建築は政治的行動と分かちがたく結びついていた。ヒトラーのほうが、ムッソリーニよりも、その可能性をより深くつかみ取ったといえる。これに対してムッソリーニは、すでにドイツが準備していた企画にすぐさま応酬するかのごとくに、建築に熱心に取り組んでいった。両者にとって、未来のヨーロッパの覇権を握ることは、必然的に自国の建築の優位性を主張することも意味した。建築こそは、新たな政治秩序をもっとも真正に表現する媒体であったのだ。独伊の両独裁国家が並行してすすめる建築計画のかたわらで、政治・軍事上の覇権をめぐる政策もまた展開していた。両国の歩みを見てゆくと、そこには驚くべき一致が見られることに気づく。ファシズムおよびナチズムの政権にとって、もっとも重要であった建築事業といえば、それぞれ「Ｅ４２」とベルリン再計画であるが、この二つは同時に始動しているのだ。一九三六年の夏、ヒトラーはシュペーアを相手に、ベルリン改造計画についての検討を始めた。その年の秋、ムッソリーニは、ローマの衛星都市のための敷地を選定している。翌一九三七年の一月には、統領はピアチェンティーニ、パガーノ、およびその同僚たちに、その敷地にたちあがる「Ｅ４２」の計画立案をゆだね、一方ナチスの総統は、お抱《かか》えの建築家を第三帝国首都の建築総監に任命している。いずれも同じ月に実行されたもので、両者の間には約二〇日ほどの間隔しかあいていなかった。四月二十八日には、パガーノが「Ｅ４２」の最終案を提出。それから二日後、ドイツ首相の誕生日を祝して、シュペーアがベルリン改造計画を提出し、目玉として国民会堂の模型が披露された。一九三七年十月、トレ・フォンターネ地区に「Ｅ４２」の博覧会事務局棟の最初の礎石が据えられた一方、ベルリンではこれと同様の式典が、観光省の建設のために、一九三八年六月に執り行なわれた。すると、それにほぼ呼応する形で、今度は六月三十日に、テヴェレ川岸に近いところに、イタリア文明館の建設工事がはじまった。

観光省は、ベルリンの新南北軸を構成する最初の建物であった。この都市軸は長さ七キロ、幅一〇〇メートル超という壮大なもので、ドイツの首都の容貌を全面的に書き換えることになるものであった。この巨大な通りの始点と終点には、独裁者自身がシュペーアとの完全な調和のもとに、巨大な構築物をそれぞれ設置した。一つは大クーポラをいただいた国民会堂で、高さ二八〇メートル超、実に一八万人を収容する能力を秘めていた。そしてもう一つは、高さ一二〇メートルをほこる凱旋門であった。だが、後に見るように、南北を貫く同様の凱旋路の構想は、ムッソリーニの計画の中にも存在していた。ボッタイは、日記の中でこう記している。「ナチスドイツは、われわれの信仰の度合いを推し量る参照点となったようだ」[126]。ローマとベルリン、ムッソリーニとヒトラー。両者は、お互いに歩調を合わせながら、建築と都市を、全体主義のイデオロギーの地平へと引き連れていったのである。互いに同盟国でありながらも、すでに彼らの視線は戦後を見据えていた。戦争の季節には、軍備をととのえ、勝利にむけて邁進する。だが戦後の世界では、今度はそのイタリアとドイツが対決しなくてはならない。そして両者の角逐は、建築の領域にも訪れるだろう。ここでの勝敗の結果が、やがて政治の領域にも還元されるだけに、大変重要な意味合いをもっていた。ドイツの独裁者にとっては、これらの建築作品群は、戦争に一つ勝利するよりもずっと重要な価値を有していた。したがって、計画の当初から、用心して行動するにこしたことはないし、手の内をすべてさらけだす必要もない。たとえ同盟相手でも、信用しないほうがよい。だからこそ、ローマでの会談の席上、ヒトラーは統領に「脳裏に描いていた壮大な建築プロジェクトに関して、十分な情報を与えなかった」のである。ローマでの首脳会談があった五月半ばのこの日、ゲッベルスはヒトラーがまもなく読み上げようとする原稿に、最後の修正をほどこした。時あたかも、ベルリンでの巨大な工事――「史上最大の建設事業」――があと数時間で着工しようかというタイミングである。独裁者は大臣に、慎重に行動するよう要請している。総統は「われわれの計画がどれほど壮大であるのかを、あまり表に出して強調したくはなかった。さもないと、ムッソリーニの奴がすぐに真似するだろうから」[127]。

8　南北の帝都軸

ヒトラーの訪伊日程はフィレンツェで終了した。ムッソリーニはそこからローマに帰還する足で、コンチリアツィオーネ通りに立ち寄った。サン・ピエトロへの入場経路の整備状況を、現場で検証するためである。今回で三度目となる統領の訪問であったが、この度もピアチェンティーニとスパッカレッリが現場を案内した。統領は模型と図面をもとに、完成時の状態を思い描くことができた。続いてパラッツォ・セッリストリに足を運び、展覧会を見学した。先ほどの二人の建築家が設営したもので、サン・ピエトロ地区の整備計画の提案を、新旧の街区の比較を通じて展示していた[128]。一九三八年の夏は、ムッソリーニの都市ローマを建設するための、別の会合が行なわれた点で際立っている。すなわち統領は八月の末に、リドルフィの設計チームが手がけたアヴェンティーノ通りのイタリア領アフリカ省——現在の国連食糧農業機構の本部——のデザインを検証し、その最初の礎石を据えたのだった[129]［図22］。今や建築には、さらなる統一性と、政治路線との共生とが、強く求められるようになった。

九月の末、ムッソリーニによる最終的な仲介によって、ミュンヘンにてドイツ、フランス、イギリス、イタリアのあいだに、国際協定の締結を見る。もはやだれの目にも避けられないと映っていた戦争は、あやういところで回避された。だが、それもつかの間の和平にすぎなかった。なぜならドイツの国内では、ナチズム体制の存続はまさに、戦争と領土拡張政策とに分かちがたく結びついていたからだ[130]。一方、会談をおえたイタリアの首相が帰国の途につくと、その帰還の旅路は、「平和の擁護者」を出迎える、真の意

［図 22］ヴィットーリオ・カフィエーロ、ウォルフガング・フランクル、アルベルト・レニャーニ、マーリオ・リドルフィ、エットレ・ロッシ、アルマンド・サバティーニ設計、ローマ市のイタリア領アフリカ省の計画、1938 年。

味での――そして自発的なかたちで沸き起こった――国民規模の凱旋式へと、たちまち姿を変えた。「統領は、かつて見たこともないような熱狂で迎えられた」、とコメントしているのはガレアッツォ・チアーノである。ローマでは、ナツィオナーレ通りの真ん中に月桂樹の凱旋門が作られていた。アキッレ・スタラーチェが事前に配備したものだったが、これが、ムッソリーニを激怒させることになる[131]。調停者ムッソリーニに対するこの種の熱狂は、本人にとっては迷惑このうえないものであった。こうした態度は、ブルジョアどもが平和にしがみつこうとしている証拠であり、「ファシストの新しい人間」の理念がかかげる戦闘的価値観からはかけ離れている、そう考えたのだ。統領は、イタリア人が幻想をいだこうとしているような「平和の使者」などではない。そうではなく、戦争のもつ人格形成機能をかたく信じ、永久に戦い続けることをめざすイデオローグなのだ。「スペイン内戦が終結した暁には、何か別のものを考えだすつもりだ。いずれにせよ、イタリア人の性格は、戦闘の中で形成されねばならぬのだ[132]」。平和を希求する民衆の反応を見て落胆したムッソリーニは、国家の全体主義化のプロセスを、さらに加速させてゆくことになる。十月に行なわれた、ブルジョアジーに対する激しい攻撃の演説も、ここから生まれたものである。ここでいうブルジョアとは社会階級のことではなく、一つの性向を指して使われた言葉であった。「われわれの体制の敵」が存在している。「奴らの名は、『ブルジョアジー』という」[133]。一九三九年一月中旬に下院を解散し、それに代えてファッシ・協同体議会を設置する決定を下したのも、この政治路線の延長であった。たとえすでに名目上の閑職になりさがっていたとはいえ、選挙によって選ばれた代議士の役職をすべて廃止するにいたったことは、国家の全体主義化に向けたさらなる前進を意味した[134]。

そうこうしている間にも、都市の変容は絶えまなく進展していた。一九三九年二月、ムッソリーニはオスティエンセ駅に赴き、マッツォーニとともに、テルミニ駅舎のための設計図、模型、大理石サンプルなどを検証した。その場にチーニも臨席していたことから、この作品を「E42」計画と緊密に結びつけようとする意図がうかがえる[135]。それに続く数か月の日々、統領によるローマの建築現場訪問は、その頻度を増していった。まず手始めに、イタリア領アフリカ省庁舎、サン・パオロ橋、「E42」と視察[136]。ついで三月中旬には、リットーリオ宮、フォーロ・ムッソリーニ、アフリカ橋とマリアーナ橋、そして再びイタリア領アフリカ省庁舎を訪問した。これに続けて、さらにドゥーカ・ダオスタ橋の竣工式を執り行ない、またインペリアーレ通りの最初の区間の開通式を宰領した[137]。

ファシズム体制の実施する政策は、ますますイメージに依拠するようになり、むしろ現実の方をそのイメージに合わせてゆく。ガレアッツォ・チアーノは日記にこう記している。観兵式の準備をしていたムッソリーニは、「丸まる三〇分のあいだ政務室の窓ぎわにたたずみ、青いカーテンの影に隠れて、部隊の動きをこっそりと観察。(……)軍団長の儀仗を作らせ、行進中にどのように振ればよいかを手ずから教示し、さらには儀仗の形状やプロポーションにも修正の指示を出した。軍隊においては、形式が内実を決定するものだと、ますます確信を強くしていたのである」。したがって、ここに見られるのは単なる劇場性の演出や、幼稚な性格の発露などではなく、形式によって個々人の性質を変えることができるという、強い確信なのである。統領自身が言うように、ローマ式の行進歩調〔ひざを曲げずに脚を高くあげる歩調〕の導入は、「精神の強さの表現」であった。(138)ローマ式の行進ですすむ隊列、黒シャツに身を包んだ兵士、祖国愛やファシズムへの忠誠を喚起する様々な記念日。あるいは会話における敬称「レイ Lei」の禁止〔イタリア語では、二人称の敬語表現として三人称単数・女性形の代名詞（Lei）を用い、動詞活用も三人称単数となる。しかしムッソリーニはこの規則を外国語起源だとして嫌い、代わりに二人称複数形（ヴォイ Voi）を用いるよう推奨した〕や、ファシストの土曜日の導入。これらの儀式はいずれも、イタリア人たちの生活様式を変容させることを目的とし、人々の性格の表層ではなく、もっとずっと深い部分に「新しい人間」の理念を刻みこむべく、実施されたものであった。(139)それらの形式的儀礼は、体制のすすめる大衆教化政策にとって不可欠のものであった。それと同様のことが、建築にも当てはまる。人々が隊列を組む広場を囲んでそびえる建築物や、各種の公共施設に充てがわれる建物もまた、人々を教化する上で不可欠な要素であったのだ。これらの儀式は、神話やシンボル――すなわち、体制が建築しつつあった仮想の構築物――とともに、新たな世俗宗教の基盤を形成した。「ファシズムは、私が望んでいたように、イタリア全国民の宗教となった」と、ムッソリーニは宣言している。(140)政治生活のこの段階においては、ヒトラー同様ムッソリーニもまた、体制への最大限の忠誠を浸透させる目的で、国民の生活の中で儀式とシンボルが圧倒的優位を占めるよう意を払っていた、という可能性は除外すべきではなかろう。そしてそれは、道具立て――建築的な器と儀式――こそが、そこに盛られる内容よりもずっと確実に、自分の死後もこの政治システムが存続することを保証してくれる、という確信に基づいていたものと考えられる。(141)

五月六日、ミラノにて、ガレアッツォ・チアーノとリッベントロップは、向こう四〜五年間の和平期間を定めることで、合意に達した。それは、大戦が勃発する前に、イタリア側が軍事的に国家を整えるのに必要な年限であった。それより以前に統領は、ドイツの大臣にむかってこう宣言していた。イタリアはドイツとの同盟を欲しているが、それは防衛協定ではなく、「世界の地図を塗り替えるための」同盟たるべきだ。同月の二十二日、ベルリンにて、両国家間の鋼鉄条約が締結された[142]。一九三九年九月一日、ヒトラーはついにポーランドに侵攻。こうして始まった戦争であるが、ヒトラーの算段では世界大戦にまで発展するような紛争ではなく、ごく短期間で終わるはずのものであった。チェコスロヴァキアを併合したときと同様、今回の軍事衝突も、ドイツが継続的かつ段階的に拡張してゆくうえでの一つのプロセスにすぎないと考えていたのだ[143]。イタリアは、同盟国と歩調を合わせるには、まだ軍事的な準備がととのっておらず、非交戦状態を宣言せざるをえなかった。戦争への恐怖とドイツへの敵愾心が、イタリアのほぼ全域を覆い尽くした。そんな情勢にあっても、首都ローマの建築活動が停滞したようには見えない。この時期には、ファシズムの社会政策が際立つよう、平和的な目的が前面に出ることに意が砕かれる一方で、同時に、戦争準備をいそぐために、国民の「気分を高揚させる」ことが望まれていた[144]。

十月の初旬、ムッソリーニは一群の新たな建設計画に着手した。いずれの建物も、インペリアーレ通り、すなわち現在のクリストーフォロ・コロンボ通り沿いに建つものである。この道路には、帝国首都ローマの行政をつかさどる新たな中枢が設置されることとなった[145]。このインペリアーレ通りは、北はフォーロ・ムッソリーニから南は万博都市までを結ぶ南北軸の、重要な幹線を形成するものであった。計画された建物の中には、たとえば次のようなものがある。デ・レンツィ、リーベラ、モントゥオーリ、ヴァッカーロらが設計した国家公務員住宅公社の三四棟の小邸宅、やはりヴァッカーロが設計した一〇〇メートル長のファサードをほこるイタリア総合石油会社（ＡＧＩＰ）の本部ビル、アドリアーノ・カンベッロッティ率いる設計グループが手がけた全国退役軍人事業団（ＯＮＣ）本部、全国ファシスト労働災害保険機構（Ｉ

［図23］ジュゼッペ・ヴァッカーロ設計、ローマのインペリアーレ通りに建つイタリア総合石油会社（AGIP）の本部ビル、透視図、1939年。ムッソリーニの承認を受けたこの計画では、主ファサードは100メートル長の外観をほこっていた。

ＮＦＡＩＬ）の本部、ファシスト商業総連盟、商業従事者傷病保険公庫、国立女子寄宿舎学校、パスコレッティが設計した八棟の大衆ホテル、などであった。これらすべての建物には、「Ｅ42」の場合と同様に、統一的な建築スタイルを採用することが求められた［図23］。そのそれぞれについて、ムッソリーニはみずから図面をチェックし、建設現場におもむいては、建設の起工式のために地面につるはしを打ち込んだ(146)。

この年の、ローマ進軍記念日の十月二十八日を祝う式典は、いつもとくらべると「やや疲弊した雰囲気」で執り行なわれた(147)。この日、統領は「不満顔で、いらだった」様子であらわれて、まず手始めに、カンピドーリオの丘からの眺望をさまたげている住宅群の取り壊し作業を起工した。ついで、ティバルディ川岸通りに建つ「ヴィルジーリオ」高校の落成式を執り行ない、帝国通りの新たな二区間の開通式も宰領した。さらには、チンクエ・プロヴィンチェ広場にある全国ファシスト労働災害保険機構の本部と、ローマ総督府の建物の竣工式も行なった。この総督府の一室には、ローマ市の模型が展示されており、そこには体制の手で実現した都市改造の模様も刻まれていた。言葉を変えるなら、それはムッソリーニの帝都ローマの姿であった[148]。首都での熱狂的な建築活動は、体制のふるう巧みな指揮棒のもと、満場一致の賛同の大合唱につつまれて進行した。そんな中にあって、ちらほらと批判めいた声がでようものなら、非常に目立つこととなった。新聞の中には、そうした声を拾い上げようとするものもあったが、たちまち厳格な検閲が行なわれ、削除されてしまった。国民教育相のアレッサンドロ・パヴォリーニは、こんな説明を加えている。「首都での事業について語るさいには常に、扱う問題の重大さを、念頭においておくべきである。帝国の中枢にかかわる問題ととらえるなら、それはすなわち、普遍的な性格を帯びることとなる。したがって、非常に高尚な圏域にまで高める必要があるのだ[149]」。言いかえるなら、ローマの建築事業を批判するということは、統領に直接批判の矛先を向け、彼が情熱を傾けている帝都計画を真っ向から論難するのに等しい、ということだ。

一九四〇年二月、ムッソリーニは新任の公共事業相に向かって、こう保障している。「Ｅ４２」の建設工事は「目下迅速に進んでいるが、今後はいっそう、強化されるであろう」。四月に入ると、統領はサン・クラウディオ広場での取り壊し作業にゴーサインを出し、カンピドーリオの丘を周辺雑踏から隔離する作業の現場を再び訪問。さらにはチルコ・マッシモ周辺の整備計画の模型を検証し、アチーリア郊外地区のニュータウン住宅群の竣工を祝った[150]。彼はまた、「Ｅ４２」のスカイラインを切り取る、アルミ製の巨大な金属アーチの強度試験の場にも、出席することを望んだ[151]。西部戦線では、ドイツ軍による猛攻が展開していた。もはやこの紛争から、何の成果も得ずに手ぶらで身を引くことはできない。イタリア軍の介入準備はできていた。だが、それを実行するのは「短期決戦が可能であるという確信を持てた時」のみである[152]。

六月三日、イタリアは、博覧会の当面延期の申請を受理した。それでもムッソリーニは、会場設営の作業を中断するつもりはなかった。また軍からは、鉄の供給を軍事用途に特化するよう強い要請が出ているにもかかわらず、統領は、「Ｅ４２」の会場建設のために鉄を使う許可を与えている。彼のいだく計画のなかで、この博覧会がどれだけ重要な位置を締めていたかを示す、明瞭な指標といえる[153]。だが、もはや戦争の足音が間近に迫っていたこの段階では、統領が推進するこの建設事業が、大衆の目に平和の模索と映ることは、避けねばならなかった。「Ｅ４２」の造営が継続されるのは、それが「われわれの文明の観点から見て、偉大な事業」の一つであるからだ[154]。それは、等しく建築と戦争に、人格形成の能力があることを固く信じた文明ではあった。そして「ムッソリーニの戦争」――予想より数年早く到来したとはいえ、たしかに待ち望んでいた戦争――は、今や、とびらのすぐ向こうまでやって来ていたのだった。

第三章　ヴェネツィア宮にて

1　ファシスト革命記念展の成功

　すでに見たように、都市の建築が持つイメージに対して、ムッソリーニ本人が明らかな興味を示していた一方で、建築家たちの側でもまた、設計案をわれ先に持ち込み、統領《ドゥーチェ》の愛顧を得ようと互いにしのぎを削っていた、という側面があった。ヴェネツィア宮の執務室の机には、何十、何百とも知れぬ計画案がひろげられては、たたまれていった。提案される建物のスタイルは実にさまざまであったし、送られてくる図面は、著名な建築家が手がけたものもあれば、誰も聞いたことのないような人物からのものもあった。そんな彼らと首相とを結びつけるきずなは、二重であった。まず建築家たちのほうは、通常ならばあれこれと必要な制度上の手続きをいっきょにとびこえて、ムッソリーニのもとに直談判に訪れる傾向があった。だがその一方で、ほかならぬムッソリーニその人が、余計な仲介をいっさい排除して、自らが計画を直接管理し、担当建築家たちと個別の関係を取り結ぶことを好むケースも、よくあったのだ。こうして、計画の裁可を自らの手で左右する力を手に入れることで、唯一絶対の存在であるという立場をいっそう際立たせ、彼の神話をさらに強化していったのである。

　たとえばムッソリーニはスパッカレッリから、サン・タンジェロ城の整備計画のための図面を受け取り、またジューリオ・アラータからは、一五万人収容可能なローマ市のためのスタジアムに関して、同じく図面を受領している。フィレンツェのサンタ・マリーア・ノヴェッラ駅舎については、模型とあわせて写真を検討。さらには、ヴァッカーロが手がけたボローニャの工学部校舎、およびパランティによる船形をしたリットーリオ宮の設計案をじっくり検証したうえで称賛しているし、マッツォーニが提案した、リットーリア市にある郵便局の拡張計画についても、統領自らが検討を加えている。ムッソリーニの執務室の机の上に広げられた図面の中には、たとえば、フィジーニとポッリーニが合理主義的なスタイルの解決作を提案した、イヴレーアの地区再開発計画があった。あるいは、グイード・カッレラスの設計になる、ローマのトリオンフィ通りの整備計画。これは、六万人を収容可能な、大理石製の巨大な二重階段——実に全長四六六メートル、あのシュペーアによるニュルンベルクのツェッペリンフェルトより五〇メートルも長かった計算になる——の提案を含むものであった。あるいは、ローマのリナシメント通りをジューリア通り方面へと延長しようとする、ヴィンチェンツォ・チヴィコによる計画案。それから、レオナルド・パテルナ・バルディッツィ設計の、「E42」のための帝国広場案。そして、やはり「E42」のための、ドメーニコ・フィリッポーネ設計のイタリア文明館と、ファシスト帝国のフォーロの整備計画。さらには、フィリッポ・マリーア・ベルトラーミが手がけた、ミラノの大聖堂広場整備計画もまた、執務室の机に広げられた図面の一つだ[1]。統領の厳しい検査の目は、カニーノが企画した、海外領土トリエンナーレ展の計画にもしっかりとそそがれた[2]。ムッソリーニに直接コンタクトをとってきた者の中には、若きクァローニの姿もあった。彼は、外務省勤めの外交官であった兄弟のピエトロのつてをたどって、公会堂《アウディトリウム》の計画案を統領のもとに送り届けたのである。実はこれより以前にもこの若き建築家は、卒業設計として手掛けた、ヴィッラ・ボルゲーゼ地区の外務省庁舎のデザインを、やはり統領のもとに送付している[3]。

　ここにあげた名前は、長大なリストのごく一部にすぎない。統領のもとに書簡を送ったり、自作の建物が掲載された出版物を届けたりする者は数多くいたが、そのなかでごく少数の者のみが、ムッソリーニに謁見する許可を得、自らの計画を披露することができたのだった。その数およそ五〇名あまり。控えの間でずいぶんと待たされたあと、図面を脇にかかえながら、広大な世界地図の間を通り抜けて行く建築家たち。絶対的な沈黙が支配する中、統領の執務机にたどりつくには、一八メートルの距離を歩かねばならない。ようやくたどりついても、机の主が仕事を中断して顔をあげることは、ごくまれにしかなかった。たった一度の謁見の機会しかもたなかった者もいれば、お決まりの日課のように通い詰める者もいた。ピアチェンティーニと並んで、アルベルト・カルツァ・ビーニがもっとも足しげく執務室に通った建築家で、その回数は実に一七度におよんだ。それに続くのがブラジーニの八回、ついでムーツィオの四回。また、三回の謁見におよんだのは、バッツァーニ、デル・デッビオ、テッラーニらであった。

統領は、パリ植民地博のパヴィリオン計画を吟味するためにブラジーニを召見し、フォルリ市の郵便局舎ならびにペスカーラの修道院教会の設計案のために、バッツァーニを引見している[4]。また、グイード・ゼーヴィとは、ローマ中心街の周囲をとりまく環状接続道路の提案をめぐって面談。ゼーヴィの目の前で報告書全体に目を通し、提示された平面図を検証、そして自分のことが、シクストゥス五世やナポレオンやトラヤヌス帝やアウグストゥス帝といった面々と比較されていることに、満足をおぼえた[5]。またミラノ時代からの古い知己であるパランティには、彼がアルゼンチンから帰国した折に面談。また、公営住宅公社の建設事業について最新の報告を受けるために、アルベルト・カルツァ・ビーニを何度も呼びよせている[6]。

ムッソリーニは建築について、著名なドイツ人ジャーナリストであるエミール・ルートヴィヒとも話をしている。一九三二年の三月末から四月上旬にかけて、ほぼ毎日のように行なわれた談話のなかの、一幕である。その会話――ほどなくして『ムッソリーニとの対談』に発表された――の中で、独裁者は「極端にあけすけな態度」をとり、「政治的観点からは、だまっていたほうがよかったことまで」しゃべったという。統領はその中で、西欧文明が没落してゆくシナリオを描いたうえで、ファシズム運動の中にこそ二十世紀の新たな現実が見られるのであり、ファシズムはイタリア一国のみならず、ヨーロッパ全体にとっても救済の徴となるであろう、とまくしたてた。とはいえ、国民――皮肉交じりに「羊の群れ」と定義している――の側が、彼の後になかなかついて来ることができず、いまだ真のファシストとなり得ていない、と嘆いてもいる。このような冷酷な分析から明らかになるのは、権力を奪取し、広範な国民の同意をとりつけた後には、その次の新たな段階へと移行する必要がある、ということである。すなわち、今後数十年の政治的な目標として掲げられるのは、イタリア人の変容を目指した、政府の段階的な介入ということになろう。身体的にも精神的にも、国民をファシストへと鍛え上げてゆく必要があるのである。そして話がこと建築にさしかかるや、統領はこの分野への愛着を、はっきりと言葉に表している。(7)


ムッソリーニは言う。

「私の考えでは、諸芸術のなかで、建築が最高のものである。なぜなら、あらゆるものを含んでいるからだ」

「それは、古代ローマ人にこそふさわしい考え方でしょうな」と、意見を差し挟んでみると、

「私とて、その意味ではローマ人である」と、ムッソリーニが言葉をついだ。


このやりとりからわかるのは、彼が建築を、なおも権力の自己表象として理解しているということだ。国民の同意を獲得し、政治的に「永続する」ための手段という観点から、なおも建築をとらえているのである。逆にこの会談の言葉からは、建築を大衆教化の道具とみなして、人々の行動を規定し、世論に影響を与えてゆこうという意思は感じられない。この時点までは、ムッソリーニは慎重にふるまっていたといえる。おそらくは、建築界をとりまく油断のならない環境への警戒心からであろう。だが、先のルートヴ

ィヒとのやりとりからはうかがい知れないものの、すでに彼の頭の中には、ある一つの確信が芽生え始めていたのである。ドイツ人ジャーナリストとの最後の会見から二日後に、統領はピアチェンティーニをともなって、ローマの大学都市の建設が予定されている土地をおとずれている。この計画はやがて、一種の建築の実験室とでもいえる様相を呈することになるのだが、その目標は、様式上の統一的な方針を定めることであった。それは、全体主義国家イタリアの内部において、建築がより有機的かつ影響力を秘めた存在へと変貌してゆくための、最初の一歩であった。

民衆を政治的に教化してゆく役割を、建築に与えてゆくという、この観念を強固なものとするうえで大きく貢献した出来事が、同時期にもう一つあった。一九三二年の春といえば実際、ファシスト革命記念展の準備作業が急ピッチで進んでいたところであった。五月にはリーベラが、テッラーニを展覧会場施設の設計要員に指名したことを、本人につたえている。それから十日余りがすぎた後、ムッソリーニはそのテッラーニを、デル・デッビオやヴァレンテ他の芸術家たちとともにヴェネツィア宮に呼び出した。展覧会の「歴史・芸術上の綱領」を定めるためである。(8) 開幕を目前にひかえた十月八日、準備作業があわただしく続く中で、統領は博覧館に立ち寄り、建築家たちとしばし時を過ごした。(9) ついで、展覧会の開幕に先立つ特別招待日がすんだあと、彼ら建築家のグループをヴェネツィア宮で引見し、リーベラとデ・レンツィが手がけた展示会場のファサードを、「典型的なファシスト」のものだと褒めちぎった。そのデザインは、黒い巨大な立方体を中心に、その両脇に小さな赤い立方体を配したもので、ファサードの前面には図案化された四本の巨大な銅製の束棹《ファッショ》が聳立するという、非常にモダンな構成であった。統領はまた、展覧会場の内部のしつらえについても、たいへん満足である旨を告げている。展示スペースの一つにO室があり、テッラーニはそこで、未来派的な、爆発して燃え上がるような表現のモンタージュを提案していたのだった。首相はこの革命展の機会に、数名の才能あふれる若き建築家たち――全員ファシスト党員であった

――と、党の高官とが、非常に有効なかたちで協働する様を間近で見ることができた。そして大衆のいだく感情的な衝動を、政治的に伝達するうえで、芸術がいかに有効な可能性を秘めているかを、しだいに納得しつつあった。そしてこれを機にムッソリーニは、新たな政党本部を建設し、さらにファシズムについての恒久展覧会を、開通がなったばかりの帝国通りに開設する意図があることを、周囲に知らせたのだった[10]［図24］。革命展のほうは大入りの大成功をおさめ、会期も一九三四年の十月二十八日まで、二年間に引き延ばされ、観客動員数三七〇万人の記録を打ち立てた。大衆の側の「行き過ぎ」とさえいえるこの反応は、事前に想定したいかなる楽観的な観測をも上回るものであった。単なる同意のしるしでは済まされないものが、そこにはあった。数百万人ものイタリア人たちが、ローマをめざして巡礼の旅を行なう。人々が聖都を訪れたのは、キリスト教信仰の聖地を詣でるためだけではない。そこに展示されたファシスト宗教の聖遺物に拝跪《はいき》し、体制が首都に建設した偉大な建築作品を称賛し、自分たちの統領を崇拝するためにも、ローマに足を運んだのである。あたかも、この大成功を噛みしめるかのごとくに、あるいは、展覧会という装置が人々に仕掛けた深淵なるメカニズムを理解するためとでも言わんばかりに、ムッソリーニはこの革命展の開催期間中、実に八度も会場に足を運び、閉幕式の折には再び、計画に従事した建築家たちとの懇親の場を設けた[11]。

ファシスト革命記念展のメディア的成功が次第に大きくなってゆくかたわらで、もう一つの成功事例が、それに続く形で訪れた。アグロ・ポンティーノ沼沢地の干拓作業と、新造計画都市の建設である。リットーリア市の落成――この出来事はイタリア国内紙ばかりでなく、海外の主要な新聞の見出しをも飾った――の後、ムッソリーニは、サバウディア市の建造に自ら関与することを決定した。設計競技が開催され、ピッチナート率いるグループが実施設計を行なうことが決まると、統領は設計者たちと会見し、具体な設計案を提出させた。図面をチェックする中で、市庁舎のデザインに目をとめ、建物から立ち上がる塔が、

［図 24］マーリオ・デ・レンツィとアダルベルト・リーベラ設計、ローマのファシスト革命記念展、1932 年。ムッソリーニは建築家たちに対し、「当世風のもの、つまり徹底的にモダンで、大胆なのがいい。装飾のはびこる古臭い様式の感傷的な記憶など、みじんも感じさせぬもの」を作るように、と要求している。

アッピア街道からも見えるかどうかを検証。「大事なのは、塔が四周からよく見えることと、周囲に対するプロポーション、そして建物の意味だ」と、念を押している。統領が意を砕いたのは、大衆にもすぐにそれとわかるような、最大限の視覚的・象徴的なインパクトをいかにして与えるかという点であった。そして、建築作品に付与される意味を「正しく」認識する仕方を、ここで検証したのだった。そして一九三三年八月五日には、サバウディア市建設の最初の礎石を据える作業を宰領。その後も、工事現場をたびたび訪れ、建築家がつくった模型を吟味などしながら、ついには完成まで立ち会ったのである。[12]

2 アウグストゥス帝の御世の復興

一九三四年六月、ムッソリーニはローマの官邸にて、フィレンツェのサンタ・マリーア・ノヴェッラ駅舎、ならびにサバウディア市の設計にあたった建築家の一団を迎えた。それぞれ、ジョヴァンニ・ミケルッチとピッチナートが率いていたグループである。[13] ちなみにこのピッチナートは、先ほど見たように、つい八か月ほど前に、新造都市サバウディアの起工式の折に統領にまみえる機会があったのだが、重要度の点では、今回の面会のほうがはるかに大きかった。[14] 実はこれより少し前に、議会でフランチェスコ・ジュンタとロベルト・ファリナッチが、近代建築に対する激しい弾劾の演説を行なっており、出席した議員の大半がそれを拍手喝采で迎えた、という事情があった——「サバウディアみたいなものは、もうたくさんだ！ （……）フィレンツェの駅舎にも、われわれはうんざりしている！ そのことを、よく覚えておきたまえ。まったく厚顔にもほどがある！」[15] 対して、新しい建築を擁護する立場から、アルベルト・カルツァ・ビーニ議員とチプリアーノ・エフィーシオ・オッポ議員が論陣を張ったのだった。こうした議会でのモダニストと伝統主義者との衝突からわれわれが感じ取るのは、喧嘩腰の応酬が繰り返される荒れた審議のイメージだ。ここからはとても、全会一致の調和に基づく組織を目指す、効率のよいファシズム国家という印象は抱けない。そしてこの度、建築家たちをヴェネツィア宮に呼び寄せたムッソリーニは、自分の手でこの建築の問題を解決して見せようと、がぜん意気込んでいた。今回の接見は大々的に喧伝された――翌日には、会談の内容を要約したものが、ステーファニ声明を介してすべての新聞社に配布された――のだが、そこで統領が望んでいたのは、自分は新しい建築スタイルには決して反対の立場ではない、という点を周知させることだけではなかった。国会議員の大多数が表明したような反動的な意見からは、自分は距離を置くことをアピールすることだけが、この度の公式会談の目的ではなかったのだ。それにもましてムッソリーニがとりわけ強調したかったのは、ファシズム時代の建築とはどのようなものであるべきかを決める権限は、ただ彼にのみ属している、ということだった。決めるのは、ジュンタ議員でもファリナッチ議員でもなく、ムッソリーニなのだ。いうならば、首相のもとに、権力が最高度に集中してゆく瞬間に、いまわれわれは立ち会っていることになる。それは、全体主義化の傾向がいっそう進んでいることを示す、もっとも顕著な兆候ではあった。

こんな具合にして公にされた今回の接見は、実は、ある幻の面会とも接点をもっていた。実現したとすれば、ほぼ同時期に日取りが設定されたはずのその機会に、統領は今度は、モダン建築に対してノーを突きつけることになったのだ。すなわちちょうどこの時期、「権威の現実的な表れ」であるムッソリーニのもとに、あのル・コルビュジエが謁見を求めてきたのだ。現代のディオゲネス――「人間」をもとめて、ランタンを片手に、町々を徘徊して回った古代ギリシアの哲学者――よろしく、このスイス人建築家は、「都市を支配する能力のある人間」を探し求めていた。そして、独裁者をいただく体制に、引かれるものを感じていたのだ。この意味では、ファシズム体制のイタリアは、他の国家よりも進んでいるように、建築家には思われた。ル・コルビュジエは、グイード・フィオリーニに次のようにしたためている。「あなたがたのもとでは、ロシアと同様に、この〔権威をめぐる〕問題は解決済みです[16]」。だが、ル・コルビュジエが試みた最初のイタリア滞在は、一九三三年に、統領によって阻止されてしまった。建築家が、「現代建築の新たな形態に関する会議」を開催しようとしていることに、反対だったのだ[17]。ル・コルビュジエはその翌年になってようやく、ピエル・マリーア・バルディやフィオリーニらの助けもあって、旅行用のビザを手に入れることができた。その彼がローマに着いたのは六月四日。さっそくボッタイを通じて、首相との面会を求めている。統領にあって直接、都市計画に関するアイデアを披露し、計画都市ポンティーニアのプロジェクトに名乗りを上げようとの意図からであったが、結局はそうした努力も徒労におわってしまった。アルベルト・カルツァ・ビーニから事前に報告を受けていたので、統領は、ル・コルビュジエが首都に滞在していることは知っていた。だが、会いたくなかったのか、それとも時間がとれなかったのか、とにかく面会は実現しなかった。そもそも、全国建築家組合の書記長でもあったカルツァ・ビーニにしてからが、「合理主義建築の最大の代弁者」が大きな成功をおさめてしまうことを心配するあまり、統領にこんな助言をしていた。あの男が計画している建築会議に、あまり大きな会場を与えない方が無難でしょうし、新聞のスペースを大きく割くのも、考えものですな[18]。ル・コルビュジエがイタリア旅行を終えた時分に、おそらくはすでにタイミングが遅すぎることを十分承知の上で、「統領は、お会いくださる用意がある」との連絡がバルディを通じて届いた。そこで、パリに戻った建築家は、ムッソリーニに『全集』の第二巻を送り届けた。収録されている「輝く農村」の試案が、ファシスト政権が推進する灌漑事業との類似性を持つことを、確信していたからだった。それに続く数か月のあいだ、ル・コルビュジエはなおもイタリアに視線を注ぎ続けた。ムッソリーニにとりなしをしてくれるはずのボッタイに宛てて、ポンティーニア市の試案と、ローマ郊外の開発計画とを、送ってもいる[19]。だが、統領とル・コルビュジエとの会談は、ついに実現を見なかった。この事実に照らし合わせてみるならば、ムッソリーニが六月にピッチナートとその同僚たちと接見し、彼らの建築を擁護する立場を表明したという事実は、さらに深い意味合いを帯びてくる。つまり、ファリナッチ代議士らが掲げたような、妥協を許さぬ保守主義的な立場からは距離をとる、という姿勢を示したばかりではない。近代建築といえども、国家主義的な政治のテーマへと還元することのできないものに対しては、きっぱりと反対の立場をとるということが、この一連の出来事から読み取れるのだ。[20] ムッソリーニは別に、「近代建築」そのものに賛同していたわけではない。そもそも近代建築とは、国家の枠組みを超えた運動体であったからだ。彼はむしろ、イタリア性をめぐる価値観を、具体的な形象を通じて呼び起こすかぎりにおいて、近代建築を支持するにやぶさかではない、という姿勢であったのだ。それは、統領の推進する政治の要請に建築が従う限り、と言い換えてもいい。ムッソリーニが建築を活用したのは、この学野が、近代性に国家主義の容貌を与える限りにおいてであった。あるいは、建築が、イタリア人のアイデンティティを強固なものにする上で有益ならば、これを活用したまでであった。

したがって、ムッソリーニの行動は、建築様式をめぐる問題圏の中で考えるべきではない。むしろ、建築学という分野を政治の道具として活用してゆく文脈でこそ、とらえなくてはならないのだ。こうして統領は、たったいま近代性を称揚したかと思えば、返す刀で、今度は古代ローマの神話に強力無比な表現を与えるために、建築を活用したのである。かくしてヴェネツィア宮の一室に、モルプルゴが設計した、アウグストゥス帝廟周辺地区の再開発計画の資料が展示された。一九三五年三月、ムッソリーニはその部屋でボッタイとともに、採用された計画案についての建築家の説明に耳を傾けている。それから一か月後、作業がいっこうに進まないことに業を煮やした統領は、ローマ総督に、進捗状況について詰問している。「アウグストゥス帝廟地区の取り壊し作業──進捗状況を問いただし、作業を実質、加速するよう督促のいことが判明した。その結果、敷地に新築する建築群に、モニュメンタルな特徴を十分に付与するために、広場の大きさを修正する必要が出てきたこと。そして現在、その広場とテヴェレ川岸との連絡について、検討が加えられている最中であること、などが明らかになった[22]。五月に入ると、建築家とローマ総督は再びヴェネツィア宮に呼び出されて、修正された部分を反映した模型を提示するよう求められた[23]。その折の模型が示しているのは、周囲から削り取られ、孤立した古代の霊廟と、その四周を囲んでひろがる、四辺が閉じられた広場である。そのうち一か所が広がっていて、コルソ通りから近づいてくる者には、遠近法が加速して見えるようにデザインされていた。古代モニュメントには南側から、大階段を昇ってアプローチするかたちを取り、階段の左右にはファサードから張り出した部分が伸びる。そして中央に据えられた台座の上には、アウグストゥス帝の彫像が聳立していた。しかしながら、この解決法はムッソリーニのお気に召さなかったようだ。彼はさっそく介入して、まず二つのファサード張り出し部分を取り払わせた。そして、テヴェレ川に向かってのびる建物の正面部分を取り壊させた。そもそもこの建築、つい数年前にアンドレーア・ブシーリ・ヴィーチの設計に基づいて立てられたばかりのものであったのだが。さてその結果、広場の形状が変わり、U字型に開けたかたちとなった。またこれによって、モルプルゴがもともと提案していた都市計画の枠組みが補強されることとなった。統領が下した決定は、とりわけイデオロギー的な観点から見て、理にかなったものであった。すなわち、かつてのアウグストゥス帝時代のように、古代霊廟とテヴェレ川とに連絡をつけることによって、モニュメントを「巨大化して見せるのに必要な、隔離状態の中に置く」ことをねらったものであった[24]。

独裁者は一九三六年四月、この古代霊廟地区を視察した折に、新たな模型を現場で再び検証した［図25］。モルプルゴは、統領の指示に忠実にしたがって、それまで閉じていた広場を開き、モニュメントの

［図25］ヴィットーリオ・モルプルゴ設計、ローマのアウグストゥス帝廟周辺地区の整備計画、模型、1936年。ムッソリーニは、建物のテヴェレ川方向の正面を取り壊すよう介入を行ない、モルプルゴの案がもともと持っていた都市計画的な発想を補強した。

西側を、テヴェレ川にいたるまで解放した模型を作っていた。このように、ムッソリーニはこの計画に、なみなみならぬ熱意をそそいでいた。エチオピア戦争が終結し、帝国の建設を宣言したのち、彼は「アウグストゥス帝の正真正銘の分身《アルター・エゴ》となった」のだ[25]。このローマ帝国初代皇帝は、うち続いた内戦の後、秩序と規範を回復し、古代ローマ文化の普遍的な価値を世界に打ち立てた。また、ローマ市の建築的復興を成し遂げた者でもあった。そんなアウグストゥス帝をめぐって、ムッソリーニは古代世界と現代との相似性を強調し、その反映として、自分の神話に活力を吹き込もうとしたのだった。後に、このアウグストゥス帝廟の整備計画に関して、彼は美術批評家のオイェッティにも意見を求めている。批評家は、同プロジェクトの建築上の選択について、いくつかの点で批判を行なった。とりわけ新たな広場の眺望を描いたデザイン――「ありきたりなセメントのパイル、いや付柱といってもいいが」――に喰いつき、古代ローマの雰囲気を醸し出すようにした方がよい、としたうえで、霊廟の頂部に大理石製の彫像を冠のように並べるように助言をした[26]。おそらく、ムッソリーニとモルプルゴは、少なくとも部分的には、この批評家の意見を聞き入れたようだ。というのも、後の案では、「コンクリートのパイル」は消え去り、代わりに、オイェッティが熱望していた古典風の列柱が加えられているからだ。

アウグストゥス帝廟の位置するゾーンは、アウグストゥスの平和の祭壇《アーラ・パーキス》の設置場所にも選ばれた。この祭壇は、ルチーナ通りに位置するある邸館の基礎から掘り出されたもので、部分的に修復がほどこされたものであった。古代の祭壇をこの地域に置くという決定が下されると、たちまち反対意見がまきおこった。そこでこの度も、独裁者が決定的な形で仲裁に入ることになった。まず、平和の祭壇を帝国通りに移築しようという時のローマ総督コロンナの提案を一蹴している。これは、リットーリオ宮の第一コンペで敷地に指定されていたのと同じ場所に、このモニュメントを移そうとする案であった。代わりに統領は、モルプルゴの提案を採用することに決定。これは、リペッタ通りとテヴェレ川岸の間に古代モニュメントを置く案であった。敷地に予定された地域には宅地が広がっていたのだが、たった今見たように、ムッソリーニは霊廟付近の住居を取り壊す算段でいたのだ。(27)

ムッソリーニが敢行した都市の刷新《レノヴァーティオ・ウルビス》は、古代ローマ帝国の過去を活用する形で行なわれたものであった。過去の上に現在の神話を接ぎ木すると同時に、都市の現代化を推進する活動を、そこに対置してゆく。ファシズムの政策は、その実行過程で、正反対の観念を基盤とすることがよくあった。それらの観念は、時として、相互に矛盾することさえあった。だが、矛盾に満ちて非合理的だからといって、それが、体制が民衆とコミュニケーションをはかるうえでの制限とはならなかった。というのも、体制が支持者たちに求めていたのは、忠誠を表明し、神話を信じること、すなわち矛盾したものをいっしょに束ね、生産的なものとすることのできる表現を信じることであったからだ。このような体制にとって、矛盾は何らの足かせにもならない。こうしてムッソリーニは、アウグストゥス帝時代の都市の断片を再創造したかと思えば、他方では、建築家国際会議に参加した面々をヴェネツィア宮に召喚し、近代性を擁護してみせたのである。国際会議の席上では、フランク・ロイド・ライトの声明が、息子のジョンを通じて読み上げられた。建築家の宣言は、自らのブロードエーカー・シティ計画を念頭に置いたものであり、ファシズム国家イタリアにおいてこそ、都市の人口分散に関する彼自身の根本的なモデルが実現可能である、とする内容であった。だが、このアメリカ人建築家はイタリア政府に対して、古くさいアカデミックな定型を捨て去り、国内の建築を改革するよう促してもいる。とりわけ外国人の目には、ファシスト革命の指導者がいまだに、伝統主義者的なイメージにしがみついて離れようとしない、という風に映ったのである。すると、このライトからの批判に返答するかのように、辞去の挨拶に立ったムッソリーニは、新たな建築を擁護する権威に満ちた守護者として姿を表した。フランス語を操りながら、外国人の客人たちに対して、自分は建築を愛する者である――"J'aime l'architecture"――と述べ、なかでも機能主義的な建築こそは、現代生活の器たるものである、と称賛してみせた。なおも続けて、自分は建築家たちといっしょに作業をたくさんしてきたし、彼らとはずいぶん長く議論を交わしたものだ、と語っている。また統領は出席者たちに向かって、自身の抱く近代のヴィジョンを具体的に示し、古代都市の問題を正面から取り上げた。いわく、芸術的価値のないものは、これを取り壊すことによって、住民の健康を保護しなくてはならない。そして、あまり厳格とはいえないロジックを駆使して、ネロ帝の巨像の基部を取り壊したことを、誇って見せた。帝国通りの建設予定地にかかっていたから、壊したまでだ、と。(28)

3　テッラーニに対する疑念

先に見たように、ムッソリーニはファシスト革命記念展の折に一度テッラーニと会っていた。次いで一九三五年ごろに、やはりテッラーニのデザインになる、マルゲリータ・サルファッティの息子ロベルトのための、コル・デケーレの地に立つ墓碑の計画案について、統領はサルファッティ本人と意見をかわしている。[29]同年の十二月には、このコモ市出身の建築家は、同僚のフィジーニ、リンジェーリ、ポッリーニらとともに、ふたたび統領の前にたち、ブレーラ美術館拡張計画の第一案を披露した。その際、首相は建築家に向かって、君の勤勉な仕事ぶりはよく知っておる、と激励。またその際、ローマのリットーリオ宮コンペに提出したテッラーニの案が、第二次選考に進んだことも、忘れずに伝えている。だが現実には、後述するように、この時すでに統領はテッラーニの詳細設計案を、九つの優秀案から除外していたのだった。ともあれ、ムッソリーニは建築家たちと一時間以上にわたって懇談し、図面が広げられたテーブルを巡りながら、「平面図を一枚一枚」検討していった。図面の細部にまで注意を払い、チョークで描かれたデッサンにも目を通してゆく[30]［図26］。と、ある時点で、統領は一本の柱を指でさしながら、困惑した表情でテッラーニに尋ねた――「何だね、これは?」建築家は即座に答えた――「柱でございます、閣下」[31]。ともあれムッソリーニは、どこからみても近代的なスタイルをまとった建築が、絵画館の十六世紀の建物の隣に建つ、というこの提案には、納得しがたい様子であった。とりわけ、現代のものを既存のものに順応させるという点から見て、同意しかねるものがあったのだ。「ブレーラは、ブレーラのままであるべきだ」。そう、統領は言い放った。それは、落第点を告げる言葉のように響いた。とはいえ、称賛の言葉も最後に付け加えている。このロンバルディア出身の戦闘的な少壮建築家グループの目に、統領はアンチ・モダニストだ、と映ってしまうのは少しばかり都合が悪いとの、とっさの政治判断から出た言葉であった。近代性を称揚する彼らの提案に、今この時点で反対するような姿勢を見せるのはまずい、と思ったのである。だが、心のうちでは、このプロジェクトがお蔵入りになることを、すでに認識していたのだった。

これより一年前のこと。リットーリオ宮コンペのために、テッラーニ率いる設計チームが提案した解決

［図26］ルイージ・フィジーニ、ピエトロ・リンジェーリ、ジーノ・ポッリーニ、ジュゼッペ・テッラーニ設計、ミラノのブレーラ美術館拡張計画、模型、1935年。提出された計画を入念に検証したのち、ムッソリーニはこう言うことになる。「ブレーラは、ブレーラのままであるべきだ」。

案Aを見ると、地面から巨大な曲面状の正面壁が立ち上がり、その上端の突出部から、ムッソリーニが足下の群衆に姿を見せることができるようなデザインになっていた〔図46参照〕。設計図とともに提出されたレポート冊子の中で、コモ出身の建築家はムッソリーニの姿を、あたかも一柱の神格であるかのように描いていた。「彼は神のごとし。蒼穹《そうきゅう》を背に立つこの者の上には、何人の姿もなし」[32]。テッラーニは驚くべき慧眼で、宗教的体験の重要性を悟っていたのである。デモクラシーの究極形態というべき絶対独裁体制において、首相と民衆とを強固に結びつけるうえで、いったいどれほどその種の体験が重要であるかということを知悉《ちしつ》し、それを、具体的な建築のかたちとして表現してみせたのである。建築家にとって、統領は生ける神話そのものであった。国家の観念の体現者であり、民衆の篤い信仰を一身に集める者であった。統領に桁外れの才能を認めていたからこそ、今——ブレーラ拡張計画において——、その多才な彼が、まさか合理主義建築の革命的意義を理解できないなどとは、思いもよらないことであった。合理主義建築こそは、唯一の、真なるファシズムの建築であるのだから。なるほど、テッラーニの提案する作品は、アーチや円柱や冠くり形《シーマ》などから成る単純な建築より、ずっと主知的な性格をもっていたかもしれない。だが、その彼の建築もまた、抽象的なあれこれのイメージが調和して組み合わさることで、日常の時を神話の時へと、ムッソリーニの革命的時間へと、変容させることに与って力があるものであった。だから、テッラーニはなおも、ムッソリーニを信じ続けた。「あらゆる真の精神的革新を推進する者」たる彼に、信頼を寄せ続けた。統領が続ける「ファシズム時代の建築を求める戦い」に、賛同し続けたのである。[33] だが、このコモ出身の建築家とその同僚たちがムッソリーニによせた信頼は、見事に裏切られるかたちとなった。統領は彼らのリットーリオ宮コンペ案を支持しなかった。そして、ピアチェンティーニやジョヴァンノーニらがメンバーに名を連ねていた古代・芸術高等評議会、ならびに大臣のボッタイといった面々が、最終的にテッラーニたちの案をお蔵入りにする決定を下したのだった。大臣が、高等評議会の意見を統領に伝えているのだが、それはムッソリーニ自身の心の琴線にも触れると思われる見解であった。いわく、「本案は、外国の『合理主義』建築から着想を得たものである」[34]。

挫折を味わったものの、それでもテッラーニは、自分の建築こそがファシズムを完全な形で解釈しているのだ、と信じて疑わなかった。この確信のもと、建築家は一九三六年十月、コモ市のカーサ・デル・ファッショを特集した『クァドランテ』誌を、統領のもとに送り届けた［図27］。ムッソリーニは以前よりこの雑誌のことは知っていた。作家で副編集長でもあったマッシモ・ボンテンペッリが同誌に執筆する時評を、読んだことがあったからだ。テッラーニは今回、ディーノ・アルフィエーリに仲介役を頼んでいる。ファシスト革命記念展で知己を得、現在は報道・宣伝相を務めていた人物だ。コモ出身の建築家にとって、この建物は、ムッソリーニの考えを建築的に翻案したものにほかならなかった。すなわち「ファシズムとはガラスの家であり、誰もがその中をのぞくことができる」、という観念だ。ところが、統領にとってはその逆で、こんな寒ざむしくて、難解きわまる建物が、群衆を引きつけるのにふさわしいとは、まるで思

［図27］ジュゼッペ・テッラーニ設計、コモ市のカーサ・デル・ファッショ、群衆の写真を合成したもの、1932–36年。コモ出身の建築家テッラーニにとって、この建物は、ムッソリーニの考えを建築的に翻案したものにほかならなかった。すなわち「ファシズムとはガラスの家であり、誰もがその中をのぞくことができる」、という観念だ。

われなかった——ご丁寧にも、フォト・モンタージュでは、群衆が押し寄せる情景が合成されてはいたのだが。またこの建物が、帝国の政治的風潮を表現するのに適しているようにも見えなかった。イタリアで一番有名なこのカーサ・デル・ファッショも、市民たちにとっては、それほど愛着のわくものではなかった。ムッソリーニがここを一度も視察に訪れず、またこの作品に一言だに称賛の言葉を投げかけなかったという事実は、なかなか考えさせられるものがある。(35)

ダンテをめぐる神話は、その起源をすでにリソルジメントの時代に持つものであるが、ファシズム体制はこれを国家主義的かつ帝国的な文脈から読みかえ、ファシズムの神話の一つに変形させていった。一九三八年三月、リーノ・ヴァルダメーリならびに繊維産業家のアレッサンドロ・ポッスは、この最高の詩人にささげられた神殿をローマに建立するというアイデアを、ムッソリーニに提案している。それから数カ月に渡って、首相はダンテの詩作品を、幾篇か読み返している。そしてダンテの中に、ローマと帝国を愛するよう人々を諭した「イタリアの誇りの偉大な教師」の姿を透かし見るに至ったものの、こうも述べている――詩人の愛情はかつて一度も、民族あるいは個々人としてのイタリア人に向けられたことはなかった。場所と政治体制を、人間個人からは区分しようとするこのダンテの意志は、独裁者がとりわけ評価する点であった。ムッソリーニもまた詩人の思想に同感であり、非常に近いものを感じていたのだ。彼はこう考えていた。「人は死にゆくものだ。だが、大地は、作品は、壁は……そうではない！これらは、残り続けるのだ」。ダンテにささげられたモニュメントの敷地を決定したのは、ほかならぬ統領その人であった。帝国通り沿いの、マクセンティウス帝のバシリカの正面というその場所は、リットーリオ宮の第一次コンペの際に敷地として指定されたのと同じ地点であった。[36]もちろんこれは、周到な考えに基づく選択である。ムッソリーニのローマを貫くモニュメンタルな経路、すなわち北はモレッティが設計したフォーロから南はピアンチェンティーニの手がける「Ｅ42」にいたる行程のなかで、この敷地を含む地域が占める戦略的な意味合いが、重視されたのだった。さて、それから三年の歳月を経たのち、リンジェーリとテッラーニはふたたび、ヴェネツィア宮の世界地図の間へと足を踏み入れた。この度は、ダンテウムの計画を披露するためである。[37]体制の側がもとめていたのは、詩人ダンテを、帝国イタリアを守護する神格にまで高め、人々の崇拝を集めるイコンとして祭り上げることであった。設計案に付したレポート冊子の中で、テッラーニはダンテを、新たな帝国の出現を幻視した予言者として称揚してみせた。そして建築家は、数ある神話の変奏の中でももっとも有効な一つである、「救済者としての統領」というイメージを選び、これを活用する。ムッソリーニその人の中に、ダンテが歌うフェルトロ（『神曲』地獄篇・第一歌に登場する俊敏な猟犬。救済者として描かれるこの生き物が、何を象徴しているのかについては、いまだに定説がない）の姿を、すなわちイタリアの運命を救い出すであろうと詩人が幻視した生き物の姿を、重ね合わせたのである。[38]謁見のあいだ、独裁者は、二人の建築家が行なうプレゼンテーションに聞き入り、なかでも水彩画のほどこされた華麗な図面ボードの仕上がりを、これは素晴らしい、と称賛した。だが今回も統領は、テッラーニらが提示した建築上の選択に、完全には納得していなかった。なるほど、政治的な隠喩にたっぷり満ちてはいる。だがこの種の建築はいつも、あまりに観念的に過ぎるきらいがあるのだ。ムッソリーニは苛立ちながら、攻め立てるような口調でリンジェーリに問いただした。「卿たちはいったい、ダンテに何をしでかしてくれたんだ？」[39] とはいうものの、この度もまた、最後には計画案を受け入れて、認可している。だが後になって、修正をいくつか要求することになるのだが。ダンテウム計画をめぐる重要な選択のあれこれは、リンジェーリよりも、テッラーニに負うところが多かった。「人々を先導して」芸術における絶対の境地を探しもとめたのは他ならぬ彼であったし、イタリア人建築家の隊伍のなかで、自分こそは最前衛に立っているのだと自負していたのもまた、芸術家テッラーニであった。すべてを覆い尽くすような唯一の政治的体験、すなわちそれがファシズムであってみれば、テッラーニはその至高の体験に見合うだけの高尚さをそなえた建築を、自分の手で作りだしてみたいと願っていたのだった。彼こそは、構築せよ！　と命ずる統領の脇に控える者、「新しい人間《ウオーモ・ヌオーヴォ》」のかたわらに、新芸術のそばに立つ者であった。だがその彼も三〇年代の暮れ方にさしかかると、ムッソリーニがいまや公然と支持するようになった建築の時流とは衝突をきたすようになる。テッラーニはやがて、崇拝してやまない統領が、自分を困惑気味に出向かえ、あまつさえ提出した設計案を拒絶する姿に直面することになる。[40] いまや首相の目には、このコモ出身の建築家がつくる抽象的な建築は、建築形態の伝統の埒外にあるものと映った。この種の建築は、古代ローマの神話に根差した国家観念の歴史的な基盤をゆるがしかねないものと思われたのである。実際のところ、このような合理主義的な形体の建築を人々に見せて、さあ、ファシズムと共和・帝政ローマとの連続性を読み取ってみろというのは、不可能とはいわないまでも、はなはだ難しい注文であった。

統領は、これとは別の一件で、テッラーニと関わる機会があった。コモ市の歴史的中心街区に建つ、十四世紀の住宅遺構であるヴィエッティ邸を取り壊そうという計画が持ち上がった際、テッラーニはこれに反対した。彼の立場は、世論の一部、とりわけ地元の名士たちの意見と真っ向から衝突することになった。彼ら富裕層の目には、このような「廃墟」など、見返りの多い不動産投機を邪魔立てするものにしか映らなかったのだ。そこでテッラーニは古住宅の修復計画を準備するのだが、それは、ボッタイが当時すすめていた芸術の改革政策に完璧に合致する内容のものであった。この改革政策というのは、のちに見るように、三〇年代末にムッソリーニが推進していた建築政策とは、はっきりと袂を分かつものであった。さて、ムッソリーニの妻ラケーレは、絹織維の企業家アンブロージョ・ペッシーナの友人でもあったのだが、その妻からの催促もあって、首相はこの一件の推移を個人的に監視し、問題についてボッタイに「何度か」問い合わせている[41]。そんな中、建物が放火によって焼失するという事件が起きると、テッラーニは統領にあてて一筆啓上し、その中でいく度も統領の言葉に訴えかけ、また「不動産事業の利益と、融資グループ」のたくらみを告発してみせた。ところが、先のペッシーナを筆頭とするその融資グループはといえば、こちらは上層部において当のムッソリーニから、支持を取りつけていたのだった。興味深いことに統領はこの件に関して、大臣がヴィエッティ邸の保護運動に肩入れしているのを指して、「大袈裟なボッタイだ」と難詰している[42]。この一件でもやはり、テッラーニのファシズムへの信仰と、盲目的なまでの首相崇拝は、統領の行動によって裏切られるかたちとなった。当然といえば当然のことながら、ムッソリーニは古代芸術や現代アートの声などよりも、「民衆の声《ウオークス・ポプリー》」とコモ市民の財布のほうに、敏感であったわけだ。

4　ブラジーニのメガロマニアックな建築を拒絶する

エチオピア戦争のさ中にあっても、ヴェネツィア宮にプロジェクトをかかえて参内する建築家の姿は、後を絶たなかった。一九三六年三月、ムッソリーニは、コンチェッツィオ・ペトルッチ率いるグループが手がけた、計画都市アプリリアの設計案を認可した。この案はコンペを勝ち抜いたものであったのだが、審査員の判定に対しては、たとえばピアチェンティーニなどから、サバウディア市に比べて後退する計画だ、という非難の声があがっていた。だが統領は、いっさいの批判を抑え込んで、認可を与えている［図28］。それに先立って、この計画を首相の即断で承認してもらおう――つまり、いかなる手厳しい非難をも封じ込めていただこう――と、ムッソリーニのもとに押し寄せてきた人々の中には、コンペの審査員をつとめたジョヴァンノーニの姿もあった。影響力を持つ「友人のマルチェッロ（・ピアチェンティーニ）」が、当局に対して介入をはたらくのではないかと、それを恐れていたのである。ペトルッチは計画案の中で、敷地周辺の土地の伝統的な建築言語を採用していたのだが、ジョヴァンノーニはそれを、コンペ審査の席上で高く評価していた。その言語の中に、「統領閣下の聖なる御プログラム」の忠実な解釈を見てとったのである。そのプログラムとはすなわち、「都市の住民を田園の住人へと仕立てることであって、ゆめ、田舎の住民のほうを都市化させることではない」のだという。そしてムッソリーニはといえば、この件に関しては、陳情に訪れたローマの工学士ジョヴァンノーニの主張に一も二もなく賛成であり、計画にゴー・サインを出すのになんらのとまどいも感じなかった[43]。

エチオピア戦争が、少なくとも公式には終戦を迎えると、チェーザレ・ヴァッレとイニャーツィオ・グイーディが手がけたアジス・アベバ開発計画が、統領のもとに提出された[44]。その裏で、ル・コルビュジエもまた、巨大な公共事業の仕事をムッソリーニから得ようと画策したのだが、こちらはまたもや失敗におわっている。一九三六年九月、このスイスの建築家は、大使ジュゼッペ・カンタルーポのもとにアジス・アベバの都市計画を送付、同案について統領と対談する場を設けてほしい、と要請した。アフリカの新たな首都のためのこの計画には、建築家からの書簡が付されており、それがヴェネツィア宮まで届けられればしたものの、政府の側からは結局なんらの反応も引き出すことができなかった(45)。十月、ル・コルビュジエはふたたびローマを訪れた。ピアチェンティーニの招待を受けて、ヴォルタ会議に参加するためであったが、その折にも、独裁者の側からは、面会の用意があるという連絡はついに届かなかった。ムッソリーニは、「ファシズム」都市の筆頭に位置するこのアジス・アベバの計画を、彼には託したくなかったのだ。その理由は、彼が外国人であったから、というのもあるが、加えてこのスイス人建築家が描いた建築が、「ローマの建設政策」からはあまりにかけはなれたデザインであった、というのも一因としてあった。ピアチェンティーニは彼を指して、「あれは狂信的なルター主義者だよ」、と叱責している。「技術的な側面しか、見ようとしないのだから（……）だが彼と違って、われわれイタリア人は芸術家だ。自分を、容易に古代風に造形し、適合させることができる(46)」。

ル・コルビュジエはついに、統領と面会することができなかった。だが一般論として、エチオピア戦争以降、首相に謁見することは非常に難しくなってきていた。実際、謁見者の数は目に見えて減少していたし、かつては足しげく自由に訪れていた大使や報道陣たちでさえも、いまや、ヴェネツィア宮に招きいれられることは、至難の業となった。しかしながら、実に興味深いことに、イタリア人建築家に対しては、この傾向は当てはまらなかったのだ(47)。一九二八年から一九四一年までの、ヴェネツィア宮における統領と建築家たちとの面会は、記録されているものでおよそ七〇あまりある。そのうち、一九三四年は六回、一九三五年は九回、そして一九三六年はわずか五回に減少するが、翌一九三七年には七回に増加。続く二年間は、それぞれ八回という高い数字を記録しているのだ。

一九三〇年代の後半、テッラーニのモダニズムが首相の同意をついに得られなかったのだとすれば、それとはスタイル的に対極にある、ブラジーニがかかげる歴史主義的な誇張表現もまた、ムッソリーニの愛顧を引き出すことができなかった。一九三七年二月の時点で、アカデミー会員であるこの建築家はなおも、

［図 28］コンチェツィオ・ペトルッチ、マーリオ・トゥファローリ、フィリベルト・パオリーニ、リッカルド・シレンツィ設計、アプリリア市の広場の眺望、1936–37 年。

ローマのために計画した自らの豪奢なプロジェクトの実現をあきらめていなかった。一九二五年当時とかわらず、自分こそが、ムッソリーニがいだく帝都ローマの観念を建築に翻案できるものと、いまだに固く信じて疑わなかった。自分の案こそが、独裁者の誇大妄想的な嗜好にうったえかけることができるはずだ。いやむしろ、帝国が建設され、イデオロギーがさかんに喧伝されるようになった昨今の時流こそは、自分に有利に働くに違いない、と確信していた。ほかならぬ今こそ、建築はかつてのように、国家の権能と、それを統治する体制とを、表明するものでなくてはならぬ。ブラジーニはこの確信のもと、元次官であるジュンタからの政治的な後押しも受けて、統領のもとにリットーリオ大会堂（モーレ・リットーリア）の模型を提出した。高さ実に二〇〇メートル、先端を断ち落としたその八角錐のピラミッド形状は、側面から大砲がいくつも突き出るという威容であり、「教会（サン・ピエトロ）を凌ぎ、民主主義（裁判所）を超え、リソルジメント（祭壇）を上回る」建築であった[48]。この構築物はさらに、高さ一〇メートル、一辺二五〇メートルの正方形状の台座の上に立ち、頂部には、直径一三五メートルの円が載っていた。パエストゥムのポセイドン神殿よりも、さらに巨大なドーリス式円柱で飾られたこの建築の内部には、直径六〇メートル、高さ六五メートルという、巨大なホールが設けられていた。演壇と客席との仕切り部分には、コンスタンティヌス帝の凱旋門を彷彿とさせるアーチが置かれ、それを「統領の偉大な演説の数々」が華やかに飾るのだという。演壇をとりまいては、四〇〇〇〇人を収容可能な、トラヴァーチン製の階段席が広がる。建物の外側では、彫像をいただいた神殿入口状の四つの門が、入退場ゲートを形成していた。四体の彫像の一つは「二人の皇帝によるローマ」を表すもので、都市の創建者であるオクタウィアヌス・アウグストゥスとベニート・ムッソリーニの姿をともなっていた。ピラミッドの頂部には巨大な燈台が置かれ、そのまばゆい光線を、地中海から、果ては遠く四〇キロも離れたソラッテ山まで送り届けることになっていた。この山の稜線は特異な形状をしており、想像力をたくましくすれば、そこに統領の横顔を見てとることもできる、そんな山でもあった。

これとほぼ同じ月日、ドイツでは――すでに軽く触れたが――シュペーアがヒトラーのために、国民会堂《フォルクスハレ》の巨大な円蓋建築を構想していた。高さ二八〇メートル、一五万人を収容可能なこの施設は、世界帝国の新たな首都ベルリンを作りあげるための、都市改造計画の一環として考案されたものであった。この案を見たヒトラーの熱狂的な歓迎ぶりといったらなかった。新生ベルリンは、「世界で唯一のライバルたるローマを凌駕し」、「サン・ピエトロとその周辺の広場など、まるでブロック片に見えてしまうほど」のものとならねばならない。実際シュペーアによれば、国民会堂の中に、サン・ピエトロ大聖堂が一七個も入ってしまう計算だった(49)。クーポラにうがたれた円窓は、直径が四六メートル。この建築の着想源となった当のパンテオンを、丸々その中に収めてしまうことができるほどだった。ヒトラーにとっては、建物の大きさそれ自体が目的ではなかったものの、やはり巨大であるということは、古代以来の抗いがたい、支配のための道具ではあった。ドイツの独裁者は、片腕の建築家にこう説き明かしている。「片田舎から出てきた一人の農夫が、ベルリンにやってきて、このわれらの巨大な円蓋建築に足を踏み入れたとしよう——この男は驚きのあまり息をのみ、たちどころに理解するだろう。自分はいったい誰に服従すればよいかを」[50]。この建物の桁外れな巨大さが、そこを訪れた者の魂に、一種の神話的な感覚を吹き込むのだ。国民会堂はやがて、正真正銘のナチス崇拝の場として、受け取られることになるだろう。そして、「サン・ピエトロ大聖堂がカトリック世界に対して持っているのと変わらぬ意味合い」を有する、真の宗教神殿として、人々の崇敬を受けるのだ[51]。だがこの点に関していうなら、先ほどのブラジーニの提案もまた、同様のねらいをもって計画されたものであった。こちらのほうは、国民会堂と比べると、さらに明確なかたちで、個人崇拝の側面を前面に押しだしたものであったといえる。

ブラジーニが自慢げに披露するところによれば、リットーリオ大会堂の最端部は、パンテオンの直径と同じ広がりを持つという。興味深いことに、たった今見たように、パンテオンの直径は、シュペーアが設計したクーポラの丸窓をも規定していた。おそらくこれは単なる偶然の一致であって、おたがいに対抗意識が働いていたわけではないだろう。というのも、この時点ではムッソリーニはまだ、ヒトラーが建築の分野で進めていた巨大なプロジェクトについては、いっさいの情報を得ていなかったからである。ニュルンベルクのための巨大スタジアムの模型は、一九三七年五月にパリで公式に披露されるのだが、国民会堂のほうは、ついに公開されることはなかった。だが、この種の桁外れに巨大な構築物が、大衆に畏怖の念を起させるという心理効果については、ムッソリーニは十分に知悉していた。さすがにドイツの独裁者のような行き過ぎに走ることはなかったものの、統領は建築が持つこの心理効果を、つねに念頭に置いていたのである。だがブラジーニに接見してから数日の後、ムッソリーニは、この計画に対して否定的な見解を示した。建設費用が実に五億リラにも達する計算だったのだ。秘書官のメモには、こう読める。「まるで打つ手なし。統領閣下がジュンタ議員に、その旨を伝えるだろう」。だが、問題となったのは、財務上かつての困難のみではなかった。いま統領が建築家に求めているのは、十年前とは異なるものであった。かつてブラジーニの雄大なローマ改造計画を支持した時とは、事情が変化していたのだ。リットーリオ大会堂計画の随所に見られる豪奢、壮麗、贅沢といったものは、これは単に芸術家の個性を表明したのにすぎない。当時の社会が強めていた全体主義化の傾向に照らし合わせてみるなら、その種の表現はもはや、時の政治的な要求を満たすものではなくなっていたのだ。ブラジーニの提案は、時代遅れのものと映った。それは、ファシズムが発展してゆく、その初期の段階にこそ似合いの計画であったのだ。一方で、当時の体制の支配機構はまさにこの瞬間、「E42」計画の着手とともに、一つの建築プログラムを発動させようとしていた。それは、ブラジーニの夢想と同じぐらいにモニュメンタルで壮大な規模を誇っていたが、同時に、より複合的で、集合的な性格を持つものであった。このプログラムでは、建築を、イタリア文明とファシズムの表現とみなす観念を基調とし、この考えのもと、大衆教化の中で建築が果たす能動的な役割を認めてゆこうとするものであった。このプログラムの中では、ブラジーニにも森林管理庁舎の設計がまかされ、彼の熱望にもはけ口が与えられることになる。だが、壮大な建築を作りたいという彼の熱い思いは、この程度の施設ではとうてい満たされるものではなかった。こうして、舞台演出家＝建築家たるブラジーニは、よりよい待遇をもとめて、ナチス政権（おそらくゲーリング）にも、売り込みをはかることになる。彼が持ち込んだのは、幻想的な巨大円形広場の計画で、その直径は実に一キロ、「ローマ帝国風の建築」舞台の中で「人々にスペクタクルを供する」ための空間であった。(52)

「ムッソリーニの都市ローマ」が行なったさまざまなプロジェクトの一覧表には、リナシメント通りの開通も入っている。すでに一九三五年の八月、建築家フォスキーニがヴェネツィア宮に参内して、ウンベルト一世橋とヴィットーリオ・エマヌエーレ通りとを結ぶ、この新たな連絡路の構想を披露している。そして一九三七年、その計画に一部修正を加えた案が、統領によって発表された[53]。新道路は、サン・タンドレーア・デッラ・ヴァッレ教会をめがけて突き進むように開削され、その過程で、相当な数の建物を破壊することになった。たとえば、経路上にあった住宅街区をまるごと一つ取り壊したほか、サン・ジャコモ・デッリ・スパニョーリ教会を含む多くの建築が部分的な破壊の対象とされ、あるいは邸館チンクエ・ルーネを移築させもした。道路を計画したのはフォスキーニであるが、彼は大学で教鞭を取り、何百という未来の建築家たちに計画学を教える立場にあった。そんな彼が手がけたこの道路作品を評して、当時のローマでは、こんな言葉が広く聞かれたという。「もしこれがリナシメント（再生）通りだというなら、どんなかたちでもいいから、流産してくれたほうがありがたい」。工事の過程で、ドミティアヌス帝の競技場の遺跡が見つかると、建築家は当初の案を見直し、ナヴォーナ広場に面する側には手を加えず、代わりにザナルデッリ通り側を再デザインし、遺跡がそこから見えるように配慮した。この道路計画に関しては模型も作成され、ムッソリーニの判断をあおいでいるが、彼はただちに賛意を示している。この接見の折には、全国保険公社（ＩＮＡ）の会長ジュゼッペ・ベヴィオーネも臨席していた。彼はリナシメント通り開削事業の筆頭の出資家であり、彼の右腕ともいえるチプリアーニもいっしょに従えていた。そのチプリアーニが懇談の席上、もう一つの重要なローマの建築事業を、統領に披露している。すなわちヴィットーリオ・ヴェネト通りとサン・ベルナルド通りとを結ぶ新たな連絡路の開通計画だ。これは、現在のビッソラーティ通りにあたるもので、やはり同保険公社の出資による実現が予定されていた。ファシスト政権が続いた数十年間、全国保険公社（ＩＮＡ）はイタリア各地の都市で、急進的ともいえる数々の重要な建築事業に、率先して出資を行なっている。この種の都市建築の近代化は、ムッソリーニからはこれぞ「ファシズムの建設意志」の表明だとして、大いに歓迎されるものであったが、こと審美的な観点から見るなら、その成果には大いに疑問が残る。というのも、保険や銀行の巨大融資グループにゆだねられたこの種の計画は、都市の中心部から弱小市民階層を追いだすようなものが多く、また、古代以来の都市景観に代えて、体制賛美のモニュメンタルな空間を挿入し、歴史的中心街区をめちゃくちゃに引っかき回してしまったからだ(54)。

歴史的な都市ローマを近代化し、ファシズム化してゆくあれこれの計画と並んで、ムッソリーニは都市の拡張領域を対象としたプロジェクトについても、検討を加えていった。首都を襲った人口増加の波が、都市域の拡張を促していたのである。これに対処するべく、統領は建築家デ・レンツィとガエターノ・マッカフェッリを引見。二人は、マリアーナの新市街区の模型を携えて参内した。建築家が説明するには、この計画は「われわれの農業のメンタリティにもっとも適した」「農業都市」建設の最初の事例となるものだという。そもそもファシズムの推進する農業主義とは、都市主義に対抗する政策であり、農業と、田園の「より健全な」価値観に基づいた発展のモデルを掲げていた。だが、このマリアーナ市の計画案をみると、その農業主義が、都市建築の特徴とまざりあったかたちになっている。ここではファシズムのイデオロギーが、首尾一貫したかたちで都市計画にあてはめられており、またそのことを、建築家デ・レンツィもこれ見よがしに統領に誇示してみせてはいる。だが、そのイデオロギーを隠れ蓑にして、その裏ではちゃっかりと、投機目的のいたって平凡な事業が展開していたのだった。そもそもこの地域、「Ｅ４２」へと通じる幹線道路沿いに位置しているため、がめつい不動産投機にはもってこいだった。もともとは都市調整計画大綱の対象域とはなっていなかったそれらの土地も、そんな事情で、いまや当局から建築許可をしっかり取りつけていた。不動産の所有者はマッカフェッリといい、アンジェロ・マナレージの義兄弟

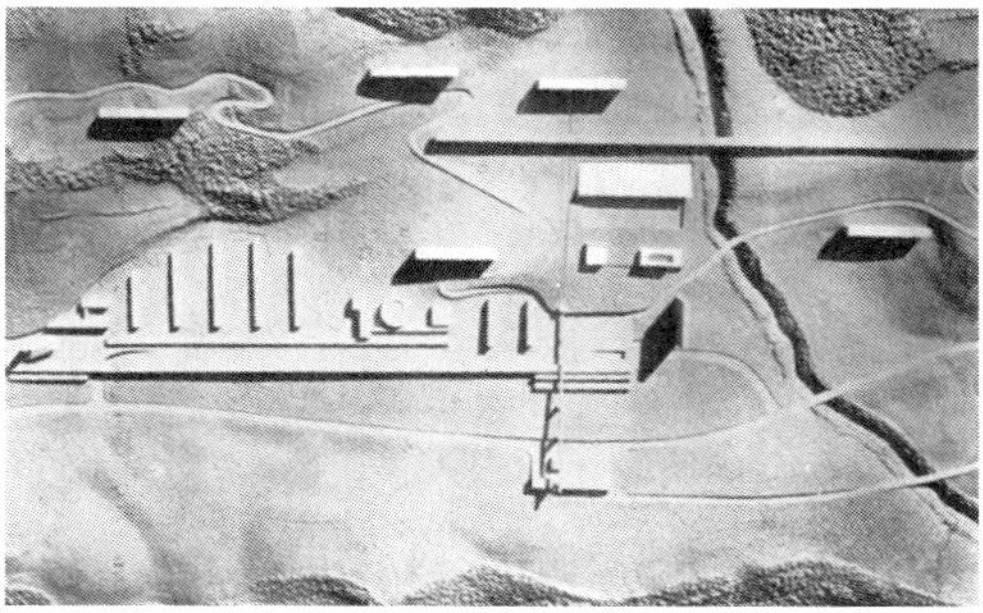

［図29］設計グループBBPR（ルイージ・バンフィ、ルドヴィーコ・ベルジョイオーゾ、エンリーコ・ペレッスッティ、エルネスト・ナーサン・ロジャース）およびピエロ・ボットーニ、ルイージ・フィジーニ、ジーノ・ポッリーニ設計、アオスタ渓谷地方整備計画、クールマイユールの模型、1937年。ムッソリーニは、これらの「合理主義的」な計画に対しては、承認を与えることはなかった。

にあたる人物であったが、そのマナレージとは、代議士で、元戦争省の副大臣とボローニャ市長をつとめた人物であった[55]。

ムッソリーニの支持を取り付けたデ・レンツィのこの計画とは際立った対照を見せるのが、ほぼ同時期に提出されたアオスタ渓谷地方整備計画への対応だ。統領はこちらの案には、厳しいノーを突きつけている。この計画は、設計グループＢＢＰＲ（ルイージ・バンフィ、ルドヴィーコ・ベルジョイオーゾ、エンリーコ・ペレッスッティ、エルネスト・ナーサン・ロジャース）が、ピエロ・ボットーニ、フィジーニ、ポッリーニらと共同で作成したものだった。出資者はアドリアーノ・オリヴェッティで、彼は統領に、計画の八六枚の複製写真を贈呈している［図29］。ピエモンテ出身のこの若い実業家は、ムッソリーニにかけあって、「この地域に固有のあらゆる問題を解決しようとする最初の試み」であるこの計画に「好意的に賛同」してくれるよう頼み、また将来的には協同体全国計画の中に組み入れられるよう取り計らってくれるようにも請願している[56]。だが、期待した賛同は、ついに得られなかった。アオスタ渓谷地方のこれらの地域計画――現実には、宅地開発と、一部地域の観光地整備をしただけにとどまった――にささげられた展覧会が、ローマで一九三七年七月五日に開幕した。パオロ・タオン・ディ・レヴェル、ボッタイ、コボッリ・ジーリらの諸大臣が会場を訪れることになるが、待望の首相の訪問は、ついに実現しなかった。批評家の中には、たとえばバルディのように、この地域計画が示した選択を、ムッソリーニのファシズムそのものと同一化して、称揚してくれる人もいることはいた――「アオスタ渓谷地方の地域計画は、高度に純粋な献身的精神と、澄み切った知性とをもって都市に適用された、ムッソリーニのファシズムそのものである」――のだが、統領にしてみれば、これほどまで大胆に近代建築の観念を表明し、しかも田園的なものを想起させるような象形をいっさい欠いた案には、賛同する気になれなかったのだ。デ・レンツィの「農業都市」計画にも新たな近代性が表明されていたが、そこにはアーチの造形モチーフや、石畳の使用などに、田園性がはっきりと認められたため、ムッソリーニはこれを承諾した。だが、アオスタ渓谷地方地域計画のように、これほどまで抽象的な造形の建築となると、これを、農業主義イデオロギーの号令と対話させることに、いささか困難を感じたのであった。

住居の問題および深刻な住宅不足に関して、ムッソリーニがたいてい相談をもちかける相手は、ヴェネツィア宮にせっせと参内するスタッフのなかでも、アルベルト・カルツァ・ビーニであった。そうした数ある面談の一つで代議士・建築家カルツァ・ビーニは、公共事業相のコボッリ・ジーリも臨席する中、公営住宅建設の五カ年計画を提示した[57]。それから数か月の後には、今度は、公営住宅公社・全国協会の活動について首相に報告を行なっている。その際ムッソリーニは都市計画家的な視点にたって、住宅タイプの選択について意見を差し挟んでいる。たとえば大都市のケースなら、集約的なタイプの住宅を、そして小都市の場合には、半農業・半都市的なタイプの住宅を選ぶ、といった具合だ。そしてこの後者のタイプに関してはさらに、自給自足と農業主義とを結びつけるかたちで、「大地に対する崇敬」をそなえるよう、設計者に求めている。「住人たちが生活に必要なものを、大地の耕作によって得られるように」、との考えからだ[58]。

だが、住居環境の整備等の社会的な問題などよりも、ずっとムッソリーニの関心を強く惹きつけていたのが、建築を通じた権力の表象というテーマであった。建築家バッツァーニは、自らが手がけた一連のモニュメンタルな計画――ローマの公会堂のための設計競技案、ミラノの戦勝記念碑、ローマのアフリカ橋とサン・パオロ橋、フォルリの裁判庁舎――をひっさげて、ヴェネツィア宮に足しげく参内した一人である[59]。このアカデミー会員の建築家は、一九三七年にファシスト党から第二回ファシスト革命記念展の設営の依頼を受けていたのだが、その上さらに、彼が中心となって進めているフォルリ市の歴史的中心街区の建築事業についても、統領からお墨付きを得ようとしていた。フォルリは、バッツァーニがとりわけ重点的に建築活動を行なっていた都市である。建築家はすでに、イタリア中央銀行を説き伏せて、同市の市庁舎（これもバッツァーニが設計したもの）脇にあった司教の土地を買収のうえ、そこに同銀行の支店を新築させる同意を取りつけていた。とはいえ、この都市でなにかしら重要な建設事業を行なう場合、その最終決定権はムッソリーニが握っていることも、建築家は十分に承知していた。そのため着工の許可を得るには、直接ローマまで伺いを立てる必要があったのだ[60]。

そのバッツァーニが参内したのとほぼ同時期の一九三八年十月、ミラノ出身の建築家ヴィーコ・ヴィガノも、統領の執務室に足を踏み入れている。彼が持ち込んだのは、ミラノの大聖堂前広場にゴシック式の塔を建てようという、実に突拍子もないアイデアだった。そして驚いたことに、独裁者はなんとこの案を承認し、一九四二年までに完成させるよう独断で日取りまで決めてしまった[61]。このニュースが新聞紙上に発表されるや、たちまち非難の声が轟々とあがった。時のミラノ市長ジャン・ジャコモ・ガッララーティは、いかにも困惑気味に、恐れながら閣下のお選びになりましたプロジェクトには、重大な間違いがあるように思われます、と統領に諫言せねばならなかった。ムッソリーニに忠実であるジューリオ・バレッラは、かつてはトリエンナーレの総監を務めたこともあり、今は『ポーポロ・ディターリア』紙の取締役をしていたのだが、その彼もいそいで統領のもとに連絡をいれ、大聖堂《ドゥオーモ》脇に塔を建設するという件の計画が、「激しい批判にさらされている」旨を伝えた。また騒動のさなかミラノを訪れたオイェッティは、こんな見解を述べている。「イタリアでは、かつてユダヤ人排斥法が成立した時にもずいぶんと議論が起こったものだが、それとて、この四日間に、例の砂糖菓子みたいな鐘楼がミラノ市に巻き起こした論争ほど、激しいものではなかった——おまけにこの塔、ゴシックときた」。この件では、ピアチェンティーニも動いた。「この鐘楼計画は（……）都市計画的な配慮にことごとく逆らい、あらゆる歴史・審美・様式的な考察に逆行している」との意見を表明している。[62] ムッソリーニが下した判断は、ことほどさように、取り巻きたちを慌てさせた。オイェッティはさらにこう加えている。「われわれの誰ひとりとして、こんな狂人が持ち込んだ妄想など、まともに取り合わなかった。だが突然、市長にも知事にもひとことの相談もなく、ムッソリーニが計画を受理し、認可のサインまでしてしまったのだ[63]」。統領の特別秘書官にも、追及の矢が向かう。「いったい誰が、あの男を統領に面会させたのだ？」当のムッソリーニはといえば、ある書簡の中で、奴が悪い、奴が余の信頼に付けこんだのだ、と、すべての責任を建築家ヴィガノにおしつけている。そして、ある書類の余白の書き込みには「奴が余を欺いたのだ。持参したプロジェクトが、すでに都市調整計画大綱の中に織り込み済みのものであると、余に信じ込ませたのだ」、とぶちまけている。ムッソリーニはすぐさま、この騒動を力ずくで鎮静化することを決め、知事を通じて建築家を呼び出すことにした。「というのも、奴（ヴィガノ）は独断で動きすぎるからだ[64]」。なるほど、ささいな見落としではあったかもしれないが、建築の目利きを自任する者にとっては、随分とお粗末な判断であったといわねばなるまい。だが一面では、ゴシック風鐘楼という、この扇動味たっぷりなプロジェクトに、彼を惹きつける力があったという見方もできる。実際もし実現していたら、ミラノ市民たちからは、案外歓迎されたことであろう。この場合、建築家ヴィガノの案は、「様式」選択こそ間違えたが、「人々の心の内は、正しく言い当てて」いたといえる(65)。

6 支配政策のための建築

一九三〇年代の末の時点で、建築はますますムッソリーニにとって、政策実行のかなめを構成する決定的な要素となっていた。当時、ローマの郊外に、その姿を徐々に現しつつあった「E42」。またローマやミラノをはじめとするイタリア各地の大都市では、重要な建築作品が次々と竣工し、都市の容貌を変化させていった。これらの建物はファシズムの刻印を都市空間にほどこし、大衆教化に必要な建築的な舞台背景をととのえていった。先に引いたドイツ人ジャーナリスト、ルートヴィヒとの対談から七年が経過したのち、ムッソリーニは同じくジャーナリストのニーノ・ダローマを相手に、すでにおなじみの彼の建築への偏愛を、再び披露している。「根源的で、力があり、人類にとって決定的かつ不可欠な芸術を二つ挙げるとするなら、余の考えでは、建築がその第一で、次が音楽だ。今後もそれは変わらない。これ以外のものは、児戯に等しい」。だが今回のインタビューでは非常に明瞭なかたちで、二つの芸術のうち、建築のほうがより強力で決定的な役割を持つことを強調している。当時のイタリア全土で進行中のさまざまな建築プロジェクトや、槌音を響かせるあまたの建設現場が、その何よりの証明であった(66)。それら無数の建築事業の一つに、たとえばミラノの『ポーポロ・ディターリア』新聞社の新社屋建設がある。この新聞社はムッソリーニが一九一四年に設立したもので、その社史は、創建者本人の人生の歩み、あるいはムッソリーニの政治運動への参画と、部分的にはかさなるところがある。そんな新聞社のオフィスであるから、単に機能的要求を満たすだけの建物ではなく、むしろ市の中心部にあって、ファシズム崇拝を称讃してみせるような場となることが求められた。一九二二年以降、同社は政府に所属する組織となっていた。『ポーポロ・ディターリア』紙は統領の直接管理のもとにおかれ、毎晩ローマから電話で、編集長に指示が送られていた。新社屋をカヴール広場に建設する任務は、統領に忠実なムーツィオに与えられた。建築家はさっそく一九三八年に最初の設計案を提出するも、その後、第二案を練って、最初の案はお蔵入りにしている。その際のもっとも大きな変更点は、広場に面する建物の外観であった。特に、第一案に見られた幾何学的な立面分割が、第二案では、古典主義建築をほうふつとさせる割りつけへと変更されている点が、重要な意味をもっている［図30］。二重オーダーの付け柱が、壁面からわずかに突出するかたちでファサードに貼りつけられ、それを閉じるかたちで、装飾をほどこしたコーニスが挿入されている。この構成は、抽象化したかたちでドーリス式オーダーの梱式構造を参照するものだ。「社屋の外観は、荘厳な簡素さをまとい、男性的な力を表現するであろう」と建築家は説明している。一九三九年四月、ヴェネツィア宮に参内したムーツィオは最終設計案を提示し、統領から認可を受けた。広場に面する側のファサードには、シローニが手がけた巨大な浅浮き彫りの装飾があり、建築家はその下に、独裁者が人々に姿を見せるためのバルコニーを設けた。その奥には、ムッソリーニのための執務室が続く。一辺が一〇メートルという巨大な立方体の部屋だ。またムーツィオは建物の内部に、旧社屋にあった部屋をいくつか、忠実に再現するよう取り計らっている。それは、かつてムッソリーニが新聞社を起こし、日々の業務を行ない、そしてローマ進軍を着想した当時の部屋べやであった。したがってこの新社屋は、単に新聞の編集業務や印刷を行なうためだけの施設ではなく、時の編集長ジョルジョ・ピーニがいみじくも言ったように、「信仰あつきイタリア人たちに開かれた家」でもあったのだ。それは、ファシズム新聞の聖遺物ともいえるものあり、

［図 30］ジョヴァンニ・ムーツィオ設計、ミラノの『ポーポロ・ディターリア』新聞社屋、1938–42 年。

首相の宗教を奉じる人々が、巡礼に訪れる場所であった(67)。ムーツィオはこの建物の設計を、無償で引き受けた。いつも何かと訳知りのピアチェンティーニの言葉によれば、ムーツィオはその見返りとして、統領からイタリア・アカデミーの会員に任命されたのだという(68)。

エチオピアの軍事的征服によって、ひとまず政治的な成功は得られた。次にはこの獲得領土をイタリア文明化し、領民をファシスト化することによって、この成功をいっそう強固なものとしなくてはならない。その際、土地の文明化にあたっては、建築が有効な手段の一つとして活用された(69)。アジス・アベバは、時を置かずして、アフリカ大陸の「新たなローマ」とならなくてはならない。すでに見たように、イタリアによるエチオピア侵略が成功裏に終わった直後から、数か月間というもの、さまざまな都市調整計画大綱の案がムッソリーニのもとに届けられた。統領は、ポンティとその同僚たちによる計画（これについては、のちほど触れる）を取りあえず棚上げし、また、束と積まれた設計案の紙束からル・コルビュジエの案を捨て去った後、都市全体の整備の実施をチェーザレ・ヴァッレとグイーディによるスタディにゆだ

［図 31］プリーニオ・マルコーニ設計、アジス・アベバ市庁舎の計画、1939 年。

ねることにした。二人の提出した最終設計案を見ると、行政中枢区の構成――帝国通りから主要広場に沿って展開し、植民地総督館で閉じる――に、ピアチェンティーニが「Ｅ４２」のために採用したプランへの暗示が読み取れる。一方で、都市内の区画については、（ピアチェンティーニの同僚である）プリーニオ・マルコーニ、グリエルモ・ウルリヒ、カフィエーロらが細部の設計を行なった。これらの個々のデザインもまた、アジス・アベバ総督のカルロ・ボイディを通じて、一九三九年十一月に統領のもとに提出されている。そののちマルコーニには新市庁舎の設計［図31］が、またカフィエーロ、グイーディ、ウルヒリ、チェーザレ・ヴァッレらには、巨大な帝国宮殿の設計が、それぞれ託されている。この後者の建物は、カゼルタの王宮をほうふつとさせる規模を持ち、ファシズム国家イタリアの政治的な権勢を称える目的で計画されたものであった。かつて古代ローマ人がそうであったように、ファシズム体制もまた、巨大な建造物の威光によって、地方の領民たちを服従させようとしたのだった。またファシズムは、不平等主義のイデオロギーを適用しながら、領地での人種差別を際立たせる。

［図32］ルイージ・ヴァニェッティ、ルイージ・オレスターノ、ダンテ・タッソッティ、パスクアーレ・マラボット設計、ベオグラード新オペラ劇場の計画、模型、1939年。

侵略者イタリア人たちの建築文化がいかに優れ、また土着民たちのつくる泥と藁でできたトゥクル住居がいかに貧相なものであるのかを、ことさらに強調して見せ、エチオピア人たちに対する差別政策を推し進めていった[70]。

ファシズムの武力外交政策と並行して、建築の側でもそれに歩調を合わせた路線が採用される必要があった。すなわち、他国の建築潮流の上に、自国のものを押しつけてゆくという方針である。ピアチェンティーニが、ローマ大学の新規卒業生を数名ひきつれてヴェネツィア宮に参内したのは、まさにこの文脈からであった。卒業生たちは、ベオグラードオペラ劇場［図32］の設計競技の優勝者であった。ピアチェンティーニにとっても、そしてこの面会の模様を大きく新聞で取り上げさせた統領にとっても、かれら学生たちの主張は、「ローマの建築が世界へと」拡張してゆくことの証明と映った[71]。それは、国外におけるイタリア「様式」の勝利であった。この、建築の濫用ともとれる国家主義的ヴィジョンにもとづく提案と、それほど差異のないものが、それから数日後にヴェネツィア宮に提出された。手がけたのは、若き二名の建築家クラウディオ・ロンゴとベルトランド・サヴェッリで、いずれもピアチェンティーニのかつての教え子であった。彼らが持ちこんだのはカーサ・デル・ファッショの複数の設計案だった。いずれも小都市を対象とするもので、サローナ・ディソンツォ、ピエディモンテ・デル・カルヴァーリオ、カナーレ・ディソンツォといった、スラブ民族が数多く住む街に計画されていた。これらのプロジェクトは、イタリアの東部国境地域に住む人々にファシズムを浸透させ、イタリア人化してゆくための、侵略的な政策の一環と位置づけることができるのである[72]。

政府は、モニュメンタルな建築の造営を率先してすすめる政策を採用した。その路線に沿って、先にも見たように、時としてファラオ的ともいえる、過度に豪奢な計画が打ち出されることもあった。その一方で、これと際立った対照を見せていたのが、大都市における絶望的な住宅不足と、農村地域における劣悪な衛生環境であった。この問題を前にしてファシスト政権としても、すくなくとも身振りだけでも、住居環境の改善に取り組んでいる姿勢を見せる必要があった。ムッソリーニが一九四〇年一月にアルベルト・カルツァ・ビーニを召喚したのは、まさにこの理由による。首都には今、どれだけ公営住宅の需要があり、また「E42」の地域には新たにどれだけ住宅が必要となるか、といった点を聴聞するためである。それから二か月後、この代議士・建築家は統領に、ローマに新たな居住区画を作る計画を提出した[73]。これは後の話であるが、やがて戦争で国土が爆撃を受けると、この住宅問題はいっそう深刻の度合いを増すことになる。また、戦局が悪化し、各地でイタリア軍の敗退が続くようになると、いったいなぜ、帝国を賛美するこの手の大げさな建築のために、多大な出費を強いられなくてはならないのか、周囲の理解が得られなくなってゆく。なにしろ人々は、つつましい住居を持ちたいという、ごく基本的な要求すら、満たすことができないでいたからだ。

第二次世界大戦が勃発すると、ヴェネツィア宮に参内する建築家の数は、めっきり少なくなった。この時期に、統領が建築家に接見した数少ない例としては、リーベラ、ムーツィオ、マローニ、マーリオ・チエレギーニらとの面会がある。アルプス歩兵旅団のために、トレント市のドス丘陵に計画された博物館について議論するためであった。統領は一九三八年以来、この計画への支持を表明してきた。後に、博物館とファジュオーリ設計のチェーザレ・バッティスティ記念碑との連結がうまくいっているか心配した彼は、オイエッティをトレントにまで派遣している。その後、アルバニア方面での軍事作戦を視察に訪れた折に、ムッソリーニはチェレギーニと対談する機会を持ち、「プロジェクトを見るのが楽しみだ」と表明したうえで、必要な財政は国家が負担するから心配しないように、と確約していたのだった。そしてヴェネツィア宮に建築家たちを迎えたいま、この「新たなアクロポリス」のための模型と一六葉の図面を前に、設計者たちの言葉に耳を傾ける統領。建築家たちはみな、ムッソリーニのアイデアを正しく解釈しえたものと確信をもっている。この博物館を通じて、アルプス建築とローマのシンボルを固く結びつけたいのでございます、と、彼らの熱意を語るのだった(74)。

7　ポンティからの提案

ほかとはちょっと変わっていたのが、ムッソリーニとジォ・ポンティの関係だった。記録に残る最初の二人の出会いは、一九二六年に、建築家がミラノの戦没者記念碑のデザインを、統領に提示した時にまでさかのぼる(75)。それから同じくミラノの、センピオーネ公園に予定されたリットーリオの塔の設計をポンティが手がけたのだが、その図面は、統領の承認を得るために、バレッラを通じて提出されている(76)。その同じ年（一九三二）、バレッラは第五回トリエンナーレの企画の件でも、統領と面談している。ポンティは、この企画の実行委員に名を連ねていた。前回までとはことなり、この第五回のプログラムは、ファシズムに、芸術の領域で決定的な役割を演じさせることとなった。バレッラとの会談の折、ムッソリーニは、ポンティが企画した建築展にとりわけ興味がある旨を伝えている[77]。今回のトリエンナーレが中心に掲げたテーマは、「スタイルと文明」の関係であった。すなわち、時代を「支配する」ことを可能とするスタイルを文明に刻印しようという国家の取り組みに、焦点が当てられたのだった。会場の公園内には、さまざまな建築家が手がけたモデル住宅が、建設されることになっていた。これらの建築こそ、「今日の文明を詳細に検証」した成果を、表現するものとならねばならない[78]。芸術を通じて、とりわけ建築を通じて、ポンティは世界におけるイタリアの精神的な威厳を、再度、声高に宣言したかったのである。国家の威信のために、芸術分野での競争を活性化させること。そのためには、政治とて無関係ではいられなかった。ポンティは『ポーポロ・ディターリア』紙上に、こう書いている。「今日、たった二つの芸術、すなわち政治と建築のみが、新たな秩序を理解し、活用し、表現しようとしている。それは人類が、苦悶と激痛に耐えながら、深淵の内に探し求めている秩序なのだ[79]」。このミラノ出身の建築家は、建築学と政治とが共通にたどりうる道筋を、示して見せたように思われる。だがその道筋とは、歩みを進めてゆく中で、かならずしも常に芸術の自立性が保障されるとは限らず、時にはあいまいな形でしか守られない、そんなきわどい領域でもあった。ムッソリーニはトリエンナーレの進捗状況について、常に最新の情報を自分の元に報告させるようにし、バレッラにもその後、さらに二回接見している。一回目は、開幕数日前に、準備の様子を聞き知るため。そして二回目は、開幕からほどなくして、最初の報告を受けるためであった[80]。

一九三四年、帝国通りのリットーリオ宮設計コンペの際、ポンティは「新たな世界の理想」を、課題とされた複合建築の中に具体化する、という問題に取り組んだ[81]。他の参加者たちの案とはことなり、ポンティはムッソリーニの執務室を、一種のモニュメントにまで昇華させ、これを建物の他の部分から独立させる案を提出した。彼が求めたムッソリーニの栄光化は、ドムス・リクトーリアと名づけられた区画に、具体的な形となって結集する。そこは、新たなアクロポリスたるリットーリア宮の聖域のなかで、独立した一つのブロックを形成し、巨大な執務室の空間をその内に含んでいる。ポンティはここで、ムッソリーニとイタリア国民との邂逅を、メタフォリカルに演出する。まずもって、ドムスの建築類型はポンティにはおなじみのもので、それは、建築を通じた家庭教化プログラムの要となる、イタリア風の邸宅を指すものであった。そのドムスが、この計画では「ドムス・リクトーリア」へと姿をかえて、ファシズムのアクロポリスに聳立するのだ。他方では、統領が宮殿から出て、国民の近くへと降り来たり、一棟のファシズムの家の中に居を定めることにもなる。ドムス・リクトーリアは、全イタリア人の家となることを目指す空間であったのだ［図33］。

これまでに確認されている統領とポンティとの交信は、一九三〇年代の後半になるといっそう密度を増し、一九四〇年代初頭にはさらに頻繁なものとなってゆく。それはまさに、ファシズムの周囲に不協和音が聞かれはじめ、ムッソリーニに対してさえも人々が不審の念を抱くようになった時期と、呼応している。この間ポンティはなおも、政治の領域における対話相手を探し続けており、また彼の提案する建築作品は、独創性の点で、同僚たちのものとは一線を画していた。一九三六年の後半、パリ博覧会への参加準備――後に見るように、ムッソリーニはこのイヴェントを個人的に監督していた――が急ピッチで進められていた折、ポンティは統領に宛てて、「パリでの戦い」を論じた記事を送り届けている。ムッソリーニはそれに目を通し、高く評価した(82)。雑誌『ドムス』の編集長でもあったポンティにとって、この度のパリの博覧会への参画、そしてとりわけ将来のイヴェント――ここでは「Ｅ４２」が想定されている――は、「戦い」の意味合いを帯びなくてはならない。それは、イタリア芸術の作品を価値づけ、イタリアを、「芸術品の巨大な世界市場」として聖別するための戦いなのだ。そして、この文化戦略（それは同時に経済戦略でもある）は、体制の政策綱領の中に組み込まれてはじめて、実行可能となるのである(83)。

［図 33］ジォ・ポンティ設計、ローマのリットーリオ宮・第一次コンペ案、1934 年。最前面にはドムス・リクトーリア、すなわち統領の執務室が置かれている。

ポンティはファシズムが今後とるべき、これらの新たな行動指針を提案してゆく一方で、ムッソリーニから直々に指令を受けて、デル・デッビオとヴァッカーロとともに、アジス・アベバへの調査遠征を実行している。帰国すると、さっそく統領に、エチオピア首都の都市計画に関する報告書を提出。首相はその内容を、一九三六年十二月十八日に吟味している。報告書のなかで三名の建築家は、ヴァッレとグイーディの案に代わる、都市調整計画大綱案の策定に名乗りを上げている。ポンティ・グループの計画は、伝統的な植民地建築の観念を超越することを謳うもので、旧套の手法に代わるものとして、もっと高尚な建築のイデア、すなわち「われわれの文明の政治、社会、芸術の表現」を対置する。これによって、「これまで都市計画の領域において、世界中で行なわれてきたこと」のさらに先を行き、「歴史の中に常に記憶される首位性」を確立することを目指すのである。ポンティはさらに続けてこう書いている。「かつて想像だにされなかった規模の建築計画。統一がとれ、かつ大胆で、最高度にモダンなもの。それは、かつて一人の建築家にまかされたいかなる設計任務よりも、はるかに負うべき責任の大なる作品。イタリアによって実現された、近代都市計画の夢（……）。われわれには、その姿がすでに見えている。そして、この魂を揺さぶる出来事を前に、イタリア人たちがどれほどの感激にひたるのか、その様子をすでに感じとることができる。そして国外にいるル・コルビュジエのような輩たちがみな、指を加えてやっかむ姿を目の当たりにするであろう」。イタリアの新建築とファシズム文明が到達した、絶対的な優越。ポンティらの提案は、この優越性を、世界にむけて展示するための近代的計画である、ということだ。それは、ル・コルビュジエとその一党たちに、羨望の念を起させるものであるという。そう、あの国境を超えた前衛運動の旗手たるスイスの建築家に、あの、国際社会の非難を受けつつイタリアが占領した街のために、ぜひ自分に都市計画を担当させてほしいと名乗りをあげた建築家に、指をくわえさせるほどの案である、というのだ。建築の近代性をめぐる、一種の文明の挑戦ともいえるこの計画は、しかしながらムッソリーニを納得させるにはいたらなかった。統領はやがて、この案に対して否定的な判断をくだすことになる[84]。

ポンティは「Ｅ42」の建設計画には直接関与していなかったのだが、この博覧会を成功させるために、協力を惜しまなかった。彼にとってこのイヴェントは、「国家規模の大事業」であり、芸術の未来にとって「もっとも明るい導きの星」となるべきものであった。ポンティからムッソリーニのもとに、さまざまな記事が送り届けられた。二人の関係はもっぱら一方通行で、統領の特別秘書であるオズヴァルド・セバスティアーニを仲介してのやり取りであった。秘書官は時おり、首相は記事の内容に満足のご様子だ、と、その反応を送り主に伝えてきた。建築家が披露する創意にあふれた提案には、ムッソリーニもたびたび驚かされたのだ[85]。ポンティがこだわり続けたのは、「芸術のための戦い」というテーマ、あるいは「Ｅ42」が帯びる意味であった。この博覧会は「全世界と対決する」歴史的な機会であった。それはポンティにとっては、「イタリアが伝統的に卓越すべき領域を舞台に、われわれが自ら召集をかけた対決の場」を意味した。(86) そして、こう提案をする。われわれは「E42」を、建築のみを益する巨大イヴェントとするのではなく、他の諸工芸にとっても牽引車の役割を果たすような、そんな事業へと変容させるべきである。この博覧会を契機として、国産のあらゆる芸術作品の品質を向上させ、イタリア文明の水準に見合ったものへと磨きあげる。そして、その高品質の作品をもって、世界市場を支配するのだ。「E42」こそは、そのための機会となるべきである。これを実現するためには、国の財政支援による三か年の「芸術制作振興」の国家プランを立ち上げ、その実行をミラノのトリエンナーレに委託する、というのはどうであろうか。そう提案するポンティ自身、ピアチェンティーニとともに、トリエンナーレの実行委員に名を連ねていたのだった。

つまりポンティはファシズムのために、芸術制作の再活性化を目的とした国家プロジェクトを、入念にまとめあげたわけである。それは、経済・財政の面での広範な見返りをともなうものであり、またイタリア文明の確固たる地位を表明しようとする計画でもあった。そしてまさにこの点において、ポンティの推進する文化プロジェクトと、ムッソリーニが望んだ文明間の競合の局面とは、非常に類似した側面を見せるのである。ポンティは、イタリア国民の気質の内にひそむ、芸術への嗜好を言い当てた。その傾向こそは、イタリア人を他の民族から区分する特徴であり、また芸術分野で頂点に立つことを可能とするものであった。これらの芸術的な特性は、涵養し、さらに発展させてゆかねばならない。なぜなら、そうすることがイタリア人たちに、「新たなヨーロッパ」における首位の座をやがて与えてくれることになるからだ。一方でムッソリーニはどうかといえば、彼のほうでもまたファシズムとイタリア国家に、「優れた文明」の構築という任務を与えようと目論んでいた。一つの「新たな秩序」の制定。それは、武力と構築活動――そこには建築も含まれる――によって、ヨーロッパの他の民族の上に課すべきものであったのだ。

8 建築家たちは、カエサルの物はカエサルに返さなくてはならない

一九四〇年の春――ポンティはムッソリーニのもとに、「国民のための芸術」と題した記事を送り届けた。その中で、この雑誌『ドムス』の編集長は、ムッソリーニがかかげるスローガン「人民のなかへ」が何を意味するのかを自問したうえで、これをどうやったら芸術に適用できるのか、と問うている。ここでいう芸術とは、広義に解釈された複合的な意味合いで使われており、そこには建築も含まれていた。そしてポンティは芸術の自立性を主張する。「芸術は、芸術である」からだ。これを読む限り、政治の側が、扇動目的で芸術を活用することには、反対のようだ[87]。実際、ポンティの考えでは、国民のための芸術とは、すべての人々が共有するものに美を与える芸術のことであり、したがって道路、広場、公共建築などがその対象となるものではあった。だが同時に、それらの作品の制作過程は、国民からは完全に独立したものであり、ただ芸術のみがその指揮にあたるのだ、という確信も抱いていた。その帰結として、ポンティはこう結んでいる。「人民のなかへ」というスローガンの意味するところは、国民にささげられた芸術の作成でもなければ、また国民が理解できる芸術の推進でもない。

この最後の点については、少なくとも建築に関していうならば、ポンティの考えがムッソリーニの同意を得たとは、ちょっと考えにくい。というのも一九三〇年代の後半、統領は、国民にファシズムの神話を信じ込ませるために、建築を大いに活用していたからだ。その上、芸術は、誰もが理解できるものでなくてはならない、とも考えていた。ではポンティは、ムッソリーニのこういった行動を、批判していたのだろうか？　もしそうだとすれば、その批判は、いくえにもヴェールにくるまれたものといえるだろう。建築分野でのファシズムの政策に、ゆめ疑義を呈するようなことがあってはならない、そんな一種の協働の

精神がそこには働いていたと仮定してみるわけだ。だがそれよりも、こう考えてみるほうがずっと説得力がある。すなわち、政治の側があからさまに介入を強めてくる中で、ポンティは間接的な仕方で、「建築の自立性に理解のある体制」というテーゼを、主張しようと試みたのだ。

ファシズム体制下での建築の自由を主張しようとする、この同じテーマを扱ったものと位置づけられる論考が、もう一つある。ポンティが同年十一月にムッソリーニに送り届けた短い記事がそれであるが、この文章はほどなくして、建築家パガーノから、猛烈な批判を受けてしまう。いわく、追従的で、底の浅い分析にすぎず、「すべてが美しく、壮麗で、純朴」に見えると言い張るメンタリティの見本だ、という痛烈な非難だ(88)。ともあれ、その論考「イタリア人たちの建築の適性」の中でポンティは、建築に対してイタリア人たちが抱く「自然な」情念なるものを明らかにしようと試みる。その情念とは、「人々の精神の形状」にほかならない。そして「宮廷詩人」――パガーノは悪意を込めて、ポンティをこう呼んでいる。おそらく、この同僚が頻繁にムッソリーニと交信していることも、彼の耳に入っていたのだろう――は、ムッソリーニが建築の領域で、権力を振りかざすことも干渉することもなく遂行した事業を、声高に賛美する。統領には、個々の計画のよしあしを評価する能力ばかりか、イタリアの建築にアイデンティティを取り戻させる力も、同時にそなわっている。

統領、この完璧なイタリア人はその座に就いた当初より、古代イタリアの偉人たちの宿命にならって、建設者としてあった。彼は他の分野におけると同様、建築においてもまた、イタリア人が生まれつき持っている適性を最高度に表明して見せた。この人物とともに、この国には、イタリア風の建築がよみがえったのだ。彼はわれわれ建築家に、莫大な仕事を与えてくださり、あらゆる領域にわたって、またとない偉大な経験を豊富にさずけてくださった。(……)統領は自ら傾注して、無数の建築上の独創性を評価してくださった。ピアチェンティーニやムーツィオから、パガーノ、リーベラ、リドルフィ、モレッティ、テッラーニ、ヴァッカーロにわたる、この豊穣にして多彩なイタリア民族の独創を[89]。

芸術が、外からの押しつけを受け入れないことを、ポンティはわきまえていた。そしてイタリアでは現に、その押しつけが起こっていることも、知っていた。そのうえで、現実をけむに巻くことを選んだのだ。かつて首相がポンティに対し、センピオーネ公園のリットーリオの塔を高く作れと言っておきながら、あとからまた低くするよう命じたことを、忘れてしまったのだろうか？　あるいはミラノの戦没者慰霊碑を設計した際に、憐憫の感情よりも、ヒロイズムのほうを前面に押し出すよう命じられたことを、覚えていなかったのだろうか？　だがポンティが記事の中で、統領が建築家たちに「莫大な仕事」を与えてくださった、と指摘した点については、正しい見解であった。記事に添えられていた書簡の中で、彼はこう説明をしている。「われわれ建築家が、いったいどれほど統領に負うところが大きいのか」を、ぜひ明らかにしたかった。われわれは「カエサルの物はカエサルに」返さなくてはならないのだから[90]。さて、記事を受け取ったムッソリーニのほうはどうかといえば、一読したのち、ノートの欄外にこんなコメントを書き遺している。「この建築家の書く記事は、たしかに独創的だ。今回送ってきたもの（「イタリア人たちの建築の適性」）」は、イタリア人が建設者たること、自然がそう望んだこと、そして統領たる余がその適性をただしく解釈していることを、示そうとしておる[91]」。

建築家ポンティと首相とのこの特異な関係は、それより数か月前に交わされたやり取りにおいても、やはり見られた。それは、ボンピアーニ出版社が、ジョン・アーネスト・スタインベック『怒りの葡萄』のイタリア語版を出版した折のことであった。ポンティはさっそく秘書官セバスティアーニにかけあって、統領のもとにこの本を届けるよう依頼した。ポンティはその理由をこう説明している。「この本には、アメリカにおける大土地所有の拡大と、土地から追放された農民の悲惨な生活、貧困にあえぐ移民たちの様子が活写されている。いかにもぞっとする告発だ。ここに描かれているのは、ファシズムがポンティーノ、シチリア、リビアで行なったのと、正反対の事柄である。本書は、全イタリア人必読の一冊であり、新聞各紙もぜひ取り上げるべきである」。戦争のさなかに、イタリア人たちに一冊の本を読ませるよう、統領の注意を喚起すること。ポンティは、これが、知識人としての自分の義務だと考えていた。なるほど、まずもってよくかけた小説であるが、それ以上に、この本が政治的に使えることを知らせたかったのである。ファシズムが行なった社会政策と、アメリカ資本主義の利己主義。この二つを読者に比べさせ、前者を好意的に評価するようしむけることができるからだ。ムッソリーニは、ポンティからのこの書簡を部外秘として保管しておくことにした[92]。

一九四一年三月、ポンティはムッソリーニとの面会を求めた。「諸外国との比較から見た、イタリアの生産部門の解説資料」を提示するためであった。だが、面会の許可は得られなかった[93]。その翌年の一月には、出版社主アルド・ガルザンティがムッソリーニと面会。ポンティが企画した『万人のための家』の出版計画を提案した。この「万人のための家」というコンセプトは、ポンティが、自らの編集する雑誌『スティーレ』で一九四一年三月に披露したものであったが、同年十月末に発表された第八回トリエンナーレのプログラムでも、やはり中心テーマとなっていた[94]。そして、ヒトラーが「万人のための家」について行なった演説もまた、ポンティの手で、『コッリエーレ・デッラ・セーラ』紙に正確な採録記事が掲載されていた。住宅建設の社会政策が、いかに喫緊な時事問題であるのかを主張する意図が、そこにはあった[95]。そしてムッソリーニはガルザンティに対し、建築家の提案する「アイデアに（……）熱意をもって」賛同する旨を伝えたのだった[96]。

一年後、ポンティは、「戦時の芸術産業」と題した文章を統領に読んでもらおうと、彼のもとに送り届けた[97]。この記事では、ムッソリーニに対して、今次大戦の社会的なモチベーションが提示されていた。戦争の遂行が正当なものであることを示すのが、記事の目的であった。「なぜなら、戦争はイタリア人たちに仕事と、その仕事のための生活空間とを取り戻させるからだ」。これこそは、「古代文明」と競合する生活様態を得るのに必要なものなのである。ポンティは、戦後に想定される一つのシナリオを描く。芸術の領域で、イタリアが世界に冠たる国家となるシナリオである。だが同時に、現在の状況に関しては、懸念も表明する。労働が沈滞し、工芸の職人たちの生産効率が落ちた結果、せっかく戦争に勝利しても――ポンティはこの点にはなおも微塵の疑いも持っていない――、それが敗北に変貌してしまいかねない、そんな危険性があるのである[98]。一つの大きな不安の念に、ポンティもムッソリーニも、さいなまれていた。戦後の世界では、勝ち誇ったドイツに圧倒され、それに敵対するイタリアは苦しい状況に置かれかねない、という仮想シナリオである[99]。建築家が考えるには、重工業の分野では、イタリアはどうあがいてもドイツにかなうすべがない。だが、芸術生産、職人工芸、あるいはイタリアに固有の陶器、繊維、ガラス、モードなどの分野では、逆に圧倒し返す可能性があるのだ。

ポンティは、自分がもっとも心を砕いている問題系とファシズムとの接点を探し求めるなかで、危険な綱渡りをしていた。ポンティはムッソリーニに宛てた書簡の中で、まず次の点を思い出させている――統領閣下は、戦争に対する私の陳述を、承認してくださいました。それは、今次大戦が、社会政治の、崇高にして決定的な出来事であるということ。戦争は、人々の生活空間の内に（国民間の正義として）、あるいは個々の人間の生活環境の改善の内に（国民の中の正義として）、具体化することになるということ。そして、いかにしてこれら最良の環境が、とりわけ住居（万人のための家）のうちに具現化するのか、ということを述べたものでした。このようにポンティは前置きしたあとで、次のような提案を行なう。統領閣下は、まさに「万人のための家」の中にこそ、ファシズムの戦争を説明するための、より高尚で、より真摯なイデオロギー上の理由を見出すべきなのです。「万人のための家は、今次大戦のもたらす、一つの具体的な解決となりえます。それはちょうど、先次大戦がその具体的解決として〝トレントとトリエステ〟を獲得するための戦いであったのと同様のことです。人々は、家を得るために闘うのです」。したがって、「万人のための家」はいまや、戦争の美徳を、平和の美徳へと変換させる事業、という意味合いを帯びることが可能となるのだ。[100] ポンティは先に、政治からの芸術の自立を擁護していた。また統領の介入は、イタリア人が生まれ持った建築への特性を、ただ評価するにとどまるべきであることを、なんとか示そうと努力していた。だがその同じ彼が、ムッソリーニに対して、住宅の社会テーマを、戦争遂行のプロパガンダとして利用するよう、勧めるにまでいたったのである。

9　ピアチェンティーニに代えて、モレッティを？

ムッソリーニと特権的な関係を取り結んだ建築家を探すとすれば、それはモレッティであった。統領のもとにいちばん足しげく通った者となれば、それはピアチェンティーニであったのだが、若手の中では、リーベラやテッラーニよりも、モレッティこそが、独裁者からいちばんに目をかけられていたのだった。アカデミー会員たるピアチェンティーニが、すでに「旧」自由主義政権時代に名声を確立し、ファシズム体制においてもいわば再活用されていたのに対し、モレッティは、「ファシスト革命」の空気を吸いながら、建築家としての研鑽を積んだという差が、両者にはあった。[101] すでに一九三四年、モレッティは二十七歳の若さで、レナート・リッチによってＯＮＢ（全国バリッラ事業団）の営繕部長に抜擢。国家規模の建設計画に対する監査・承認の権限という、たいへんな重責をになった。[102] ついで、少数の同僚とともに、ONB美術館およびフォーロ・ムッソリーニの巨像設置のためのコンペに送りこまれている。このブロンズ製の巨像はアロルド・ベッリーニの手になるもので、高さ実に八六メートル、ムッソリーニの容貌に似せたヘラクレスの姿をかたどったものであった。ドイツではシュペーアが、年次党大会の会場となる、ニュルンベルク練兵場の貴賓スタンドにやはり巨像を設置しようとしていたが、ローマのものは、それより二六メートルも高かった。施主のリッチは最初、もっと高く作らせて、ニューヨークの自由の女神を三つ重ねた背丈にしようと思い、女神像の建設データなどをあれこれ取り寄せてもいた。[103] マーリオ丘陵の斜面に、ローマを睥睨《へいげい》するようにして立つヘラクレスの巨像。これこそは、ファシズムが統領の周囲に築き上げてきた個人崇拝の中で、おそらくもっとも派手で、かつ見る者を畏怖させる表現の一つであった。[104] 自由主義的民主主義はかつて、国家の枠を超えた自由の神話を掲げたが、それはすでに、歴史によって超えられたものとみなされていた。これに対抗してファシズムが掲げたのが、国家主義的な神話、すなわち新たな政治宗教の予言者たるムッソリーニの神話であった。ここで注意してほしいのは、この巨像の設置計画が決して、引き出しの中に永久に放置されるたぐいの空想案ではなかった、という点だ。ファラオ的な巨像の建設は、具体的なプロジェクトとしてすすめられた。手始めに、頭部と足のパーツが実際に鋳造された。もしそこへ、エチオピア侵略に対する国際連盟の経済制裁が加わらなければ、作業はそのまま中断することなく続けられたであろう［図34］。

　モレッティの最初の重要な作品は、フェンシング・アカデミーであった。もともとこの建物は、バリッラ会館の実験的モデルとして構想されたものであったが、後にはフォーロ・ムッソリーニの複合建築群を代表する施設としても活用されるようになった［図35］。モレッティはこの建物で、伝統的なスタイルにうったえることなく、それでいて古典的でありまた同時に近代的であるような、そんな表現をねらい、抽象的な世俗性とでもいったものをそこに生みだした。それは、現在を絶え間なく神話化することに基盤をおく政治にとっては、理想的ともいえる建築背景のデザインであった。フェンシング・アカデミーでの成功にはずみを得たモレッティは、その勢いをかって、デル・デッビオをフォーロ主任設計官の立場から追い落とし、一九三七年五月にはムッソリーニに、フォーロの全体計画を新たに練り直したものを提出した。新しいフォーロは、マーリオ丘陵の麓にまで伸びる広大な規模を持ち、道路、庭園、野外劇場、運動場などで構成されていた。全体計画の中で、ひときわ目立った特徴を備えていたのが、国際集会場――これについてはすでに触れた――であった。四〇万人を収容する能力があり、ベッリーニ作の巨大なヘラクレス像がその上にそびえる予定であった。先にONB美術館の計画が廃案となったのをうけ、この機会に、それに代えて巨大な集会場が提案されたのである(105)［図36］。一九三七年十月、モレッティの庇護者であったレナート・リッチが解任され、彼が総裁をつとめていたONB（全国バリッラ事業団）はGIL（リットーリオ・イタリア青年団）へと改組、全国ファシスト党に直属する機関となった。モレッティはその際にも、アキッレ・スタラーチェからしっかりと、それまでの地位の継続を承認されているあたり、政治の荒波を巧みに乗りきる才能のあったことを証明している。クァローニは、同僚のモレッティが人並み外れて器用であったことを認めているが、その彼を回想しながら、あいつは「政治の世界では敵無しだったよ」と言い放ったのは、偶然ではなかろう(106)。

モレッティは、フォーロの敷地内に、フェンシング・アカデミーの他にも、さらに二つの空間を設計している。いずれも、非常に重要な建物であり、このことからも、彼がいかに統領や政府高官たちから贔屓《ひいき》にされていたのかがわかる。そのうちの一つは、独裁者個人のための居住区＝スポーツジムで、浴場施設の二階部分に設けられた［図37］。建築家は広大な長方形の空間を、たった二枚の大理石壁で仕切ってみせた。一つは入口部分を囲う壁として、もう一つはサービス・ヤードと居室部分の仕切りとして。入口の

［図 34］アロルド・ベッリーニ作、ムッソリーニの容貌に似せて作った青銅製ヘラクレス巨像の頭部、1936 年。像の全高は 86 メートル、統領の姿に似せてヘラクレスをかたどったもので、ローマのフォーロ・ムッソリーニ内の国際集会場の背後に置かれる予定であった。

［図 35］ルイージ・モレッティ設計、ローマのフォーロ・ムッソリーニ内のフェンシング・アカデミー、1933–36 年。

［図 36］ルイージ・モレッティ設計、ローマのフォーロ・ムッソリーニ内の国際集会場、模型、1936 年。この集会用の巨大広場には 40 万人が収容可能であった。演壇の背後には、ヘラクレスの巨像が置かれるはずであった。この国際集会場は、ニュルンベルクのツェッペリンフェルト（ナチス党大会会場）を参照するものであった。

［図 37］ルイージ・モレッティ設計、ローマのフォーロ・ムッソリーニ内の統領用居住区＝スポーツジム、1940 年。浴場施設内に位置し、昇降機によってオリンピック用プールまで直接つながっていた。

正面には、上階に上がるための、彫刻のようならせん階段が設置された。部屋の壁面はすべて、濃紫・白と黒の大理石板で覆われる一方、玄関ロビー部分は、セヴェリーニ作のモザイク画で飾られていた。また部屋からは、エレベーターで直接、階下のオリンピック用競技プールにまで降りてゆくことができた。モレッティが生み出したこの居室空間は、流動的で、やがて空気が希薄になってゆくような、そんな非現実的な雰囲気を漂わせていた。それは、一般人が住むためではなく、特別な人間、一種の半神とでもいうべき人物こそが、住まうべき空間であったのだ。

モレッティが設計したもう一つの重要な作品が、殉教ファシスト慰霊碑で、一九四一年十月二十八日にムッソリーニが竣工式を執り行なっている。もともとフォーロの宿泊施設・北棟として建てられ、それが一年前にリットーリオ会館へと改変されていたのだが、この記念碑はその建物の中に設置された[107]［図 38］。モレッティはここで、一室構成の小空間を提案している。床は楕円形で、一面大理石で覆われていた。一方で湾曲する壁面は、重厚な白い石塊片を積み上げてつくり、荒削りの面がむき

［図38］ルイージ・モレッティ設計、ローマのフォーロ・ムッソリーニ内の殉教ファシスト慰霊碑、1940年。モレッティは、ムッソリーニからもっとも好意を寄せられた建築家の一人であった。統領の伝記作家であるイヴォン・ド・ベニャクは、二人が早朝に連れだって、フォーリ・インペリアーリを散策しながら語らう姿を描写している。

出しになっていた。壁と床面との間には、ほそい切り込みのラインが走って、両者を分節していた。キリスト教の典礼と同様、部屋の中央には、赤い花崗岩でできた台座の上に、祭壇がおかれた。この祭壇は、滑らかな表面の、白い一枚石から切り出した直方体ブロックであった。ここには、（ファシスト革命記念展の慰霊碑に見られたような）十字架は置かれず、またシンボルや、ファシストの文言のたぐいも、いっさい持ち込まれなかった。この、時間が宙づりとなり、濃厚な神話的な空気につつまれた部屋において、ファシズムは、政治宗教の絶対的な極みにまで昇華をとげる。それは、二千年あまり続いた伝統的な信仰にとって代わるべきものであった。この聖なる部屋の中で、かつての聖なる絶対存在は、集団的な絶対存在、すなわちファシズムへと、とって代わられるのだ。つまり、ムッソリーニの居住区を実現したあとで、モレッティには、複合施設全体の中でもっとも神聖なる空間の設計任務が、与えられたわけである。ただ、これより以前に、パラッツォ・ヴィドーニの旧地に慰霊碑を建てるという依頼をモレッティが受けていたという記録もあり、この情報を信じるなら、この種のテーマの設計任務は、彼にとって新しいものではなかった。[108] ともあれ、今みたこれら二つの作品に関しては、ムッソリーニが直接デザインを検証し、承認を与えたという記録資料こそ残っていないが、むしろ彼がそうしなかったと考える方が難しいのではないだろうか。

一九四〇年前後に、モレッティは全国ファシスト党から、さらに重要な任務を請け負った。それは、イタリア建築界の新星としての彼の地位を固めるのに十分な仕事であった。すなわち、先に提出していたフォーロ・ムッソリーニの再計画案が承認されたのだ。これによって、彼の手がけることになった敷地はとてつもなく広大となり――デル・デッビオに任された当初計画のおよそ十倍にもおよんだ――、フラミニア地区まで含めた、ローマの北方地域全体がその管理下にはいった。それからこれは重要なポイントであるのだが、全体の面積は「E42」よりもさらに広く、いわばこの南部の博覧会場と釣り合う、北部のモニュメントとしての機能が想定されていた。またこのフォーロは、ローマから海まで走る幹線沿いに展開する、最初の重要な建築作品としても構想されていた。「フォーロの最終形態《フォルマ・ウルティマ・フォリー》」と命名されたこの計画は、模型のかたちで、まずムッソリーニに提示され、ついで一九四二年三月にはフィレンツェで、「現代でもっとも高尚な建築作品」として一般に公開された。[109]

ピアチェンティーニに対しては、「E42」という、今や完成を急ぐばかりの計画の監督が任されたのだとすれば、モレッティには、体制の次の目玉となる大プロジェクトの指揮権が与えられたのだ、ということができる。この任務はいわば、引き継ぎの儀式ともとれるものであった。つまり、権勢のあるアカデミー建築家ピアチェンティーニの地位を、いったい誰が今後数十年にわたって引き継ぐのかを、名指しで示したかのごとき人選であったのである。統領とモレッティの関係が、どれほど特別なものであったのか――親密さの度合ではおそらく、とりまきの建築家たちの中に比肩しうる者はいなかっただろう――という点について、伝記作家のド・ベニャクも紙幅を割いている。彼は、二人が早朝の談笑に没頭している姿を描いているが、それはヴェネツィア宮の執務室の中ではなく、フォーロ・ロマーノの静かな廃墟の中であった(110)。ただしこの場合もやはり、好奇の人目を避けた内々の懇談という扱いであり、またそれゆえに、通常ではちょっと考えられない時間帯に行なわれたものであった。しかしこの若きファシスト党員モレッティでさえも、少なくともこの時点ではまだ、ムッソリーニのお抱《かか》え建築家とみなされるべきではなかったのである。

第四章　建築家になりきって

1　認可を与える統領《ドウーチェ》

すでにこれまで見てきた事例の中でも、あらゆる事柄を自分のもとに集中させずにはいられないムッソリーニの性向が現れていた。とりわけローマでの公共事業ともなれば、大筋の政治的な判断を下すだけではあきたらず、ときには無意味ともとれる些細な行政上の事項まで、自分でいっさいを処理しないと気が済まない、そんな彼の傾向がいっそうあらわなものとなった。彼は非常に疑い深い性格で、人を信用することができなかった。それでいて、自分は知性に優れ、鋭い政治の洞察力を備えている、という絶対的な自信を抱いていたものだから、ぜんぶこの私が決めてやらなくては、と信じてうたがわなかったのだ。(1) ムッソリーニのこのような、ちょっと手のつけられないエゴイズムは、彼の認可を必要とする数多くの建築プロジェクトに対しても、いかんなく発揮された。だがそもそも、ある建築の計画に認可を与えるとは、具体的には何を意味していたのだろうか？　一種お決まりのイメージとして、あるいは形だけの身振りとして、あれこれの書類に署名してみせることであろうか？　だとすれば、あらゆるプロジェクトを彼のもとにいったん上げさせ、署名をして返すことで、統領神話のさらなる拡大を目指していたということか。いやそれとも、単なる形式を超えた、何かもっと実質的な意味合いが、そこにはあったのだろうか？

ムッソリーニの側としてはもちろん、政府の財政で実行する建築プロジェクトに対しては、可能な限り、あらゆる場面において直接管理したいという意志が働いていた。だがそれに加えて、自分には、建築の美に対する確かな判断力があるのだ、という点を公に示したかったのだとも十分に考えられる。本書が分析する事例においては、ムッソリーニはほとんどの場合、他人の下した判断を追認するにとどまるのだが、それでもいくつかのケースでは、はっきりと個人的な好みに基づいた選択を行なっている。いくつか事例をあげると、たとえば彼は、カルミナーティ率いる設計グループが手がけた、ミラノのファシスト工業労働組合会館に対し、個人的判断から認可を与えている。ただしこのケースでは、統領が計画にふさわしいとみなした、半円柱の巨大オーダーが際立つ立面は、実施設計の段階で異なるデザインに変更されているのだが。(2) また、フォスキーニが設計した、ローマのイーストマン歯科技工研究所の案に対し、統領はやはり個人的な同意の念を表明。(3) また別のケースでは、ブラジーニを召喚して、「十月二十八日」橋（テヴェレ川にかかる現在のフラミニオ橋）の設計図面を持ってこさせている。この橋は、中央に巨大なアーチがかかるモニュメンタルな構成であったが、ムッソリーニは建築家に対し、巨大なポルティコの部分を削除するように命じている。この指示に対し、アカデミー建築家ブラジーニはこう書簡で返答している。「閣下から賜りましたご示唆は、まことに貴重なものでございました。おかげで、橋のシルエット・ラインが独創的かつ広々としたものになりました」(4)。また、ラ・スペーツィア大聖堂の計画に関しては、ブレンノ・デル・ジューディチェによる伝統的スタイルに拠ったモニュメンタルな設計案に認可の署名をし、「イタリア芸術にふさわしい」作品だと公言。かと思えば、それからほどなくして、バルデッサーリが設計したミラノのトリエンナーレ用記者会館にも、着工のゴー・サインを出しているのだが、こちらは、レンガとガラスでできた透明感あふれるデザインであった。(5) さらには、ミラノのファシスト市区団「カントーレ」の新拠点として、ジョヴァンニ・マニャーギが提出した詳細設計案を吟味。(6) また、ファニョーニが手がけた、フィレンツェのサンタ・クローチェ教会地下祭室のための殉教ファシスト慰霊碑や、あるいはスパッカレッリが作成したハドリアヌス帝霊廟（サン・タンジェロ城）の周辺街区取り壊し、および五角形城壁の再整備計画にも、仔細に目を通した[7]。

フィレンツェのサンタ・マリーア・ノヴェッラ新駅舎の建設をめぐっては、あれこれと紛糾が巻き起こったのだが、ムッソリーニはそのごたごたからは距離を取り、計画の進捗状況について、ただ報告を受けていただけのように見える。だが同じ駅舎でも、ヴェネツィアのサンタ・ルチーア駅の計画をめぐっては、はっきりと介入の痕跡を残している[8]。彼は、逓信相ウンベルト・プッピーニから、このサンタ・ルチーア駅舎のためにマッツォーニが準備した二つの設計案を受け取った。この二案はそれぞれ、カナル・グランデ（大運河）に面するファサードの取扱いに関して、非常に異なる解決法を提案していた。最初の案は伝統的な外観を持つもので、柱が支える巨大な半円筒ヴォールトが特徴となっていた。それに対して第二案は打って変わってモダンなデザインで、湾曲する巨大なガラス壁と、円形の長い窓列とが目を引く外観であった。二つのうち、統領は第二案、すなわちモダンなデザインのほうを押し、ヴェネツィア当局筋が支持していた古典主義的なデザインを退けた。だが、ひとたび建設が開始されるや、地元住民の強い反対運動に直面する。こんな建物はヴェネツィアの伝統的環境にそぐわない、という抗議に押されて、現場は閉鎖においやられてしまった。ムッソリーニの選んだ案が、人々の同意を得られなかったのだ。このまま廃案に持ち込んだほうがよさそうだ、と考えた彼は、後事をあらためて設計競技にゆだねることにした[9]。自ら論争に参加して、この建築スタイルがいいとか、いやあちらがいいとか、そういった意見を主張することには、興味がなかったのだ。目的はあくまでも、建築を通じて国民の同意を獲得すること。だから人々の不満をつのらせることは、得策ではなかった。

この他にも、統領の認可をもとめて提出された建築計画は数多くあった[10]。たとえば、レオ・ステーファノ・バルツァーノがミラノのパリーニ通りに計画した国防義勇軍兵舎、あるいはマリーノが設計したローマの空軍省所属航空兵舎などもそれにあたる[11]。一九三四年十二月には、統領のもとを、全国退役軍人事業団の総裁ヴァレンティーノ・チェンチェッリが、計画都市ポンティーニアの図面をかかえて訪れている。ムッソリーニは計画を認可する際、事業団技術部の仕事ぶりを評しながら、「農村の特徴がうまく生かされ、市内の建物すべての着想源となっている」点を褒めあげた。[12] 先行するサバウディア市の計画は、ピッチナートが設計した「近代的な」デザインをまとっていたのだが、統領はそれに続く計画都市として、「農村的な」ポンティーニアを承認したわけである。こちらのほうは、フレッツォッティの助言を受けて、技術部の無名の設計技師が手がけたものであった。このことは、サバウディア市の完成後にムッソリーニが表明した意図が、ポンティーニアで実行されたことを意味する。当時、ピッチナートとその同僚たちが設計したサバウディアの建築に満足できなかった彼——注意してほしいのは、公の場では、その同じ建築を称賛してみせている点だ——は、次は建築家なしでやろう、と考えた。そしてチェンチェッリに向かって、こう発言したと言われている——「この手の合理主義的でモダンな建築は、もうたくさんだ！ この次は、忠実な図面引きでも一人雇って、私と卿の二人だけで計画しよう」[13]。そして全国退役軍人事業団に対しては、いかなる設計競技も開催してはならん、と厳命を下したのだった。[14]

さてそのムッソリーニであるが、マルチェッロ・カニーノとフェルディナンド・キアロモンテが手がけた、ナポリ県警察署と県庁舎の計画に対しては、自由にやってかまわない、と放任の姿勢をとった。[15] そうかと思えば、ラヴェンナでは、ダンテにゆかりの地区を訪問したのち、現地で行なわれていた整備計画をただちに中止するよう、命令を下している。街区の修復作業が目立った成果をあげておらず、不満をおぼえたのだ。だが三年前に、整備計画を認可したのは、自分であったのだが。[16] また、コッリドーニア市庁舎およびフィリッポ・コッリドーニ記念碑のコンペでは、審査員が選出した三つの優秀案を、いずれも却下している。そもそもコンペの応募規定には、審査委員会の判断は神聖にして不可侵である旨が、しっかり記載してあった。それにもかかわらず、ムッソリーニは提出された三つの入賞案を前にしながら、カルソ戦役に斃《たお》れたこのサンディカリストの英雄の母親に向き直って、こう言い放った。ご子息を弔うには「何かもっと大きく、美しいものがふさわしかろう[17]」。また統領は、フォルリ市に計画されたＲＡＳ（アドリア海保険連合）ホテルの経緯については、常に最新の情報を報告させていた。ここでは新しい建物が、隣接するサン・メルクリアーレ教会よりも高くなってはならないとし、その理由を説明している。また、同じ敷地にカーサ・デル・ファッショを建てる計画を持ってきたフッツィとも面談した。そのうえで、隣地の再整備計画を、ジョヴァンノーニに個人的に委託している[18]。一方リミニでは、アウグストゥス帝門周辺の家屋取り壊し作業および広場の整備計画案を、好意的に評価。二千年期の記念となるために、同年の末までに工事が終了するよう命じている。自らを、アウグストゥス帝の再来と任じていたムッソリーニであるから、国民に、ローマの不滅性の観念を植えつけたいと思うのは当然であった。そしてその観念の浸透とともに、国民の風紀と帝国権力の価値を刷新したいと望んでいたのだ[19]。

2　指令を出す男

面会の際、ムッソリーニの言葉に対して、何か疑問が差し挟まれることはめったになかった。デ・フェリーチェが記すところによれば、統領は「自分を批判する者に対しては、苛立って、がまんがならない」といった様子を見せるのが常であった。「そればかりか、相手が、自分の下した判断や決定に同意しなかったり、議論を持ちかけようとしたりするだけでも」、とたんに不機嫌になったという[20]。面会は通常、こんな具合にはこんだ。まず、建築家の説明を聞く。と、だしぬけに質問をあびせて話の腰を折る。基本的な問題に関しては、それで自分は理解したことにし、さらに気にいった設計であれば、がんばりたまえ、と建築家を激励する。

一九三七年の初頭、ムッソリーニは、リヴォルノ市政庁舎のために開催された設計競技の結果を吟味したうえ、優勝案であるアルベルト・レニャーニとアルマンド・サバティーニの計画を承認した［図39］。同市ではこれに歩調を合わせるかたちで、政庁舎前広場の計画も同時に行なわれたが、やはりその際にもムッソリーニの承認を仰いでいる。さらにこの区域全体を都市計画的な視点から整備するために、ピアチェンティーニの介入も要請された[21]。また、首都で「アウグストゥスのローマ性」展が企画された際には、ムッソリーニは、「若き数名のファシスト建築家たち」が手がけた計画に対して、たいへんよろしい、と同意の旨を表明している。統領は同展を通じて、古代ローマ世界がもっていた統一的な性格を称え、アウグストゥス帝からファシズムにいたる「絶対不謬の運命」を賛美しようと考えていたのだった[22]。それから数か月して、ジューリオ・クイリーノ・ジリオーリが統領のもとを訪れ、スカルペッリが設計した同展覧会場のファサード案を提出した。実はこれとは別に、パニコーニが設計したもう一つの案があった。そちらは、会場建築の躯体を完全には覆わずに、既存のファサードを背景として利用し、その上に束棹《ファッショ》とトロフィーを配するものであったが、事前に却下されていたのだった[23]。

さてムッソリーニは同年さらに、マッツォーニが設計したローマ・テルミニ駅舎の計画にも目を通しているが、これについては後述することにしよう[24]。また別の機会には、アルフィエーリとコボッリ・ジーリの両大臣に接見し、アルプス山間道・観光税関所のための設計競技の結果について、報告を受けた。このコンペには、五〇もの応募案が集まったという[25]。統領はまた、ミンヌッチが設計した万国博覧会（「Ｅ４２」）のための博覧会事務局のデザインを承認している。それは、博覧会場のその他の施設群が建設される、数か月前のことであった。ピアチェンティーニの指導のもとで設計されたこの事務局棟は、一種の移行期の作品として位置づけられる――実際この時はまだ、博覧会施設が主としてどのようなスタイルで設

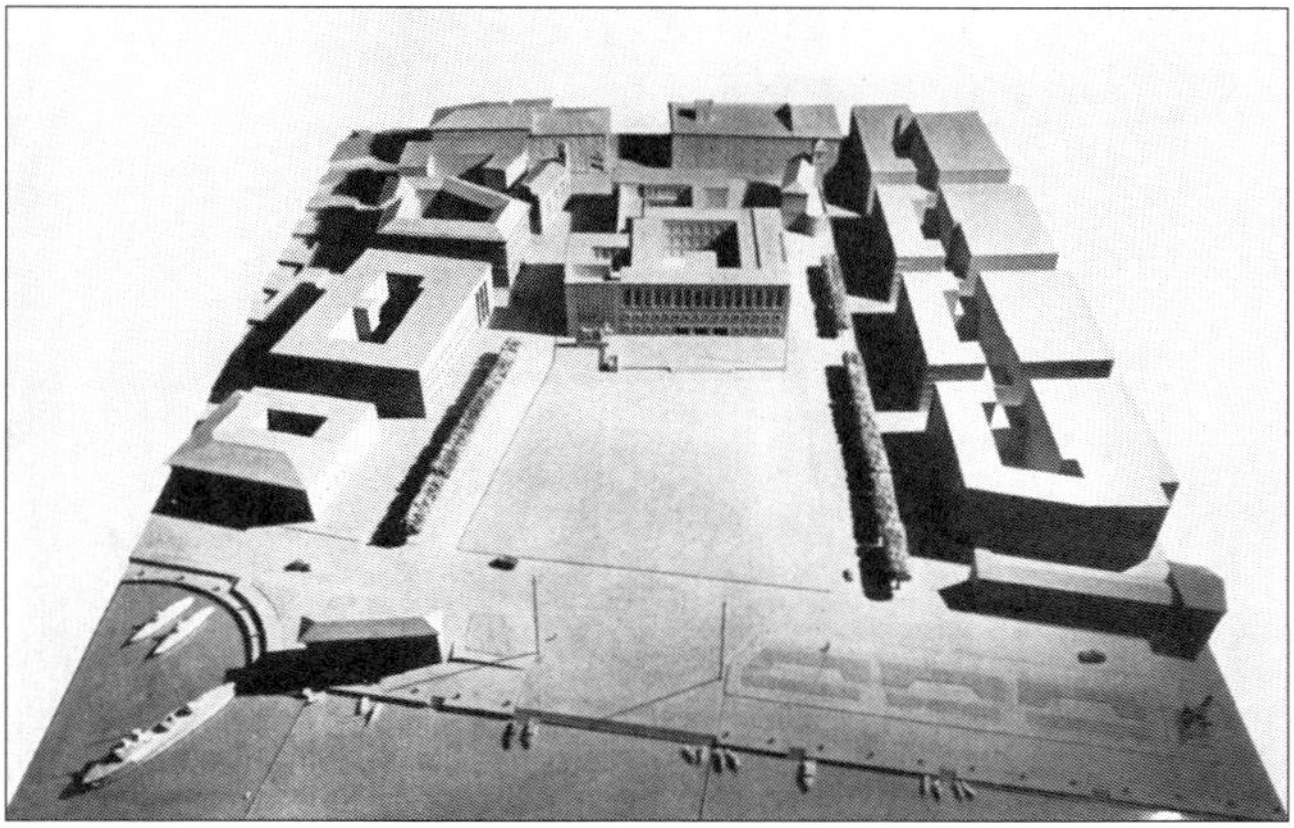

［図 39］アルベルト・レニャーニとアルマンド・サバティーニ設計、リヴォルノ市政庁舎の計画、模型、1939 年。デザインは、ムッソリーニの判断をあおぐべく提出されている。

計されるのか、わかっていなかった――のだが、それでも一つ、見逃してはならない重要な展開を示している。というのも、ミンヌッチのデザインは、先行するローマ大学都市の建築様式を参照しているからだ。これはあたかも、「E42」の諸施設を担当する建築家たちに対して、君たちが出発点にすえるべき場所はそこだ、と知らせているようなものであった。[26]

ムッソリーニは同じく一九三七年、イタリア領アフリカ省をどこに建設したらよいか意見を求められた際には――当時はジューリア渓谷のふもとにあるヴィッラ・バレストラの一帯と、コロッセオ広場とが、候補にあがっていた――、現在のアヴェンティーノ通りの進入口を敷地に選んでいる。ただ、この決定の背後に、なんらかの都市計画的な根拠があったというわけではなく、むしろ一刻も早く建設の着工にこぎつけたい、という事情が大きく作用した結果であった。[27] 彼はさらに、クレメンテ・ブシーリ・ヴィーチが設計した在外イタリア人会館の計画に、認可を与えた。この施設は、五〇〇名が宿泊可能なホテル施設として、ローマのオスティエンセ広場に建設が予定されたものであった。[28] また十月には、教育映画協会「ルーチェ」（LUCE）会長であるジャコモ・パオルッチ・ディ・カルボリに接見。協会の新社屋のために行なわれた設計競技の一等案について、詳しく内容の報告を受けた。設計者はまたしても、クレメンテ・ブシーリ・ヴィーチであった(29)。その同じ日、「海外領土」展の執行委員であるヴィンチェンツォ・テッキオにも接見し、ナポリで開催されるこの展覧会の素案について、報告を受けた(30)。それから、コンチェツィオ・ペトルッチとその同僚たちが手がけた、計画都市ポメーツィアのデザインも、統領のもとに提出されている(31)。

年が明けて一九三八年の春、ローマはヒトラーの訪問にそなえ、準備が急ピッチで進んでいた。すでにずいぶんと以前から、ガレアッツォ・チアーノが率いる特別委員会が、歓迎式典の舞台背景の準備に取り掛かっていた。市内パレードの経路は、入念な計算のもとに選ばれ、古代ローマの遺跡群を抜け、ファシズム体制が切り開いた新道路をたどる予定になっていた。道中の街区は、徽章や三脚台や燭台で飾られ、道路沿いには、ワシの彫像をいただいた装飾柱だの、きらびやかな噴水だの、林立する鉤十字の旗だのが、端然と並べ置かれる。式典に合わせて、建築家ナルドゥッチには、オスティエンセ駅の仮設パヴィリオンの設営と、テルミニ駅の装飾デザインが依頼された。またデ・レンツィは、カンポ・ディ・チェントチェッラの舞台背景をデザインし、モレッティは、フォーロ・ムッソリーニ内のオリンピック・スタジアムの装飾を担当した。首相は、これら式典装飾の設営にきわめて重大な意義を認めていた。計画案を何度も吟味し、さまざまな提案の中から自分で気に入ったデザインを選び、時には修正の指示を出したりもした(32)。クイント・ナヴァッラは当時の模様をこう回想している。「ムッソリーニはどんなささいなことでも、式典に関する事柄であれば、自分で処置をしていた。本番前の数日間は、統領自身が先頭に立って、あれをしろ、これをしろ、と各方面に指示を出すのに明け暮れ、あるいは、やれこの大臣を呼べ、やれあの大臣に催促しろ、と準備作業の督促に奔走していた(33)」。思えば一年前にはドイツの独裁者もまた、これに劣らぬ熱意でミュンヘンに単身乗り込み、ムッソリーニ歓迎式典の準備作業を、陣頭で指揮したものであった。さて、このヒトラー歓迎式典の準備であるが、時の政府がいったいどれほど凝りに凝った演出をしかけたのかを示す、よい事例が一つある。これはともするとコミカルでさえあるのだが、ヒトラーが鉄道でローマからナポリへと移動した際、車窓から見える牧場の牛たちまでもが、入念に手入れされた美しい草原の上に、お行儀よく整列して賓客を見送っていたのだ。最大限の劇場的効果を得ようとする、これも一種の演出であった。[34] さて、首都ローマの容貌を一変させた「変幻」ぶりは、同行したゲッベルスをも感嘆させずにはおかなかったようで、日記にはこんなコメントを書き残している。「まるで夢の中から出てきたような祝祭設備だ（……）古代のローマが、幻想的なスペクタクルを生みだしている（……）なんという都市、なんという雰囲気！　まるで、おとぎ話の住人にでもなったような居心地だ」[35]。仮設の舞台装置が、変幻たえまない幻想的光景を都市の中に作り出す。人々はそこで「驚くべき時間旅行」を体験し、過去の映像が、現代のイメージと結びつくさまを目の当たりにする。[36] そこには同時に、建築的に統制のとれた未来の空間もまた、描き出されていた。それこそは、全体主義政治のもとめるものに、建築がもっとも的確に応えて生み出した空間であった。そしてムッソリーニが今後ローマで実行する建築政策は、まさにこの方向に進んでゆくことになる。

一九三八年六月、統領は、バッティジェッリとスパンガーロによるトリエステ市のカーサ・デル・ファッショの計画に、これは気に入った、と好意的な意見を表明。[37] それからひと月の後、今度は、新設のトリエステ大学のためにファニョーニとノルディオが手がけた「ローマ風」の設計案にも、これでよし、と同意を表明。後に見るように、トリエステは統領の訪問予定地の一つになっていた。[38] また、ローマ市に関する計画では、パスコレッティとサモナがそれぞれ設計した、テヴェレ川にかかるアフリカ橋とサン・パオロ橋の案を、ともに認可。それからほどなくして、チェーザレ・ヴァッレとイニャーツィオ・グイーディ

［図 40］マーリオ・ロレーティとチェーザレ・ヴァッレ設計、ローマの INFPS（全国ファシスト社会保障機構）新本部会館の計画、1939 年。

が設計したマリアーナ橋についても、やはり着工の許可を与えている。これら三つの架橋計画は、いずれも入札設計競技を勝ちぬいた案であり、大きくは、万国博覧会（「E42」）を見据えた交通網整備計画の一環であった[39]。次いでムッソリーニは、リドルフィらのグループによるイタリア領アフリカ省のための設計案を、好意的に評価。その数日後には、デ・レンツィ、グエッリーニ、パニコーニ、ペディコーニらによる、イタリア鉱物展会場の設計案にも承認を与えた。これは、ローマのチルコ・マッシモで開催されることになっていた、自給自足経済展覧会の一つであった[40]。

ダンヌンツィオが同年の三月に死去した際には、ムッソリーニはガルドーネの地を訪れ、葬儀に参列している。プーリア号〔海軍から送られた軍艦〕の前にたたずんで、じっと物思いにふける統領。そのかたわらには、マローニの姿があった。統領から日ごろ、まずまずといってよい信頼をよせられていた建築家である。瞑想を終えたムッソリーニは、そのマローニに向き直ってこう命じた。「司令官」の記憶を留めるための記念碑を、卿が設計したまえ。「卿とダンヌンツィオを結んでいた友愛のため、そして、卿が常に余に対して示してくれた忠誠のため」に。それから数か月後に、統領はマローニが設計したダンヌンツィオ霊廟・墓碑のデザインを受け取り、吟味を加えている。[41] さて、先に見たヴェネツィアの駅舎に関しては、一九三九年の二月、つまり前回の騒動より六か月の時を経て、ムッソリーニは再度この計画に関与。アンジョロ・マッツォーニとヴィルジーリオ・ヴァッロットが作成した模型を、自ら検証している。[42] また同じく承認を与えたその他の計画としては、ジョヴァンノーニが提出した、フォルリ市の歴史的中心街区の整備計画、そしてマーリオ・ロレーティとチェーザレ・ヴァッレが設計した、ローマのINFPS（全国ファシスト社会保障機構）本部会館などがある[43]［図40］。そして同年の最後には、ミラノのパオロ・ダ・カンノッビオ通りにパガーノが設計した、「Covo」〔ポーポロ・ディターリア紙の元本社の名称〕の改築計画を承認。これは、ムッソリーニの甥で、ファシスト神秘学院長のヴィートが、一九三九年十一月に、統領に提出していたものであった。[44]

3　鉛筆を手に持って

統領をめぐるイメージには、飛行士ムッソリーニ、鉱員ムッソリーニ、芝刈り人ムッソリーニ、などといったものがある。そしてこれらに加えて、ファシズム体制のプロパガンダ戦略はさらに、建築家ムッソリーニという一つのイコンを作り出し、広めてゆく。この「建築家」という芸術的気質が統領のイメージに加わることは、彼の神話を補強するうえでたいへん都合がよかった。ムッソリーニは凡人を超越し、多彩な才幹に恵まれ、無尽蔵の知的源泉にめぐまれた人物として、崇拝の対象となるべきであるからだ。とはいうものの、これがたんなる修辞的な表現にとどまらないこともあった。ムッソリーニが本物の建築家になりきって、設計案の選別に関わるケースもあったからだ。だが、いったい建築の何を知っていたというのだろうか？

ムッソリーニの口から「自分は建築には詳しい」という言葉が聞かれたとはいえ、実際のところは、専門的な技能を備えているわけではなかった。彼には、良い建築とそうではない建築とをうまく区別する能力が、およそ欠けていた。そのことは過去の建設プロジェクトの選考経緯で、一度ならず露呈している。では、まったくの建築素人だったかというと、またそうともいいきれない面があった。ムッソリーニは若いころ左官として働いていたことがあり、その経験が、建物の構造上のよしあしを判断するうえで、役に立っていた側面があった。しっかりと規矩《きく》を備えている建物であるかどうかを、理解することができたのである。また次の点も考慮すべきだろう。政権の座に就いてから十数年間にわたり、首相として建築家たちと頻繁に交流を持ち、何百枚ともしれぬ設計図面をめくり、数え切れぬほどの建築現場を視察してまわっている。そうした活動から、建築の実作を多数知る機会を得たばかりか、建築という学問に対して、非常に深い経験を積むことができたわけである。一種逆説めくのだが、正規の職能訓練を積み、最新情報の吸収につとめていたプロの建築家たちよりも、ムッソリーニのほうがはるかに多くの建築作品に触れる機会を持っていたのである。だがそれらにもまして、特にこの数年間のあいだに、建築がどれほど政治に役立つのかを、骨の髄まで学んだという事情があった。「新たなイタリア人」を形成するうえで、この建築という分野がどれだけ重要な役割を果たしうるのかを、理解したのである。提出されたプロジェクトに対し、ムッソリーニが建築の専門領域にまで立ち入ったうえで、あれこれと修正指示を出したケースというのは、実は一般に信じられているよりもずっと多いのである。それらの事例をいくつか、以下に見てゆくことにしよう。

ムッソリーニは一九二四年、当時の首相府であったパラッツォ・キージ内の図書館の区画を、展覧会場として提供している。これはパランティが企画したもので、ローマに建設が予定された巨大なリットーリオ大会堂――一種の摩天楼で、土台部分は一辺二五〇メートル、高さは三三〇メートルにおよぶものであった――の計画案が、展覧に供されていた。この計画はそれから二年後に、ムッソリーニから受けた「個人的な注文」に沿って修正されたのち、再提出されている。その図面を見てみると、近代性を強く暗示するようなところは削られ、全体はずんぐりとした塔のような外観となり、高さもわずか一三〇メートルに抑えられていた。[45] パランティは財政面での問題にも直面していたのだが、それをさしおくとしても、ムッソリーニがこの時期、これほど巨大な建造物をつくろうなどと本気で考えていたとは、ちょっと考えにくい。なにしろ、あのサン・ピエトロ大聖堂にも匹敵しようかという大きさだったのだから。むしろ彼の思わくは、別のところにあった。多目的用途を持つこのファラオ的な巨大建造物――第一案では、外交オフィス、温浴施設、ムッソリーニの霊廟《アウグステウム・ムッソリニアーノ》、教会を内包していた――を、ファシズムと同一視してみせるのだ。こうすることで、今ここに、想像を絶するような卓絶した政治体制が始動したのだ、という思いを、人々の集合観念の内に植えつける。過去と対峙しても、物おじひとつすることのない体制が誕生したのだ、と皆に思わせるのである。ムッソリーニがねらったのは、これであった。神殿は、大きければ大きいほどよい。それだけ、人々の崇拝を集めるからだ。天高くそびえる大会堂建築の姿は、人々の心の内に、イタリア史を飾る新たな神話時代の到来を、いきいきと描き出したのだった。

一九二六年三月、ピアチェンティーニに対し、ボルツァーノ市の凱旋門を設計する指令が下った。このケースでは、ムッソリーニはみずから門の形状のスケッチ案を描いたほか、建築家といっしょになって、細部の形状やおさまりなどを何か所か検討した。[46] マーリオ・ルパーノが伝えるところによれば、ムッソリーニは凱旋門の上にオーストリアに向けた砲台を設置したいと考えていたのだが、ピアチェンティーニが苦心の末に、このアイデアをあきらめさせたのだという。[47] ともあれこの挑発的な提案の記憶として、建築家はノートのうえに、ムッソリーニのアイデアをすばやくスケッチに残している。同じ年、ムーツィオとポンティは、ミラノ戦没者慰霊碑の設計をすすめていた。ムッソリーニはすでに、モニュメントのタイポロジーを選択する段階から関与していたのだが、設計案についても自ら検証を行なっている(48)。ポンティはオイエッティに宛てて、こう書き送っている――統領がおっしゃるには、「この計画に、自分はいたく心を打たれた。イタリア建築の自意識をそこに感じ取った」とのことだったが、くわえて次のような意見も表明された。「だが、戦勝記念の建物にしては、憐憫をさそうシンボルがあまりに前面に出すぎてはいないか」。戦没者崇拝の感情をファシズムへと取りこむには、ヒロイズムと犠牲の精神を称揚する必要があった。そこでは伝統的な宗教感情は、あまり目立ってはいけない。むしろ、戦争の神話を発展させることが大事で、人道的な悲劇の側面は押しこめる必要があるのだ。そんな事情から、ムッソリーニは設計案の修正を命じ、憐憫の感情よりも、勝利のイメージが前面に出たデザインに変えさせたのだった(49)。また同じくミラノでの事例であるが、メッザノッテがカーサ・デル・ファッショの設計に苦労していたさい、ムッソリーニが「想定外の協力者」にたちまち変じ、建築家に力を貸したことがあった。メッザノッテに割り当てられた敷地は非常にせまかったのだが、なんとか工夫して、複数の部屋と集会のための大ホールを造る必要があった。難題に頭を抱える建築家を救うべく、ここでもまた、ムッソリーニからの「神慮としか思えぬ」絶妙な提案が届けられたのだった――「もし大ホールが狭いのなら、両脇にギャラリーをつけて拡張したまえ(50)」。

アレッサンドロ・リモンジェッリがグラッパ山上に設計した戦没者慰霊碑は、不運なプロジェクトだった［図41］。計画では、地下に納骨堂がつくられ、その上部に直径六〇メートルという巨大な円筒型の灯台＝塔が聳えて、その頂部をブロンズ製のドームが覆う。だが、認可がおりなかった。単に、ムッソリーニの気にいらなかったからだ。他の理由はなかった。統領の特別秘書は、ある書簡の中でこう書き記している――「グラッパ山上の、例のモニュメンタルな墓地計画の写真資料を首相閣下に提出しました。ですが、これは内密におねがいしたいのですが、この計画は閣下のお気には召さなかったと申し上げねばなりません」[51]。ムッソリーニは代わりに、同じ敷地に計画されたグレッピとカスティリオーニの案を承認した。こちらは、戦没者墓地整備特別委員会のウーゴ・チェイ将軍が、一九三三年九月に提出したものであった[52]。統領はまた、クレメンテ・ブシーリ・ヴィーチが設計したカットーリカ市のファシスト海岸キャンプ建設案に、修正の手を加えている。この夏季キャンプ施設は、まさに出港しようとする船団の姿を、鉄筋コンクリートでかたどったものであった〔図42〕。統領は設計案を吟味したあと、建築家に、一つしかなかった「昇降階段を二重にするよう」命じている。この指示は、プロジェクトへの「感想」と彼自身が呼ぶものを、あきらかに超える行為だ。「もっと海がよく見えるように」と、計画の具体的な修正を求めているのである。だが後になって考えが変わったようで、この最後の要求には、鉛筆で取り消しのマークが書き込まれている[53]。そして一九三四年六月、完成のなったキャンプの竣工式を執り行なうために、ムッソリーニはカットーリカ市を訪問した。主棟たる「旗艦」建築と、その周囲に並ぶ四棟のパヴィリオンが、まるで潜水艦のような姿を海岸に見せていた。式典の演出は凝っていて、統領がモーターボートを駆って海から乗りつけ、それを海岸で建築家が出迎える、というものであった。一行は建物の内部を仔細に見て回ったのち、屋上にのぼって全体構成を眺めた。眼下に広がるこの壮観な施設の設計に、ムッソリーニも一応は加わっていたわけである。「実にほれぼれする、完璧な出来栄えだ」、そう彼の口から讃嘆の言葉が漏れた[54]。

ムッソリーニは、ファシスト革命記念展に関しては、その企画段階から個人的に監督を行なっていた。すでに見たように、執行委員の面々と懇談し、展覧会に足を運んでもいる。会場のデザインについては、アルフィエーリから受け取ったデル・デッビオの初期案に、おそらく目を通していたと考えていいだろう[55]。

［図 41］アレッサンドロ・リモンジェッリ設計、グラッパ山上の戦没者慰霊碑の計画、模型、1927 年。ムッソリーニはこの計画案を没にしている。気にくわなかったのだ。

［図 42］クレメンテ・ブシーリ・ヴィーチ設計、カットーリカ市のファシスト海岸キャンプ「レ・ナーヴィ（船団）」、1933–34 年。ムッソリーニは建築家に、「船棟」への「昇降階段を二重にするよう」命じている。

［図43］アダルベルト・リーベラとアントーニオ・ヴァレンテ設計、ローマのファシスト革命記念展内の殉教ファシスト慰霊碑、1932年。ムッソリーニは、地下聖所の中央に群彫刻を置く案に代えて、「戦士の十字架」を据える決定を下している。

だが周知のように、最終的にはリーベラとデ・レンツィの設計案が採用されることになる。また、そのリーベラが、ヴァレンテとともに会場内の殉教ファシスト慰霊碑を設計しているのだが、統領はそこにも首を突っ込んで、最終的なデザインの決定を左右している。そもそも最初の案では、地下聖所の中央に彫像を置く予定だった。束棹を抱えた直立の裸像と、その足元に横たわる戦没兵の姿を彫刻で表現したものだ。だがこの群像は、ムッソリーニの決定にしたがって、「戦士の十字架」へと変更された［図43］。中央に聳立するこの十字架によって、カトリック信仰とファシズム宗教の混交の度合いが、非常に効果的に表現された。そればかりか、大衆に向かって犠牲の精神を説くキリスト教のレトリックがいっそう力を増し、人々の心の奥深くに、しっかりとメッセージを刻みこむ効果が生まれた(56)。

ムッソリーニがあちこちの建築現場を視察してまわった背景には、自身の卓越した能力を周囲にまざまざと見せつける、という目的もあった。自分は、天才的資質にめぐまれている。建築家が頭を抱える難題や、対立する解法に出くわしても、自分ならばほんの一瞥を加えるだけで、たちどころに解決できる。そう、人々に誇りたかったのである。まさにその種のパフォーマンスが見られた一例として、ローマのターラント通りにサモナが計画した郵便局の視察をあげることができる。サモナは首相に問いかけた。局内の大ホールに人々がアクセスする方法として、二通りの案が考えられるのですが、そのどちらかを、統領閣下に決定していただけませんでしょうか。そう請われたムッソリーニは、建築家の心労を、たちどころに取り除いてやった。二案のうち、「演壇タイプ」と名づけられた、ファサードに並行して斜路が伸びる案をその場で選んでみせたのだ。[57] このやりとりは良くできすぎていて、周到に準備された演出であったと考えないほうが、ちょっと難しい。しかしながらムッソリーニが自称するところの、その天賦の才幹とやらは、ほぼ同時期の別のエピソードにおいては、大いに疑問に付される事態となってしまった。先に見たように、統領はピッチナートらのグループが設計した、新造計画都市サバウディアの案に自ら目を通し、承認を与えていた。ところが、建設現場を視察に訪れた際に、市庁舎の塔が、リットーリア市の庁舎のものよりも、ずいぶん高いことに気がついた。リットーリアといえば、この地域の行政を統括する県庁所在地にさだめられていた都市である。行政上のヒエラルキーに従うなら、サバウディアの塔のほうが低くて当然だ。そこで、四二メートルある庁舎の背丈を三二メートルへと低くするよう、建築家たちに命じた。急なデザインの変更令に、あわてたのは設計者たちのほうである。なによりも、塔の高さの問題は、前回の懇談の折に、ムッソリーニ自身がよくよく検討を加えた事項であったではないか。そこでピッチナートと同僚たちは意見書を取りまとめ、自分たちの設計案がいかに理にかなっているか、そして塔を低くすることがいかに「明白な誤り」であるかを、切々と説いた。塔を低くしたら、「いかにもぎこちなく、不釣り合いな」建物になってしまいます、と訴えたのである。これを受けて、統領は再び現場に足を運び、おそらくは先の自分の考えが配慮を欠くものであったことを納得したのであろうか、もとのままの設計案で工事をすすめてもよい、と許可を与えたのだった。[58]

ローマの帝国通りに建設が予定された巨大なリットーリオ宮をめぐっては、一連の設計競技が開催されている。その際にムッソリーニが行なった介入が、設計案の展開に重要な役割を演じているのだが、実はその界隈の事情は、いまだにきちんと明らかにされてはいない。そんなわけだから、ここで事の経緯を冒頭から注意深くたどってみることにしよう。一九三四年九月十日、コンペ審査委員会——会長はスタラーチェということになっていたが、能力の点からピアチェンティーニが実質的に支配していた——は、二八点の応募案を除外、残った七九点の案が、九月二十三日から十月三十一日にかけて一般に公開された。その間、十月十六日と十八日に、委員会は再び会合を持った。その席上、ピアチェンティーニとバッツァーニの間で、意見の衝突が生じた。バッツァーニは、この際、出来の悪い図面といっしょに、「極度にモダンな傾向」をもった応募案も、選考からすぐに除外してしまおうと主張したからだ。続く会合でも、やはり両者が対立。ピアチェンティーニが弁護に立って、テッラーニ、リドルフィ、モレッティらの各グループが提出した案を、バッツァーニの攻撃から擁護している。これらの計画は、建築の要求するモニュメンタル性と機能性とを、うまく調和することに成功している、というのがその理由であった[59]。

さて第一回会合の折、委員会はまず二五の優秀案を選出し、それを第二回の会合では、評価の高さに応じて、三つのグループに分けた[60]。筆頭グループには、フォスキーニ、ヴァッカーロ、デ・レンツィらの各設計チームが、次席グループにはリドルフィ、テッラーニ、デル・ジューディチェ、サモナ、ラピサルディ、ファソーロ、フレッツォッティ、リーベラ、パランティらの各設計チームが、そして第三位グループにはモレッティとトッレスらの設計チームの名が見えた。これらのランク付けに、審査員の寸評を添えた報告書が、全国ファシスト党行政書記官ジョヴァンニ・マリネッリの手から、統領に提出された[61]。十一月十二日、ムッソリーニはスタラーチェを同伴してエザーミ宮に足を運び、優秀案に目を通した[62]。そして十二月二十九日、ピアチェンティーニを長とする臨時委員会を、直接ヴェネツィア宮に召集し、コンペの推移を決定づける重要な選定会議を宰領した。なにしろ、今回のプロジェクトは単なる建物とはわけがちがう。それ自体が「歴史的出来事」でもあるような、そんな建築──フォーリ・インペリアーリに聳立するファシズムの象徴たる宮殿との位置づけ──の問題を扱うわけであるから、何かこれはという決定的なお墨付きが必要だった。一審査委員会の判定のみにゆだねてすまされる問題では、なかったのである。そのことは、マリネッリがはっきりと表明している──「どの計画を実施案とするかの決定は、最終的に、統領の手にゆだねられている」[63]。そしてこの会議の終了時に、一四の応募案がリストアップされ、第二次コンペへの進出が決定した[64]。その際、委員会があらかじめ提出した応募案の序列が、一部、尊重されない箇所がでた。そればかりか、統領は合計で九つしか、お気に入りの作品を選ばなかったのである。ムッソリーニが特に推したのは、ヴァッカーロとデ・レンツィとフォスキーニが率いる各設計チームの案であったが、この裁定にはひとつ、大変重要な点があった──選定作品の中でも、とりわけフォスキーニの設計が気にいっていることを、はっきりと示して見せたからだ。統領は、同案をリストの一番上に記載させたばかりでなく、その下にぴ！　と線をひっぱって、他の案からははっきりと区分しているのだ［図44］。

独裁者は、モダニズムではないデザインを選んだ。これよりさかのぼること数か月前のこと、まさにこのリットーリオ宮の計画に端を発する論争が起こった際には、ムッソリーニは近代建築の肩をしっかり持っていた。ところが、最終的にこの建物の実施設計を行なうことになるのは、フォスキーニなのだ。この点は、しっかりおさえておくべきであろう。さて統領が選んだその他の案を上からならべてみると、トッレス、ラピサルディ、モレッティ、パランティ、リドルフィ、フレッツォッティの順となる。この序列を見てわかるのは、ムッソリーニがどんなデザインを好んだか、ということだ。つまり、リスト上位のトッレス案のモニュメンタルな構成のほうが、その下のモレッティ案の洗練された空間ヴォリュームの操作より、気に入ったということ。また、船形の宮殿を提案したパランティ案に見られる象徴性のほうが、リド

［図 44］エンリーコ・デル・デッビオ、アルナルド・フォスキーニ、ヴィットーリオ・モルプルゴ設計、ローマのリットーリオ宮・第一次コンペ用の A 案、模型、1934 年。コンペへの応募案の中でも、ムッソリーニはこの案が特にお気に入りであった。

［図 45］マーリオ・パランティ設計、ローマのリットーリオ宮・第一次コンペ案、透視図、1934 年。ムッソリーニは、パランティが提案したこの「船」を、第二次コンペに参加させている。

［図46］アントーニオ・カルミナーティ、ピエトロ・リンジェーリ、エルネスト・サリーヴァ、ジュゼッペ・テッラーニ、ルイージ・ヴィエッティ設計、マルチェッロ・ニッツォーリとマーリオ・シローニ設計協力、ローマのリットーリオ宮・第一次コンペ案。解決案A、模型、1934年。湾曲した壁面への切り込み部分から、演壇が張り出し状に飛び出している。ムッソリーニがここから群衆に姿を見せることが想定されていた。計画案に添えられたレポート冊子の中で、統領の姿はあたかも一柱の神格であるかのごとく描かれている──「彼は神のごとし。蒼穹を背に立つこの者の上には、何人の姿もなし」。

ルフィ案の水平連続窓がうがたれた巨大曲面よりも、好ましいと判断した、ということを示しているのだ［図45］。その他の五つの案は、「統領が選んだ（九つの）案に、審査委員会があとから付け加えたものにすぎなかった」。これら五つの案──とはつまり、統領の御眼鏡にはかからなかったが、審査員のピアチェンティーニの目には価値あるものと映った提案ということだ──には、リーベラとテッラーニの設計案が含まれていた[65]［図46］。テッラーニは、「事情に通じている」マルゲリータ・サルファッティに取り成しを頼んだものの、徒労に終わっている。ムッソリーニのかつての愛人も、もはや統領には何らの影響力も持ち合わせていなかった。これが数年前であれば、オイエッティの言葉を借りるなら、統領はサルファッティをして全イタリア芸術の「審判者」の役割を担わせていたのだったが、それもいまや過去の話となった[66]。

わずか六か月前には、ムッソリーニは全イタリアに向けて、自分はモダニズム建築を推進する若者たちの守護者であることを、公言していた。それが今や、アカデミーの御用建築家フォスキーニの案が気に入ったと言いだし、応募案中もっともモダンで、しかも優れた提案を示していたテッラーニとリーベラの二案を、除外するにいたったわけである。どこかフリーメーソンじみた最年長のフォスキーニのほうを、才能あふれる二名の若手より贔屓《ひいき》にしたのだ。つまり、統領神話のなかで教育を受け、ファシズムに深い忠誠心を抱いていた若者より、長老格の建築家が選ばれたのである。くどいかもしれないが、必要とあらばここでもう一度強調しておくべき点は、統領にとって建築とは、審美的センスの問題ではなかった。また、個々の建築家がどのようなイデオロギーを抱いていようとも、それを称賛の規準とすることもなかった。彼にとって建築とは、大衆にむかって働きかけるための道具であった。そう固く信じていればこそ、あれほどまで深く、建築上のあれこれの決定に介入する意志を持ち続けたのである。

4　建築家たちへの助言

一九三三年、ムッソリーニは、建築家アラータによる全国ファシスト党スタジアムの設計案に目を通した。これは建築家が統領からじきじきにたまわった任務で、一五万人収容可能な巨大スタジアムをローマに計画せよ、という課題であった。すでに初案の段階からして、ムッソリーニの「あれこれの指示」に従って大きくデザインの変更が行なわれていた。そして今、第三案となる図面を仔細に検討した統領は、またもや修正のために、次のような簡潔な指示を出すのだった。「スタジアム外面のファサード全体を、トラヴァーティンで覆うように[67]」。だがこの案も、結局はお蔵入りとなってしまった。

アグロ・ポンティーノの一帯といえば、政府が実行した総合干拓事業のうちでも最も成功をおさめた地域であるが、ファシスト政権はその成果を、これでもか、というぐらいに大々的に宣伝してみせた。とりわけこの地域の首府たるリットーリア市は、国内外の旅行者たちが多数つめかける場所となった。もと沼沢地であったところが、政府の介入によって「奇跡的に」生まれ変わった現場を、ぜひ見てみたいと願う人々であった。マッツォーニはそのリットーリア市に、郵便局舎を設計している。彼の作品のなかでも、もっとも成功をおさめた建物の一つだ。窓には、マラリア対策のために半円筒状の網が貼られたのだが、これがフィリッポ・トンマーゾ・マリネッティから、ひとかたならぬ称賛を受けた。なんでも、この網のおかげで、建物に未来派的な風味が加わったからだという。だが、ムッソリーニはこの網が気に食わなかったものだから、ただちに取り外させてしまった。ただし、審美的に気に入らなかったから、というわけではなく、もっと即物的な理由が背後にあった。政府としては、この地域の「いまわしきマラリアとの」戦いに、ついに終止符を打ったのだ、と高らかに勝利宣言をしたばかりのところである。そこへきて、蚊よけの網戸など貼ったら、言っていることと矛盾してしまうではないか[68]。

レディプーリアの納骨堂建設をめぐる経緯においても、ムッソリーニの果たした役割は際立って大きかった。事の始まりは、統領がもともとあった墓地を廃棄するよう、強くもとめたことだった。この墓地は、彼自身が一九二三年に竣工式を執り行なったもので、戦場の記憶を喚起する碑銘や遺品などが人々の感傷にうったえ、空間を特徴づける要素となっていた。ところがムッソリーニは、戦没者墓地整備特別委員会のチェイに向かって、こんなことをもらしている。あの古い墓地だがね、実は、最初からずっと気に食わなかったのだよ。あれをみると、「鉄屑屋の巨大な倉庫」をつい思い出してしまう[69]。もともと政府は、この聖地に「荘厳さ、記念碑性、永遠性」が備わるような案をもとめていたのだが、出来上がった墓地は、それらの規準をとうてい満たしていなかった。とはいえ、単に気に入らないからというだけで、今ある墓地をわざわざ廃棄することはできない。何かもっと現実的で、説得力のある理由を見つけ出さなくてはならなかった。それがあって、一九三五年十二月、ムッソリーニはチェイに命じて公式声明を発表させた。

すべて統領本人の指示するところにしたがって、作成された声明文である。いわく、旧墓地は、衛生的観点から、ひどい状態にあるため、統領閣下はこれより十二か月未満に、新しい墓地を建設することを決定した。この声明の発表と同時に、ムッソリーニは、グレッピとカスティリオーニが設計した新納骨堂の模型写真をさっそく検証し、計画承認のサインを与えている[70]［図47］。この新たな墓地は、莫大な数の戦没兵——一〇万人以上——を納めることになっていた。その数は、第一次世界大戦で亡くなった兵士のためのどの墓よりも大きなものであった。死体の数でも、ファシズムはヨーロッパに冠たることを望んだわけだ[71]。そもそも軍の共同墓地の分野では、グレッピとカスティリオーニがほぼ独占的に設計を手掛けていたのだが、このレディプーリアの共同墓地は、二人の他の作品とははっきりと異なる、ある際立った特徴を見せていた。それが、建築的な統一性の原理である。それも、多様性を通じて統一性が生まれてくるような、そんな表現がなされていたのだ。実際ここには、個々の墓所の目印となるべき、弓形の壁龕が設置されなかった。この種の壁龕は、兵士個人の墓碑の表現として、たとえばグラッパ山やカポレットの共同墓地などで、段状斜面に沿って据えられていたものである。その代わりにここレディプーリアの墓地に導入されたのが、長さ一〇〇メートルにもなんなんとする青銅の帯で、それが、二二段ある階段斜路の蹴込み部分にそれぞれ張りつけられ、納骨所の機能を果たしていた。この帯の上に、四万人の戦没兵の名が刻まれていた。知られうるすべての犠牲者の名前である。だがこれらの名をかき消すがごとくに、はっきりと大きな文字で、「ここにいる《プレゼンテ》」という言葉が、そこかしこに刻まれていた。まるで強迫観念にかられたかのように、実に八〇〇〇回も繰り返されているのである。その同じ言葉は、殉教ファシスト慰霊碑にも見られるほか、もっともファシズム的な儀礼ともいえる軍隊の整列点呼《アッペッロ》のさいにも、各人の返事の言葉「プレゼンテ！」（「はい！」の意）として広く用いられていた[72]。一例をあげるなら、一九三二年にローマで開催されたファシスト革命記念展の際に、リーベラとヴァレンテが設計した殉教ファシスト慰霊碑があ

［図 47］ジョヴァンニ・グレッピとジャンニーノ・カスティリオーニ設計、レディプーリアの納骨堂、1935–38 年。階段斜路の蹴込み部分に張られた青銅の帯には、4 万人の戦没兵の名が刻まれている。各段の上部には、8000 回にわたって“Presente”という言葉が刻まれているのだが、これは、ファシズムの点呼儀礼の際に発せられたのと同じ言葉であった。1938 年 9 月 19 日にこの納骨堂の序幕式典を執り行なった際、ムッソリーニはこう言い残している。このモニュメントは「数世紀の時に立ち向かうことになろう、そしておそらくは数千年の時にさえも」。

る。この種のものではもっとも著名な作例であるが、やはりそこにも、この「プレゼンテ」という言葉が使われていた。そして今やこのイコンが、カルソの地にまでさかのぼって適用されたわけだ。カルソとはすなわち、第一次大戦の折にイタリア軍が栄光的な勝利をかざった激戦地であり、ファシズムは自らを、この戦いから生まれた「息子」だと宣言していたのだった。つまりレディプーリアは、戦没兵の納骨堂からファシストの巨大な屋外聖所へと、変容させられたのである。そこでは、戦没兵の一人ひとりが、個々の歴史や人生の歩み、抱いていた政治信条——といっても、まだファシズムには還元することはできない。大戦後に生まれる思想であるからだ——の差を越えて、ただひとつの声を唱和していた。第一次大戦の戦没者たちが、ただ一つの言葉を発するよう、強いられたのである。その当時、ファシズムの儀式で用いられ、誰もがその政治的な意味合いを即座に理解できた言葉を。この「プレゼンテ」の一語が、いっさいのものを認可する徴となった。そして、ファシストでない者は、非国民とされた。一九三〇年代の後半に社会を覆い尽くしていた全体主義化の波は、先次大戦の戦没者供養の儀礼さえをも飲みつくし、これを、自らの乱暴なイデオロギーの中へと取りこんでしまったのだ。ファシズムの世俗宗教は、ちょうどこの頃が、もっとも成功をおさめた瞬間でもあった。そして体制はまさにそのタイミングで、その狂暴な教義の牙をむき出しにして、死せる者と生ける者とを問わず、襲いかかったのである。このレディプーリアの共同墓地をもって、われわれは一つの強烈な国家モニュメントが誕生する瞬間に立ち会っているといえる。それは、国家が今まさに造りあげようとしていた「新しい人間《ウォーモ・ヌオーヴォ》」たちの、心の奥底にまで達する威力を秘めた構築物ではあった。それは蒼天に向かって開かれた、荘厳なる「信仰の神殿」であった。その強烈なまでのシンボリズムと、魂がしめつけられるような圧倒的魅力は、ムッソリーニの心をとらえて離さなかった。やがて彼は、一九四二年七月に、ふたたびこの墓地を訪れることになる。

さてふたたび話はローマへと戻る。マクセンティウス帝のバシリカに面した地域は、帝国通りの開削のために家屋が取り壊され、荒れ果てた状態で残されていた。ムッソリーニはここを、建築的な介入によって整備しなくてはならない、と考えていた。その頃、出版社主ヴァレンティーノ・ボンピアーニの発案により、ミラノの建築家グループBBPRが、イタリア文明展の企画を準備していた。これは、後の「E42」が取り上げることになるテーマをいくぶんか先取りするアイデアであった。会場として想定された建物は一階建てで、敷地面積は二万五〇〇〇平方メートル。敷地としては、ローマの郊外、「新アッピア街道もしくは旧アッピア街道に沿った」適当な場所を考えていた。ムッソリーニは計画の当初から情報を入手し、幕僚のボッタイとアルフィエーリが関与していることもキャッチしていた。そして一九三六年四月九日、自ら計画に目を通したのだが、敷地については同意を示さなかった。むしろ、会場施設は帝国通り沿いに建ったほうが「都合がいい」のではないか、と注文をつけている。いったんは「リットーリオ会館の敷地として選定されていた」エリアのことである。それから、BBPRの案では一階建てとされていた会場についても、私なら「複数階の建物」としてみたい、と意見したのだった。[73]

ファシズム史研究家のエミーリオ・ジェンティーレが述べているように、全国に建てられた党施設カーサ・デル・ファッショは、崇拝の地であるとともに、人々にファシスト教の教義を吹き込む場所でもあった。だからこそ党は、施設がそなえる建築的要素のいくつかに、象徴的な意味合いを込めたのだった。たとえば塔などがその一つで、軍事建築から採用したこの要素は、いわばこれらの施設が帯びるべき司令のシンボルを表象するものであった。時の全国党書記長であったスタラーチェは全国に通達して、すべてのカーサ・デル・ファッショには「鐘楼を備え（……）党の祝祭の折には鐘を打ち鳴らす」ことができるよう義務づけた。[74]だが、スタラーチェの指令が常に徹底されたわけではなく、たとえばバッチョッキが設計したミラノ・ファシスト市区団「ムッソリーニ」の本部会館には、塔がなかった。そのため、統領がミラノを視察したさいには、さっそく建築家が呼びつけられて、卿の作品にファシストの塔を付け加えたまえ、と直々に命を受けるはめになった。ピッチナートが設計したサバウディア市庁舎のケースや、ポンティがトリエンナーレ会場の公園に設計した金属製モニュメントの事例でもそうであったが、今回もまた、この「塔」という建築要素がもつ象徴性に、ムッソリーニがどれだけ重要な意味合いを込めていたのかが、はっきりとわかる。塔は一種のトーテムであり、帝権のアレゴリーであったのだ。そして共同体の内部では、その象徴的な塔を中心として、その周囲で自己同一化のプロセスが徐々に進展してゆく。数あるシンボルの中でも、神話を織り紡ぎ、とりわけ大衆の集団的想像力に強く作用する力を秘めているものがいくつかある。塔もその一つだ。そしてファシズムは、そうしたシンボルを巧みに操りながら、統治の術《アルテ》を実践していったのである[75]。

　リットーリオ宮の設計コンペにおいて、独裁者がどのような役割を果たしたのかについては、先に見てある。その後、敷地の変更が決定――オスティエンセ駅そばのサン・パオロ門のゾーンが選ばれた。当初予定していた帝国通りの敷地では、建物の規模に見合った十分な広さが取れないからである――されたのを受け、第二次コンペの開催が布告された。参加できたのは、第一次コンペで優秀案にリストアップされた建築家だけで、締切は一九三七年の七月とされた。翌八月、さっそく審査委員会が開かれ、まずテッラーニ、ファソーロ、リーベラ、パランティ、サモナらの案が除外。次いで第二回会合では、モレッティやリドルフィの案を含む六つの設計案がさらに選考外とされ、最終的にはフォスキーニのグループの案がコンペの勝者となった。第一次コンペの時もそうであったが、この第二次コンペに際しても、ムッソリーニは当初から、事の成り行きを注意深く見守っていた。九月四日のことであるが、応募各案の写真を『ポーポロ・ディターリア』紙上に発表したらどうか、と提案したジョルジョ・ピーニに対して、ムッソリーニはそっけなくこう返している――「無意味だ。優勝案はすでに選定されたのだから[76]」。それから一か月ほどたってから、統領の主宰する新聞紙上に囲み記事が現れ、コンペの結果は間もなく公表されるだろう、と告げた。同記事にはさらに、敷地がまた変更になるかもしれない、とも書かれていた。今度は、フォーロ・ムッソリーニ内のエリアが選ばれる可能性がある、というのだ［図48］。そして十月二十三日になって、やっと党書記長のスタラーチェが、フォスキーニ案の勝利を宣言した。この発表とともに、一枚の図面がマスコミに公表されたのだが、それはサン・パオロ門を敷地とした先のコンペの勝利案ではなく、フォーロ・ムッソリーニ内に挿入された、ゼロから設計をやりなおした建築の姿を描いたものであった。マスコミへの公表を待つ間に、統領はこの新たなデザインに目を通す機会を持った。実際デル・デッビオ――フォスキーニやモルプルゴとともに、計画の共同作成者であった――は、「私の新たなプロジェクト」を披露すべく、ヴェネツィア宮でのムッソリーニとの面会許可を求めている。[77]そして建築家は即日、執務室内に迎え入れられたのだった。

一九三八年一月、「Ｅ４２」計画は重要な局面を迎えていた。迎賓・会議場ならびにイタリア文明館の設計競技の勝者を、今まさに決めようとしていたのだが、そこへ、またもやムッソリーニが舞台に登場してくる。だが、その界隈の経緯については、重要なテーマでもあるから、別の箇所で深く分析することにしよう。さて時を同じくして、ミラノでは、大聖堂広場整備計画ならびに王宮脇に立つバルコニー建築「アレンガーリオ」のための設計競技があり、その審査委員たちが応募案の選定会議を開いていた。今回は、完全に開かれたコンペである。ミラノ市長のグイード・ペゼンティは、提出された各図面を一冊のファイルに製本して統領に提出したうえで、いかがでしょう、優秀案を四点に絞ったうえで第二次コンペを開催することにしては、と意見を具申した。「閣下はアルバムをぱらぱらとめぐりながら、目にとまった二、三の案に関して、寸評を述べられた。ただ、それも深く立ち入ったコメントというわけではなく、また具体的な提案なども特になされなかった。そして、数点の優秀案に限定したうえで再度コンペを開催する、というアイデアを承認くださった[78]」。形態上の類似――上下に重ねられたアーチの層など――がいく

［図48］エンリーコ・デル・デッビオ、アルナルド・フォスキーニ、ヴィットーリオ・モルプルゴ設計、ローマのフォーロ・ムッソリーニ内のリットーリオ宮の計画、透視画、1937年。新宮殿の大きさは、カゼルタ宮に匹敵する規模であった。72万立法メートルというその容積は、シュペーアがベルリンに計画したもっともメガロマニアックな建築群のいくつかと比べても、引けをとらないものである。

つか見られることから、ムーツィオによるミラノのアレンガーリオ設計案と、ラ・パドゥーラのグループが手がけた「Ｅ４２」のイタリア文明館との関連性を見ることができる[79]。作家のコッラード・アルヴァーロは当時、こんなことを書いている。「イタリアの多くの都市に言えることだが、昨今では、首都の建築の事例に遅れまじと、ぴたりとその後を追いかけてゆく風潮が見られる。ミラノ中心地区の整備なども、ローマの整備計画を彷彿とさせるものだ[80]」。いったいどうやって、このような統一的な建築スタイルが確立されていったのか、という点については、後でもう一度詳しく見ることにしよう。

　フォルリは、ムッソリーニにとって、特別な思い入れのある都市であった。己の出自に、深く結びついていたからだ。彼が権力を奪取するやいなや、フォルリは県都へと改められ、市の中心部は、この新たな行政上の役割に見合うべく、その容貌を整えつつあった。そのフォルリの政庁舎を設計した際、バッツァーニは、モニュメンタルな大サロンを館内の一角に挿入してみせた。建築家がその理由を正当化して言うには、この種の部屋を設けるのが、パラッツォを建てる際の「イタリアの慣習」の一つであるからだという。だがムッソリーニはその理由に納得せず、この案を、何のためらいもなく没とした――「こんなばか高い天井は、空間の無駄遣いだ」[81]。統領の批判の矛先は、同じ建築家が手がけた、プレダッピオのサン・タントーニオ教会で採用された装飾にも、やはり向けられている。[82] また同じくフォルリ市に関して、レオーニが設計した裁判庁舎にも、ムッソリーニは介入を行なっている。設計案はコンペを勝ち抜いたものであったが、さらに「統領によってじきじきに」検証を受けたうえで、「承認を受けた」。だがその際、修正意見がいくつか加えられた。[83] そこで建築家は、「閣下の御意向に沿って」完成させた、新たな設計案を提出しなおしている。次いで、実施設計にとりかかる前にも再度、レオーニは「計画案の写真」を提出し、閣下の「明晰なるご聖裁」を仰いでいる。統領の「御意にかなう」よう、との配慮からであった。[84] また、その後もムッソリーニの求めに応じて、定期的に作業の進捗状況を報告している。たとえば、敷地内の家屋の取り壊しや、建設工事の模様を伝える写真を送ったり、現場で雇用されている作業員の数を知らせたり、といった具合だ。また大理石の見本を何点か統領に見せ、どれを外壁材に用いたらよいでしょうか、と指示を仰いでもいる。[85] そして一九四〇年九月二日の朝、レオーニは、視察に訪れた統領を建設現場で出迎えることになる。

この裁判庁舎をめぐる設計競技は、一九三七年七月に布告されたものであった。ムッソリーニはここでも、優勝案の選定をめぐって、およそ中立とはいいがたい態度をとっている。審査委員会のメンバーには、公共事業省の高級官僚であるドメーニコ・デ・シモーネが名を連ねており、その関係で、彼と親族関係にある建築家の案に、有利な判定がくだされようとしていた。イタリアの建築設計競技は、およそ透明性からはかけ離れているものなのだ。過去にも一度、不正が明らかであるにもかかわらず、ムッソリーニがなんらの介入も行なわなかったケースがあった。だがここフォルリでは、統領は現場に割って入る決断を下した。とはいえ、これを契機に、倫理的な問題に正面から取り組み、出来レースを仕組んだ吏道の乱れをただそう、などと思っていたわけではない。単に、選定された設計案が気に食わなかったから、介入したまでのことであった。そんなわけで、審査委員たちにもう一度召集をかけ、再度、入賞案の順位の見直しをさせている。建築家レオーニ自身も、このいきさつを次のように回想している――「統領閣下のご介入によって、順位が入れ替わりました。省内に巻き起こるどよめき。すでに解散していた審査委員たちを集めての、再度の会合。そして下された新たな裁定」[86]。この度は、レオーニが勝者となった。

ムッソリーニが主役ともいえる役割を果たした設計競技のエピソードが、もう一つある。一九三九年の十月初旬、彼は、ファシスト商業総連盟の新会館の建設予定地を、ローマに訪れた。仮設棟の部屋の中には設計競技の応募各案が展示されており、勝者の選定を待つばかりになっていた。ムッソリーニはすべての図面を見て回ったが、中でも一点、ひときわ念入りに眺め、これは素晴らしい、と褒め称えた案があった。作成したのは、ローマ出身の若き建築家ヴィンチェンツォ・モナコ。首相は彼のことをすでに知っていた。というのも、ムッソリーニの愛人であるクラレッタ・ペタッチがその頃、カミッルッチャの地に豪華な別荘を建てさせたのだが、その建物を設計したのが、ほかならぬこの若き建築家であったからだ。視察があった翌日、統領の特別秘書官オズヴァルド・セバスティアーニは、「その後の経緯をたずねるために」ジョルジョ・モルフィーノに電話をかけた。受話器の向こうのファシスト商業総連盟の会長は、言外に、こうほのめかした。審査委員会が召集される前から、すでにモナコがコンペの勝者となることが決まっている、と。そして実際、そのとおりになった[87]。一九四二年、そのモルフィーノは公文書を偽造して私益を追求した罪を問われ、党から除名処分を受けた[88]。なるほど、この元ジェノヴァ市長でもあるモルフィーノ自身、たしかに腐敗した人物ではあっただろうが、今見たケースでは、設計競技の審査規定を犯すようにそのかしたのは、首相本人であった。

先に見たように、テッラーニとリンジェーリは一九三八年十一月にヴェネツィア宮に参内し、ダンテウムの計画を披露している。この建物は、帝国通り沿いの、マクセンティウス帝のバシリカの正面に建てられることになっていた。この面会に続いて、今度は建築家ぬきで、別の懇談が行なわれた。出席したのは計画の推進者であるポッスとヴァルダメーリ、それから「Ｅ４２」計画委員チーニの姿もあった。チーニがこの場に居合わせたのには理由がある。ダンテウム計画を、万国博覧会予算の事業に組み込もうという、軽視できぬ決定が下されたからであった。そしておそらくこの懇談の折に、ムッソリーニから、計画への修正意見がつけられたのではないかと思われる。それが具体的にどんな内容であったのかは知る由もないのだが、ともあれこの修正意見については、ヴァルダメーリが次のように言及している。テッラーニに宛てた書簡だ――「諸君らに、ひとつお願いしなくてはならない。統領閣下のご意向に沿うかたちで、新たな解決案の作成に取り組んでもらいたいのだ。統領は計画の完成をお待ちである。この次に首相と面会する折に、諸君らの手から提出できれば言うことはない。そこでお願いしたいのだが、次回の面談日程を調整する必要があるから、諸君たちがいつまでに作業を完成させられるのかを知らせてほしい。事は急を要するのだ。承知のことと思うが、あらゆる準備が「Ｅ４２」にむけて万端でなければならないのだから」(89)。だが周知のように、テッラーニには兵役義務があったうえ、その頃リンジェーリとも仲たがいしていたので、結局彼がこの修正案の作成に応じることはなかった。

５　ジグザグに進め！

政府の建築事業をめぐっては、常にムッソリーニの影を認めることができる。ただし、彼の行なったあれこれの介入のすべてが、等しい重要度を持っているわけではなかった。たとえば、リットーリオ宮の設計競技に対して行なった干渉は、カットーリカ市のファシスト海岸キャンプへの修正意見などより、はるかに重要な意味合いをもっている。ここまでの事例では、統領がどのような様式をよしとして選択していたのかを、はっきりと見極めることは難しい。ムッソリーニは様式をめぐる問題にみずから対処していたのだが、その際何か一つの固定的な立場をとることはしないできた。モダニストと伝統主義者という、対極的な立場の建築家たちに対峙する際にも、その都度、便宜的な態度をとっていたにすぎない。だから、対立するグループ間の調停役を買って出ることもあれば、プロジェクトの置かれたコンテクストから見てもっとも政治的に都合のよい立場を支持したりもした。伝記作家ド・ベニャクの言うところでは、ムッソリーニは首相となってパラッツォ・キージに居を構えるやいなや、モニュメンタル性を強調する立場には、共感を示さなくなった。コロンナ・ギャラリーは、一九二二年にローマの同名の広場に開館した施設であったが、これを見て「彼が熱狂を覚えることはなかった」。「大理石、あるいはそのイミテーション、無意味な柱頭、なにも支えていない持ち送り部材。みな、悪趣味の見本市だ。こんなものを見せられたおかげで、ムッソリーニは同時代の建築に対して、辛辣なコメントを吐くにいたった」[90]。だがほぼ同時期に、伝統主義者の陣営のなかでも、もっとも強烈にモニュメンタリティを追及する芸術家にも、信頼をよせていた。すなわちそれがブラジーニで、彼を指して「帝国イタリアの建築家」であると褒め称え、ゴリツィアの城の丘上に建設が予定されていた、戦勝記念碑を設計する任務を託している[91]。またのちには、そのブラジーニが作成した、ローマの都心部に伝統的スタイルで巨大なフォーロを建設するという案を承認したばかりでなく、この計画の中に、ムッソリーニ自身の、ローマの未来の都市ヴィジョンを見出してもいる[92]。それればかりではない。統領は、バッツァーニとブラジーニという、伝統主義陣営の二名の建築家がイタリア・アカデミー会員に任命されるよう、支持を表明してさえいるのだ。その推薦理由として、前者に関しては「モニュメンタルな性格」の建築を作り上げる能力に長け、また後者に関しては「舞台背景《シェノグラフィア》」的な建築への傾向を示している点を、それぞれあげている。[93] 加えてムッソリーニは、建築教育界の基盤組織であるローマ高等建築学校に支援を行ない、この学院を国の建築家養成制度の中心的施設として位置づけている。同学院では校長のジョヴァンノーニの指揮下に、イタリア式建築様式の確立を目標とした教育が日々行なわれた。その新たなスタイルとは、過去の建築形状と隔絶することなく、その延長線上にこそ見出されるもの、とされた。また、首相がかたわらに置いた顧問たちのなかには、オイェッティのような伝統主義者がいたことも、合わせて思いだすべきだろう。

だが、こうして伝統主義陣営を贔屓《ひいき》するかたわらで、統領はモダニズム建築を擁護するような言動も、同時にみせていた。たとえば一九三一年の第二回合理主義建築展のケースがそれにあたる。この展覧会は、ローマのヴェネト通りにあるアート・ギャラリーを会場に、バルディが主催したものであった。そしてこの点がなかなか重要なのだが、同展のためにムッソリーニが個人的に一〇万リラを寄贈しているのだ。「イタリアのモダニズム芸術家たち」のマニフェストを盛りたてるために、私財を投じたのである。[94] 三月三十日の午前、展覧会が開幕する数時間前に、統領は会場に足を運び、館内に展示されたプロジェクトを注意深く鑑賞。そして、バルディが設営した「おぞましいテーブル」と題した、巨大なフォト・コラージュの前で足をとめた。作者が「おぞましい」作品として引用したものの中には、ピアチェンティーニがブレーシャ市のヴィットーリア広場に建てたＩＮＡ（全国保険協会）の塔があった。それから時をおかずして、統領が竣工式を執り行なうことになっていた建物だ。コラージュ画面の中には他にも、一九二五年パリ万国博覧会の折にブラジーニが設計したイタリア館もあった。こちらは、マルゲリータ・サルファッティの勧めもあって、ムッソリーニが直々に指名した建築家の作品であった［図49］。会場のギャラリーを後にする際、統領はそのバルディの手から、『（ムッソリーニ閣下への）建築レポート』と題する小冊子を受け取ったほか、なおもしばらく、その場にいた若き建築家たちとまじわって「モダニズム建築のはらむ

［図 49］ローマのヴェネト通りで開催された第二回合理主義建築展を訪れたムッソリーニ、1931 年 3 月 30 日。彼の左側にはガエターノ・ミンヌッチとピエル・マリーア・バルディの姿が、そして背後にはアダルベルト・リーベラが映っている。

諸問題を論じ、またファシズムがモダニズム建築に期待する作品についても意見をかわした」[95]。

統領が展覧会場を訪れたことは、さまざまな点で好ましい展開をもたらすものと思われた。これを受けて、会場に居たリーベラをはじめとする合理主義陣営の建築家たちが、われわれの勝ちだ、という幻想を抱いてしまったのも無理はない。「ムッソリーニは会場を後にする際、われわれに向かってはっきりと、MIAR（イタリア合理主義建築運動）には満足している、素晴らしい、と熱っぽく絶賛してくださった」[96]。だが統領は一方の陣営にだけ肩入れしたわけではない。ムッソリーニはモダニズムを賞美する言葉を投げかけているものの、だからといってその建築スタイルに納得がいっていたわけではなく、むしろたぶんに政治的な計算に基づいたうえでの態度であった。つまり、気鋭の若手建築家たちの最前線を束ねるのに有益だと判断したから、支持して見せたのだ。そういうわけだから、それからほどなくして、バッツァーニが設計したフォルリ市の郵便局舎や、ムーツィオが手がけたミラノの芸術館のデザインを承認しているのも、偶然ではないのだ。二つとも、合理主義建築の信条からはおよそかけはなれたスタイルの作品であった。またミンヌッチに率いられた合理主義建築家たちが面会をもとめてきた折、これを拒絶したのも、やはり同じ観点から見ることができる。このグループはマルゲリータ・サルファッティを通じて、建築家組合を告発する嘆願書を、統領のもとに送り届けていた。組合側がモダニズム建築家たちに対して、不当な報復措置を適用した、というのだった[97]。さて、それから数か月たつと、再びムッソリーニは合理主義陣営の支持にまわって、先の「合理主義建築展」の続編が、フィレンツェに場所を移して一九三二年に行なわれることを許可したのだった[98]。また、同じく一九三二年のファシスト革命記念展の折にも、やはりモダニズムの肩を持った。展覧会の企画を手掛ける芸術家や建築家たちに対しては、はっきりとこう注文をつけている。「当世風のもの、つまり徹底的にモダンで、大胆なのがいい。装飾のはびこる古臭い様式の感傷的な記憶など、みじんも感じさせぬものだ」[99]。たしかにムッソリーニには、度を越して装飾のほどこされた建築をあまり好かない一面があるようで、ある時など、ブラジーニが持ち込んだ、あまりにごてごて飾り立てられたデザインを見るなり、たちまち怒気を発して、こう大喝した。「真のモダニストたらんとするより、旧態依然にとどまっているほうが、よほど楽にきまっている。なんと浅ましきことか！考えてもみたまえ、もう五〇年かそこら、百や二百、いや三百を超えるであろう芸術家どもが、古臭いアイデアにしがみついて辛うじて食いつないでいる様を。奴らが、あーでもないこーでもないと、黴の生えたような観念をこねくり回して、喧嘩ばかりしている様のなんとぶざまなことか！」(100)

建築スタイルの選定に際して、ムッソリーニの言動がどれほど矛盾に満ちたものであったのかを示す、さらなる事例がある。ヴィチェンツァのロッジャ・デル・カピターノの補完増築計画をめぐる、一コマである。ことの始まりは、一九二六年にヴィチェンツァ市長が、パッラーディオの件の未完建築を完成させる旨を発表したことに発する。この大任をおおせつかったのは建築家ファジュオーリで、彼は既存の三間のヴォールト天井に、さらに二つの柱間を加えて、合計五ベイ（柱間）の建物として完成させようという設計案を作成した。この案は、ジョヴァンノーニとピアチェンティーニから、好意的な評価を得た。だがいざ実行する段になると、反対の声が各方面であがったため、中断を余儀なくされた。抗議の声をあげた人物の中には、オイエッティとマルゲリータ・サルファッティの姿があった。ここでは、歴史モニュメントへの冒瀆行為を非難するという点で、二人の意見が一致を見たのだ。これを受けて、一九二八年の六月、市長のアントーニオ・フランチェスキーニはムッソリーニのもとに問題を持ち込み、最終的な判断を仰ぐことにした。ここで統領は、柱間の増設案を承認する。翌日の新聞には、次のような見出しが躍った——「ロッジャ・デル・カピターノ、統領の意向により完成工事が決定」。だが、それから数日後に、ダンヌンツィオがムッソリーニに宛てて書簡をしたため、私はロッジャの完成工事には断固反対である、と伝えてきた。統領は、この著名な詩人との衝突はほんのささいなことであっても避けたい事情もあったから、前言を撤回した方がいいだろうと即座に判断。市長のフランチェスキーニにはこう書き送った。「ダンヌンツィオが言うには、ロッジャ・デル・カピターノを完成させようとするアイデアは、法外の沙汰だそうだ」。ということはつまり、ムッソリーニ自身が承認した当のアイデアが「法外の沙汰」だった、ということなのだが。ダンヌンツィオに対しては、統領はすべての責任をフランチェスキーニ市長に押しつけてこう弁解している――「市長の言うことを聞いた限りでは、よいアイデアに思われたので、つい承認してしまったわけです」。

この一件では、ムッソリーニはお抱《かか》えの顧問たちからは距離を取り、自分の考えで行動している。マルゲリータ・サルファッティの助言にも、耳を貸さなかった。他の分野では、統領に対して決定的な影響力をもった彼女も、建築に関してはさほどでもなかったわけだ。いやもっと言うならば、両者の関係はそれから一年後には、緊張に満ちたものとなる。ムッソリーニは、この元愛人が彼の名前を不当に持ち出したことに、とんでもない！　と、激しく書簡で抗議をするのだ。私の名を隠れ蓑にして、「貴方のノヴェチェント・スタイル」の立場が、ファシズムの信条と等しいものと信じ込ませ、また「私の政治家としての名」と「貴方が自称するところの芸術的発明とやら」とをない交ぜにしようとするなど、実にけしからんことだ、と。[101]またムッソリーニは先の一件では、オイェッティの意見にも聞く耳を持たなかった。その彼も、ほどなくして新聞『コリエーレ・デッラ・セーラ』紙の主幹を解任された。統領は彼ら顧問たちの代わりに、建築家ジョヴァンノーニやピアチェンティーニの主張を聞き入れたことになる。だが、こういったほうがもっと正確であろう。ムッソリーニは専門家の意見を重視し、また自身の直感にも従ったのだ、と。だがこの決定が後に、ダンヌンツィオの見解と衝突してしまう。この詩人はかつて、ムッソリーニの主導権に異を唱えた、いわば政治上の仇敵である。そして曲折の後にも、いまなお統領が衝突をおそれる相手だった。ここで詩人との関係に破たんをきたせば、世間を騒がせることになる。それだけは、絶対に避けたかった。そこで、この場は政治的リアリズムに徹し、あえて衆目に恥をさらすというリスクの方を選んだのだ。代わりに、すべての問題がこれで丸く収まる。ムッソリーニは心のうちでなおも、詩人にたいする劣等感を抱き続けていたのだった。彼はヴィチェンツァの一件に関しては、この「詩聖」に「至上の審判者」の役割を与えたばかりか、そのダンヌンツィオに宛てた書簡の中で、自分が芸文に関して下す判断は「いつでも、訂正を受け入れる余地があるのです」とさえ記している。[102]

　ムッソリーニはダンヌンツィオのせいで、急な方向転換を強いられたわけだが、本人はそのことをいつまでも忘れずにいたようだ。後年の次の小さなエピソードを見れば、そのことがわかる。例の一件から八年が経過したのち、ロッサートが設計した一つの建築案が統領のもとに提出され、実現の運びとなった。この計画は、ロッジャ・デル・カピターノの後方に新しい建築を建て、歴史的建造物自体にはいっさい手を触れない、というものであった。一九三七年七月にムッソリーニはヴィチェンツァの飛行場を視察に訪れたのだが、その際、市内のシニョーリ広場にまで足を延ばし、ロッサーリが設計した建物の工事現場を抜き打ちで訪問した。[103]もし、この時ダンヌンツィオと意見の相違が生じたとしたら、きっと以前とは異なる結末を迎えていたことだろう。ムッソリーニの威信がいや増しに増大したことは、詩人の目にも明らかであった。ダンヌンツィオは彼のことをもはや成り上がり者とはみなしておらず、むしろ「愛すべき偉大な仲間、常に偉大なる者」と評価していたのだった。[104]

　ふらふらと首尾一貫しないムッソリーニの言動は、協力者たちの間にも、大いに混乱を生みだしていたようだ。アルフレード・ロッコがオイエッティを相手に漏らした言葉から、それがわかる。ロッコはかつて法相を務めあげた人物で、現在はローマ大学学長の要職にあり、ムッソリーニの側近の一人であった。大学都市の計画をめぐる経緯にも、当然かかわっていた。そのロッコがオイエッティに言うには、「ムッソリーニは、合理主義建築に関する自身の見解を、変え始めている」という。ロッコによると、この変化の背後には、「ヒトラーがこの手の建築を断罪したことも、影を落としている――ヒトラーがいらないと捨てたものを、まさかこのイタリアで拾い上げるわけにもゆくまい、というわけだ」。対してオイェッティは、ムッソリーニの言葉をいちいち真に受けて過敏に反応するのはいかがなものか、と懐疑的だ。統領がふたたび意見を変えないとも限らぬのだから。そんなオイェッティに向かって、ロッコはこう返答している。「ムッソリーニは常に前進している。が、まっすぐには進まず、ジグザグに進路をとりおる。だから、正反対の立場にいる人々がそれぞれ、あっ、統領が自分たちのほうにやって来た、と思いこむわけだが、実はさにあらずで、彼は自分のゆきたい道を進んでいるだけなのだ[105]」。時に一九三四年。ムッソリーニがこの先いったいどの方向に進んでゆくのかは、いまだ明らかではなかった。

6 「私が詳しいのは、建築のほうだ」

ジグザグに進路をとる統領。ロッコがこう指摘した気まぐれな態度の確証となるのが、フィレンツェ駅舎とサバウディア市の建設計画に対してムッソリーニがとった言動である［図50・51］。一九三四年六月十日に行なわれた統領と両計画の建築家たちとの面談、およびその数日前に議会でおこった論争については、前章で少し触れてある。すなわち五月二十六日、下院では、ある政令の法律化をめぐる審議が行なわれていた。その政令は、公共の利益のために、ローマの帝国通りにリットーリオ宮を建設することを規定する内容のものであった。荒れに荒れた議会では、喧々囂々《けんけんごうごう》の議論が交わされた。アルベルト・カルッァ・ビーニは主張する。リットーリオ宮は、ファシズムが国家に刻印した「偉大さと権勢」にふさわしくあるべきであり、また「ローマの伝統にもとづくもの」でなくてはならない。諸君、イタリア人建築家た

［図 50］ジョヴァンニ・ミケルッチ、ネッロ・バローニ、ピエル・ニコロ・ベルナルディ、イタロ・ガンベリーニ、サッレ・グァルニエーリ、レオナルド・ルサンナ設計、フィレンツェ鉄道駅舎、1932-35 年。ヴェネツィア宮に、フィレンツェ駅舎およびサバウディア市の設計担当者たちを迎え入れながら、ムッソリーニはこう宣言する――「フィレンツェ駅舎は最高に美しいし、きっとイタリア国民にも好かれるであろう！」

［図 51］ジーノ・カンチェッロッティ、エウジェーニオ・モントゥオーリ、ルイージ・ピッチナート、アルフレード・スカルペッリ設計、新造計画都市サバウディア、1933–34 年。サバウディア市を批判する輩と鋭く対立するかたちで、ムッソリーニはこう宣言する――「誰ぞやが、こんなのはもうたくさんだ！と吐いたのだとしたら、私はこう言ってやる。そういうお前らのほうこそ、たくさんだ！私はサバウディアを大変気に入っている！」

ちは「われわれの時代の作品を生み出す」のに十分な「成熟」を、すでにとげているのである。こう、カルツァ・ビーニは保証してみせたのだが、それが受け入れられなかったばかりか、むしろモダニズム建築への信任の道を切り開く宣言と解釈されてしまった。質問にたった大多数の議員たちが、この建築潮流への敵意をむきだしにする。「帝国通りに、フィレンツェ駅みたいなのはまっぴらごめんだ！」と叫ぶ者もいれば、リットーリオ宮が「ノヴェチェント・スタイルとかいうできそこないの一種」になっては困る！と咆哮する声もあった。(106)

統領が、建築家たちとの面談の折に語った内容については、談話録が残っている。それを読むと、ムッソリーニは非常に明快な言葉で自身の見解を述べていことがわかる。こんな具合だ。本日諸卿を呼んだのは、ほかでもない、諸卿が私の思わくに一点の疑義をも抱くことのないようにするためである。議会でひと悶着ありはしたが、私はモダニズム建築を支持する立場を崩していない――「誤解の生ずることのないよう、はっきり言っておきたいのだが、私はモダニズム建築の側に立っている（……）諸卿の作品が私の気に入らなかったのではないかと、もしそんなふうに諸卿が考えてしまったのだとしたら、たいへん遺憾に思う」。そして統領は議会での審議をとりあげ、建築家たちの擁護にまわる――「駅舎に石を投げつけられたり、あるいは民衆が怒りにまかせて打ち壊しをはたらいたりするのではないかと、そんな恐れを諸卿がいだく必要はまったくない。（……）フィレンツェ駅舎は最高に美しいし、きっとイタリア国民にも好かれるであろう！」ついで、今度はサバウディア市に対する批判もとりあげて、こう加えている――「誰ぞやが、こんなのはもうたくさんだ！　と吐いたのだとしたら、私はこう言ってやる。そういうお前らのほうこそ、たくさんだ！　私はサバウディアを大変気に入っている！」そして最後に、こんな約束をして面談を終了している――「あらゆる関係省庁や機関に通達をしておこう。空軍省、公共事業省、逓信省、国民教育省、とにかく全ての部局に通達して、われらの時代の建造物の構築を急がせることにしよう」[107]。

興味深いのは、この談話録は公開を前提として記録されたものではなかった、という点だ。ここに見られるムッソリーニの率直な言葉は、公にされてはならないものであった。翌日の新聞が公式見解として伝えたステーファニ声明は、いたって穏便なものであった。談話録がいきいきと伝えていたような、はっきりとモダニズム建築の肩を持つ統領の姿は、この声明を読んでもいっこうに伝わってこない。記事は単に、統領が両計画の設計者たちに接見し、彼らと親しく懇談したことを伝えているにすぎない。そして建築家たちにこの日統領が送った拍手は「建築およびその他の領域で、われわれファシストの世紀の感性と必要性とにこたえる芸術を生み出すべく、日々邁進しているすべての若人たちにも向けられるべきものである」と記事は結んでいる。やはりこのケースでも、ムッソリーニは如才のない政治家として振る舞ったわけである。そこには、芸術への真摯な感情を抱く人物の姿はなかった。こうして、彼の内にモダニズム建築の「救世主」の姿を見た、たとえばパガーノのような人物は、まんまとだまされてしまったのである[108]。

この日の接見から数日を経過したのち、ムッソリーニの姿はヴェネツィア市にあった。同地で、ヒトラーとの初めての会見に臨むためである。市内に滞在中、別々にではあったが、両名ともビエンナーレの会場を訪れている。オイエッティが伝えるところでは、ヒトラーは彼なりの審美眼を持っていて、マウロ・ヴァガッジーニが制作した作品「バルカ」の前で足を止めた。すると、ビエンナーレ実行委員長のジュゼッペ・ヴォルピ・ディ・ミズラータが如才なく、お気に召しましたらどうぞお持ち帰りください、と贈呈の手配を整えた。一方でムッソリーニのほうは、ロシアの出品区画にあった「荒々しく、表現ゆたかな農婦像」がお気に入りで、他にはスポーツやプロパガンダをテーマとした絵画なども何点か褒めたたえた。ドイツの区画は顔をしかめながら足早に立ち去り、イギリスには立ち寄りもせず、フランス館ではマネの作品を称賛。イタリア館では未来派の作品に好意を寄せたほかは、十八世紀の肖像画にささげられたゾーンは早足に通り過ぎてしまった。統領は随行したアントーニオ・マライーニとジュゼッペ・ヴォルピに向かって、絵画はよくわからんのだよ、ともらしている。「絵画を理解しようとしたら、比較をしなくてはならんではないか。私が詳しいのは、建築のほうだ。建築は好きだ」[109]。ムッソリーニの建築に対する嗜好は、次のささいなエピソードからも見てとれる。これはマルゲリータ・サルファッティが伝えているものだが、統領がヴァティカン美術館を訪れた際、ラッファエッロとピーテル・ファン・アールストの綴れ織りの前では、うへぇ！　と「嫌悪のしかめ面」を見せたという。その一方で、作品が展示してある建物のほうには感銘を受けたらしく、その荘厳さをしきりに褒め称えた。「なんとも広大な部屋だ。いったいどうやって建てたんだ！」[110]

他の象形芸術に対するのとは異なり、ムッソリーニは建築学の領野には、確かな鑑識眼をもって臨んでいた。建築とは権力の具であった。そして当時の彼の行動を見ればわかるように、統領は、特定の方向にスタイルを限定せずに建築を自在に操る能力に長けていた。彼を取り巻く環境は切迫の度合いを増していた。数々の歴史的な出来事、とりわけエチオピア戦争の勝利と帝国の建設がまずあった。そして、新興国家群との決定的な対決が遠からず訪れる、という観測。ファシズムの「新しい人間」を造形するための時間は、もはや限られていた。そしてこの目的を達するべく、さらに加速の度合いを増す全体主義化の流れ……。こういったことがらがさまざまに影響した結果、統領は以前よりもはっきりと、自分はどんな建築が好みなのかを表明するようになる。ただその際にも、何か一つを押しつけるような態度をとることは控えていたのだが。たとえばムッソリーニが一九三七年三月にリビアを訪問した際には、彼の頭の中ではすでに、こういった新たな確信が明瞭な形をなしていた。建築に、政治を支えるための、より決定的な役割を期待してゆこうと考え始めていたのである。統領のレプティス・マグナ遺跡訪問につき従っていた美術批評家のオイェッティは、その帰路の途次でこう尋ねた。「古代の壮大なバシリカをご覧になって、円柱に対する愛情がおめざめになられましたかな？」と。ムッソリーニはこれに対し、ぶっきらぼうに答えている――「余が円柱が嫌いだなど、いったい誰が言ったのかね？　円柱はもともと好きだ[111]」。おなじセリフを、それからほどなくして、スタラーチェにも繰り返している。おそらく、彼の抱いているこの建築観を、党書記長にも知らせておきたかったのだろう。いうまでもなく、党の重職に就いているスタラーチェのほうが、一介の美術批評家などよりはるかに重要な立場にあったのだから。

ムッソリーニがオイェッティと知り合ったのは、ずいぶん昔のことだった。統領は彼に対して尊敬の念をいだいており、またこの美術批評家が「熱烈なファシスト」であることも知っていた。両者が知りあうそもそものきっかけは、ダンヌンツィオとの仲が険悪化していた折に、オイェッティが間に入って関係を取り成してくれた、という縁からだった。ムッソリーニはこの美術批評家の書く新聞記事を高く評価していたし、イタリア・アカデミー会員に彼が任命されるよう、個人的に推薦もしている。アカデミー内にあっては、ピアチェンティーニ、バッツァーニ、ブラジーニといった面々の異なる立場をうまく調停するオイェッティの能力に、全幅の信頼を置いていたものだった[112]。とはいえ建築の領域においては、ムッソリーニは一九三〇年代の前半まで、オイェッティとは異なる立場をとっていた。だが、帝国の建設が成ったいま、統領の目にはこの美術批評家の存在感が、ますます重要なものと映り始めた、という事実があった。古代ローマ崇拝のイデオロギーを支える知識人としての役割を、その彼が、マルゲリータ・サルファッティにとって代わるほどに見えた。オィエッティが古代ローマ建築を贔屓《ひいき》にしていることはつとに知られていたが、いまやその彼の立場が、首相の打ち出す政策に日増しに大きな影響力を与えるようになっていった。このような方向に周囲の状況が収束しはじめたのを受けて、オイェッティは自分の戦略を変えようと思いたった。新たな建築様式をめぐる問題においてムッソリーニの支持をとりつけるためならば、それまで大切にしてきたテーマ、たとえば歴史的建築の保存のうったえなどを、あえて犠牲にすることも辞さない、という姿勢をとるようになったのである。過去に何度も、歴史的建造物の保存をめぐっては統領と意見の対立があり、オイェッティ自身、立場の違いをはばかることなく表明してきた。ヴィチェンツァのロッジャ・デル・カピターノへの介入計画の折や、ミラノのスペイン要塞の取り壊しの際に、オイェッティが反対の気炎をあげているのは、先に見たとおりである。この美術批評家はまた、ローマ市に適用された、古代モニュメントの隔離整備政策にも、辛辣な非難を浴びせかけた。そもそもこの政策は、ムッソリーニが一九二五年に行なった著名な所信演説に端を発するものであったのだが、オイェッティはこう書いている。「はっきりと言うが、ローマをただ一点から見ようとするこの熱病、蒼古たるローマを、ところどころモニュメントが生えるだけの砂漠に還元しようとするこの熱狂は（……）狂気の伝染病としか思われぬ[113]」。だが、それから十数年の時を経て、一九三七年の時点になってみると、ずいぶんと状況が変化していた。いまや、オイェッティがかねてより鶴首待望していた方向に沿って、事態はすすんでいる。こうして、コンチリアツィオーネ通りの開削に対しても、最初のころは態度を硬化させていたオイェッティではあったが、いまではピアチェンティーニの仕事ぶりと、計画依頼者の慧眼とを、手を叩いて称賛するまでになった。アーチと円柱を至上とする自身の建築理論に、ムッソリーニからの支持をとりつけるためであれば、なに、ボルゴ地区の取り壊し程度はすすんで目をつぶろう、というわけだった。

　一九三六年から一九三七年にかけては、ムッソリーニのジグザグ行進はややなりをひそめ、代わりに、より明確な軌道を描くようになって来たかに見える。レプティス・マグナ遺跡の圧倒的な奇観を見たのに加え、さらにもう一つ、一九三七年一月に始動した「Ｅ４２」計画が進展しているさなかに執り行なわれた視察行が、彼の建築に対する考え方に、ぬぐいされぬ深い溝を刻みこんだようだ。一九三七年九月、すでに見たように、統領はドイツを訪問した。ミュンヘンでは、ヒトラーとともに、ブラオネス・ハオス（国民社会主義ドイツ労働者党本部会館）、ドイツ芸術の家――ヒトラーにとっては「新建築の驚異」たる作品だった――、殉教ナチス党員慰霊神殿などを訪問した。いずれも、パウル・ルートヴィヒ・トロースト の作品だ。総統お気に入りの古典主義建築家で、「建設芸術に革命を起こした男」と評されたほどの傑物であったが、一九三四年に没し、そのあとをシュペーアが襲っている。ムッソリーニはかたわらのヒトラーに向かって、「ドイツの新建築の素晴らしさに、興奮冷めやらぬ思いがする」と伝えたという。[114]ついで、翌日はベルリンを訪問した。両名は連れ立って市内を巡回し、夜は首相府で懇談を行なった。ヒトラーはその際、第三帝国の首都を根本的に作り変える計画を、ムッソリーニに話したという。[115]またミュンヘン滞在時には、統領はシュペーアとも言葉を交わす機会があった。二人は、パリ万博のドイツ館、ツェッペリンフェルトの観覧席、ニュルンベルクの大スタジアムの模型などについて話しているのだが、統領がこれらの作品を写真を介して知っていたことは確かである。[116]

ムッソリーニの場合と同様、やはりヒトラーにとっても、戦争と建築は「大衆を国家に全面的に従属させる」役割を持っていた。[117]いやもっと言うなら、ヒトラーが当時建築に付与していた政治的役割は、その時点までムッソリーニが建築に託していたものより、はるかに強大であったのだ。外交行事に先立つこと数日前、ニュルンベルクのナチス年次党大会――会場となった巨大スタジアムは、ヒトラーが自らの手で礎石を据えたものだった――の場で、総統はこの点についてはっきりと述べていた。彼が言うには、ナチズムの偉大な建築、すなわちこの「巨大にして、威風堂々たる徴」は、永遠の相のもとに建設された。「数千年先を見据えたうえで、その未来の時に、われわれの時代を証言する過去の大聖堂たらんこと」を目指して、造営されたものなのである。これらの建造物は、「かつてないほどに」大衆を「政治的に糾合し、強化する」のに役立つことであろう。そして「わが国民の心の内に、永遠に滅することのない自意識を吹き込むことであろう――自分がドイツ人である、という意識を[118]」。

つまり、ヒトラーは権力を掌握して間もないうちから、ムッソリーニよりもはるかに明瞭な考えのもとに建築を活用し、社会を変容させるためにこれを用いたのだ。そして、建築芸術のもつ政治的機能こそは、バイエルンの首府に会した両国首脳が、会談の席上で話し合ったトピックであった。おそらくはヒトラーのほうから、建築のテーマを持ち出したのであろう。ムッソリーニとのミュンヘン会談から数日たったのち、ヒトラーはシュペーアにこう言っている。余が先生になって、「(統領に) モダン建築のイロハを教授してやったわい」。余の話を聞いて、やっこさんが納得したのは確かだ。さらに、「国元のお抱え建築家のピアチェンティーニが設計するものが、まったく無意味な代物だということ」をわからせてやったさ、とも加えている。[119] つまり、ヒトラーはイタリア国内における建築の潮流をしっかりとおさえたうえで、ピアチェンティーニの内に、イタリア国家の公認建築家の役割を見てとったのだ。これはドイツの側からの一種の内政干渉ともとれる行為であり、その干渉の主たる対象となっていたのが建築であったわけである。このことからも、この芸術が両国の政策にとってどれほど中心的な位置を占めていたのかがよくわかる。

だが総統ヒトラーが念頭に置いていたのは、ピアチェンティーニのどの作品であったのだろうか? この点をめぐっては、いくつかの仮説を立てることができる。この首脳会談の行なわれた時点で、ファシズム体制が実現したもっとも重要な「国家建築」であり、かつピアチェンティーニに設計がまかされた作品といえば、間違いなく、ローマの大学都市だ。一九三五年の十二月に竣工しているからだ。もしヒトラーがこの計画を念頭に置いて発言したのだとすれば、その批判の矛先は、ドイツの首相から見るとまだまだ古典的造形の足りないそのデザインに向けられたことになる。それからヒトラーは間違いなく、一九三七年五月に竣工したパリ万博のイタリア館についても、この時点で知っていただろう。これが第二の仮説だ。この建物は、古代ローマのセプティゾニウム〔セプティミウス・セウェルスが建てた記念碑〕のモデルから着想を得たものであったが、その実、古典建築らしいところは何一つなく、同万博のドイツ館と比べたらずっとモダンな造形であった。そして三番目の仮説として考えられるのは、実際これがもっともありそうな話なのだが、ヒトラーは「Ｅ４２」の計画を目にしたのではないか、というものだ。ムッソリーニはこの計画を一九三七年四月二十八日に承認しており、その内容が、ピアチェンティーニが編集主幹をつとめる雑誌『アルキテットゥーラ』に掲載されているのだ。紙面には実際、モダンな都市の情景を描いた透視画が数枚見られる。ガラスと鋼鉄でできたビルが立ち並ぶその風景は、ヒトラーが憎悪するところの「ユダヤ＝ボリシェヴィキ的な」表現にほかならなかった。この設計案にはピアチェンティーニの署名も付されているのだが、後に見るように、実際にはパガーノの案に基づくものであった。だが、ヒトラーはそんなことは知る由もない。総統はこれらの図面を単純に有名な建築家の名と結びつけたうえで、これを、意味のないものと判断したわけだ。

シュペーアの日記からうかがえるこの驚くべき証言には、しかしながら、やや牽強付会《けんきょうふかい》的なところもいくつか見られる。総統閣下からのありがたい「レッスン」にもかかわらず、またドイツの新建築から受けたという「興奮」にもかかわらず、ムッソリーニはわが道を進んでゆくのである。ピアチェンティーニを解任するなど、ありえない話だった。だが、この首脳会談がまったくの影響をもたなかったかというと、そうともいえない。確かに、古典主義建築に対する好意がここから芽生えたということはあるようで、たとえば同年の七月に、そのあたりの心境の変化をオイェッティに向かってもらしていたのだった。だが何より決定的だったのは、ヒトラーが大衆支配の場において、どれほど重要な意味合いを建築に認めているのかを、ドイツ訪問の際に直接知る機会を得たことだった。この点を理解してから後、ムッソリーニは明確な行動方針をさだめ、時間の経過をぐっと凝縮させてゆくのだ。同盟国のドイツには、ゆめ凌駕されるようなことがあってはならない。ここにいたって、統領は建築家たちに向かって、はっきりと一つの合図を送るようになる。一九三八年二月、チプリアーノ・エフィーシオ・オッポは「Ｅ４２」の帝国広場コンペの審査会議の席上、アルベルト・アルパーゴ・ノヴェッロに向かってこう告げている。「ムッソリーニ閣下はすべてのものに対し、古代ローマ性、モニュメンタリティ、イタリア性、雄大さ、堅牢性をお求めになっている」[120]。この古代ローマ性という基準はその後、あらゆる審美的な規範となっていった。オイェッティは、著作『メモ帳』の出版原稿からは削除したあるフレーズの中で、こんなことを言っている。「ムッソリーニはそれこそが来るべき建築の姿だと信じていたものだから、これぞファシストの建築だ、など「三、四年前、皆がノヴェチェント・スタイルの中にへばりついていた頃と比べると」大きな違いだ。「ムッソリーニはそれこそが来るべき建築の姿だと信じていたものだから、これぞファシストの建築だ、などと呼ばわっていたものだった。だが、ここにきてヒトラーが役に立った。何か入れ知恵したらしい」[121]。そして、ムッソリーニのこの方向転換にドイツからの影響があったことは、別の資料も証言している。やはりシュペーアによるたいへん興味深い発言なのだが、この建築家によれば、「(ムッソリーニが)ミュンヘンとベルリンで何を学んでいったのかは、一九四二年のローマ万国博覧会が示してくれることになろう」[122]。「E42」に代表される当時の建築の展開と、そこでムッソリーニが果たした役割については、また後ほど立ち戻ることにしよう。

第五章　ピアチェンティーニとムッソリーニ

1　束桿式《リットーリオ》オーダーの建築家

ヒトラーとは異なり、ムッソリーニ個人にはお抱《かか》え建築家と呼べるような存在がいなかった。たとえばアルベルト・カルツァ・ビーニは、全国建築家組合の書記長を一九二六年から三六年にかけてつとめた人物であったが、その彼とて、お抱えと呼べるような境遇ではなかった。統領《ドゥーチェ》は彼と何度も面会する機会があり、またその組合書記長としての精力的な活動を認めてはいたが、特別な親近感を抱くようなことはなかったようだ。ともあれムッソリーニは、彼の代議士としての精勤ぶりをたたえて、一九四三年に終身上院議員に任命している。そのカルツァ・ビーニの後を継いで一九三六年から四三年まで書記長職をつとめたデル・デッビオもまた、統領のお抱え建築家とまではいたらなかった。前任者よりはよほど建築家らしかったのだが、政治畑ではとかく影の薄い存在であった。ただし統領が特定の建築家に親近感を抱くケースも、なかったとはいえない。おそらくは、モレッティがその最有力候補だろう。若いうえに、シュペーアなどよりよほど芸術的才能にめぐまれていたからだ。だがムッソリーニは、誰か一人に肩入れするのを好まなかった。むしろこのように、誰からとも等しく距離をとったおかげで、建築界という、この油断のならない専門職能の世界との関係を、硬軟自在に調整することができたのだといえる。それに、もし誰か特定の人物がムッソリーニの建築家とみなされてしまうと、「建設者」としての統領のイメージに余計な影を落とすことになりかねないから、それを避ける意味合いもあったといえる。そういった事情から、設計の仕事をできるだけ多くの建築家たちに割り振っていったのだ。いやむしろ、これは後ほど詳しく見ることだが、ムッソリーニは大学都市や「Ｅ４２」の計画では、個々の設計者の名前が集合的な仕事のなかに解消してゆくような、そんな仕方でプロジェクトを取り仕切ってゆく。その理由の一つには、彼が次のような信条を抱いていたこともあげられる。すなわち、体制の象徴となるような建築の場合には、それがたった一人の建築家の妙想から生まれたものとみなされるべきではない。むしろ、ある特別な歴史的瞬間にあって、人々が一体感をはぐくむなかから自然と生まれてきたような、そんな仕方で作られるべきだ、という信条である。

統領のお抱え建築家といえるような存在がいなかったとしても、首相ととりわけ緊密な関係を保った建築家がいたことは確かである。すなわちそれが、ピアチェンティーニであった。彼は一九三〇年代の初頭から、ムッソリーニの政策諮問委員の一人として活動を行なっているのだが、まさにそれは、統領の打ち出す建設政策がますます重要で大規模なものとなってくる時期に重なっていた。体制の象徴となる作品は、もはや単体建築の計画でおさまるレベルではなくなってきたのである。ムッソリーニが権力を奪取した直後から、ピアチェンティーニは自分を売り込む機会を狙っていた。実際に建築家はすぐさま、私ならファシズム・イデオロギーの成果のいくつかを、独創的な仕方で解釈することができます、と自分の能力を統領に向かって証明してみせている。たとえば、ローマの都市計画の伝統の中に、私ならば、ファシズム国家の「神話的暗示力」を増幅させるのに役立つ要素をさぐりあて、明らかにすることができます、というのだ。(1)この路線の上に位置づけられる作品として、マルチェッロ・ピアチェンティーニが父親のピオと共同で一九二三年の十二月に提出した計画がある。それは、首相府をカンピドーリオの丘に移転させようとする提案であった。「こうすることで、都市ローマ、国家としてのローマ、世界のローマという各観念が再び一体となり、ただ一つの観念を表現するようになる」という。(2)

政権の座についてまだ数か月とたたない時期に、ムッソリーニは早くもピアチェンティーニのうちに、ローマの文化風土に生まれた革命的芸術家の姿を認めている。またド・ベニャクとの対談では、こうも語っている。首都を覆う悪趣味な建築群のかたわらに、「マルチェッロ・ピアチェンティーニの初期の試作品」があったのは「せめてもの幸いだった」と[3]。建築家に対するこのような評価を抱きつつ、一九二四年十月、すなわち社会党議員ジャコモ・マッテオッティの暗殺からわずか数カ月というタイミングで、ムッソリーニはベルガモを訪れた。同市に完成した、ピアチェンティーニ設計の戦没者慰霊塔の竣工式を執り行なうためであった。そして参列者たちに向かって建物を指し示し、いかにも都市の刷新を告げる作品ではないか、と拍手を求めている。そもそもこの慰霊塔の計画は、ローマ進軍のはるか以前からはじめられたものであった。そして、この作品を皮切りに、ムッソリーニはこのローマの建築家が設計した建物のために、次々と竣工式を執り行なってゆくことになるのである。

その翌年、ピアチェンティーニは「偉大なるローマ《グランデ・ローマ》」計画を提出している。これは、ムッソリーニが抱く首都改造のプログラムを彼なりに解釈したもので、またブラジーニが先に示した都市計画案への対抗案という意味合いもあった［図52］。昨今の時流では、古代都市の内部に新たな中心部を作ろうとする傾向が支配的であったのだが、ピアチェンティーニの提案は、これにあえて逆らう内容であった。すなわちその計画は、ヴィットーリア通りを取り込んで、幅八〇メートル、長さ二キロに渡るモニュメンタルな広場を作ろうとするもので、このスペースを得るために、テルミニ駅はアウレリアの城壁を越えて大きく市外に後退させられていた。ピアチェンティーニはこう主張する。一九二五年の著名な所信表明演説に際して、ムッソリーニは、「ダイヤモンドのように澄みきった」という表現を用いたのだが、その意味するところを、ブラジーニの案は曲解したのだ。その一方で、自分のプロジェクトこそは、首相の言葉を正しく解釈したものであり、それゆえに「ローマは丘を越えて拡張してゆくのだ」という[4]。だが実際のところは、ムッソリーニの演説が示していた都市計画綱領は、ピアチェンティーニの示した案とは、異なる方向性をめざすものであった。演説では、古代都市の形象を切り出すためには大規模な家屋の破壊を容認していたし、また新生ローマの発展してゆく先は海であることが示されていたからだ。

ピアチェンティーニは後に、おそらくはムッソリーニが十二月に行なった介入への回答として、先の「偉大なるローマ」計画の改訂案を提出している。その中で建築家は、一つの明瞭な刻印を押して、自分の計画をファシスト化しているのだ——もともと初期案では、ディオクレティアヌス帝浴場の正面位置に、ヴィットーリア通りを閉じる形で一棟のパラッツォが立っていたのだが、これが改定案では、リットーリオ大会堂《モーレ・リットーリア》に差し替えられているのである。もちろんパランティが提案したようなメガロ・マニアックなデザインではなかったが、それでも十分に雄渾壮大な規模を誇る建物となっていた。ピアチェンティーニは第一次大戦前にはフリーメーソンに出入りしていたほか、エットレ・フェッラーリとエルネスト・ナーサンの急進的民主派の陣営とも付き合いがあり、一九二三年には拷問として、たんまりとひまし油をのまされる目にもあっている。その彼が、社会党議員ジャコモ・マッテオッティが暗殺されてまだ二年とたっていない段階で、ファシズムを永久化するための計画に、自ら名乗りを上げて参加しているのである。(5) この頃ムッソリーニはどうやらブラジーニのほうがお気に入りのようであったから、なんとか愛顧を引き出そうと、ピアチェンティーニはマルゲリータ・サルファッティに接近した。彼女が宰領するローマのサロンに足繁く通い、また邸宅の設計も引き受けたりしている。(6)

だが、ムッソリーニ＝ピアチェンティーニの枢軸が具体化するのは、一九二六年に建築家がボルツァーノ市の凱旋門の設計任務を引き受けてからである。統領が描いていた構想では、この作品が、ブラジーニの計画案中でゴリーツィア城の上に立つ予定だった国家モニュメント——こちらもやはり凱旋門の形であった——にとって代わるものとして位置づけられていた。それだけのことはあって、このボルツァーノ市

［図 52］マルチェッロ・ピアチェンティーニ設計、「偉大なるローマ」（グランデ・ローマ）計画、透視画、1925–26 年。中央、ディオクレティアヌス帝浴場の正面に、リットーリア大会堂（モーレ・リットーリア）が立ちあがる。「偉大なるローマ」計画は、ブラジーニによるローマ中心部の再開発計画への対抗案であった。

の記念建築はどこにでもあるような凡庸な作品ではなく、また単に市民のための戦没慰霊碑という位置づけに収まるものでもなかった。そこには、もっとずっと野心的な意味合いが込められていたのだ。すなわちこの巨大な門は、第一次大戦で獲得した当の都市のただなかに聳え立ち、国家全体の勝利を表すシンボルたらんとするものであったのだ。建設費を獲得するために入念に練られたキャンペーンといい、そこで集まった膨大な資金といい、この建築のもつ国家シンボル的性格をよくあらわしている。このキャンペーンは北から南まで、国土全体でくまなく展開し、首相府がその基金管理の本部となっていた。これと似たような寄付金集めの運動を、ヒトラーもその数年後に、ベルリンの国民会堂《フォルクスハレ》建設の名目で展開しようと意図している。実際には、べつに資金に困ってはいなかったのだが、キャンペーンの計画は立てられた。二人はお金が欲しかったのではなく、国家全体を運動に巻き込んで、大衆を当の建築作品と同一化させたかったのである。[7] さて、件のボルツァーノ市の凱旋門であるが、このプロジェクトのために、統領は個人的に建築家とコンタクトをとっている。[8] この時ピアチェンティーニは、待ってましたとばかりに、わたくしめが「ファシズムの真のモニュメント」を作ってお見せしましょう、と心に秘めていた野心を伝えた。ムッソリーニとしては、先次大戦におけるイタリアの勝利を強引に解釈して、これを、後のファシズム体制の勝利を告げる前触れとして捉えたかった。ピアチェンティーニは、この牽強付会的なイデオロギーの忠実な翻案者たらんとしたわけであった。やがて完成したモニュメントを前にして、建築家は言う。ボルツァーノの凱旋門こそは、「ファシストの魂をあらわす建築の印章」であり、全国ファシスト党に贈る私からの「精神的な」献上品である、と。とはいえ、この時点ではまだ党に加入していなかったのだが。[9] この作品においては、建築はひどく雄弁となる。とりわけ、細部のいくつかにおいてその点が際立つ。ポンティはこれを指して、「ファシストのシンボルが受肉した」と、うまく形容した[10]［図53］。門を支える一四本の柱はそれぞれ、細い円柱が束になってできあがっており、柱頭を欠く代わりに、頂部には権標たる斧が

［図 53］マルチェッロ・ピアチェンティーニ設計、ボルツァーノ市の凱旋門、1925–26年。建築家は円柱にリットーリオ式オーダーを適用した。

取りつけられていた。(11) 要するに、束棹《リットーリオ》式オーダーが、ここではっきりと提案されているのだ。同様に、先次大戦の勝利をファシズムの勝利に重ねようとする姿勢もまた、そこで提案されていた。後のピアチェンティーニの作品のどれを見ても、これほどまであからさまに、かつ無邪気なかたちでファシズムのイデオロギーが建築に翻案された事例は、ついぞ見当たらない。だが、いわゆる雄弁な建築、つまり誰しもがその意味を即座に理解できるこの種の建築が持つ、一種の民衆扇動的な魅惑というものに対しては、ムッソリーニ自身が人一倍敏感であったことを考えるなら、このボルツァーノのモニュメントの形状に関して、統領自身が何らかの影響を与えたという可能性も、考えることができる。(12)

　束棹式オーダーは、ピアチェンティーニが設計し、ムッソリーニが個人的に目を通したものであったのだが、興味深いのが、この新オーダーのデザインが発表されたタイミングである。一九二五年十二月にムッソリーニは通達を布告し、全官公庁舎に警士《リークトル》の束棹を掲げるべし、とした。そして一九二六年十二月十二日の政令では、束棹を、国家イタリアの標章として定めている。束棹式オーダーのデザインは、この二つの規定の間に発表されたことになる。しかしながら、ボルツァーノの凱旋門では、単にシンボルをモニュメントに張りつけたというにとどまらず、もっと踏み込んだ性格の操作が行なわれている。すなわちこのモニュメントが、一つの建築言語の創出に関わるような、そんな仕方で設計が行なわれたのだった。もし、国家の標章に自分の政党のシンボルを採用したムッソリーニのことを尊大だというなら、建築家はさらに輪をかけて尊大であったといえよう。なにしろ、千年来続いてきた建築オーダー則の中に、政治色の濃い新たな装飾要素を、強引にねじ込んでしまったのだから。ピアチェンティーニは、新オーダーを設計することがどれほど難しい課題であったのかを、仔細に語っている。円柱平面を分割して、束の集合体としてデザインする際に、それがエジプト建築によくあるタイプの柱に見えてしまわないよう配慮しつつ、かといって単に溝を刻んだだけの柱身にもなってしまわないよう、ちょうどよい折り合いを見つけるのに、ずいぶんと長い時間を費やしたのだという。そうした探究の末に、柱礎と柱頭を取り去ることで、リットーリオの束棹を強調するデザインにしようと思い立ったのだという。[13] つまりこれは、単なる装飾ではない。新体制を永遠化するための新たな建築オーダーなのだ。だが果たして本当に建築家は、ファシズムが永遠に続くなどと考えていたのだろうか？　新たな建築オーダーを一つ創案して捧げるに足るほどに、ファシズム体制が文明史のなかに確たる痕跡を残すであろうなどと、本気で信じていたのだろうか？　おそらく答えはノーであろう、少なくともこの時点では。それでもピアチェンティーニは、追従やシニズムに熟練の手腕を織り混ぜて、危険を承知のうえで賭けに参加したのだ。

　ピアチェンティーニはこの凱旋門の計画で、自分の専門能力と建築家としての才幹の限りを尽くして、ファシズムがもとめる政治＝イデオロギー的な要請に奉仕した。そしてムッソリーニは、その成果を高く評価した。これより以降、統領と建築家との間には、つぎからつぎへと連鎖的に接点が生じてゆく。ボルツァーノの凱旋門がまだ竣工にこぎつける前から、ピアチェンティーニは早くもムッソリーニに宛てて協同体《コルポラツィオーネ》省の新庁舎デザインを送り、またファシスト党の新たなスタジアムの設計準備にとりかかっていた。その翌年、ローマの障害児母親会館の落成式の際に、ムッソリーニは建築家の傍らに立って式典を執り行なったのだった。

2　特権的な関係

一九二九年九月に、ピアチェンティーニがイタリア・アカデミーの会員に叙任された際のこと。「閣下より新たに賜わりましたこのお引き立てのしるしに、いたく感激し、また誇りに思う次第でございます」

と建築家はムッソリーニに感謝の言葉を打電し、忠誠を誓っている。(14) その同じ年、統領のもとに、首都の新たな都市計画案を送っているが、これはローマの都市計画家グループと共同で作成したものだった。新参のアカデミーの会員がコメントするところでは、この計画は「閣下が広範かつ明瞭に描かれた構想に、もっとも満足のゆくかたちでお応えできるものと思われます」という。またこの提案では、海に向かう発展軸という、統領お気に入りのアイデアにも触れられている。だがそうはいうものの、この一九二九年の都市計画案は、その本質的な部分においては、一九二五年の「偉大なるローマ」計画で披露されたアイデアの焼きなおしといえるものだった。すなわち、テルミニ駅を後退させて得られたスペースに、モニュメンタルな都市のセンターを作る、という提案だ。それは、ムッソリーニが一度も公には支持することのなかった構想ではあった。だが今回のプロジェクトにも新規な要素は盛り込まれていて、それが、ローマから南西に位置するカステッリ・ロマーニ地方に小さな衛星都市をいくつか作る、という提案だった。それは、ムッソリーニが「キリスト昇天祭日の演説」〔ムッソリーニが一九二七年五月二十六日に行なった議会演説〕および論説「都市を散会させよ」で披露した大綱に合致するもので、政府の進める田園化促進政策および都市の分散化に沿った内容であった。

この一九二九年の提案には一通の書簡が添えられていた。ピアチェンティーニはその中で、ローマがかかえる複合的な都市問題を解決するための協力を、統領に申し出ている。「この都市のかかえる困難な問題の解決に、もし多少なりとも協力させていただけますならば、これに勝る栄誉はございません。微力なれど、全霊を傾注いたす所存であります」。建築家はさらに、統領からこれまで「繰り返し賜ったご好意のしるし」に力を得て、すぐにも閣下にお会いして計画の詳細をお伝えしたいのですが、と要請している――「計画案の図面は博覧館にありますが、どこなりと、閣下の御指定くださる場所に運搬することができますゆえ(15)」。だが結局ムッソリーニは、博覧館で当時開催されていた都市調整計画展に足を運ぶこともなければ、どこか別の場所でピアチェンティーニの提案を吟味することもなかった。だが、その内容を知っていたことは確かである。というのも、それから数か月後に、ゼーヴィを相手にこの提案について議論を交わしているからだ。統領はその席上、ピアチェンティーニ案については、気に入らん、と言っているのだが、同様の否定的な評価は、ジョヴァンノーニ率いる設計グループ「ラ・ブルベラ」の計画や、ブラジーニの提案に対しても向けられた[16]。とはいうものの、先述したように、そのブラジーニの計画こそは、統領が明確な支持を表明した案なのだが。ムッソリーニの政治のかじ取りは先にみたとおりだから、このように相手や状況がかわれば、たがいにまったく矛盾するような発言がでてくるのは、当然のことであった。

ピアチェンティーニからの協力の申し出は、やがて報われることとなった。翌年、統領は彼を、首都の都市調整計画策定委員会のメンバーに据えているのだ。やがて、ピアチェンティーニはこの委員会の中で支配的な役割を果たすようになってゆくのだが、発足当初はブラジーニが幅を利かせ、メガロマニアックで破壊を多く伴う自分の提案を、同僚たちに押しつけようとしていた。その多くは、彼自身が作成した一九二八年の都市計画案を修正したものであったが、その当時、ムッソリーニから強力な支持を取りつけていたこともあって、強気に出ていたのであった。いやむしろこれは順序が逆で、ブラジーニは自分が委員会のメンバーに選ばれたことを知るや、すぐさま統領のもとに、首都の未来像を描いた図面類を送り届けたのだ、といったほうが正しい。だが、やがてメンバー内で一歩抜きんでた存在となってゆくのは、ピアチェンティーニのほうであった[17]。ムニョスはそんな彼の姿を、他のアカデミー会員たちとともに描いているのだが、その筆致は、この建築家がどれほど際立った存在であったのかを、しっかりととらえている

――「ブラジーニ卿は、勇気凛々、手にしかと握った黄の鉛筆をば振り回し、それここを切り取れ、やれあそこに裂け目を入れろと、片っ端から図面を記号で埋めてゆく。もしこの御仁のするに任せておいたら、

ローマの半分をぶっ壊してしまいかねない。いやそれだけならまだしも、壊した部分を自分の好き勝手に作り直そうというのだからかなわない。ブラジーニ卿はいつでも人懐っこく、爆音をとどろかせるエンジンのごとき雄弁を滔々《とうとう》と繰り出しては、よく同僚たちに長広舌を延々と聞かせるのだった。そんな具合であったから、老練な船乗り然としたピアチェンティーニ卿が己の目標に達するのは、たやすいことであった[18]」。実際、新たな都市調整計画の最終報告をする役目は、そのピアチェンティーニが担った。作業の最終成果について、建築家はムッソリーニにこう復命している――「われわれは、閣下の示された御道筋に従いながら、ローマにふさわしいもの、イタリアにふさわしいもの、閣下にふさわしくあるものを作り上げようと、努力いたした次第であります[19]」。

その間ムッソリーニには、ピアチェンティーニの他の作品を知り、評価する機会がいくつかあった。一九三〇年三月、全国傷痍軍人協会の会長であるデルクルアが、統領のもとに、建築家の手がけたカドルナ将軍霊廟の最終デザインを提出した。マッジョーレ湖に面したパッランツァ市に建設が予定されていたモニュメントである。ムッソリーニはただちにこの案を承認し、除幕式の日取りまで決めた[20]。ピアチェンティーニはまた、この協会の会長と個人的に良好な関係を保っており、これが縁となって、新たな仕事を任されることになったほか、協会が地方に建てる支部についても、彼が建築顧問となった[21]。

一九三〇年九月二十三日、ムッソリーニとピアチェンティーニはバルベリーニ広場で顔を合わせた。そこから連れだって、同地区で行なわれている都市整備工事の現場を見て回り、現在のバルベリーニ通りにあたる道路を通り抜けた。統領はこの新たな街路のスケールが気に入ったようで、こう感想を述べている。「実に広々とした幹線道だ。ひとつ残念なのは、トリトーネ通りの、あの協同体省からウンベルト一世通りにかけての区間を拡張できないことだな」。ついで、通り沿いの邸館群がつくるラインを褒め称え、新築の映画館の建物に讃嘆した[22]。その後、ピアチェンティーニは統領のもとにかけつけて、ヴェネツィア広場のイルミネーションについてわたくしめが専門的助言をいたしますがいかがでしょうか、と協力を提案している。その際、かつて自分が手がけたブレーシャのヴィットーリア広場が、イルミネーションによって抜群の効果をあげた先例を、都合よくひっぱりだして提示している[23]。このブレーシャの広場というのは、先に見たように、竣工式のために統領が一九三二年十一月に訪れた場所であった。ファシズム期のブレーシャにできたこの新たな広場に面する建築の中には、全国保険協会（ＩＮＡ）の塔があった。これは、先にローマのヴェネト通りで行なわれた合理主義建築展において、主催者たちが現代イタリア建築の「おぞましき」例としてコラージュに取り込み、統領に示した作品でもあった。この塔のデザインにムッソリーニが関与したかどうかについては、確認できる記録資料が残っていないのだが、竣工式の日に姿を現した建物は、展覧会でやり玉にあがったものとは異なっていた。バルディが一年半前に提出した図面とくらべると、もっとずっとモダンなデザインになっていたのだ。すなわち、塔の頂部は陸屋根となり、開口部の切り方などを見ても合理主義建築も顔負けのデザインを示していた。そしてとりわけ目を引くのが、塔の正面部分ではまだアーチのモチーフが支配しているものの、それが側面のデザインからはきれいに消え去っている点であった[24]。

この時期にピアチェンティーニが請け負った仕事のうち、もっとも重要であったのが、ヴェネト通りの協同体省庁舎の設計であった。この建物の誕生をめぐる経緯は、実に複雑に入り組んでいる。まず一九二七年の十月に、ピアチェンティーニとヴァッカーロの署名の入った最初の計画案が、ファシスト労働組合の会長であるエドモンド・ロッソーニの手から、統領に提出。ただちに承認された[25]。もともとこの建物は、同組合の本部として使われる予定であったのだ。翌年に建設工事がはじまったものの、ほどなくして計画に変更が生じ、一九二九年には組合本部から協同体省の新庁舎へと用途が改められた。当初の見積もりでは、建設費用は四〇〇〇万リラと算定されたのだが、この額を見てたちまち怒気を発したのがムッソリーニであった――「四〇〇〇万も予算を使うだと！　馬鹿馬鹿しいにもほどがある！（……）協同体省の新庁舎には、八〇〇―一〇〇〇万以上の予算は認めぬ」[26]。コストのかかる建築に対するノーの姿勢は、実にはっきりとしている。だが、それから数年後には、彼はこれとまったく逆の態度をとることになる。すなわち、国家の建物は表現豊かな象徴性を持ち、モニュメンタルな機能を備えることが重要だ、と考えるようになるのだ。ムッソリーニは、ヒトラーのように、望みの建築的効果を得るためなら一切金に糸目はつけない、という極端にこそいたらなかったものの、やはり同様の傾向はあった。とりわけ「E42」の事例にそれが顕著に見られ、たとえば社会福利のための建設事業を犠牲にしてまで、博覧会用の豪奢な建築のために惜しみなく予算を付けたのだった。「無駄な」アーチや円柱を作り、高価な大理石を材料に用いることは、かつては馬鹿らしい所作に思われた。だが後の時代になると、それが大衆に訴えかけて政治的に教化し、ファシズムの神話を心に刻みこむのに役立つのであれば、それほど馬鹿げたこととも映らなくなってゆくのだ。さて、ここで再びヴェネト通りの庁舎建築に戻るが、統領からの「方針」を受けた二名の設計者は、予算を考慮した新たな設計案を準備し、それをもとに、一九三〇年から三二年にかけて庁舎が建設されたのだった。その間ボッタイは、作業の進捗状況や技術上の判断について、ムッソリーニに定期的に報告。その内容は次第に細かくなってゆき、しまいにはどんなささいな点も漏らさず通知されるようになった[27]。一方ピアチェンティーニのほうでもまた作業状況にしっかりと目を光らせており、なにか助力が必要とあらばいつでも、施主たる統領のもとに馳せ参じる準備ができていた。そんな具合にして作業がすすみ、やがて現場の工事もほぼ終わりに近づいたある日、閣議の議題に、協同体省の新庁舎に関する案件が載せられた。ちょうどその時であった。まさに絶妙ともいえるタイミングで、ピアチェンティーニが統領のもとに、「閣下のご興味を引くこと間違いない、庁舎建設報告書」を届けさせているのだ。これはもう、建築家が政府の議事日程をしっかり把握していたことは明らかであろう[28]。

3　党のための仕事

これまでに見たエピソードから既に明らかなことであるが、ピアチェンティーニは、いま統領の「宮廷」で何が起こっているのかを、実によく把握していた。そのことは、オイェッティが『メモ帳』で語っていることからも推測することができる。フィレンツェを訪れていた折のことである。建築家はオイェッティに向かって、ついこのあいだ免職になったばかりの党高官たちに、いずれ新たな仕事が割り振られることになるだろう、と告げた。これは、まだ公にはされていない情報であった。さらには、先日ムッソリーニと、その娘婿の父親にあたる逓信相コスタンツォ・チアーノといっしょに夕食をする機会があったんだがね、と話を続けてゆき、その折のムッソリーニの奇妙なふるまいを浮き彫りにしている。なんでも統領は、ある種の話題に差し掛かるとひどく遠慮がちになり、それがとりわけ「親類の」大臣の権限に直接かかわるような場合には、その傾向がいっそう目立つのだという。こんな具合に、人間ムッソリーニの心理を知悉していたことが、のちに、ピアチェンティーニが彼と無数に懇談を繰り返すなかで有利にはたらくことになる。(29)

時の政府がピアチェンティーニを贔屓していたことは、彼がミラノ裁判庁舎の設計を任されたことからも証明することができる。一九三二年二月五日、建築家はヴェネツィア宮の敷居をまたぎ、新庁舎の設計案を披露するために参内。ムッソリーニはそれを見るや、「雄大にして合理主義的」だと、仕事の出来栄えを絶賛した。(30)この建物は、ローマの裁判庁舎をしのぐ壮大な外観を誇り、全長は実に一二〇メートル、高さは三八メートルで、全面を大理石で覆われていた。ファシズム体制が実現したもっとも巨大な構築物の一つに数えられる。八月、ムッソリーニが直々に工事の開始を宣言。その後も統領は、このロンバルディアの都を訪問するたびごとに、忘れずに庁舎の建設現場まで足を延ばした。

ミラノの裁判庁舎案を披露してからわずか数か月後に、ピアチェンティーニは再び統領から召喚を受け、今度は大学都市を計画せよ、との指令を承った。体制が力を入れて推進する、もう一つの事業である。大役を任されたことへの感謝を込めて、建築家はこのプロジェクトをムッソリーニおよびファシズム都市ローマのシンボルたらんとすべく、全力を傾注してゆく。[31] 体制にしてみれば、この建築事業はまたとない政治的プロパガンダの機会ともなった。およそ三年という短期間で、壮大な建築群が姿を現す。若者の教育という社会的な意義を持ち、国内でもっとも重要な大学の本拠地でもある。それは、国家の近代化を示す具体的な事例として人々の目に映るとともに、イタリアの国内外に課すべき一つの事業モデルを提示する意味合いも持っていた。このプロジェクトでは、ムッソリーニが全体の指揮権を統括し、ピアチェンティーニはそのかたわらにあって仕事を進めた。首相が陣頭にたって、施設群を市内の一画に集約させることを決定し、提出された作業計画を承認。また建築家の選定やデザインの吟味、工事現場の視察、大理石の選択なども率先して行ない、作業状況に不備があればそれを指摘した。そして完成予定とされていた一九三五年十月ぴったりに、全体施設の落成式にこぎつけたのだった。この事業は、一般市民の関心という点でも大成功をおさめ、落成後の数日間で五〇万人が訪れたと計算されている。[32] ここに、ファシズムを聖別するための新たな巡礼行が、はからずも出現したことになる。それは、かつてのファシスト革命記念展のような政治イデオロギー一辺倒の巡礼ではなかった。大学都市を訪れた人々は、具体的に実現した成果をみずからの目で確かめ、大理石に翻案された観念を理解し、自分たちのために建築が作られたことを実感する、そんな旅路であったのだ。

同じく一九三二年、ピアチェンティーニはムッソリーニに、ファシスト工業総連盟の本部会館の計画も提出している。予定では、ヴェネツィア広場の一画の、コルソ通りに接する部分に建設されることになっていた施設だ。建築家はその時の模様をこう回想している。ムッソリーニは「設計案を称賛した（手元には今でも、ラピス・ブルーで閣下の印章が押された手紙がある）のだが、財政上の問題があって、実現にはいたらなかった」(33)。ついで一九三三年六月初旬、ムッソリーニは、イタリア労働銀行総裁のアルトゥーロ・オーシオに接見。ピアチェンティーニが手がけた同銀行新本店の設計案を、総裁から受け取った(34)。十月には、ビッソラーティ通りで開始された本店建設現場を、視察に訪れている。また、（同銀行そばの）サン・バシーリオ通りとサン・ニコーラ・ダ・トレンティーノ通りをまたぐ二つの高架を作って、新たな通りを完成させようという計画があったのだが、統領はこの案には反対であったため、ピアチェンティーニに問題の解決を一任した。ほどなくして建築家は、該当地域の整備案を示した模型を作製し、解説書を添えて送り届けた(35)。

ピアチェンティーニは、そのキャリアの中で一度もカーサ・デル・ファッショの設計に携わっていない。しかしだからといって、全国ファシスト党との関係が薄かったわけではない。たとえば、自分が一九一一年に設計した旧国立スタジアムを改造して、党のスタジアムへと作り変える仕事などをこなしている。さらには、すでに見たように、ディオクレティアヌス帝浴場のかたわらに魁偉なリットーリオ大会堂を建設する計画も提案していた(36)。そして一九二八年には、自分はファシスト党員ではないが——これには、その年に党員加入が締め切られたことも勘案すべきだが——以前、党のために「私の精神的な作品」をささげた、と宣言することになるのだ。そもそも、ピアチェンティーニとファシスト党とは、どのような関係にあったのだろうか。その一端を、建築家の仕事ぶりともあわせて、われわれに垣間見せてくれる訴訟事例がある。スタジアムの改築作業の謝礼をめぐる係争がそれで、この一件ではピアチェンティーニと党の事務書記長マリネッリとが法廷で対立した。書記長が、建築家が現場に姿を見せないことを理由に、報酬額の減額を求めたのに対し、ピアチェンティーニの側は断固として全額の支払いを要求。そして裁判後、獲得した報酬をすべて、党に寄付したのだった[37]。

全国ファシスト党と関わったもう一つの事例として、帝国通りに常設展覧会として計画された、ファシスト革命記念展をめぐるエピソードがある。同展のために建築家は一九三三年十一月、ムッソリーニのもとに未発表の設計図面を送り届けた[38]。どういった経緯でこの図面が作成されたのかを理解するためには、関連する日付と出来事をいくつかひろっておく必要があるだろう。まず一九三二年十二月、ムッソリーニは帝国通りに党の拠点施設を建設し、ファシスト革命記念展の会場を設置することを決定。一九三三年十二月には、両計画のための設計競技が開催された[39]。したがって、ピアチェンティーニはコンペの布告が目前に差し迫っていた時期に図面を提出したことになる。さらに彼自身、設計競技の応募要項の作成に携わり、課題となる敷地の平面図を作成したほか、審査員として応募案を選定する役割をつとめた。つまり、統領のもとにあらかじめ建築家が届けたのは、正真正銘の設計案というよりは、むしろ理想の解決案はどうあるべきか、という仮定のもとに作られた試案と考えた方がよいだろう。おそらくは、統領自身からのリクエストがあったのではあるまいか。ムッソリーニは、応募規定に従って設計した場合に、帝国通り沿いのファサードをどうおさめることが可能なのか、ある程度のアイデアをあらかじめ得ておきたかったのだ。これらのいきさつからも、ムッソリーニとピアチェンティーニがどれほど特権的な関係で結ばれていたのかを見てとることができよう。

この当時、両者の間でもう一つの懇談が行なわれている。その資料となる情報を提供しているのはピアチェンティーニ自身で、しかも終戦直後の証言である。当然ながらその当時は、独裁者との過去の関係を思い出すことがはばかられた時代であった。「一度、二人きりで話したことがあった。ナツィオナーレ通りの博覧館が取り壊されないよう、打診するためだった。あれは、父の作品だったからね」。その博覧館を取り壊した跡地には、ファシスト革命記念展の常設展示用の施設が計画されていたのだった。ピアチェンティーニはさらに回想している――「面談の際の彼のぶっきらぼうな態度といったらなかった。だが、私の言い分はどこから見ても理にかなったものであった（……）思うところを率直に、歯に衣着せずに伝えたところ、最後には説得に成功した。現在もナツィオナーレ通りにこの建物が残っているのは、私のおかげだといっていい」[40]。ピアチェンティーニと会談したことが、ムッソリーニの下した決定にどれほどの影響力をもっていたのかは、にわかには見極め難い。統領の目には、博覧館のファサードは、唾棄すべき自由主義イタリアの小市民的世界を象徴しているように映ったであろうから、これを取り壊そうと思えばわけなくできただろう。おそらくは、こう考えた方が、うまく説明がつくのではないか。つまり統領はこの時点ですでに、展覧会場の建設場所を帝国通りに移したほうがよいという確信を、固めていたのだ。古代ローマのフォーロに囲まれたこちらの敷地のほうが、人々の集団的想像力にうったえる特権的なポジションを占めている。ここなら、ファシズムを永久にたたえる展覧会を生み出すために、建築の表現を存分に活用することができるだろう、と、そう考えたのだ。

ピアチェンティーニは、イタリア帝国の創設に関連する建築事業にも、除外されることなく参画している。アジス・アベバの占領から数日後、おそらくはムッソリーニ本人からの催促もあったのだろうが、ピアチェンティーニは統領にあてて書簡をしたため、エチオピア全土を対象とする「総合都市調整計画大綱」の試案を提出している。その中で建築家は、古代ローマのレギオン軍団による植民事例を引き合いに出し、彼らが「自分たちの建築を、そのもっとも荘厳な表現のままに」征服地にもたらし、「地中海帝国全土に、決して消えることのない統一性を与え、力と偉大さをもたらした」ことを、思い起こさせている。そのうえでピアチェンティーニは、統領の考えを建築に翻案すべく――「愚考しますに、閣下がお選びになろうとしている途とは、われわれの新たな帝国にローマの建築をもたらすこと、これではありますまい

［図54］マルチェッロ・ピアチェンティーニとアッティーリオ・スパッカレッリ設計、ローマのコンチリアツィオーネ通り開削計画、模型、1936年。

か」――、一つの「建築計画」を提案している。すなわちそれが、新しく獲得した植民地に、「統一的かつ有機的な建築の刻印」を与えるためのプランであった[41]。そうこうしている間にも、国内では、サン・ピエトロ大聖堂へのアクセスを整備する計画が着工する。すなわち、コンチリアツィオーネ通りの開通と、それにともなう「ボルゴの背骨」とよばれる街区の取り壊しで、これは一九三一年の都市調整計画大綱には含まれていない事業であった［図54］。ついで一九三七年一月には、独裁者はピアチェンティーニに「Ｅ４２」計画の取りまとめを一任。そして一九四一年には、ローマ都市調整計画大綱の見直しをやはり彼に命じたのだった。

ピアチェンティーニは他の誰よりも、ムッソリーニが建築家たちに何をもとめているのかを理解していた。それは、政治の要請に合わせて、柔軟に建築様式を適合させることのできる能力であった。ピアチェンティーニと交流のあったオイエッティなどは、一九三二年の時点で次のように建築家のことを描写している。まだ両者の関係が、後の三〇年代後半ほどには緊密ではなかった時期のコメントである。「マルチェッロ・ピアチェンティーニがここにもさっと立ち寄っていったよ。勝ち誇って、まるで疲れを知らぬといった様子でね――あれはまず自分の稼業をよく理解している男だろう。この変わりやすい時節のなか、乱れ吹く風の行く先々にどこまでも付いていって、流行をおいかけようとする愚を犯しているが」[42]。いわば醒めた目で、建築の倫理的な価値観を、政治的な要求へと従わせていたのだ。だが、こんな具合にして統領のジグザグ歩行に従ってゆくなかで、ピアチェンティーニはどうやら、そこに一本走っている共通の糸を見つけたようだ。そしてその糸をたぐることで、ファシズム期イタリアの建築に、統一的な一つの方針を与えることに成功したように思えるのだ。

4　統領のかたわらに並んで

ピアチェンティーニとムッソリーニの関係がたいへん緊密であったことは、二人がヴェネツィア宮で実に頻繁に顔を合わせていることからも、確証が得られる。戦後そのピアチェンティーニが公職追放裁判にかけられた際に、弁護資料として準備した供述調査書の中で、こんな風に語っている。自分はヴェネツィア宮には「何度か」足を運んだだけで、それも「同僚たちといっしょに、技術責任者としての立場から」訪れたにすぎない、と[43]。以下に、ピアチェンティーニが何度首相の執務室を訪れ、またどんな理由から懇談に及んだのかを調べ上げて見た。その結果、一九三一年から一九三九年にかけて、ムッソリーニは建築家に、少なくとも二〇回接見していることがわかった。その最初のものは一九三一年二月、ローマの都市調整計画大綱をめぐる問題について話すためであった。つづく懇談ではナツィオナーレ通りの博覧館が、その次にはヴェネツィア広場のファシスト工業総連盟の本部会館が、それぞれ話し合われた。大学都市の計画をめぐっては、一九三二年十一月と一九三三年十月の二回にわたって会談がもたれているが、二度目の際にはロッコも臨席している。同じ年の十二月には、別の案件のために宮殿内の地図の間に二度足を運んでいる。一度目は十二月十四日、ヴォルピやマライーニらとともに、第一九回ヴェネツィア・ビエンナーレのプログラムを提出するため。そして二度目はその翌日、ローマ傷痍軍人会館の完成計画を説明するためであった(44)。

ローマのほかにも、ピアチェンティーニはミラノにも設計事務所を開いていた。当地で進行中の建設作業を監督するという目的のほか、このロンバルディアの都をめぐる都市改造のシーンで主役の座を確保するためでもあった。事務所を構えたおかげで、ミラノ中心部のディアス広場の開発をめぐる経緯についても、事情に精通することができた。この広場には、イタリアとアメリカの合弁資本会社であるＳＣＩＡの金融利益が集中していた。同社は広場に面する建物の設計を、スコットランド人建築家アリスター・マクドナルドに委託した。彼は、かつてマッテオッティ議員暗殺事件がおきた際、苦境に立たされたムッソリーニを支持する立場を明確にした労働党出身の英国首相ラムゼイ・マクドナルドの、息子にあたる人物である。とはいえ、このような重要な地域の開発ともなれば、外国人建築家ひとりの手にまかされてよいものではない。そこで、共同設計者として呼ばれたのが、何を隠そうピアチェンティーニその人だった。マクドナルドの側ではこの仕事の共有を喜んで受け入れたようで、著名な建築家といっしょに仕事ができて光栄だ、と公言している。このＳＣＩＡの市区開発事業に関しては、ムッソリーニが直接監査を行なっていた。広場の建物の変化を、自分の手で直接管理したいと思っていたのだ。そうして二名の建築家は、統領から「着想」をたまわるために、そろってヴェネツィア宮に召喚されたのだった(45)。

ピアチェンティーニは、あつかましいというのか抜け目がないというのか、建築家としての専門業務と不動産投機とを巧みに混ぜ合わせた活動を行なっていた。同じ年の三月初旬のこと、ブラジーニと元経済相ジュゼッペ・ベッルッツォ――半民半官の諸事業を通じた公営部門の発展から、もっとも恩恵を受けることのできた一人である――とともに、一つの巨大な混成協会を設立する案を、ムッソリーニに提出した。それは、ローマ中心部への都市調整計画大綱の適用のために、融資を行なうことを目的とする団体であった。二人によれば「緊急」を要する企画であり、また一九三七年のアウグストゥス帝治世二〇〇〇年記念の巨大な祝祭行事の一環として位置づけることで、一種の政治＝イデオロギー的な覆いをまとうものとされたのである(46)。

その「アウグストゥスのローマ性」展は、ラテン文明が持つ世紀を超えた帝国的価値を称揚し、古代ローマとファシズムの普遍主義をたたえる展覧会であった。ムッソリーニの考えでは、同展こそは、憎むべきレオン・ブルム人民戦線内閣が企画した一九三七年のパリ万国博覧会（「現代生活における技術と芸術国際博覧会」）に対する、イタリア政府からの正真正銘の回答とならねばならなかった。だからといって、フランスの首都においてイタリア国家を代表するパヴィリオンが見劣りのするものであってはならない(47)。指令を受けたピアチェンティーニは、二度にわたって、イタリア館の計画を首相に提示した。建物のデザインは、ロッジャを重ねた巨大な塔が圧倒的な存在感を示すもので、オイエッティによれば、これはセプティミウス・セウェルスが建てたセプティゾニウムから着想を得たのだという。さらにパヴィリオンの前には一体の騎馬像――ファシズムの守護神――が聳立し、今にもセーヌ川の水流をまたいで渡ろうかという、物騒な素振りを見せていた［図55］。そして五月に入って建設作業が完成した時点で、ピアチェンティーニはふたたびヴェネツィア宮に参内し、パヴィリオンの出来栄えと展示の成果について、報告を行なった(48)。川を挟んだ対岸の敷地には、イタリア館からよく見える位置に、シュペーア設計のドイツ館が建設され、さらにその正面にはボリス・イオファン設計のソヴィエト館が立っていた。ピアチェンティーニと同じく、シュペーアもまたパヴィリオンの設計案を、上官たる独裁者のもとに数か月前に提出している。

［図 55］マルチェッロ・ピアチェンティーニ、ジュゼッペ・パガーノ、チェーザレ・ヴァッレ設計、パリ万国博覧会イタリア館の計画、透視図、1936–37 年。同計画は 1936 年 7 月 11 日、統領の判断を仰ぐべく提出された。

ヒトラーはそれ以前に、経済相が選んだ設計案を没にしていたのだった。シュペーアが意図したのは、正面に立つソヴィエト館を、とりわけ規模の巨大さで圧倒するモニュメントを作ることであった——曲折の末、ドイツ館はライバルのパヴィリオンより、六メートル高い建物に仕上がった。建築によって支配力を誇示し、国家間の力関係を明示しようとするこのドイツの意図は、万博の公式カタログの文言からはっきりと見て取ることができる。この絶大な効果を得るためであれば、ドイツはパヴィリオンの建設費用に糸目をつけなかった。その結果、他の万国参加国とくらべて六～八倍の予算がかかった。シュペーアは後にこのパヴィリオンを、ミュンヘンにあるトロースト設計のドイツ芸術の家やニュルンベルクの施設群——パリ博に模型が展示された——などともに、現代ドイツの新建築の参照点となる作品として数え上げている[49]。ピアチェンティーニとムッソリーニが二度目に懇談した折に、シュペーアとイオファンが繰り広げたこの競争についても、なんらかの言葉が交わされたのではないか、と仮定してみることもできる。なにしろ、当時のパリの話題をひとしきりさらった角逐であったからだ。

その際、このところますます露骨になってきた、第三帝国が示す建築的野心に話題が集まったに違いない。一九三七年から一九三八年にかけて、ピアチェンティーニはさらに三回ヴェネツィア宮に参内し、「E42」の計画について首相と議論している。これらの懇談がどれほど重要な意味合いをもっていたかについては、後ほど立ち戻ってみることにしよう。また建築家は一九三九年六月、ボッタイとミラノ市長に伴われて、ディアス広場の著名な区画に計画された六〇メートルの高層ビルをムッソリーニに提出している。この度は、かつてのアリスタ－・マクドナルドの代わりにバッチョッキが共同設計者として参加していたが、重要な建築上の選択を行なうのは常にピアチェンティーニであった。[50] 同年十二月、彼はオイェッティとともに、新たな二つの作品について説明するために、統領のもとを訪れている。一つは、ローマのジャニコロの丘の上に予定されたイタリア・アカデミーの新たな本部施設。もう一つは、集落ポンテッキオ・マルコーニに建設すべきマルコーニ霊廟であった。統領に「長ったらしい説明」を披露する手間を省くために、ヴェネツィア宮の二階に、計画をかたどった二基の模型がわざわざ設置されたのだった。[51]

統領が建設現場を視察したり、完成した建物の竣工式を執り行なったりするさいには、そのかたわらにピアチェンティーニの姿を見かけることがよくあった。それらのうち、多くのものについてはすでに言及してあるが、まだ触れてない事例を以下にあげるならば、ざっとこんな具合になる。ローマ都市調整計画大綱の提示と、海の道の最初の区画の開通式[52]――バルベリーニ通りと同名の映画館の視察。なおこの建物はムッソリーニが大々的に褒め称えた作品であった[53]――コンチリアツィオーネ通りの開削現場の巡検。なおその際ムッソリーニは、現場から受けた「印象」と自身の「考察」を表明、それを建築家が考慮して計画に反映させることになる[54]［図56］。だがこれらのどの現場よりもムッソリーニの心をとらえて離さなかった場所があった。彼がもっとも精魂を傾注していた計画、すなわち「E42」がそれだ。一九三七年に統領がはじめて敷地を訪問した際、現場で積極的に対話役をつとめたのは、ピアチェンティーニではなく、

［図 56］海の道の最初の区画を歩くムッソリーニ。その右側、二人目と三人目が、それぞれマルチェッロ・ピアチェンティーニとアルマンド・ブラジーニである。

［図 57］マルチェッロ・ピアチェンティーニ設計、アウグスト・バッチン、ベニアミーノ・バルレッティ、アドリアーノ・カンベッロッティ、ネッロ・エーナ、パスクアーレ・マラボット、オット・マテッリ、ルイージ・オレスターノ、アルド・トマッシーニ・バルバロッサ、ルイージ・ヴァニェッティ設計協力、アウレリア城壁から「E42」に伸びるローマのインペリアーレ通りの計画、透視画、1938–39 年。プロジェクトのデザインは、ムッソリーニが 1939 年 4 月 18 日に「E42」を視察した際、披露された。

おそらくはパガーノであったはずだ。だが、計画初期の一連の設計競技がひと段落したのちには、ピアチェンティーニが建築総監に任命され、状況が一変する。「E42」計画のための常設展覧会の会場で、壁沿いに並んだ巨大な模型や図面をあれこれとムッソリーニに説明する役をつとめたのは、ピアチェンティーニであった。今や、彼はそのキャリアの絶頂にあった。イタリア建築界の真のリーダーとなった彼に、あえて敵対しようとする者も少ない。ミラノの「合理主義者」たちの前衛集団も、たくみに籠絡されるか、ズタズタに引き裂かれるかしてしまった。実際ポンティなどは彼をさして「われらの偉大なる建築家、われらすべての上に立ち、代表するもの」などと、激賞しているのだ。[55] 一九三九年四月に行なわれた視察は実に入念に計画されたものであったが、その際、統領を案内する役をおおせつかったのも、やはりピアチェンティーニであった。[56] 一行は、最新の設計変更を反映した模型を見学し、作業の進捗状況をまとめた短編フィルムを鑑賞。その後、すでにかなり建設が進んでいたイタリア文明館の現場に立ち寄り、また、帝国広場に立つ円柱の実物大の木製模型を視察した。その際ピアチェンティーニは、インペリアーレ通りのための計画案——全体の平面図、広場ならびにモニュメンタルな建築群のパース画——を統領に披露した。この案は、ローマ大学建築学部を卒業したばかりの一〇名の若者のグループが作成したもので、いずれも建築家の教え子たちであった［図57］。

一九四一年には、ピアチェンティーニは統領にローマ都市調整計画大綱の修正案を、ナツィオナーレ通りの博覧館にて披露している。[57] 一九三〇年から一九四〇年までのわずか一〇年で、両者は実に五〇回以上も顔を合わせていた。[58] くわえて、記録資料が残っていないだけで、二人が秘密裏に懇談したケースだって多数あることであろう。全体として考えるなら、建築家とムッソリーニは、その辺の大臣も顔負けの頻度で懇談を行なっていたということになる。だが、側近に権力が集中しすぎるのをムッソリーニが嫌ったためめに、大臣の顔ぶれはめまぐるしく入れ替わるのが常であったのに対し、ピアチェンティーニは、多少の上下の波はあったものの、ほぼ二〇年間にわたって常に統領のかたわらにあって仕事にはげみ続けたのだ。しかも、彼はファシズム体制とともに世に出た新しい人間《ウォーモ・ヌオーヴォ》ではなく、旧支配階級の出身であり、ファシズム運動への参加も決して忠誠心から出たものではないことを考えるなら、この二〇年という数字は実に驚くべきものだといえる。

5 「安定した統率力」への称賛

対面の回数と同じぐらいに頻度が高かったのが、書簡を通じた二人の交信であった。先ほど少し触れたが、ピアチェンティーニは一九二九年に首相に書簡をしたため、博覧館で開催中の都市調整計画大綱展にどうぞおこしください、と招待している。同展のローマ都市計画に充てられた区画には、建築家自身も作成に協力したローマ都市計画家グループ（ＧＵＲ）による計画と、それからジョヴァンノーニ率いる設計グループ「ラ・ブルベラ」の計画とが、ともに展示されていた［図58］。後者の案では、二本の広闊な道路、いわゆるカルドーとデクマヌスを開通させるために、ローマ都心部のルネサンス期の街区を取り壊し、それら道路が交差する地点、すなわちモンテチトーリオからスペイン広場にかけての区域に、「ムッソリーニのフォーロ」と称する巨大な広場を作ることをうたっていた。この広大にして無意味な破壊事業に対し、激しい調子で論争をふっかけたのがアカデミー会員ピアチェンティーニであった。彼には十分な勝算があった。というのも、ローマ高等建築学校校長ジョヴァンノーニともあろうものが、歴史的環境の保護という自説をかなぐり捨てて破壊的再開発を唱えるなど、もってのほかだと論難することができたからだ。独裁者が同展覧会への招待を、「現在多忙につき」と理由をつけて辞退したのは、おそらくは苛烈な論争

［図58］設計グループ「ラ・ブルベラ」（ピエトロ・アスキエーリ、エンリーコ・デル・デッビオ、グスターヴォ・ジョヴァンノーニ、ヴィンチェンツォ・ファソーロ、アルナルド・フォスキーニ、アレッサンドロ・リモンジェッリ、ジュゼッペ・ボーニ、ジャコモ・ジョッベ、フェリーチェ・ノーリ、ギーノ・ヴェントゥーリ）、ローマ都心再開発計画、大広場の透視画、1929年。

がここで勃発するのを避ける意図があったのだろう[59]。ムッソリーニは一九三〇年三月、ローマ都市調整計画大綱・策定委員会の設置を告げる演説で、無名戦士の記念碑をめぐって、ちょっとした脱線を差し挟んだ。「金色に輝く都」たるこの首都ローマには、「（……）ヴィットリアーノ〔ヴィットーリオ・エマヌエーレ二世記念堂のこと〕のあの真っ白な塊は、染みのようでいかにも不釣り合いだ[60]」。この発言にヒントを得たピアチェンティーニは、記念堂の大理石に古びた色調の上塗りを施してはいかがでしょうか、とさっそく提案を行なっている。建築家によれば、上塗りというのは、石材加工の分野では常に行なわれてきた慣習であるから、ヴィットリアーノの壁面にも「少しばかり古代ローマ風の色調」をまぶすのも悪くないでしょう、という。「もし閣下が、かかる措置が時宜にかなったものとご判断されましたならば、小生微才ながらも、喜んで実施作業に取り組む用意ができてございます[61]」。またピアチェンティーニは別の機会に、協同体省の新庁舎を飾る綴れ織りの設置について、統領に助言をしたためている[62]。

　一九三四年六月、サバウディア市およびフィレンツェのサンタ・マリーア・ノヴェッラ駅を手掛けた建築家たちは、ヴェネツィア宮に参内して統領と対面した。この著名な懇談の折のこと、ムッソリーニは、ピアチェンティーニが設計した「美しい」ローマのクリスト・レ教会もとりあげ、「建物の精神と目的に」完璧に「応えた」作品だと称賛した。それを伝え知るや、作者たるイタリア・アカデミーの建築家はただちに統領のもとに謝礼状を送り届け、若い建築家たちと自分の作品にありがたいお言葉を賜ったことを感謝した。「閣下がもったいなくもクリスト・レ教会に投げかけてくださいましたお言葉に対し、不遜ながらここに、満腔の謝意を表したく存じます[63]」。とはいえ、この教会をほめちぎった時点では、ムッソリーニはまだ実物を見ていなかったのだが。しかしその後、本人が語っているように、同教会を視察に訪れる機会があった。「とある春の朝まだき、ローマがまだ春眠にまどろんでいる時分に、マルチェッロ・ピアチェンティーニが私を先導して、彼の計画したヴィットーリア地区を案内した（……）クリスト・レ神殿のファサードは、ついこの間落成したばかりであった。十六世紀の工法で焼かれたレンガが、マルティーニのブロンズが控えめに飾る壁面の上に勝ち誇っていた。教会内の墓地では司祭が一人、われわれの訪問を出迎えた（……）アカデミー会員ピアチェンティーニは、私の述べる意見に聞き入っていた[64]」。

一九三四年七月、ピアチェンティーニは――これは彼がヴェネツィア宮内に情報提供者を潜ませていた明らかな証拠でもあるのだが――ムッソリーニがサバウディア市の訪問を計画していることを察知した。サバウディアはゼロから作られた計画都市で、四月に国王の手で落成式が行なわれたばかりであった。設計を担当したのはピッチナートが率いるグループであったが、ピッチナートといえば、かつてピアチェンティーニの教え受け、彼の事務所のスタッフとして働いたこともあり、現在は都市計画学の大学院にて彼の助手をつとめている人物であった。さて、そのサバウディアを特集した『建築』誌をオマージュとして統領に献呈する際に、ピアチェンティーニはこう述べている。「サバウディアは、なるほど厳格なまでに合理主義的なデザインではありますが、イタリア風の鮮やかさと、熱気と、彫塑性とを兼ね備えております」。さらに続けて言うには、この都市こそは「ムッソリーニ時代の建築が、今や完全な成熟を迎えたことの」一つの証明なのであります。[65]サバウディアに対するムッソリーニの評価は、すでに見たように、これと正反対であった。ここの建築には「田園風」なところが少なく、大衆からすれば、これのいったいどこがイタリアらしいのか理解に苦労することだろう。おそらく彼の期待していたのは、こういうスタイルではなかったはずだ。だがピアチェンティーニの発言は、建築言語と政治体制とが一つに収束してゆくような、そんな大きなプロセスのなかにこの都市作品を位置づけようとする、綿密な意図に基づくものであった。だからムッソリーニも、この建築家の見解を称賛してみせるよりほかなかったのだといえる。

ローマ大学都市が落成し、大きな政治的成功をおさめてからまだ一か月とたたない内に、ピアチェンティーニは統領のもとに、リオ・デ・ジャネイロの大学都市計画に関する報告書を提出した。建築家は同市に一九三五年八月に滞在し、市当局の許可を得て、現場調査を敢行していたのだった。その際、十一月初旬に計画の素案が準備できた段階で、ふたたびもどって来ますよ、と現地で約束をしてきたのだが、それが守られることはなかった。[66]そして予定からずいぶん遅れて、ピアチェンティーニは多少の皮肉をまぜつつ、いつもの厚かましさでモルプルゴを海の向こうに派遣した。彼の帯びた任務というのは、「データを現地で集め、大量の紙をぐしゃぐしゃに汚して、あたかも計画が順調に進んでいるかのように当局のまぬけ連中に信じ込ませたら、ローマに帰って来い」というものだった。だが、事はそう簡単には進まなかった。ブラジル側はあくまで約束の履行を求め、最終案の提出を断固要求してきた。リオから、モルプルゴは友人のフォスキーニに書簡でこんな訴えをしている。「マルチェッロの奴に君から説明してくれないかね、そっちで安穏と暮らしていられるのも、私があんたのために贋金を作ってやっているからなんだとね[67]」。

［図 59］マルチェッロ・ピアチェンティーニ設計、ミラノ市裁判庁舎、1931–41 年。ファシスト政権によって建設されたもっとも壮大な建築のひとつ。ムッソリーニは計画案を検証し、ピアチェンティーニとともに建設現場に足繁く通った。

そしてイタリアが戦争に突入してから、ピアチェンティーニはムッソリーニに、ミラノの新裁判庁舎を特集した書物を送り届けた［図59］。建築家の説明では、この建物――「体制が建設したもっとも巨大な作品」――に、「ファシズムの、強固で普遍的な特性を刻みこみたかった」のだという。この建物であれば、統領も「ムッソリーニ時代の建築」が「今や完全な成熟を迎えた」と認めることに、なんら異論はなかったであろう。この庁舎こそは、ファシストの信念の神話を具象化してみせる、正真正銘の現代の神殿であった。巨大なヴォリュームが表現する力の観念と、永遠なる古典主義が示す普遍の観念。この二つが、建築造形のうちに認められることを、大衆も理解できたのである。建築家はこの作品を解説した書物を、「ぜひとも」自分の手で統領に渡したいと望んでいたが、「この決定的な時局の運営」の邪魔になってもいけないから、とあきらめている[68]。

ムッソリーニはある発言のなかで、ピアチェンティーニには「簡潔な構成と、飾り気のない壁面素材への（……）愛」を認めることができる、と述べてはいるのだが、彼がこの建築家を贔屓《ひいき》にしたのは、決して審美的な趣味が一致したからではなかった[69]。むしろ、そのきわめて優れたオーガナイザーとしての能力を高く評価していたのである。ピアチェンティーニは、独裁者を幾重にも取り巻く、足もとのおぼつかない不安定な協力者の一団とは、一線を画していた[70]。かつてムッソリーニが、ピアチェンティーニほかの建築家たちにイタリア・アカデミー会員の資格を授与する決定を下した際、マリネッティはこう言って批判した。もし未来派のサン・テリアが存命だったら、あのような連中には「きっと顔につばを吐きかける」に違いありません、と。そんな彼に向かって、統領はこうやり返した。じゃあ、サン・テリアには「ピアチェンティーニのような安定した統率力」があったとでもいうのかね？　彼ならば、「今日の偉大な建築をめぐる諸問題」に対処するだけの能力があったといえるのかね、と[71]。それから数年後には、統領の愛人であったクラレッタ・ペタッチが、ローマのカミッルッチャに建てる別荘のために、ピアチェンティーニに助言を求めている。だが、ムッソリーニはこの建築家を、無条件で全面的に信頼していたわけではなかった。ムッソリーニが人を信用しないことはつとに知られていたが、ピアチェンティーニに対してもその態度は変わらなかった。建築家の通話は盗聴下に置かれ、その設計活動は常に、政治警察の監視を受けていた。こうして集められた情報の中には、驚くべきものも含まれていた。どうやらピアチェンティーニは、ミラノやローマなどの各地の建設現場で、恒常的にリベートを請求していたと思われる節があるのだ。だがムッソリーニはこの汚職システムの存在を知っても、放任しておいた。この情報が、一種の武器として使えることを知っていたのだ。つまり必要とあらば、この強大で裕福なアカデミー建築家をひざまずかせることが、いつでもできたのである。(72)

第六章　一つの様式を目指す建築

1　ローマ大学都市にて

ピアチェンティーニとムッソリーニの二人が主人公となるエピソードは数多くあるが、それらの中でもきわめて重要な意味合いを持つ事例が二つある。そのうち最初のものが、ローマの大学都市計画であった。(1)一九三二年二月、ローマ大学の校舎施設の営繕を行なうために、特別の協会を設立する措置が承認された。この協会はその後、四月四日に正式に設立の運びとなる。二月十八日の段階でムッソリーニは、国民教育相のバルビーノ・ジュリアーノに宛てて書簡を送付し、一連の方針を大臣に伝えた――いわく、新たな大学拠点が受け入れ可能な学生数は一万人であること／「すべての建物の実施設計案を」早急に作成すること／建設は全校舎同時に行なうこと／工事着工は一九三二年十月一日、竣工はローマ市生誕の記念日にあたる一九三五年四月二十一日とすること。そして書簡の最後に、こんな勧告を大臣に与えている。卿は「一分たりとも」時間を無駄にしてはならない。「大学都市を一つ作るのに、三〇か月あれば十分だ。この作品は、以降数世紀にわたって、ファシズムの証言となるであろう」。だがこの書簡には、末尾に、非常に重要なただし書きがあった。「追伸　大学都市のもっともモニュメンタルな部分は、文学部、法学部、政治学部の校舎で形成しなくてはならない。そして中央には、三〇〇〇人の学生を収容可能な大講堂を設けること」(2)。いわゆる大筋の建築規範を述べたものであるのだが、彼の言葉は、最終的な実施設計においてしっかりと実現されている。つまり、設計を担当した建築家は、ムッソリーニが与えた「建築上の」指示を受け入れたのだ。

四月四日、すでに見たように、大学建設のための特別協会が設立された。計上された予算は七〇〇〇万リラ、うち国家の支出は五四〇〇万リラであった。同日、ピアチェンティーニはムッソリーニに返信の電報を打ち、大学都市計画の大任をお与えくださり感謝いたします、と返礼している。(3) 計画の委任を告げるムッソリーニからの電報が、建築家のもとに同じ日に届いていたと想定することも、ここから可能であろう。それからわずか二日後に、ムッソリーニは大学都市の建設予定地を視察に訪れている。随伴したのは教育相ジュリアーノ、大学総長ピエトロ・デ・フランチーシ、そしてピアチェンティーニであった。(4) 建築家はこの時すでに、敷地のどこにどの学部校舎を建てるのかを示す一連の平面図案を用意しており、さっそく統領《ドゥーチェ》に披露している。この手際のよさから判断するに、ピアチェンティーニはすでにずいぶん前から準備態勢に入っていたのに違いない。おそらくは、先ほど引いた二月十八日の大臣あて書簡の直後に、ムッソリーニ本人の指示で、教育相ジュリアーノから建築家にコンタクトがあったと考えていいだろう。

視察から二十日後の一九三二年四月二十六日、ムッソリーニはふたたび教育相ジュリアーノに書簡を送っている。この資料を読むと、この時点で統領が大学都市の計画案を受け取っていたことがわかる。しかしこれが最初に受領した案ではなく、実はもう一つ、先行する案があった。そして書簡からさらに読み取ることできるのは、どうもムッソリーニは、その最初の案が気に入らなかったらしい、ということだ——「現行案には、最初の計画のような、過剰な装飾や、わざとらしい劇場的な演出がなくてよろしい」。この第二案をムッソリーニは承認し、ジュリアーノをせかして「一日の猶予もなく、ただちに実施設計に取りかかりたまえ」と指示している。(5) つまり、ムッソリーニは計画の全体方針を与えたばかりでなく、建築上の問題に踏み込んだうえで初期案を没にする決定も下しているのである。ここでわれわれが目にするのは、政治畑から建築の野に降り立ち、計画をみずから選択するムッソリーニの姿なのである。大学都市をめぐる一連の経緯のなかで、統領の果たす役割は徐々に、はっきりとした輪郭を取り始めていた。それは、かつてピアチェンティーニが次のように漠然と書いたころとくらべて、ずっと目鼻立ちがはっきりしてきたといっていい──「統領ご自身が、計画のテーマがもつ範囲と特徴を、私にお示しくださっていた──いわく、地中海に冠たる最高学府の拠点を立ち上げること、それも校舎建築の内に、イタリアの最新の建設技術の枠を表現するようなかたちで[6]」。

一九三二年四月の末の段階で、ピアチェンティーニはすでに統領のもとに、都市計画的な観点から作成した施設全体の概要を提出していたことになる。おそらくは透視図で描いたスケッチも数枚添付されていたのであろう。先ほど引いたムッソリーニの意見は、それらに基づいた判断であったのだ。個々の学部校舎についてみると、当初は一二棟の建設が予定されていたのだが、設計にあたっては、周知のように、ピアチェンティーニ以外の建築家にも声がかかった。設計を一人に任せず、リーダーに指揮された建築家の集団に託すことが決まったのは、四月五日ごろのことではないかと考えられる[7]。ということはつまり、ピアチェンティーニが正式に計画遂行の任務を受けたのと同時期ということだ。では、大学都市を集団で設計するというこのアイデアは、いったい誰が思いついたのであろうか？　ムッソリーニの頭からでたものなのか、それともピアチェンティーニの考えであろうか？

ファシズム体制が崩壊して、やがて終戦を迎えたのち、イタリアでは公職追放裁判が行なわれたのだが、その際ピアチェンティーニは、弁護資料として提出した回想録の中でこんなことを言っている──「大学都市の計画に関しては、当初は単独で任務を請け負ったのだが、この仕事を後に、自分が選んだ七人の建築家に割り振ることを提案したのは、この私だった[8]」。つまり、手柄の分け前を仲間に与えたのは自分だ、といっているのだ。しかしながらこの証言がおかしいことは、一九三五年の計画終了時の彼の発言と照らし合わせてみると、明らかになる。「（……）統領閣下が、私の補佐として若い建築家たちを召喚するよう御望みになったのです。それもイタリア中から最高の才能を集めて、膨大な設計任務を分担させようとのことでした」[9]。これと関連する内容の文言が、一九三二年四月はじめの『ポーポロ・ディターリア』紙上に掲載された記事にも見られる。同紙はムッソリーニの主催するメディアであるわけだが、その記事によるなら、大学都市の建設に関しては、ピアチェンティーニは計画主任の立場を保ちつつも、「他の建築家たち」と分担して任務を遂行しなくてはならない。そしてこの決定は「統領の指令によるもの」だという[10]。後に見るように、この大学都市計画に携わった人物の中にはミンヌッチの姿もあるのだが、その彼も同様の発言をしている。いわく、ピアチェンティーニは「統領からくだった指令に従い、計画実行のために建築家を多数呼び集める」のだという[11]。

これらの資料から考えられるのは、他の建築家たちと任務を分かち合うようピアチェンティーニに命じたのは、ムッソリーニその人であったということだ。それは、大学都市のような大規模で重要な公共事業を、共同作業によって実現させるための方策であった。かつて、ヴェネト通りで開催された第二回合理主義建築展では、極端な革新主義者と筋金入りの懐古主義者とが、建築のありかたをめぐって喧々囂々《けんけんごうごう》たる論争を繰り広げたものであった。だが、ムッソリーニは示したかったのだ。もはや、時代は変わったのだということを。そしていまやイタリアにおいては、統領の号令一下に、建築は用意されたレールの上を、一つの方向に向かって進んでゆく能力があるのだということを。ともあれ、計画主任であるピアチェンティーニには、協働する建築家の選択に関しては全面的な決定権が与えられていた。初期のリストに名前が挙がっていた建築家は、六名しかいなかった。すなわち、フォスキーニ、アスキエーリ、パガーノ、ミケルッチ、ポンティ、ガエターノ・ラピサルディである。そこにジュゼッペ・カッポーニの名が加えられたのは、ずっと後になってからであった[12]。

すでにみたように、一九三二年の春、ムッソリーニは大学都市の計画を、細部にいたるまで監督した。

このケースでは統領本人が、ピアチェンティーニに仕事を発注した施主のトップでもあったのだ。ムッソリーニがこのプロジェクトに抱いていた関心は、計画の初期段階に多少顔を突っ込んだぐらいで満足するようなものではなく、建設工事が続いているあいだ中、ずっとかかわり続けることになった。五月上旬には、ピアチェンティーニとともに、校舎建築を覆う大理石材にはどれを使用したらよいか、という問題に取り組んでいる。ムッソリーニはそこで、カッラーラ産の白大理石を選んでいるのだが、この決定はどうやら建築学的にどうこうという理由からよりも、石の購入によって生じる国家への見返りを計算したうえでの判断のように思われる[13]。五月中旬には、教育相ジュリアーノに対し、作業の進捗状況を報告するよう命令[14]。その月の下旬には、建設予定地にもともと立っていた、二〇〇家族あまりの暮らす仮小屋が、きれいに取り壊されてしまった。その間ピアチェンティーニのほうでは、校舎設計の任務を建築家たちに割り振っている。彼ら設計担当者たちの間で何度か会合が持たれ、「建設費用の上限、建築様式の方向性、建設方法、材料の選別」などについて話し合われた。ジュリアーノの報告によれば、五月下旬には、すべての建築家が、各自に割り当てられた校舎建築の基本計画を提出。八月末までには契約書もそろい、九月いっぱいをめどに、建設工事に着手する、という段取りになっていた[15]。

だが実際には、予定よりもはるかに早く処理された事項も、いくつかあった。一例をあげるなら、八月十二日にピアチェンティーニは、いかにもムッソリーニを喜ばせそうな報告を行なっている。最初の請負契約の署名がすべておわり、当初見込みよりも早く建設工事に取りかかれそうです、というのだ[16]。この卓越した組織能力こそ、まさに統領がピアチェンティーニを「評価」してやまぬ点であった。だが、この独裁者が人を評価する場合、通常それは人物への崇敬というよりも、その人間がどれだけ役立つ素質を持っているかという点を評価したものであった。実際こんな発言をしている。「雇っている人材すべてについての評価だって？　いやそれなら、人々がどれだけ役立つかを基準とする評価、と言い換えた方がよいだろう。人間というのは歯車みたいなもので、ひとたび擦り切れてしまったなら——その時は、何も考えずに捨ててしまえばよい[17]」。ピアチェンティーニもまた、統領にとってはそうした歯車の一つにすぎなかった。だがそれは、ムッソリーニが最後の最後まで必要とした、実によくできた歯車ではあった。

大学都市の敷地の整地が行なわれている間、建築家たちはそれぞれに、各学部棟の基本計画を練っていた。フォスキーニはいち早くデザイン画を数点提出しており、ピアチェンティーニがこれを見てなんと言うかを知りたがった。アスキエーリ、カッポーニ、ミケルッチらも、やはり同様の要求をしている[18]。八月末には、すべての建築の初期設計案が提出された[19]。この計画がはらんでいる歴史的な重要性と新奇性について、これを正確に理解していたのはパガーノで、自らが主宰する雑誌の一九三三年一月号で、大学都市計画のもつ意義を、はっきりとこう述べている——「集団で力を合わせて計画を実現する中で、われわれの時代に適合した、統一的な特徴を刻みこんで見せること」。われわれの時代とはもちろん、ファシズムの時代ということだ[20]。

2 「今日の生活」は、建築においても「統一的な方針」を必要とする

一九三二年九月の末、大学都市をめぐる舞台の上には、なおもムッソリーニの姿がある。彼はこの時期、作業の進捗状況を知るために、ピアチェンティーニと面談しているのだが、その際建築家から、官庁の事務手続き上の遅れが何点か出ております、との報告を受けた。公共事業省の上級審議会が、建築設計案の検討に時間をかけすぎているからだという。統領はさっそく筆をとり、大臣のアラルド・ディ・クロッランツァに書簡を送って、任務の遂行を督促した——「必要とあらば、卿らの上級審議会を永久にでも開

催していたまえ」[21]。十二月十九日には、大学都市の最初の模型と設計図案が、報道人に公開された。透視図による完成予想図を描いたのは、当時ピアチェンティーの設計事務所で働いていたモントゥオーリであったが、そこでは校舎群の均質的な側面が強調して表現されていた[22]。

建設現場にどれだけの工員が動員されているかという問題は、ムッソリーニが常に気にかけていた事柄で、彼はその懸念を包み隠さず口にしていた。一九三三年一月に再び現場を視察した際には、働いている作業員の数が予定よりも少ないことに気がついた[23]。どういうことか説明せよ、との詰問にこたえる形で、視察の翌日、ピアチェンティーニがさっそく統領のもとに詳細な作業計画を送り届けるよう手配。そこには、今後数か月にわたって雇用される作業員の人数が、しっかりと記載されていた。だが、建設現場が本格的に稼働するのは、総員二〇〇〇名の工員が配置につく十月まで待たねばならなかった[24]。

明けて二月、計画の詳細をめぐって、なおも詰めの作業が行なわれていた。ロッコは、統領の特別秘書官アレッサンドロ・キアヴォリーニに宛ててこんな書簡をしたためている——「このたび首相閣下に、大学都市計画の順調な進捗状況と、建設作業の模様を報告できますことを、至上の喜びと感じるものでございます。図面と現場の写真を、わたくし自らがお手元にお届けに参ることもできますが、もしできましたら閣下ご自身の目で、先日完成したばかりの石膏模型をご覧いただき、また建材の展示サンプルをご検証下さるほうがよろしいのではないかと思う次第でございます」。ロッコは書簡の末尾で、どうぞ建設現場にお体をお運びくださいと、とムッソリーニを招待している[25]。それに応じるかたちで首相は三月十一日に現場を訪問、ピアチェンティーニをはじめとする建築家たちの歓待を受けた。その場にはほかにもロッコの姿があり、元大臣で哲学者でもあったジョヴァンニ・ジェンティーレも臨席していた。統領には、新しい設計図面と二作目の石膏模型が提示されたほか、建材のサンプルが何点か展覧に供された[26]。設計に大きく変更があったのは、大学本部棟と法学、文学部校舎との連結部分。それから文学部と、生理学研究所の建物のヴォリュームにも改変があった。

統領の訪問を受けた後の一九三三年五月、ポンティは担当する数学研究所のファサードデザインにいくつか修正を加え、付け柱で飾られた入口を取り去った[27]。だが、設計を練り直すことになったほかの校舎建築は、そう簡単にはいかなかった。アスキエーリとミケルッチが担当した建物のほかに、ピアチェンティーニが設計した大学本部棟でも、塔を削除する設計変更が行なわれた。すでに、基礎部分が出来上がっていたにもかかわらずである[28]。九月には、再びムッソリーニの現場視察が行なわれている。この時もやはり、ピアチェンティーニが随伴していた。今回も統領は、用意された図面と模型の検証を行なった。ついで、あとは外装の仕上げを待つばかりだったフォスキーニ設計の衛生学研究所とパガーノの物理学研究所に足を運んでいる。この二棟が、敷地内でもっとも建設がすすんでいた建物であったわけだが、それ以外の建物の中には、まだ基礎工事の段階にとどまっているものもいくつかあった[29]。だが今や、建設工事は完全に軌道に乗っていた。一九三四年になると、ピアチェンティーニは大学都市とテルミニ駅との連絡を改良するためのスタディを開始している。九月にはその基本計画をムッソリーニのもとに送付、その翌月に、ヴェネツィア宮での面会に呼ばれている。アカデミー建築家の行なった提案の中には、おそらく新しい鉄道駅舎のデザインも含まれていたのであろう――だが、統領の秘書官はこんなメモ書きを残している――「まあ、どうせ駅は作らないのであるが[30]」。

ムッソリーニはおそらく、一九三四年九月にも、大学都市の建設現場を視察に訪れたものと思われる。ピアチェンティーニのほうでは、統領の視察の折に自分が居合わせることのできるよう、正確な日時を知りたがっている[31]。この最後のものも入れるとすれば、統領は都合五回にわたって現場を視察したことになるが、その内訳を見ると、一九三二年に一度、一九三三年には三度であった。建設の推移をことほどさようにに注意深く見守っていることからも、ムッソリーニがこの建築事業に込めていた、政治的な重要性の大

［図60］ローマ大学都市、上空写真、1932―35年。ムッソリーニはピアチェンティーニが提出した初案を没にしているが、これは「過剰な装飾や、わざとらしい劇場的な演出」があったためであった。

きさがわかろうというものだ。だが一九三五年三月には、竣工日を延期する決定が下された。当初の予定では四月二十一日を想定していたのだが、これが、ローマ進軍記念日にあわせて十月二十八日に繰り延べされたのだ。それまで厳しい締切に追われていたピアチェンティーニの重圧といったらなかったのだが、ムッソリーニもまた、その緊迫感をほぼ共有していたといってよい。だから竣工の延期が決まると、「ピアチェンティーニに、落ち着いて仕事をすすめるように言ってやれ。だが、十月二十八日には間に合うように仕上げるのだぞ」と、建築家を気遣う配慮も見せている[32]［図60］。

　ピアチェンティーニが完成させた作品の意味を、実に的確に見抜いていたのが、批評家のロベルト・パピーニであった。この批評家によれば、ピアチェンティーニは「請け負った任務にふさわしい人物であった。建築家としてだけではなく、多様な精神を束ねる役としても、適任であったのだ。それは、想像力を取りまとめる監督官であったともいえるだろう」。加えて言うには、われわれはいま、「厳格な規律が生み出した、時代にふさわしい営み」を目の当たりにしているばかりではない。この大学都市では、「奇跡」が引き起こされたのだ。「イタリア各地より結集した、出自も性格も異なる」十名あまりの建築家たちが、「一つの統一された様式のもとに、完全に調和する」という、信じられないことが実現したのである。[33]

これほど多様な建築家たちの間で、いったいどうやって「様式の統一」を実現できたのだろうか？　まず、左右対称の都市プランを敷いたこと。これは、古典様式のバシリカの建築類型にヒントを得たものであった。それから、すべての建物に共通する建築要素を定めたこと。たとえば、窓は規格化されたものを用い、コーニスの輪郭は同一のデザインとしたほか、表面仕上げに使う素材としてはトラバーチン、リト・セラミックの煉瓦、そして黄か赤の漆喰を指定した。さらには、建築家たちが、自分の個性を表現するようなデザインに走らないようにし、代わりに見てすぐそれとわかるような、全施設に共通する何がしかの要素を取り入れるようにした。[34]こうして出来上がったものには、個々の人格がぶつかりあう、一つの弁証法が働いているように見える。だが弁証法といっても、それが他人から押しつけられたものであるという点からいえば、偽りの部分が多いわけだが、それでも、一段階上のレベルにたつなら、それらの個性が全体的調和のもとに統合されている姿を、そこに見ることができるのである。

したがって「様式上の統一」といっても、すべてを平らにならしてしまうことを意味してはいなかった。いやむしろ大学都市においては、個々の建物は、それぞれ個性的な特徴を残している。いわば屋根のない巨大バシリカともいえるこのキャンパスであるが、その身廊と翼廊にあたる部分を歩いている時に感じられる「モニュメンタル性」も、敷地の裏側にまわったり、あるいは軸から外れた小広場に入ったりすると、次第に影が薄れ、やがてその特徴を失ってしまうほどだ。ここで採用されている建築言語は、現在と過去の両方を包摂するものであり、モダンであると同時に「荘厳、永続」を表現し、また「民族の血統の刷新」を喚起するものであった。[35]ピアチェンティーニは、この計画を抜け目なく監督することで、人々に次のことを知らしめたのである。すなわちファシスト政権のもとで、相互に協和した建築を作ることが可能であること。またムッソリーニの庇護のもとに生まれた建築家たちの一体性は、今後のイタリア建築のさらなる発展にとって、幸先のよい前触れとなるであろう、ということを。

十月三十一日、ムッソリーニは大学都市の竣工式に出席。だが、病床に臥していたピアチェンティーニの姿はなかった。首相は当日短い演説を行なったが、その中でまず、ローマ大学が中世に起源をもつことを思い起こし、ついで現代の政治状況へと話題を進め、エチオピア戦争のことや、「文明の運搬者たる、われらの兵士たち」について語った。さらに国際連盟への激しい非難を繰り出し、「黒シャツ隊のイタリア」に対する経済制裁の決定を、「国辱」である！ とまくしたてた。演説中、大学都市建設の推移についてはごくわずかなフレーズしか割いていないものの、その短い言葉の中に非常に重要な意味がこめられていた。まずピアチェンティーニを名指しで引用している点が特異で、通常なら建築家の名前が演説の中であげられることはなかった。ムッソリーニはさらに、この計画において実現した政治プログラムと建設事業との調和を、はっきりと指摘している。「余は、建築家ピアチェンティーニを召喚した。この者は、国内各地から建築家たちを自身のもとに集め（……）（彼らは）われらの意図を、大理石と石の姿を借りて、現実世界に翻案したのだ[36]」。ここでは、ファシズムの政治的な要請と建築とが、一つに収斂したことが言われているのだが、この観念こそは、続いて壇上にたった大学総長デ・フランチーシが行なった開学演説の、通奏低音となるものであった。総長が言うには、「ファシズムのごとき絶対主義の観念においては、思惟と行動のあいだに、いかなる乖離《かいり》も認めてはならない」し、文化と政治的決定のあいだにも不和があってはならないのだという[37]。

デ・フランチーシの開学の辞に対し、ピアチェンティーニもまた共鳴を返している。開学式から十日あまりたった後、病もすっかり治癒した彼は、建築学部長の任務を帯びていたので、同学部の新学年度の始業式に参加した。式に集まった学生たちにむかって、建築家はこう語っている。「現今の生活は、集団的であり、大衆を通じて形成されたものである。われらのファシストとしての生活は、あらゆる個人的な要素を、崇高で、精神的でもある国家の利益のために、従わせてゆく。このような現今の生活は、刷新された国家精神へとむかってゆく、統一的な方針を強く要求するものである」[38]。この統一的な方針というのは、三〇年代半ばのファシズムの政治的な展開に対する、建築の側からの回答であった。それはまさに、国家が全体主義化の傾向をますます強めていた時期にあたっている。大学都市の事例は、ムッソリーニとピアチェンティーニが協働した最初のケースというわけではもちろんなかったが、この時点においては、もっとも重要なプロジェクトであったことは間違いない。そしてこの計画においてはじめて、ムッソリーニはピアチェンティーニに対し、他の建築家たちを取りまとめて、体制の作品に「統一的な特徴」を刻みこむ任務を与えたのだった。独裁者と建築家の両名にとって、この大学都市はまず成功した事例というべきものであり、その次の機会、すなわち「E42」のプロジェクトにおいて、さらに規模を大きくして実行すべき成果を含んでいたのだった。

3 「E42」と様式の問題

大学都市の完成後、再びピアチェンティーニとムッソリーニが緊密な連携のもとに協働することになるエピソードが、「E42」計画であった。だが、両大戦間期の建築史という観点から見た場合、この「E42」が占める意義は、大学都市のそれをはるかにしのぐ重要性を持っていた。それは、ファシズムがいだいていた建築様式への意志を示す、もっとも肝要なエピソードでもあったのだ。「E42」とともに、体制と建築をめぐる関係に、大きな転機が訪れたといっていい。ファシズムは自らの名がこの万博都市に結びつくことを、他のどの計画都市にもまして望んだ。この都市の建築様式はしたがって、永続するものでなくてはならず、また建築と、それが建てられた特別な歴史的時間とを、同一化するべきものであった。ムッソリーニはここで建築言語に関して、それまでの両義的な戦略を改めることにし、過去のどっちつかずの態度をきっぱりと捨て去った。統領は一九三七年から一九三八年の初頭にかけて、モダニストの側に立つのか、それとも伝統主義者に与するのか、選択をせまられることがたびたびあったのだが、そうした機会を経るなかでこの「ムッソリーニの都市」を、古代ローマの古典主義を標榜する建築と、徐々に同一視してゆくようになるのである。

「ムッソリーニの都市」こと「E42」は、建築と政治の関係に、はっきりと一つの展開をもたらした。これまでに見たどの事例よりもずっと明瞭なかたちで、ファシズムの側から建築の選択に対する介入が行なわれているのだ。当局から出された建築様式に関する指図も、ムッソリーニの考えに直接もとづいたものであった。彼は、この「E42」計画の全体を個人的に監督しているのだが、すでに見たように、これは今回が初めてのことではない。だがこの万博都市計画では、ムッソリーニの関与の度合いは先例と比べてはるかに大きなものとなり、実にさまざまな領域にわたって、あれこれと干渉を加えているのである。大学都市計画の時とは異なり、ムッソリーニは今回、実行委員長としてヴィットーリオ・チーニを指名した。当初は別の人物、おそらくはアルベルト・ピレッリの名があがっていたのだが、のちにボッタイが、ピレッリはどうも都合が悪いという情報を入手したようで、統領にチーニかヴォルピのどちらかを選ぶよう進言したのだった。[39] 実行委員長を別途に任命したからといって、ムッソリーニが建築の選択から手を引いたわけではなかった。いやむしろ、チーニ――この人物に対しては、ムッソリーニは敬意とともに、「おそらくは、ある種の人間的共感」を抱いていた――を介して、統領による計画への介入と監督は、ますます手の込んだものとなっていったのである。[40]

ムッソリーニは実行委員長にチーニという、産業・金融界出身の、卓越した業績を持つ人物を選択したわけだが、選ばれなかったその他の候補者もみな、同じような経歴をもつ面々で占められていた。この重要なポストを任せた理由には、そもそも「E42」が巨大な経済プロジェクトであったという事実がある。実現にあたっては、大規模な負債がともなうであろうことが予想されていたのだ。当時、協同体省の副大臣であったトゥッリオ・チャネッティの次の発言は、おそらく多少の誇張も交じっているのだろうが、この巨大プロジェクトに込められた重大な意義をよくとらえている。いわく、ここ数年は、「イタリアのあらゆる生産活動は、すべて、万国博覧会の準備にむけられている」、というのだ。[41] 統領自身もまた、一九三九年春にカンピドーリオの丘での演説で、作業の進捗状況を示しながら、国家に呼びかけをおこなっている。全土が力を合わせ、「市民たちの平時」総動員を発令し、「E42」のために死力を尽くせよ――「すべてのイタリア人が、今日より、自分もまた計画に携わっているのだという意識を持たねばならない!」そしてムッソリーニは、ここでは調停者としての姿を見せ、今回の企画が、国家間の「平和と協働という規準に着想を得た」ものであることを人々に訴えた。[42]

だが、ムッソリーニは本当に平和を望んでいたのだろうか? 平和の観念は、彼が作り出そうとしていた戦闘的人間のモデルと、相反するものではないのだろうか? 統領はかつて、こんなことを言っていなかっただろうか? すなわち、平和などは「人としての基本的な徳を委縮させ、否定し去る」ものであり、[43] 逆に戦争こそが、人の真の偉大さを明らかにする行為である、と。本当のところ、ムッソリーニが意図していたものは何だったのであろうか? 統領がこのときとった戦略の種明かしをしてくれる資料がある。これは外交政策の要綱を述べたものであるが、ファシスト党大評議会に提出された重要書類の内容がそれだ。これは外交政策の要綱を述べたものであるが、そこでは、平和的な催しとはまるで異なる、もう一つの目的が「Ｅ４２」に課せられているのである。万国博覧会の財政計画によれば、建設にかかる費用は、後に大挙して押し寄せるはずの外国人来場者たちが落としてゆく莫大なマネーで、十分にもとがとれるとされていた。予想来場者の数は、ピアチェンティーの試算によれば、数百万に達した。万博プロジェクトはこうして、経済的に大成功が見込めるイヴェントへと、その姿を変えることになったのである。そしてここで得た莫大な収入をもって国庫を潤し、軍備を整える態勢を築くのがムッソリーニの真の意図であったのだ。ちなみに当時は、開戦の時期は一九四三―四四年より前はないとみなされていた。この大評議会の席上で、統領ははっきりとこう宣明している。「四二年度の博覧会が終了して後に」、開戦の準備が整うであろう。「この博覧会は、われわれの軍資金を増強させるものでなくてはならない[44]」。一方で、ピレッリに対しては、こんなことをもらしている。「『Ｅ４２』には、たっぷりと稼いでもらわないとな。わが国には、大砲の数がまだまだ足りんのだ。生産がおいつくには時間がかかる[45]」。つまり、建築に戦争の資金援助が求められた、というかっこうなのだ。

　万博会場となる敷地の選択に関しては、ムッソリーニは積極的に参画している。彼がすぐさま主張したのは、ローマから海へと通じる幹線道路沿いがいい、という点であった。これは、一九二五年に表明したアイデアの焼き直しである。一九三六年十月二十一日には、ボッタイ、アルフィエーリ、チーニ、オッポ、ボノーミらを随伴して、初めて敷地の候補地を視察。一行がこのとき見て回ったエリアは、まだまだ絞り込みが行なわれておらず、マリアーナ橋からリドにかけての広大な地域が巡検の対象となった[46]。ついで十二月十五日に行なわれた視察では、トレ・フォンターネ地区が対象となり、最終的にはここが博覧会場として選ばれた[47]。続いてムッソリーニは自ら五人の建築家を指名し、万博都市の基本計画の策定を命じた。選ばれたのは、ピアチェンティーニ、パガーノ、ピッチナート、ヴィエッティ、エットレ・ロッシ。実行委員長のチーニが用意した建築家候補リストの中には、ほかにも、ヴァッカーロ、リーベラ、デル・デッビオ、テッラーニ、ミケルッチ、モントゥオーリ、ムラトーリ、ムーツィオらの名前があがっていた。チーニは同リスト中、ムーツィオの名の横に「最良」と書き込みを加えていた一方で、草案段階では、ポンティとペレッスッティの名の上に、バツ印をつけていた。候補者リスト中、ピアチェンティーニの名が筆頭にあがっていたのは、いかにも示唆的といえる。ムッソリーニは実行委員長が提示した順位をおおむね尊重したのだが、ロッシの選択に関してのみ、自分の意見を通した。リストでは、ヴァッカーロ、リーベラ、デル・デッビオらの名前が上位に来ていたのだが、「観光局付き建築家」であるロッシのほうを好んだのだ(48)。

チーニが準備した建築家候補リストの中で、指名されることが最初から確実だったのは、ピアチェンティーニのみであった。ここで思い出すべきなのが、一九三五年十一月に作成された『博覧会要綱』で、次のような記述が見られる点である。ここで言われていることは、後に現実化することになるのだが、その資料によれば、「イタリア中より選抜したもっとも知性に秀でた若き建築家たちと、彼らを先導する、今日のイタリア王国で望みうるもっとも著名な建築家。この一団は、計画都市の全体要綱と技術計画を作成し、ファシストの本質的な趣向を備えた、完全に新しい芸術的な複合施設を建設するものなり(49)」。ここで言われている「著名な建築家」がピアチェンティーニを指すことは明らかだ。つまり、計画の最初期段階から、彼はこの企画に取り込まれていたのである。加えて、この文章が作成されたのが、まさに大学都市の竣工したのと同じ月であること、さらにはここでもピアチェンティーニに統括者としての役割が与えられていること、これら二点を考慮するならば、この『博覧会要綱』が、たったいま成功裏に実験を終えたばかりのシステムを、「Ｅ42」でも再び採用しようと意図していたことは明らかといえる。そしてここにもう一点、加えておくべき事実がある。ピアチェンティーニは、まだ計画主任の役割を帯びる前の段階で、この種の計画の問題点に精通した専門家の立場から、一つの見取り図を描いているのだ。それは、

「E42」計画にともなってローマがやがてこうむることになるであろう変容を、プロジェクトとして提示したものであったのだが、その中には、この万博と一九四四年開催のオリンピックとを連結させようというアイデアも披露されていた。両イヴェント会場ともに、ローマから見て海の方向に建設されることが想定されており、この二つを結びつけることで、一九四一年の博覧会場のスポーツ施設と一九四四年のオリンピック施設とを、うまく連携させるよう意図していたのだ[50]。

一九三七年の時点で、アカデミー建築家ピアチェンティーニは、イタリア建築界に君臨する最大級の権力を保持していた。建築設計業と大学という、斯界の二つの中枢を支配する立場にあったからだ[51]。彼がかかえていた建設現場は、ローマの他にも、トリノ、ジェノヴァ、ミラノ、ボルツァーノ、トリエステといった都市にまたがっていた上、さらにパリ博覧会のイタリア館の設計も手掛け、図面に署名を書き入れている。ピアチェンティーニは要するに、この時点のみをとっても、半ダースをくだらない主要都市の建築景観を、その手で描いていたことになるのだ。その精力的な活動の模様は、ムッソリーニにも知られていた。いくつかのプロジェクトについては、アカデミー建築家本人から説明を受ける機会があり、それ以外の作品については、該当する都市を訪問した際に、市長とともに視察を行なっている。そのうちいくつかの事例は、ここでざっと回想しておくに値するであろう。

一九三四年十一月、ムッソリーニはトリノ市長のパオロ・タオン・ディ・レヴェルと面会。市長が持参した、ローマ通りの第二区画開削のための図面類を検証した[52]。後に市長がウーゴ・サルティラーナに変わってからも、引き続き工事の進捗状況が逐次報告されている[53]。ピアチェンティーニは事務所スタッフのパスコレッティをトリノにわざわざ送りこんで、この計画の監督に当たらせた。そして新街路の除幕式が行なわれた際、スタラーチェの横に並んで祝典の第一列をちゃっかり占めていたのは、ピアチェンティーニであった[54]。同じく一九三四年の十一月にヴェネツィア宮に参内しているのが、トリエステ市長のサレムである。旧市街を中心とする同市の建築事業の進捗状況について、統領に報告を行なうためであった[55]。サレムはこの面会の後、同市のジェネラリ保険の社屋の設計を、「評判の建築家」——つまりピアチェンティーニのことだが——に担当してもらえないでしょうか、と請願している[56]。トリエステではさらに、都市景観にファシスト的な容貌を刻印することになる中心街区に、建物が他にもいくつか計画されていた。それら一連の計画を、イタリア・アカデミーの建築家が手がける保険社屋と調和させたいと望んだ市長は、さっそくナポリ銀行の頭取を説得。支店計画に際しては、ピアチェンティーニと直接かけあって同意を得るように働きかけた。そして一九三七年二月に、市長はふたたびムッソリーニと面会し、市内の建築事業の進み具合を報告している[57]。

やはり一九三四年のことであるが、ムッソリーニはジェノヴァ市長モルフィーノとも面談している。市内で建設中の建物と、これから計画される事業について、報告を受けるためであった[58]。一九三六年十二月にはボローニャ市長チェーザレ・コッリーヴァに接見。市長は統領に、同市の再開発計画を提示した。これはローマ通りを基軸としたプロジェクトで、ピアチェンティーニの参加が予定されていた[59]。さらに首相は、ピアチェンティーニが手がけたボルツァーノ市の広場を訪れているほか、すでに見たように、ミラノで進行している建築＝都市計画事業に関しては、完全に状況を掌握していたのだった。つまるところムッソリーニは、ピアチェンティーニが今どんなプロジェクトを手がけているのか完全に把握しており、また建築家がそこでどんな解決案を提示したのかも、手にとるように知ることができたわけである。こうした事情のもとに見るなら、ピアチェンティーニを「Ｅ４２」計画に取り込むという決定の背後には、非常に明瞭な意味合いがあったことがわかる——つまり、この建築家は当時、イタリアの主要都市の容貌を作り変える作業を一手に引き受けていたのだが、その役割が国家によって認められ、その彼の手の中に、さらにイタリア建築全体の運命までをも委ねる決定がくだされた、ということなのだ。

一九三七年一月上旬の時点ですでに、五名からなる建築家のグループは新たな「ムッソリーニの都市」に形を与えるべく、作業に取りかかっていた。ちょうどドイツでは、ヒトラーがシュペーアを相手に、新たなベルリンのための計画について話し合っていたのと同じころだ。[60] ローマ市のヴェネト通りに設置された暫定オフィスで、ピアチェンティーニとその同僚たちはスタディを開始し、初期計画を描きあげた。[61] 一月中旬に行なわれた記者会見の席上で、チーニはこの博覧会の際立った特徴として、普遍性や「截然性」などとともに、「様式」をあげた。これより以前、様式の問題がこれほどまでにはっきりと表明されたことは、一度もなかった。それがいまや、事業のプログラムの中にしっかりと組みこまれているのである。チーニは会見でこう主張したのだった――「施設群の様式は、未来都市の装飾モチーフを構成するものでなくてはならぬ。時代の傾向を、はっきりと見せる必要があるのだ。わが国の伝統にふさわしく、それでいて現代イタリア文明の独創性を満たすような、そんな様式をもとめて数年来研究をかさねてきた若き才能たちにとっては、絶好のチャンスがめぐってきたのだ。おそらく今後イタリアの首都において、これほど巨大な規模と多様性をそなえた建設が同時に行なわれることはないだろうし、これほどまでのモニュメンタル性と集合性を兼ね備える事業が計画されることも、二度とないであろう[62]」。

4　古典主義への展開

様式について記者会見で言及した際、チーニの頭の中には果たしてどんな考えがあったのだろうか？ピアチェンティーニはこの実行委員長と面談したのち、その意図するところを正確につかみ取ったように見える。「昨日の長い懇談を終えて、私は大変満足して帰途につきました――いまや、視界がはっきりと開け、離陸の準備ができた心地です（……）博覧会場を構成する巨大な規模の諸施設、これらは会期終了後も永続することになるでしょうが、愚考しますに、それらの建築群が一体となって、一つの広大なフォーロ（広場）を形成するべきと考えます。ここで、閣下が今、フォーロ・ロマーノのただ中に立っているところをどうかご想像いただきたい。広場や円柱、径路、アーチなどに取り囲まれ、背景には左手にコロッセオ、右手にカンピドーリオの丘が見えることでしょう。博覧会場で実現すべきと考えるのは、この古典的な情景に類似したものですが、同時にモダンなもの、いや、超モダンであるといっていいような、そんな景色です――ここには、ラテン文明とファシスト文化を称揚するすべての展覧会が集められることになります。（……）もし閣下が、近いうちに首相とお会いする予定がございましたならば、ここに描いたようなアイデアがお気に召しますかどうか、ご意見を伺って見るのも悪くはないかもしれません。さすれば、より安心して、計画を進めてゆくことができますゆえ[63]」。

三月、最初の概要計画が取りまとめられた。パガーノが「A計画案」と呼んだものだ。ピアチェンティーニはチーニとは常に連絡を取り合っていたのだが、このA案についてこんなことを書簡に記している。この計画案では「古典建築の軸構成を基盤とする、新たな研究成果」を盛り込みました。「何度も検証をかさね、もっとも適切なプロポーションを定めたものです。この基本構成を中心として、その周囲に、同僚たちが提案したアイデアのうち、最良と思われるものを挿入しました。こうして出来上がった全体の計画は、総じて非常に動きに満ちたものであると同時に、地にしっかりと足がついており、そのうえ古典的図式からも外れていないのです[64]」。この初案に続いて、さらに詳細にわたって設計を発展させた「B計画案」と呼ばれるプランが、四月八日に、五名の建築家の手でムッソリーニに提出された。このとき統領はリビア行から帰国したばかりであった。例の、円柱に対する嗜好を表明したあの視察である。この面談の後、さらに詳細にデザインをつめた計画案が、四月二十八日にふたたび首相のもとに提出された。それは

［図61］ジュゼッペ・パガーノ、マルチェッロ・ピアチェンティーニ、ルイージ・ピッチナート、エットレ・ロッシ、ルイージ・ヴィエッティ設計、「E42」の計画、中央軸線の透視画、1937年。ムッソリーニはこの案を承認するものの、おそらく、ここに表明された過度にモダニズム的な建築の選択に関しては、完全には同意していなかった。

ちょうど、統領が敷地予定地の視察として選んだ日に重なっていた。ムッソリーニはエリア全体を見渡せる鉄塔の上に登り、そこでパガーノから、どの位置に何を建設するかについて、こまごまと説明をうけた。ついで、敷地に建設された仮設棟に立ち寄り、屋内に展示してあった博覧会の設計図と模型を検証している。

このとき提出された詳細設計案を、ムッソリーニは承認することはしているのだが、その提案に完全に同意していたようにも思われない。そこに描かれていたのは、ガラスと鋼鉄でできた、未来都市の姿であった[65]［図61］。図面には、ピアチェンティーニの署名も確認できるのだが、彼はここで実にしたたかに振る舞っており、安全な場所に隠れておいて、ひそかに自分の順番が回ってくるのを待っていたのである。このとき実質上のグループ・リーダーの役割を担っていたのは、パガーノであったと思われる。彼はピアチェンティーニよりも一世代若く、アカデミー建築家とは大学都市計画の際に協働しており、またそれがきっかけで両者の仲はさらに緊密なものとなっていた。「（……）この、愛情のこもった協働関係から生まれた友情と尊敬の念は、いつまでも廃れることはないでしょう」、そうパガーノは表明している。そこに深い情愛の念が強調されているだけに、後に両者を分かつことになった憎悪の念の強さが際立ってしまう[66]。ともあれ二人の友情は大学都市の後も、パリ博覧会のイタリア館の仕事においても引き続き良好で、このときパガーノは内装を担当している。一九三二年の時点でパガーノはピアチェンティーニのうちに、現代建築家たちの統率者の姿を見ていたのだとすれば、「E42」においては、その彼の横に並んでいっしょに仕事をしたいと望むようにまでなったのだといえる。その一方で、このたびはムッソリーニの方でも、かつての大学都市計画の時とは趣を異にし、ピアチェンティーニには特に総監督としての役割を与えていなかった。そしてピアチェンティーニとは異なって、パガーノはまだ四十歳にも達していない少壮で、その背には、一点の曇りもないファシストとしての経歴が燦然と光っていた。そしていま、そのパガーノが、ムッソリーニに博覧会の計画を提出する役目を引き受けたというわけなのである。ピアチェンティーニは、この若い建築家のするがままにさせておいた。ムッソリーニの人となりを深く知悉していたものだから、直感的に、パガーノの描いた案が、統領や実行委員チーニの想定しているものとはかけ離れていることを、悟っていたのだ。

さて後にみるように、最終案とはとうてい呼べないような代物であったこの計画がともかく承認されたのをうけて、計画は第二段階へと進んだ。博覧会を構成する主要建築のために、ここで一連の設計競技が開催されている。その数は、合計で五つにも及んだ。五月、ピアチェンティーニは設計競技の公募要綱の中でも、建築表現に関する規定の作成を行なっていた。そしてこの時点ですでに、古典主義的な様式へとむかう兆候が、いくつか見られるのだ。公募要綱には実際、次のような規定が記されることになる。「純粋な精神的態度の意味での、古典的でモニュメンタルな感性（……）これこそを、本博覧会建築は、たとえモダンで機能主義的な形態をまとうにせよ、根本的な着想源とするものでなくてはならない[67]」。目標とされていたのは、伝統と革新を融合させる建築であった。それはちょうど、ファシズムが政治の分野で行なっていたのと同じ方針といえる。融合といっても、そこではつねに伝統の要素が支配的であった。この伝統重視の傾向は「精神性」においてのみならず、とりわけ象形のレベルで強く見られたことであった。

六月二十五日、ムッソリーニのもとに万博都市の都市調整計画大綱が提出された。パガーノのヴィジョンに対し、一方ではピアチェンティーニが、他方ではムッソリーニが、それぞれ異なる立場を取り始めたのは、おそらくこのときにさかのぼるものと思われる――「ムッソリーニがどうしても実現せよ、とこだわりを見せたのは、ローマから海にいたる幹線道路（インペリアーレ通り）を引きこんで、新都市全域を貫いて一直線に通す、というアイデアであった。われわれとしては、通過交通は都市内の交通から分離させ、市の外を迂回するようにさせなくてはなりません、と意見の具申を試みたものの、取りつく島もなかった」(68)。それから数日後の六月二十八日、ムッソリーニはふたたび、敷地であるトレ・フォンターネ地区の視察を行なっている(69)。

六月三十日、チーニの手からムッソリーニに、博覧会に関する第二回報告書が手渡されている。この時点になると、はっきりと次の点が明記されていた。すなわち、新都市は「われわれの時代の様式を、決定的なかたちで創出すること」を、目指すものでなくてはならない。「それはファシスト政権二〇周年を称えるもの、すなわち『Ｅ４２』の様式といえるべきもの」なのである、と(70)。「Ｅ４２」の様式は、「時代の傾向を、はっきりと見せる必要がある」、とは先に引いたチーニの言葉だ。それは、サバウディア市やフィレンツェの駅舎などよりもはるかに明瞭に、ファシズム体制の規範的な建築モデルとなるべきものであった。この点では、ローマの大学都市計画と比べても、さらに踏み込んだものといえる。博覧会都市に参加した建築家たちには、「古典の感性」から着想を得た建物を設計することが求められ、「モニュメンタル性と雄渾さの規準」について通暁するように、とくぎが刺された。「五十年、百年とたったのちにも、いっこうに古さを感じさせせぬばかりか、間違っても卑しさなど微塵も与えることのないような、そんな仕方で永続すべき建物」に、建築家たちは形体を与えるように、求められていたのだ。

そこから数か月の間は、まだ都市規模のスケールで設計をつめる作業が続いていた。九月、チーニは国民教育相アルフィエーリに書簡をしたため、「われわれの用意している都市調整計画大綱は、まだまださまざまな変更を受ける可能性があります」と伝えている。[71] その月の末、ムッソリーニはナチスドイツを訪問。二人の独裁者はその折に、建築について議論をかわした。ヒトラーがモダニズム建築の形態言語に対して、あからさまな嫌悪を示していたこともまた、ムッソリーニの内に古典主義建築へと向かう強い契機を与え、こう確信させたのに違いない。すなわち、古代ローマの伝統に根ざした建築こそは、国内にあっては大衆支配の政策を実行するうえで有利であり、外にあっては帝国主義的な拡張政策を推進するのに役立つのだ、と。そしてこれは決して偶然とはいえないのだが、首脳会談の行なわれたミュンヘンには、ムッソリーニが到着する十日ほど前に、ピアチェンティーニもまた訪れていた。建築家はその際、トロースト の作品群、なかでもドイツ芸術の家を実見している。この施設は、ヒトラーが一九三七年七月に鳴り物入りで落成式を執り行なったもので、独裁者はこれをドイツ建築のモデルとみなし、「ドイツ芸術の真の、永遠なる」神殿と位置づけていた。[72] ピアチェンティーニの見解は、これとはまったく異なるものであった。注意すべきなのが、ここでピアチェンティーニが念頭においていたのは、深い意味での建築の選択の問題、すなわちヒトラー（その芸術家気取りを、ピアチェンティーニは愚弄しているのだが）のいだく古典主義と反モダニズム建築の立場であり、実際の建築活動の面ではなかったということだ。「ミュンヘンほか、ドイツの各地を回ってきました。理論的なレベルでは、ある点までは、おおむね例のヒトラー大芸術家先生の立場に、われわれも同調できるでしょう。ですが、実際にできあがった建物となると、これはいけません。ミュンヘンのあれは、実にひどい。建築の転写技術の見本市か、はたまた何かのパロディのつもりか……」。[73] ドイツで目にした転写建築は、ピアチェンティーニが「Ｅ４２」で実現しようとしていたも

［図62］マルチェッロ・ピアチェンティーニ設計、「E42」都市計画、模型、1937―38年。最初の段階こそ集団作業（ピアチェンティーニ、パガーノ、ピッチナート、ロッシ、ヴィエッティ）が行なわれたが、それ以降は、1937年に都市計画総監に任命されたピアチェンティーニが一人で計画案の研究にあたった。

のとは、およそかけ離れたものであった――なるほど、彼のもとめていたのも古典性であり、その形態面にも注意が向けられてはいた。だがそれは、現代的な観念によって解釈しなおしたものであったのだ。

そうこうしている間にも、アカデミー建築家は「E42」計画の支配権を握ることに成功。十二月上旬には、営繕部門の責任者に任命された。これは実質上、ムッソリーニが協働スタッフとして召集した他の四名の建築家を、放逐する決定に等しかった[74]［図62］。ピアチェンティーニとチーニとオッポの三名は、それ以降、密に会合を繰り返した。彼らの仕事の現場を目にする機会があったオイエッティなどは、その様子をこう記している。「彼らの発する言葉のうちには、常にベニート・ムッソリーニの指令がこだましており、また三人が何か懸案事項を抱えている際には、その背後に統領の鋭い眼光がほの見える心地がした[75]」。こうしていまや、ピアチェンティーニが一人で、建築様式の調整に関する操作全体を取り仕切るようになった。首相が望む建築方針を実現するのに必要な、一連の仕掛けを単独で発動することができる立場にたったのである。それほどまでに重要な役務であったことから、逆に戦後の公職追放裁判に提出された書類の中では、ピアチェンティーニはその役割を可能な限り矮小化しようとしている――「私は、一九四二年の博覧会の実行委員会にあって、建築に関する諮問役（といっても、名誉職でしたが）を務めたにすぎません。自分の手では、何一つ建築をつくりませんでした」(76)。これは完全に虚偽の証言である。名誉職などといっているが、これは報酬の面からも偽りの発言といえる。というのも、「Ｅ４２」の建築上の「統一方針」を策定する報酬として、しっかり年額三万リラを受け取っていたからである(77)。

5 「Ｅ４２」において「歴史が作られる」

ムッソリーニは、こと「Ｅ４２」のプロジェクトに関しては、現場を視察し、仕事の進み具合を確かめるだけにとどまらなかった。計画で問題が生じると、それを自ら解決すべく首を突っ込むこともしている。そもそも彼は、博覧会都市の調整計画大綱の作成にあたるべき建築家を選定する段階から、参画していたのだった。また、つい先ほど触れたように、都市を貫く巨大な軸を設けるという案を、パガーノやピッチナートらの反対に抗して押しつけたのも、ムッソリーニであった。そして後には、建築様式の策定にも一枚噛んでいる。ここで、一九三七年十二月から一九三八年二月のあいだに起ったできごとを、ひとつひとつ辿ってみるのも無益ではないだろう。

一九三七年十二月、「Ｅ４２」のための最初の二つの設計競技が、勝者の選定作業の詰めを行なっていた。対象は、迎賓・会議場とイタリア文明館の建物である。さらにその月の二十日は、三番目の設計競技となる帝国宮殿の図面の提出期限とされていた。ピアチェンティーニはこれらの設計競技のうち、イタリア文明館と帝国宮殿に関して、優秀案選定の審査委員に名を連ねていた。十二月十三日、そのアカデミー建築家は、「Ｅ４２」建築部門の監督官に任命された。その同じ日に、同建築家は実行委員長のチーニに宛てて書簡をしたためている。[78] この時すでに、イタリア文明館の着工準備は整っていた。コンペの勝者を決める最終選考会議が開かれる前に、もう誰の案が優勝するのか、わかっていたのである。勝者はラ・パドゥーラが率いる設計チームであった。ただし彼らには、条件として、計画の変更がいくつか求められた。ピアチェンティーニは実際、「修正点を伝えるために」ラ・パドゥーラを呼び出すつもりです、と先のチーニに宛てての書簡の中に記している。[79] そして十二月十八日、イタリア文明館・設計競技の勝者を決めるための、第四回目にして最後の選考会議が開かれた。だが、優勝者の名が記された報告書は公表されなかった。最初の設計競技の結果が出るまで、こちらのコンペの選考は留保することが決定されたのだ。つまり、迎賓・会議場の設計者が正式に決まるまで、こちらも決まらない、ということであった。その迎賓・会議場のほうはというと、こちらは第二次コンペが開催され、その締切が十二月三十一日と定められていた。ピアチェンティーニはチーニに対し、その第二次コンペの応募案も見せてはいただけないでしょうか、と依頼している。ピアチェンティーニはこのコンペの審査委員ではなかったのだが、「両コンペの選考評のバランスをとるために」、ぜひとも見たいというのだ。[80] したがってピアチェンティーニは実質上、三つの設計競技すべてを管理下に置いていたことになる。

迎賓・会議場のための第二次コンペは、年を越えて、一月の上旬に応募案の審査が行なわれた。一月五日、テッラーニは、審査委員会のメンバーの一人であるピッチナートに宛てて書簡をしたためている。「第一次コンペの折には、拙案を支持してくださり感謝いたします。つきましては、第二次コンペにおいても、どうか変わらぬご支持を賜りますことを。[81] 委員会の意見は一枚岩というわけではなく、審査の過程でおそらくは、衝突もあったものと思われる。[82] 結局リーベラの案が勝利したのだが、それは、第一次コンペの応募案を、大幅に作り変えた提案であった。一方、テッラーニが率いるグループは敗退した。リーベラが勝ったというニュースは公表されなかったのだが、それとなく、参加者たちの間には周知の事実となった。[83]一月十五日、批評家のカルロ・ベッリは、友人であるテッラーニに電報を送っている――「会議場ハ、リーベラ勝利ス。文明館ハ、パドゥーラ」。[84]すると二日後に、今度はテッラーニが画家のアキッレ・フーニに書簡をしたためている。「公式結果が発表されずにいるなんて、おかしな話だ」、ムーツィオの意見によれば「ローマで、何か奇妙なことが起こっているらしい」、もしかしたら「リーベラの奴が、設計をやりなおしているんじゃないだろうか」。その上でテッラーニはいかにも世間知らずといおうか、こんな無邪気な依頼をしている。どうかチーニ殿に忠告して、「このような重大な不正や乱用が行なわれないように」、事態を監視するよう君から頼んでほしい。[85]リーベラがいま、設計案の変更を行なっているのではないか。そうテッラーニが疑ったのも、もっともなことであった。彼が信じて疑わなかったのは、リーベラはきっといま、もっと「克明にモダニズムを標榜する」デザインに変えようとしているに違いない、ということだったのだが、この点では見事にいっぱい食わされたといえる。[86]同じころ、パガーノはオッポに宛てて、こんなことを書き送っていた――「状況はずいぶんと変化してしまった（……）ここは、あまりごねないほうがいいだろう。ピアチェンティーニとミンヌッチが、己の責任で行なうに任せておくのが得策だ」[87]。

その間、一月七日に、[88]チーニはムッソリーニに面会を求めている。第一および第二コンペの優秀案を、披露するためである。これは突然降ってわいた出来事ではなく、あらかじめ計画されていた行動であった。実際、チーニがムッソリーニに提出した「Ｅ４２」計画・第三次報告書の中にも、両コンペの優秀案が、首相のもとに提示されることが明記されていた。[89]テッラーニが疑いを抱いていたこと、そしてピアチェンティーニが「修正」を要求したことなどを考えあわせるなら、すでにこの時点で、ラ・パドゥーラとリーベラの設計グループの案は部分的に変更を受けていた可能性は十分にある。首相に面会をもとめたその同じ書簡の中で、チーニは、ピアチェンティーニとオッポも同席させたほうがよろしいでしょうか、と尋ねている。このような確認をチーニが行なっていることから、ピアチェンティーニが「Ｅ４２」計画の中心的な存在であったことがわかるのだが、かといって絶対に不可欠な役割というわけでもなかったことも、同時にうかがえる。時あたかも、重要な政治的・建築的な決定が下されようとしている瞬間であった。そしてまさにこの時点において、統領と建築家のあいだの上下関係が非常にくっきりと浮かび上がってくる。自分たちはいま、決定的な瞬間に立ち会っているのだ。人々がいだいたこのような特別な意識を、オイェッティが、透徹した寸句の中にたたみ込んでいる。いわく、「Ｅ４２」においては、「歴史が作られるのだ。家ではない[90]」。

　チーニと首相の面談は、一月二十二日に設定された。当日は土曜日であったが、午後六時に、ムッソリーニはまずチーニに接見。次いで、ピアチェンティーニとオッポも迎え入れた。その席で、コンペ勝者の二案が提示されたのだが、統領はどちらにも満足しなかった。そこで、一連のデザインの改変を要求し、勝者の公表をとりあえず控えるように命令したのだった[91]。それから十日ほどたって、チーニはムッソリーニに対して、二月五日の土曜日までに、「件の計画の準備が整います」と知らせている。さらに、「両案ともに、閣下から賜ったご指示にしたがって、やり直したものでございます」とも、付け加えている[92]。ムッソリーニは、チーニ、ピアチェンティーニ、オッポの三名に、二月五日ではなく、十一日に接見した。その間、三番目の設計競技となる帝国広場コンペの選考も終了していた。そのためピアチェンティーニは面会の折に、ラ・パドゥーラとリーベラの訂正案といっしょに、クァローニとモレッティの設計グループがそれぞれに手がけた二つの帝国広場案も、ムッソリーニに披露した。両案は、審査の結果、同列一位とされていたからだ。この三番目の設計競技については、横槍が入ることなく、審査が行なわれたといえる。

　さて、その二月十一日、ヴェネツィア宮のムッソリーニの執務室では、テーブルの上に、「Ｅ４２」の主核を形成する施設群の図面が、同時に広げられたのだった。設計変更が言い渡された先の一月二十二日の面談は極秘裏に行なわれたが、今回の接見はむしろ大々的に宣伝された。報道陣用の公式発表が作成され、今回の会談のニュースとともに、ムッソリーニが「コンペを勝ち抜いた設計案を承認した」ことが伝えられた。われわれがこれまで順に追ってきたストーリーに従うならば、リーベラと、ラ・パドゥーラの設計グループは、コンペの審査が終了する以前に、二度も設計に手を加えたていたことになる。この仮説は、リーベラの次の証言と照らし合わせても、よく一致するものである。「迎賓館の計画のために、五回も設計をするはめになった」[93][図63・64]。

ムッソリーニは、したがって、二度にわたって計画を検証し、修正を要求したことになる。すでに見たように、このこと自体は彼にあってはとりたてて珍しいことではなかった。だが、ムッソリーニがここで下した裁定がもつ意味合いは、他のケースとは比べ物にならないほどの重要性をもっていたということができる。彼の決断は、向こう数年間に建築がとるべき方針をとりあえず定めようとするものであったばかりではない。「E42」の施設群を通じて、「四〇〇年後にも（……）現在のわれわれがどんな人間であったのか」を知らしめるような、そんなところまで見越したうえでの判断でもあったのである[94]。

だが、計画に沿って順調に事が進行していると見えたのは、実はうわべだけのことであった。大々的な喧伝が行なわれていたその背後で、「E42」計画の進行は、少なくとも部分的には行き当たりばったりの行程に従っていたというのが実情で、そのせいで食い違いが生じることもままあった。一九三八年三月に提出された報告書の中で、フェデリーコ・ピンナ・ベルケットはムッソリーニに、博覧会事業総合責任者の役務を降任させていただきたい、と要求しているのだが、これなども、そういったごたごたを反映したものであったといえる。同報告書の中でピンナ・ベルケットはムッソリーニに、計画のかかえる矛盾点をあれこれ指摘しているのだが、それは実に長大なリストとなった——ひとつ、「入念に練られた」初期

［図 63］エルネスト・ラ・パドゥーラ、ジョヴァンニ・グエッリーニ、マーリオ・ロマーノ設計、「E42」イタリア文明館・第二次コンペ用の計画、1937—38 年。アダルベルト・リーベラの迎賓・会議場の時がそうであったように、ここでもまた、ムッソリーニはコンペの開催中に、デザインの変更を求めている。

［図 64］アダルベルト・リーベラ設計、「E42」迎賓・会議場・第二次コンペ案、模型、1937—38 年。ムッソリーニは競技の開催中に、デザインの変更をいくつか要請している。

計画を破棄し、「ただ早期に実現したいというあせりから、冒険的な案」の採用へと動いたこと。ひとつ、万博都市調整計画大綱がこれまでに実に「二二点もの修正」を受けていること。ひとつ、施設にどのような機能をもたせるかを曖昧にしたまま設計競技が開催されたこと。ひとつ、「パヴィリオン群を、古典主義建築ならびに古代ローマから着想を得たもの」にしようとする要求があったこと。ひとつ、ポルタ・カペーナ広場に、博覧会とローマを結ぶ五つの道路を終結させようなどという馬鹿げたアイデアにこだわっていること。ひとつ、収容能力の問題を軽く見過ぎていること。[95]

博覧会都市の中核施設に続いて、市内の他の建築群もまた、計画の作成にあたってはムッソリーニの検証を受けている。一九三八年六月には、四番目の設計競技となる、イタリア軍会館のコンペが終了。もともと一九三七年十月に公募され、第一次、第二次コンペを経たのち、デ・レンツィ案とフィジーニとポッリーニの案が、同列で一位に選ばれたのだった。この優秀二案は、とくに最初のヴァージョンでは、相互に大きく異なる提案を行なっている。一九三八年三月、チーニは、設計グループBBPRに郵便・電信局舎の計画を依頼。これは、イタリア文明館コンペで次席となったこの設計グループに対する、一種の報償的な意味合いを持つ仕事であった。さらに一九三八年の前半には、フォスキーニがサンティ・ピエトロ・エ・パオロ教会の設計に取り組んでいる。七月、チーニはこれらすべての建物——イタリア軍会館を構成する博物館群、郵便局、フォスキーニの教会——の契約を一時凍結している。独裁者からの承認があるまでは、先には進められなかったのだ。[96]

ムッソリーニのほかにもう一人、これらの建築に視線を注いでいる人物がいた——ヒトラーである。ドイツの独裁者のもとにも、「E42」計画の設計図面が届けられていた。ドイツもまた、博覧会への参加を一九三八年十月二十五日に決定していたからだ。[97] われわれの仮説によれば、すでに一九三七年九月のミュンヘン会談の折に、ドイツの首相は「E42」計画について、ムッソリーニに向かって否定的な意見を述べていたものと思われる。シュペーアの語るところによれば、そののちヒトラーは、再度、ローマの博覧会計画の図面を検証している。ミュンヘン会談の時点では、計画図面にはモダニズム建築の姿が描かれていたのだが、今回は、一九三八年の二月と七月にムッソリーニ自身が承認した案ということもあって、アーチと円柱からなる透視図が図面に含まれていた。だが、総統の評価は今回もまた、完全に否定的なものであった。ミュンヘンで、ムッソリーニにありがたい「レクチャー」を垂れてやったと信じていたのに、図面を検証すると、彼がまったく独自の道を歩み始めたことが見てとれたからだ。「まったく、何もわかっちゃいない！」総統は声を荒げたという。「これでは、生命感のない、空虚なコピーにすぎん！　だが待てよ……おそらくは、そのほうが都合がいい。これで、我々のほうが首位にたてるからな」[98]。ピアチェンティーニと同じで、ヒトラーもまたライバル国の建築を見て、こいつは「空虚なコピーだ」、「複写マニア」だ、とけなしたことになる。

建築のヘゲモニーをめぐる戦い、いやもっと広く、文化全般の優劣をめぐる角逐は、すでにその火ぶたが切って落とされたのである。この戦場では、第二次大戦という短い挿話の後、イタリアとドイツが雌雄を決することになるのだ。ドイツ民族の優位性、それは、確固たる文化基盤の上に成り立つものでなくてはならなかった。ヒトラーはこう考えていた。ムッソリーニには、大きな利点がある。なにしろ、古典文明にうったえ、古代ローマ建築の強固な伝統と結びつくことができるのだ。当時の壮大なモニュメントや、神話化された過去が大衆を虜にする、あの強烈な力を、最大限に引き出すことが可能なわけだ。そう認識していればこそ、ヒトラーは、ドイツが誇る強大な軍事力と経済力に肩を並べるかたちで、「広大な文化の制度化とその拡張政策」が展開するよう、全力を傾注していたのだ。この目標を達成するためならば、戦争を一回やるよりもさらに多額の予算をつぎ込む気でさえいたのである。ヒトラーはこう言っていた。「私が本当に成りたいのは、建築家だ。軍隊指揮官であることは、本意ではない」[99]。

6 テッラーニは挑戦し、パガーノは沈黙を決めこみ、ボッタイは異論を唱える

「E42」で定められた建築様式の方針に反対を表明したのは、ごくわずかの建築家であった。この対立構図には、一つの矛盾が示されていることを指摘しておかなくてはならない。「E42」計画を推進する側の者たちが示すファシズムへの忠誠には、どこか日和見主義的なところがたぶんに見られる一方で、ムッソリーニが課した建築様式に反対を表明した人々は、むしろファシズムへの絶対的忠誠を誓った者たちであったのである。全体主義体制がこれみよがしに展開する壮大な企図の中で——そこでは建築の持つ教育的機能が、ムッソリーニのかかげる「新しい人間」の創出政策を実行するために、最前線に投入されることになる——、この不協和音は、けたたましく鳴り響くことになる。その不和が、もともと建築を観念に従属させた者に発するだけに、よりいっそう耳をつんざく騒音となったのだ。

だがここで、両陣営ともに満足できる、一つの解決案が見出された。テッラーニには、ふたたび挑戦の場が与えられた。帝国通りに建設が予定されたダンテウムの設計という、大変な威厳を帯びたもう一つの仕事を任されたのである［図65］。ダンテウム建設をめぐって、ムッソリーニ、ヴァルダメーリ、ポッスらによる最初の会談が行なわれたのが、一九三八年三月二日。そして七月にはテッラーニとリンジェーリが設計に取りかかっているのだが、これはテッラーニが「E42」計画から締め出しをくらってから、わずか数か月後のことであった。この決定が示しているのは、ムッソリーニの都市ローマを建設するにあたって、このコモ出身の建築家を除外したくないという明瞭な意志の存在である。ダンテウムをテッラーニに任せた者にとっては、国家様式の確立をめざす「唯一の道」に異を唱えるこの建築家の立場を、うまく方向づけてやることがなおも可能であったのである。

敷地に帝国通りが選ばれたことは、重要な意味合いを持っている。すでに見たように、ムッソリーニはかつて、フォーロを貫通する道路の建設によってぽっかり取り残されてしまったこの空き地で、BBPR

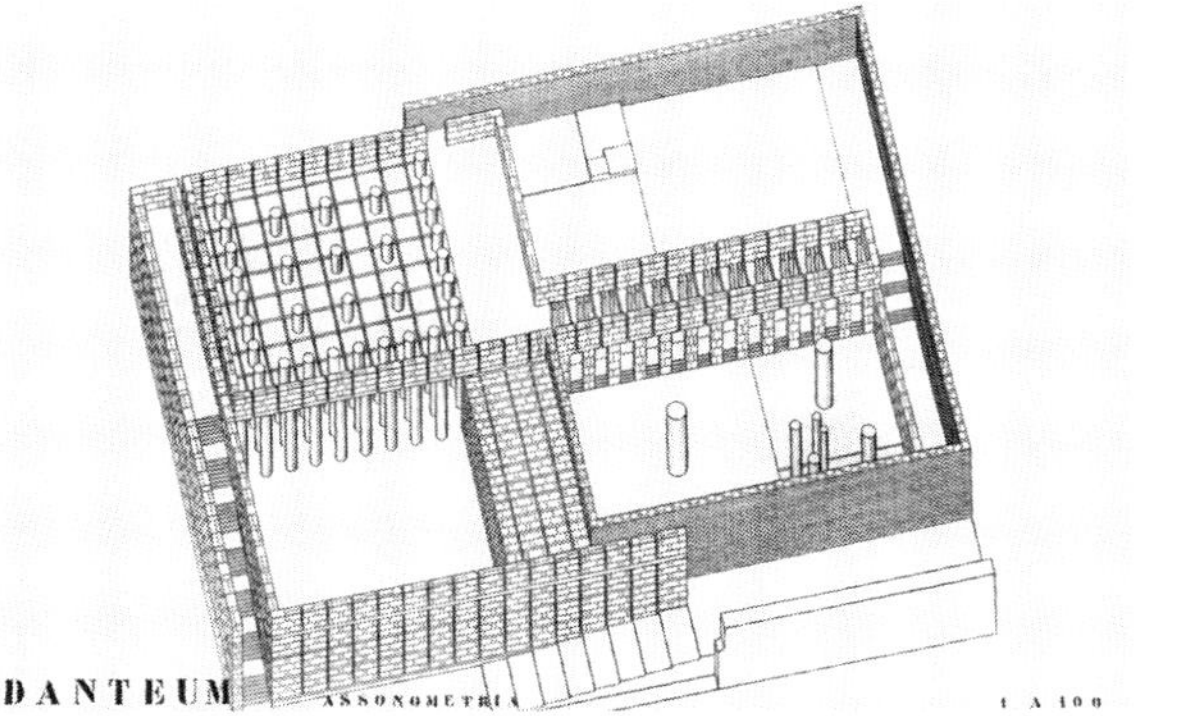

［図 65］ジュゼッペ・テッラーニとピエトロ・リンジェーリ設計、ローマのダンテウムの計画、アクソメトリック、1938 年。この建物は、帝国通りの、マクセンティウス帝のバシリカの正面に建設が予定された。1938 年 11 月 10 日に、同案はムッソリーニの入念な検証を受けるのだが、彼はそこでいくつかの修正を求めることになる。

設計グループが手がけるイタリア文明展を開催させようとしたことがある。それから一年が経過したいま、その同じ場所に、今度はダンテウムを建てようと決定したわけである[100]。だが、帝国通りと言えばまた、北のフォーロ・ムッソリーニと南の「E42」という、ファシズムの両建築モデルを結ぶモニュメンタルな幹線軸の中枢でもあった。したがって、マクセンティウス帝のバシリカの正面に位置するこの敷地が持つ意味は、いやがおうにも増大することになったのである。しかもその大事な場所に呼ばれたのが、「従順」な芸術家ではなく、モダニズム建築を擁護することにかけてはイタリア人建築家の中でも一、二を争う頑固さで鳴らした人物であったのだ。これは、なんとも難しい挑戦であったといえる。なぜなら、テッラーニの抵抗をここで押さえつけることに成功すれば、残りのすべての合理主義者たちも屈伏したことになり、国家建築の「統一方針」を確立することが晴れて可能となるからだ。加えて、すでに見たいくつかの例が示していたように、この敷地に建物を計画しようとする者は、統領の意向に、正面から立ち向かわなくてはならないという条件があった。したがって、反攻的なテッラーニがもしここで、課せられた建築方針に従うことをよしとしなかったとする。するとそれは、もはやかつてのように、建築主任のピアチェンティーニにノーを突きつけたことにはならず、ムッソリーニその人にむかって拒否を伝えることに等しい意味をもつことになるのだ。テッラーニはこれまでのところ、このファシズムのリーダーには、満腔の敬意を示してきた。そのことは、リットーリオ宮設計案に彼が付した、熱っぽい計画説明書の文面からも、うかがい知ることができる。したがって、芸術上の不同意を示すことが、ここではもっとずっと上のレベルで、政治的立場の違いをくっきりと浮かび上がらせることにもなりかねないのであった。

この重大な挑戦を、テッラーニは正面から受けて立ったように思われる。彼は十分にわきまえていたのだ。自分がいま、「逆境」ともいえる歴史的状況下にあって、「ほとんど修辞の綾といってもいいようなテーマが課す、恐るべき難題」に立ち向かっているのだ、ということを。そしてこの場所に、モダニズム建築を実現することが可能だということを、大いに見せてやりたいとも思っていた。「神殿」という、モニュメンタルな性格をもった施設を、様式の形式主義に陥ることなく、建設することが可能だということ。そして、「装飾や、シンボリズムによる飾りたてを極力排した」建物によっても、人々の感情を掻き立てる空間が作れるのだ、ということを示したかったのだ[101]。要するに、モダニズム・スタイルの建築であっても、あの、民衆に訴えかける帝国の神話を、ファシズム・イデオロギーの基盤たるあの神話を、建物のうちに翻案することが可能であることを、見せてやりたかったのである。テッラーニが首相に提示した最初の案は、「ムッソリーニの都市ローマ」の統一方針と矛盾するものではなく、まず、許容可能な範囲におさまった解決案と見えた。帝国通りに面する——とはつまり、都市の南北軸に面する——敷地がはらむ、難しい眺望の問題は、石貼りの中性的な壁をたてることによって、解決が図られた——そして建物内部に並ぶ円柱は抽象的な幾何形状をまとい、その姿は伝統的な古典主義建築の要素というよりは、むしろ円筒が並んでいるように見えた。そして周知のように、ムッソリーニはダンテウムの建築家たちに、部分的なデザイン変更を求めることになる。「統領閣下のご示唆に従った」修正という、例のあれだ。[102]そしておそらくテッラーニはこの時点で、プロジェクトに対する興味を失ってしまったように思われる。たぶん、このコモ出身の建築家の目にも、ムッソリーニ神話にわずかな亀裂が入り始めたのが認められたことであろう。

これとは異なる解決法が採られたのが、イストリア出身の建築家パガーノに対する政府の対処であった。ムッソリーニにとっては、「E42」を構成する古典主義様式の建築は、教化的な意味合いを持っていた。ファシズムの価値を人々の心に刻み込み、古代ローマの神話を称揚し、そこに新たな生命を吹き込む教育の装置であったのだ。だが、パガーノの目には、それらの建築は反対に、非教育的なもの、偽りと不正に満ちたものに映った。したがって、彼の観点からすれば、それはファシストの建築ではない、ということになった。パガーノにとっては、アーチや円柱に代えて、簡素さこそが、大衆が理解できる建築、すなわち「人民のなかへ」向かう建築の要諦となる。その簡素さはまた、華美に対抗する倫理性を意味し、無意味な装飾をはびこらせる歴史様式の表層性に対する、モラルを示すものでもあった。[103]このような建築観の大きな開きが生じた結果――奇妙なことに、パガーノはこの咎を、直接統領にはきせていない――、建築家には三年の間「沈黙を守る」という条件で、年額二万六〇〇〇リラの支給が政府から提示された。[104]この取り決めが交わされたのは一九三八年三月二十六日のことであったが、興味深いことに、実際には一九三八年一月一日から実行されている。つまり、ムッソリーニがコンペに介入して、審査の過程に不正を生じさせた時期もそこに含まれている、ということだ。一九三一年の時点では、イタリアにおいて、ファシズムを表象する建築様式はいかにあるべきか、というテーマをめぐって論争を行なうことが可能であった。合理主義スタイルか、はたまた歴史主義建築か、という議論に、皆が参加することができる風土があったのだ。それが一九三八年の時点になると、もはや建築の進むべき道は実質上決まってしまったともいえる状況になり、議論自体が受け入れ難いものとなった。パガーノは政府との沈黙の契約を、実際のところは、部分的にしか守らなかった。博覧会の建築に対しても、多少はヴェールにくるんだもの言いであったとはいえ、しっかりと批判の矛先をむけているのだ。ついで、三年間の期限が切れると、『コストルツィオーネ＝カーサベッラ』誌上から、今度は正確に「Ｅ４２」に狙いを定めた、容赦のない砲撃を開始する。同誌二月号は博覧会の失敗を早々と宣言し、「損害と二重の悪ふざけ」に終わった設計競技――パガーノも審査に関与していたのだが、審査報告書に署名をしなかった[105]――を指摘。そして、「空白をモニュメンタル化」し、「無意味な円柱」を実現するために、二五億リラもの大金を費やした者たちにむかって、この「公金泥棒」め、と非難をあびせかけた[106]。これに対して、当局による雑誌の差し押さえもまた、パガーノに負けぬ精度でもって徹底的に行なわれた。この号の論考群は、ジュリオ・カルロ・アルガンとチェーザレ・ブランディにそそのかされたものらしいと邪推するものもいたが、あながち的外れな推測ではないだろう。これを受けてピアチェンティーニは、イタリア報道協会《スタンパ・イタリアーナ》会長のゲラルド・カジーニに圧力をかけて介入し、「この間の晩に話した例のこと」を実行するよう要求した[107]。『コストルツィオーネ＝カーサベッラ』誌の編集長に、パガーノに代えて、誰か信用のおける人物をあてようと考えていたのだ――「適当な人物の心当たりがある」、そうピアチェンティーニは書簡に書いている。この件では、一刻の猶予もおかず、ただちに編集者の人事に介入するよう督促しているのだ――「マッゾッキを呼ぶにしくはない。私のほうでは、いつでも協力する用意がある[108]」。

　パガーノも肝が据わっていた。ピアチェンティーニに対して堂々と挑戦をたたきつけ、お前の様式の選択は間違っている、お前が作る建築は「偽り」に満ちている、と非難を展開した。だがパガーノはその批判対象のなかに、ムッソリーニの姿を認めることはなかった。いや、認めたくなかったというべきか。そもそも、パガーノの言う「公金泥棒」の筆頭に位置しているのが、ムッソリーニその人ということにはならないだろうか？　パガーノは、ボッタイをはじめとする党の高官とは知己の間柄であった。ファシスト神秘学院に参画もしていたし、『ポーポロ・ディターリア』紙の周辺にも出入りしていた。そしてなにより、大学都市と「Ｅ４２」計画の展開を、内部からつぶさに見てきたのだ。建築の選択に関してはムッソリーニが直接の責任を負っていることは、これらの経験から十分に推測できたはずなのである。統領はただ、ピアチェンティーニやオイエッティなどの「悪辣な」顧問たちに操られた犠牲者にすぎない、そう本気で信じるほどパガーノが世間知らずであったわけがない。ただ、あまりに盲目的に政治への忠誠を誓っていたために、近視的な視野しか得られず、被告席にムッソリーニの名を据えることができなかったのだ。そしてそのうちに、統領が悔い改めてくれるのではないかと、どこかで信じていたのである。そして、一九四三年二月に、ボッタイに代わって国民教育省の大臣職にパガーノが立候補したことも、この文脈から解釈しなくてはならない[109]。もちろんだが、この行動は首相を喜ばせなかった。

ムッソリーニにとって、建築文化政策において、数のうえでも少数派であったとおぼしきモダニズムの陣営に、正面きって肩入れすることはできぬ相談であった。そしてとりわけ、国民教育省内でこの建築潮流を支持している部門を、切除する必要を感じていた。ここに、ムッソリーニとボッタイが、建築をめぐってセンセーショナルな意見衝突を起こすことになった。教育相ボッタイは芸術改革を推し進めていたのだが、この路線が、独裁者が「Ｅ４２」とローマ市計画にもとめた古典主義的な建築方針と、まっこうから衝突するかたちになった。大臣はまず、現代芸術のための部署を開設し、こう約束した。「徹底したモダニズム・スタイルの建築が、われわれの都市に、現代にふさわしい容貌を与えるかぎり」、大臣としてこれを支持をしよう、と。だがこれよりさらに踏み込んだ政策が、新たな建築修復憲章にあたる、『指導要綱』の作成であった。この要綱はまずジュリオ・カルロ・アルガンが起草し、その後一九四二年の秋になってようやく、教育省の総務部長であるマリーノ・ラッツァーリの手で出版されたものだ。そこに記されている規定には、なんと、今後建設される建物が歴史的様式をまとうことを法律で禁止すべきだ、という主張まで盛り込まれていた。これはつまり、いましも現場で工事が進んでいるアーチと円柱を用いたすべての建築に、ダメを出したことに等しい。それはまた、古代ローマ神話との融合を図るために建築を活用しようとする、ムッソリーニの政策全体を危機に陥れる主張でもあった。くわえて教育省の人事をめぐって、大臣の手によってさらなる断絶が仕組まれた。すなわちボッタイは、イタリア教育・科学・芸術会議のメンバーから、ピアチェンティーニ、ジョヴァンノーニ、ジリオーリの三名を除外し、代わってテッラーニ、ロベルト・ロンギ、ビアンキ・バンディネッリを据えることを決定したのだ。芸術総合委員会――その知恵袋としてアルガンを擁していた――の推進する建築・芸術政策は、ムッソリーニの支持を受けてピアチェンティーニが実行しようとする路線とは、まっこうから対立する方向へと進んでいったことになる。アルガンの前身は、トリノの反ファシズムの「郵便配達夫」であったのだが、いまや政府組織の中枢に入り込んだ彼の繰り出す巧妙な手が、全体主義というマシンの構造に、亀裂を生じさせ始めたのである。(110)

アルガンの起草した文章は「E42」のムッソリーニの建築にことほどさように敵対するものではあったが、ボッタイはこれを二年もの間、引き出しの中にほったらかしにしておいた。それを今になって持ち出してきた背景には、彼の日和見主義があったように思われる。一九四二年の秋、教育相は、体制をいまどれだけ深い危機が襲っているのかを、明瞭に察知していた。ムッソリーニはもはや、常に正しい指導者ではなく、「国民の大多数にとっては、いつも間違いを犯す指導者」になり果てていた。ボッタイは、そのうち政府の転覆さえあるかもしれないと考えていた。彼は、自分の親モダニズムの立場も有利に働いたこのような状況下にあって、ファシズムのないイタリアに向かう道筋を準備していたのだ。「この者（グランディ)と、私と、彼、すなわちガレアッツォ(・チアーノ)は、たとえファシズムがなかったとしても政治的立場を確立することのできた三人だといえるだろう[111]」。

教育省のとった行動は、統領の下した方針とあからさまに対立する。それは、ファシズムの芸術政策に比して、全体主義の色調を薄めた非常に「イタリア的な」イメージを提示するものであった。その責任を問われて、ボッタイは大臣職を首になる可能性もあったであろう。だがこの時点で、もし彼に代えてパガーノを教育相に据えていたとしたら、それはムッソリーニにとっては、自分自身の信条に背くことを意味しただろう。それは、体制内に驚くべき不和を醸し出すことになったはずだ。ボッタイに変えて、やがて統領が大臣職に選んだのはカルロ・アルベルト・ビッジーニであった。この新大臣は——ピアチェンティーが安堵のためいきとともに記しているのだが——すぐさま「自分は、前衛主義芸術の保護には反対の立場である」と宣言したのである[112]。

第七章　全体主義の加速と建築

1　全体主義国家の神話群のための建築

エチオピアの侵略作戦を「センセーショナルな」成功のもとに完遂したのち、ムッソリーニの頭にはこんな確信が芽生えていた。国際情勢はいまや大きな転機を迎えている、そしていまこそイタリアのために「新たな時代」を切り開く必要があるのだ。また、西欧世界を苦しめている危機に直面しては、イタリアに「新たな文明」の伝道者という特別な役割を与えることで、この国を「歴史との誓約」の瞬間へと連れてゆこうとも考えた[1]。やがて来たる新たな世界秩序のなかでは、ファシズム国家イタリアは、文明の伝道者としての役割を担うことになろう。それはイタリアが、かつて古代ローマが帝国を通じて発露した、古典的かつ普遍的な精神の継承者であるという事実から、「ごく自然に」導き出される役目ではあった。ムッソリーニは、他のどこよりも優れているイタリア文明に、世界の全文明の指導者にして統括者たる役割を負わすという構想の実現に向け、本腰で取り組んだ。そのためには、一足飛びに時を駆け抜け、社会と国家の全体主義化のプロセスを一挙に加速させようと決心した。最良の条件のもとで国家間の決戦を迎えるには、それが必要だと考えたのだ。

「未来は、信じる人々のものである」そうムッソリーニは宣言する。ここでいう人々とは、魂をゆさぶる神話からエネルギーを受け取る者たちのことである。神話――それは古代ローマの、帝政の、国家の、そしてファシズム観念の体現者という意味ではムッソリーニその人の神話でもあった――は、社会をファシズム国家のうちに統合するプロセスを手助けし、また「新しい人間」へと教化するのに役立つ。イタリア人の新たな特性を「鋳造」し、また大衆がより政治に巻き込まれやすくなるような、そんな政策がすすめられるなかにあって、いまや時は、政治の神話をぐっと深化させようとする特別な段階を迎えた。そのとき、建築はファシズムの手のなかで、非常に強力な権力の具へと変貌したのだ。日を追うごとにますます自明になってきたのは、個々人の意識を根底から変容させる全体主義化の計画の中で、建築の「深遠なる権能」が政治権力によって活用されうるのだ、ということであった[2]。そのことを示す一つの例が、常に比較対象として念頭に置くべきナチスドイツからもたらされた。

このように「E42」計画は、文明の優位をめぐる国家間の競争という歴史的なプロセスに、抜き差しがたくはまりこんでいた。そしてその競争が、建築にそれまでとは異なる役割を与えることになった。イタリアの国土全体が巨大な建設現場であること、そしてファシズムが国民の側に向かっていること。建築はもはや、それらのことを示すためだけに利用されるのではない。たとえばかつて、体制を栄光化し、国民の同意を取りつけ、したがって「永続する」、主としてそんな目的を満たすために建築が用いられていた初期の段階では、作品どうし、互いにずいぶんと異なる様式言語を語ることがまだ可能であった。ムッソリーニの側でも、偏見にとらわれない非党派的な態度で、さまざまな建築潮流を支持して見せることができた。かといって、「E42」の目標が単に、エチオピア戦やスペイン内乱への介入で疲弊した国庫をさしあたって潤し、やがて来るであろう世界の新秩序を構築するための「試練」に備えることだけにあったわけでもない[3]。

「E42」――この博覧会が、「文明の祭典」をテーマに掲げていたことは偶然ではない――の計画をめぐる経緯は、建築をとりまく情勢がさらに進展し、「果断な挑戦」のロジックが支配する第二段階へと移行したことを示すものである。この段階にいたると、「新たな時代」の到来の予感に歩調を合わせるかたちで、建築にもさらなる一歩を踏み出すことがもとめられるようになる。すなわち、ファシズムの基盤となる神話、古代ローマ性や帝国の伝説といったものに調和するような、特定の形態言語をまとうことが要求されたのである。やがてムッソリーニはこう宣言するにいたる。「今日のイタリアを流れているのは、歴史の時ではなく（……）神話の時なのである。（……）ただ神話のみが、みずからの運命にむかっていましも跳躍しようとしている人々に、輪郭とエネルギーを与えうるのだ」[4]。建築には、次のことが求められた。すなわち、この神話に養分を与えつつ、それをしっかりとイタリア人の特性のうちに刻み込むこと。そして、「新たな文明」の構築をぐっと加速させるために、国家をファシズム化するプロセスに建築が最大限介入すること。「Ｅ４２」は、大衆をファシズムへと教化する道具となるとともに、それ自体が文明伝播の証人ともなることが想定されていた。ピアチェンティーニが主張したように、この博覧会には「実現すべき、はっきりとした使命があり」、これを達成することはすなわち、「世界文明」の「制覇」を意味することになるであろう[5]。そしてまさに、「Ｅ４２」の中にこういったイデオロギーの展開が織り込まれていたために、この展覧会は、ローマおよび他の都市で展開する重要な建築事業の参照モデルとなったのである。

　全体主義政治からの要請にこたえるべく、「Ｅ４２」の建築はまずもって、大衆の側を向いている必要があった。少数のエリートではなく、万民がひとしく理解できる建物であり、また政府と国民とがコミュニケーションをとるのに役立つ建築でなくてはならなかった。この点に関して、ムッソリーニの考えはすこぶる明快である――「ものを書いたり、話をしたりする時に、相手に理解されることが重要であるように、芸術表現においてもまた、理解されることがもっとも大切である」[6]。この明快な理由から、ガラスでできたモダニズム建築は受け入れることができなかった。かつて、「Ｅ４２」の初期計画としてパガーノが提出した図面にはヴィエッティが手がけた透視画が含まれており、そこにはガラスの建物が描かれていたのだが、これなどがその典型例だ。こういう建築は、あまりに抽象的で、理解しがたく、この国の建築の歴史を何かしら想起させるような形象がいっさい見当たらない。またこの種の建築は、大衆文化の価値観からかけはなれているうえ、ファシズムの国家拡張政策とは相いれないインター・ナショナル・スタイルを標榜するものであった。国家神話が要求する、例の自己同一化のプロセスを、ガラスの建築が生み出せるとはとうてい考えられぬ。おそらくそのことを関係諸機関に周知させる意図があったのか、ムッソリーニはとある私的な場でこんなことを言っている――「こういうモダンなものは、帝国の建築ではありえぬことを、いったいいつになったら、あの若造どもは理解するんだ」[7]。四年前にははっきりとモダニズム建築に対する賛同を示していたのに、この段階になって、いややっぱりだめだ、とこの種の建築をお払い箱にしていることになるわけだが、それは何も、ムッソリーニの趣味がこの四年のあいだに変化しかたらではなかった。むしろ、モダニズム建築の側がこの間に、統領《ドゥーチェ》のかかげる政策方針と相いれないものになってしまったというのが、その単純な理由であるのだ。

帝国の建築は、民衆の想像力に可能な限り深く、広くうったえかけ、行動を起こさせる強力な神話を象徴しなくてはならない――なかでも最も強力なのが古代ローマ性の神話だ――。帝国の建築は、すべての国民が自己同一化を果たし、また教化されるための道具とならねばならない。それは、見てすぐにそれとわかる建築、イタリア文明が持つ根源的で、永遠で、普遍的な特徴をその内に備えた建築、今の政権の現代性と古代ローマの伝統とが分かちがたく結びついていることがすぐに察知できる建築、そういうものでなくてはならなかった。「Ｅ４２」の建物にアーチや円柱が多用されたのは、この理由による。なぜならばこの計画を通じて、首都ローマの郊外に「新しい古典主義的都市」を一つ建設し、そこを訪れる者たちに、「古代のフォーロを歩いた時に感じるのと同じ印象を」与えることが、目ざされていたからだ。それは、帝国の神話とファシズムのヘゲモニー政策を煽りたてるべく考案された建築。ファシズムの創造者にして、自身がその総括でもある者の姿を称賛する建築ではあった。再びピアチェンティーニの言葉を引くならば、「E42」の建築は、ムッソリーニ時代のローマの「顔」となるのである。(8)

「E42」の計画をめぐってムッソリーニがとった態度は、ムッソリーニ神話というものがどうやって機能したのか、そのメカニズムの一端を知るうえで、興味深いものである。彼は一方では、陽光のもとで堂々と行動をして見せた。敷地を視察に訪れ、報道人の前で最初の都市計画案を承認し、コンペをめぐっては彼自身が最高保証人の役割を引き受け、自分の下す決定が透明かつ迅速であることを、劇場的な身振りで人々に知らしめた。ムッソリーニの内に自己を同一化していた大衆は、だから、あたかも自分たちが選択を下したのだと思いこみ、自分たちこそは全体主義的デモクラシーの主人公なのだと錯覚した。だが他方では、ムッソリーニは表面下でひそかに、別の筋立てを仕組んでいたのだ。最初の万博都市案が気に入らなかったものだから、非公開の会談を設け、チーニとピアチェンティーニを介して、リーベラ案とラ・パドゥーラ設計グループの案とに修正をもとめた。結果、テッラーニのような、コンペの公正さを信じていた献身的なファシストたちを欺くことになった。またムッソリーニは、建築をめぐる昨今の状況がどれほど複雑であるかを十分に認識しており、さらには、ファシズムに忠誠を誓っている建築家たちのなかにも、決定的な分裂をはらむ反対意見を表明している派閥がいくつかあることも、よく知っていた。そして、一つの建築様式を課すにしても、それを法律で押しつけたり、こういう様式を採用すべしと宣言を行なったりしたのでは、うまくゆかないこともまた知悉《ちしつ》していた。だからこそ、ムッソリーニは建築行政を自らの権限下に置き、その基本方針を定めるのだが、そのさいに上から強制しているような印象を周囲にあたえないように配慮し、むしろ建築の側が自主的に動いているように見せたのである。つまり、自発的におこったプロセスである、というイメージを作り上げることを目指したのだ。あたかもファシズムに特有な雰囲気があって、それに影響された共通の感情が建築家たちを自然と支配しているような、そんなイメージである。そこでムッソリーニは、立案される計画が可能な限り自分の抱く方針と一致するようあらかじめ手配し、そのうえで、彼のもとにあがってくる案を称賛して見せることでお墨付きを与えたのだ。建築家たちの階層には、全体主義的見地から可能な一つの解法を前もって課していたのである。

上に描いたような政治プログラムに沿って建築がうまく機能するためには、個々の建物が、その設計者の芸術家としての個性を表現するようなものであっては、決してならなかった――だが現実には、そうなってしまうのだが――。そういった個性的な建築では、さすがにお互いに排除し合うようなことはないにしても、多種多様な表現が入り混じる状況が出来上がってしまう。そうではなく、建築はむしろ統一的な方針を示し、個性を捨て、あたかも匿名であるかのようにあらねばならない。かつて古代ローマ世界には、個々の芸術家と共同体とのモデル的な関係が浸透していた。その関係をこそ、全体主義国家の観念の中に再び取り入れ、組織化しなくてはならない。一九三八年五月、ムッソリーニはこう宣明している。「建築は、常に匿名であった――ディオクレティアヌス帝の浴場しかり、カラカラ帝の浴場しかり、アグリッパのパンテオン、カエサルのフォーロ、アウグストゥスのフォーロ、いずれもしかりだ（……）だが昨今、建築家たちは作品に名札までつけたがりおる(9)」。建築家の個性は、作品が帯びる政治的なメッセージに、多少なりとも影をおとすことになりかねない。建物に設計者の名札をつけるよりも、建設を命じた者の名を、壁の大理石に刻んだほうがよほど得策だ。

「Ｅ４２」計画における重要な一歩を意味したのは、したがって、十名ほどの設計者たちの個性を、集団としての作品へと変容させることであった。その作業はデリケートであり、また計画の根本ともいえるものであるが、これをうまくやりおおせる人物として、ピアチェンティーニがもっとも適任であるように思われた。彼は、提出された個々の設計案を、個人の裁量でいくつも修正している。加えて、ミンヌッチが指揮していた万博・営繕技術課のほうでもまた、建築に修正を加え、個々の建物の差異を目立たなくして、統一感を増す方向にデザインを直していった。それぞれの建築には、見てそれとわかる独自の特徴が残されてはいたものの、その作者となると、これはもうただ一人の設計者をあてがえばいいというものではなくなった。なぜなら、一棟の建物にしても、いったい誰が真の設計者なのかが曖昧になるほど多くの者たちに共有されていたからだ。個性が解消される方向に向かい、代わって統一性が増大する。これは、博覧会計画が目指す様式規定のメカニズムを、当局が望む仕方で始動させるうえで、決定的な事柄であった。すなわち、過去の偉大な文明と同じく、ファシズムもまた、自らの建築、これぞファシズムの様式だといえる様式を持つことができるのだということを、宣言しようとしていたからである。だがそれは、上から押しつけた様式であってはならない。そんなことをしたら、芸術の本質に明らかに反するからだ。そうではなく、ファシズムの時代にあたかも自然発生したかのように見せることが大事であった。それがたとえ机の上で入念に構築された様式であったとしても、しょせん、誰もそんなことに気づかないのだから。

2 ピアチェンティーニの建築的統一性

世界におけるファシズム文明の優越。これには、建築の優越もまた伴うことになる。「E42」は、「偉大なるムッソリーニ時代の」建築の覇権を示すものでなくてはならなかったのだ。このコンテクストのもとで浮かび上がってくるのが、ピアチェンティーニがファシズムに果たした知的な貢献である。ムッソリーニに仕え、建築を政治の支配下においた、その手腕である。このアカデミー建築家は、建築のもつ、道具としての価値を十分に知りつくしていたし、建築が政治の「しもべ」たることもよくわかっていた。彼自身、こうした考えを堂々と表明していたし、ある民族の偉大さは、その民族が残したモニュメントの偉大さによってはかられるのだ、と公言してはばからなかった。また建築が、かつての「円形競技場」と同じような役割をもっていることを、こんな言葉で正確に規程して見せてもいる――建築は、「大衆にとってのパンと遊戯であるばかりか、政治的秩序の維持にも役立つものなのである」。教皇ユリウス二世やナポレオンのことを思い起こしてみるがいい。彼らの名が数世紀にわたって鳴り響いているのは、ひとえに、その「強力な建築事業」によっているではないか。ピアチェンティーニはここで、公共事業の分野における新生ナポレオンとしてのムッソリーニを、暗に引き合いに出すのだった。建築家のこうした主張が盛られた論考は、やがて統領《ドゥーチェ》の注意を引くにいたった。ムッソリーニはこの論文を、部外秘書類の束の中に、大事に保管したのである。[10]だが、建築が円形競技場的な役割を担い、また政治に対する国民の同意を取りつける具であるという認識のほかに、ピアチェンティーニがよく理解していたもう一つの点があった。すなわち、建築にはもっと積極的な機能、つまりは大衆を教化する力がある、ということだ。彼は自身が編集した雑誌の紹介文のなかで、建築が「強力極まりない機能」を持つことを強調し、「人々を直接教化するための具」であることを力説している。[11]また同じ文章の中で、あらゆる建物が、常に何事かを「表象する」能力のあることも、指摘している。建築がもつこの教化の力は、非常に複雑であり、かつ人々の心をぐっと引きつけるものでもある。そしてこの力を実地で展開させてゆくために、ピアチェンティーニは、ファシズムの統領とさらに強固な契約を取り交わすのだった。

かくして、このアカデミー建築家は、ムッソリーニが打ち出す全体主義化への転換を、一貫して好意的にとらえ続けるのだ。この流れは、建築の分野にも、大規模な規制を求めてくるものであった。ピアチェンティーニは、この全体主義と建築の関係という命題を、一九三五年十一月に行なわれたローマ大学の新学年度始業式典のスピーチで、はっきりと支持している。すでに前章でも少し触れたが、建築家はその際に、こう表明したのだった。今日の、ファシストとしての大衆社会は、「統一的な方針を必要とする」。過去の偉大な時代においては、「この原理は、建築の根本であった。建築における統一こそは、かつてギリシア神殿を作り上げ、ローマの円形劇場を建設し、ルネサンス期に古典主義の再興を成し遂げたものであった」。統一性こそは、偉大な文明の総決算であるのだ。だがピアチェンティーニはここで、誤解のないように、さらに説明を加えている。統一性といってもそれはなにも、「想像力を抑圧したり、表現の画一性をもたらしたりするものではない。それはただ」、設計事務所や建設現場における「信条、方針、規範を意味するにすぎない」。「統一的方針」のもとでは、芸術家の個性は「諸々の関係を決定したり、細部を表現したりするなかで」表明されるものとなる。あるいは「多様な人々に共通な総合的感覚、あの、共通であるがゆえに人々を他から識別する区分ともなる感覚のうちに」あらわれることになる、というのだ[12]。ピアチェンティーニはムッソリーニのお墨付きのもとで、この「統一的方針」の原理を、大学都市の計画に適用した。その際、「ファシズム組織が持つ指導的精神」とイタリア建築のもつ「方針の統一性」とが、絶妙な一致を見せたことを、大変素晴らしいと称賛している[13]。その同じ原理が、いま、「E42」の大規模な計画においても働いているのだ。「最高のものを実現しようと、人々が一致して抱く熱望」、「偉大なもの、統一のとれたものを見たいと願うこと」、「イタリア芸術のもつ生き生きとした力の結集」、こうしたものの結果として、この万博都市は計画されたのである[14]。

建築においては、「統一」は「画一」を意味しない。それは、政治においても同様である。政治の世界においては、全体主義化が進展していたこの時期、ファシズムは「人々に規範を課し、自覚と意志をもたせる」ことで、市民を教化しようとしていた。だがそれは「画一的な仕方ではなく（……）、むしろ統一的で、集中的な性格をもつものであった[15]」。一方建築の世界では、ピアチェンティーニが、「統一的方針」と「画一性」とを、切り分けて考えていたのだった。方針を統一することは何も、芸術家の個性を消しさることを意味するものではなかったし、ましてや、一つの様式を押しつけることでは、なおさらなかった。

ピアチェンティーニは、「ファシズム様式」という言葉を口にすることを極力避けていた。現実の世界がはらむ複雑な事象を、この言い回しによって単純化しすぎてしまう恐れがあったからだ[16]。これに対して、「方針の統一性」というのは、そもそも個々の芸術家の歩む道筋はそれぞれに異なる点を意識し、また統一性が生まれてくる形成の過程をこそ、配慮していた。そのうえで、共通の視覚的特徴をもつ建築の方針をしっかりと定め、個々の建築家が同意のうえでその統一方針に参加しているという観念を与えるものであった。彼ら建築家たちは、ひとつの時代を代表する建築を作り上げるために、力をあわせて事業に参加することになるのだ。

「E42」の様式は、誰か一人の建築家の様式であることは、不可能であった。いやそれは、ファシズム国家イタリアの文明が世界に冠たることを表現するものとして、建築家たちの共同作業から生まれ出た様式でなくてはならなかった。「方針の統一性」とは、統合をめざす人々の意志を集約するものであり、また国家の全体主義的なヴィジョンと調和する建築を目指す、みなぎる緊張感を表現するものであった。ピアチェンティーニが、建築における統一性という観念をどれほど入念に練り上げ、またそれを実地に適用していったのか。その度合いを計ることによって、ファシズムの全体主義の推移に、彼がどれだけ貢献をしたのかが明らかになる。先に少し触れたムッソリーニの「感受性」と、ピアチェンティーニのいくつかの政治的主張の間には、驚くべき一致点が見られる。建築家もまた、次のような持論を語っていたからだ。いわく、国際関係はいま変革の時を迎えていること、全体主義勢力の力が増大していること、コスモポリタン文化ならびに国際文化が今日危機に瀕していること、強力な民族は、自身の歴史の内にみずからを刷新する力を見出すことができること、などである。アカデミー建築家が告知するイタリア建築の「新たな再生」。それは、イタリア文明の首位性を世界に知らしめるという、歴史との誓約に合わせて、時をたがわずに現れたものであった[17]。独裁者と建築家の主張は、驚くほど似通っているが、それはピアチェンティーニが長期にわたって、ムッソリーニのもとに足繁く通った結果であった。そしてこの類似性のゆえに、ピアチェンティーニはその当時にあって、ムッソリーニの意図する政治をもっとも深く解釈できる一人ともなったのである。

3　帝都ローマのために

ピアチェンティーニは過去に何度も、建築における統一性の観念を口にしてきた。個々の作品の貢献が、建築全体のヴィジョンに向けられるべきだと主張してきたのだ。まだファシズムが確たる政治権力を握っていなかかった一九二〇年代の初頭の段階で、すでに、街路と邸宅の間の「構成上の統一性」について語り、個性よりも集合性に重きを置くべきだという自説を展開していた[18]。次いで、今度はムッソリーニに向かって、ローマ総督区の所管中枢に「造営長官」の役職を設けてはいかがでしょうか、と提案を行なってもいる。そしてムッソリーニの独裁制度が確立されたのを見届けると、その彼にむかって、ここはぜひ「造営官」の制度を復古なさるべきではありませんか、とはっぱをかけている――「私はローマの行政に、この造営官職の設置をこそ希求するものであります。かつて古代における同職務がそうであったように、この官職につくものは高い能力を有し、秩序の創出に責任を負うものとなりましょう[19]」。

これらの観念を最初に試験する舞台となったのが大学都市であり、「Ｅ４２」がそれに続いた。だがこの二例のほかにも、ピアチェンティーニは首都において、建築事業の際に様式の統一方針を定め、プロジェクト全体のコーディネートをするチャンスにめぐまれた。それが訪れたのが一九三五年で、この年ローマでは、歴史的中心街区を舞台とした三つの重要な事業が同時に行なわれた。いずれも、はっきりそれとわかる仕方で、様式の統一性がはかられていた。すなわち、モルプルゴ設計のアウグストゥス帝廟広場、リナシメント通りの開通（これにはフォスキーニが手がけたナヴォーナ広場の再編も含まれる）、そしてピアチェンティーニ自身が担当した、サン・ピエトロ大聖堂へのアクセスを確保するためのボルゴ地区の撤去、である。これら三つの計画はいずれも、すでに見たように、ムッソリーニ個人の監督を受けていた。アウグストゥス帝廟のケースでは、独裁者は「建築のモニュメンタリティをさらに増大させるべく」設計に介入しているし[20]、コンチリアツィオーネ通りの計画では、「比類なきコンセプト」を与えるべく口出ししている。「このコンセプトをば、統領閣下、閣下みずからが常に指導くださったのです[21]」。

モルプルゴとフォスキーニの二人は、緊密な関係によってそれぞれピアチェンティーニとしっかり結びついていた。モルプルゴのほうは、ピアチェンティーニの忠実な片腕であったし、フォスキーニは、気がおけない親友の一人であったからだ。また、これら三つの計画で採られた戦略は、大学都市のときと変わらぬものであった。ピアチェンティーニが計画の監督役であった。公認された立場ではなかったが、だからといって活動に支障が生じたわけではない。同僚の設計した図面がピアチェンティーニのところに届けられると、その一部を訂正するか、別の解決案を示唆して送り返す。たとえばフォスキーニに対しては、敷地にある既存の建物を一棟、壊したほうがいいのではないか、と助言している。というのも、その建物は「画趣に富んだ古風な雰囲気」をまとっており、「広大で謹厳で高貴」な全体像にそぐわないからだ。またナヴォーナ広場の計画では、「同様の邸宅を、（広場の外形に沿って）そのまま続けて完成させ」、隅の曲面部分を完全にふさいでしまったほうがよいのではないか。そのほうが、古代の競技場の記憶がいっそうはっきりとよみがえるから、と示唆している[22]。意見書には、解決案の例として、二枚の簡単なスケッチが添えられていた。大学都市計画の時のように、一つの敷地に多数の建築家が参集するかたちではなく、ここでは、ルネサンス期ローマの都市構造の要となる三つのポイントに対して、別々に介入が行なわれ、それらの事業のあいだで統一がはかられたのである。

ピアチェンティーニはこれら三つの計画をひとまとめにして、自身の編集する雑誌上で「ムッソリーニの都市ローマの計画」と題した特集号を組んで紹介した。建築家はその中で、三つの計画は「互いにいわば親族関係にあり」、「緊密な統一的性格」をまとうにいたった、と述べている。そしてさらに、この統一的な建築の観念が、現在進行中の全体主義的「政治の傾向」と結びついていることを、はっきりと指摘している。建築の側では、統一的な建築事業がますます展開されるようになり、政治の側では、「社会総体をよりいっそう厳格に組織化すること」が目標とされているから、というのだ。[23] ここに紹介した三つの事業は、大きくは「E42」計画あるいは「帝都大ローマ建設計画」を構成することになる、「魅惑的な記念碑的建築の、三つの巨大なページ」を構成するものであった。[24]

だがこの三つの事例以外にも、この統一的な建築事業に関連した計画がいくつかあった。その一つが、コルソ通りのカッフェ・アラーニョを始点として、国会広場を経てウンベルト一世橋へといたる、巨大で「眺望の開けた」幹線道路の開削である。これは、サン・ピエトロ大聖堂のクーポラを視界に入れるために計画された道路であった。一九三一年の都市調整計画大綱に盛り込まれたこの事業計画は、用地確保のために大規模な建物の取り壊しを想定していたが、その中にはサン・ニコロ・アイ・プレフェッティ教会も含まれていた。計画の実現はピアチェンティーニとスパッカレッリにまかされ、二人は一九三七年七月の段階で、実施設計に取りかかっていた。ルネサンス期の街区のただなかにこの道路を貫通させることは、この二人の建築家にとっては、「帝国通り開削の時と同様の驚愕を喚起する」はずのものであった。また同時にそれは、歴史的街区を縦横する二つの軸のうち、東西に走る一つを建設することも意味していた。[25]この計画を見たムニョスは、こう尋ねた。いったい、こんなにたくさん取り壊してしまって、古きローマの面影がなくなってしまうようなことには、ならないのかね？　ピアチェンティーニはこれに答えて、

「歴史の中には、強い時代、弱い時代がある。強い時代は、自らの意志をあらゆる領域に刻印せねばならない（……）。ローマ市を例にとれば、過去、歴代の教皇たちは、そのようにふるまってきた。今日われわれは、再び強い時代を生きている。時代の証言となる、永続する痕跡をわれわれは刻もうと欲するものであり、それは義務でもあるのだ[26]」。

ここに引いた三つの計画のうち、アウグストゥス帝廟周辺の整備と、リナシメント通りの開通の二事業は、すでにブラジーニ策定の一九二八年度の都市調整計画大綱に盛り込まれていた。それがあってか、ブラジーニはよく、私の描いた都市計画のアイデアが、自分ではなく同僚の手によって実現されてゆくのを見なくてはならんとは、と、少なからぬ不平を口にしている。もともと彼の計画は、一九二五年に統領が行なった、首都の将来像に関する演説に含まれていた内容に従ったものであった。首相がこのとき約束したのは、古代ローマの名だたるモニュメントを整備して周囲の「雑踏から隔離する」ことであった。このアイデアが、年を追うごとに、次第に実現されていった様子については、すでに本書で見たとおりである。唯一の例外は、パンテオンであった。古代以来、もっとも魅力的であり、また保存状態もよいモニュメントである。その周囲の建物が取り壊しをまぬがれたのは、何もムッソリーニが、周辺環境の歴史的コンテクストに殊勝な配慮を見せた結果ではない。単に、彼の唱道する破壊と再生の政策、建築の「伝統の発明」という方策を実行するには、時をかけ、段階を踏んでゆく必要があったからにすぎない。もちろん、ムッソリーニの意図として、パンテオン周辺の整備をいつまでも放っておくつもりはなかった。一九三八年一月にブラジーニに接見し、パンテオン地区の整備計画の改定版を吟味したのも、そうした態度のあらわれといえる。だが統領は、提示された案には満足しなかった。この度もまた、綺想にあふれたこの建築家の大胆な提案は、紙の上の空論にとどまるよりほかなかった[27]。ともあれこの時期、統領はパンテオンに対する興味を新たにし、その前面に広場を作ろうと考えていた。クァローニがほぼ同時期に、パンテオンを周辺家屋から「隔離」する計画を提出しているのは、もちろんこの文脈から考えられるものである。クァローニは当時、ピアチェンティーニに非常に近いところで働いていたのだが、この若き建築家の提案は、破壊性という点では決してブラジーニの案に引けをとるものではなかった。この点は、強調しておいてよいだろう。少なくとも、パンテオンの直近に位置する家屋群の取り壊しに関しては、そういえるのだ。だが、その跡地に新たに造る建物をみるなら、ピアチェンティーニ、フォスキーニ、モルプルゴらが市内に実現しつつあった建物群と、非常に調和がとれたデザインになっていることがわかる。つまり、ブラジーニの案などよりずっと、ムッソリーニの都市ローマの「統一的方針」に従った計画なのだ[28]。ムッソリーニがブラジーニ案の支持を取りやめるには、それで十分であった。というのも、統領が両方の案に目を通していた可能性は、ありそうなことであるからである。それから数年が過ぎて、一九四一年に都市調整計画大綱の部分的修正案が策定された際に、このパンテオン界隈のプロジェクトは、優先計画の一つとして綿密な開発案が練られることになる。計画の全体を統括する人物としてお呼びがかかることになるのは、またしても、ピアチェンティーニその人であった。

統一的な都市像を形成しようとするこの戦略の中で、間違いなく非常に重要な位置を占めていたといえるのが、リットーリオ宮の建設である。すでに見たように、この建物に関してはポルタ・サン・パオロ地区を対象として第二次コンペが開催されたのだが、のちに敷地をかえてフォーロ・ムッソリーニ内に実現している。フォスキーニが率いる設計グループが手がけたこの宮殿は、その高い政治性や巨大な規模のみならず、実現するまでのよく知られた経緯などともあいまって、古典主義的な方向へと建築様式が歩み出す、決定的な一歩となった作品といえる。この建物をめぐって設計者たちが下した決定は、一つのパラダイムを形成するものといえる。いわく、われわれは「永遠にして、常に再生するローマの偉大さに根差した」一つの建築を設計したのだ。この作品を通じて、一つの成果、すなわち「これは暫定的な建物ではないのだ、という信頼性を与えうる唯一無二の」成果を求めたのである。なぜならば、「この宮殿こそは、このさき数世紀にわたって永続すべきものであるからだ」。そしてそうあるために、いま述べた理由から、イタリアのパラッツォ建築の堅固な伝統を召喚し、建物の正面に「絶対的な統一性」を与えようと試みた。ルネサンス期に建てられた代表的な世俗邸館に、高貴な印象をあたえている、あの統一性である。[29] ピアチェンティーニは当然ながら、この建物の実施設計の過程を知っていた。そして「親愛なる友人デル・デッビオ、フォスキーニ、モルプルゴ」らが設計したこの作品を、手放しで激賞してみせた。「これ以上ないほどにイタリア的」な特徴が素晴らしく、また「そこはかとなく軍事的な」建築の割りつけも、申し分なし。「過去の神聖なる原則」へと立ち返った、このイタリア建築の革新に拍手を！ ピアチェンティーニがこのようにほめ称える神聖な原則こそは、彼が「Ｅ４２」計画に参加した建築家たちに推奨したものと同じであった。[30]

万国博覧会との調和性は、インペリアーレ通りの計画においても求められた。博覧会場とローマの歴史的街区とを連結するこの広大な道路のケースでは、特別に規制が設けられ、道路沿いに展開する四つの広場に接する建物に関しては、「統一的な建築的特徴」を採用すべし、それ以外の建物については「同一の外観」をまとうべし、とされた。すでに本書でも見たように、最終的なプロジェクト案は、ピアチェンティーニ教授に率いられた一〇名のローマ大学新卒業生たちの手で作成され、それをムッソリーニが吟味したのだった。[31]

そして、ローマの統一的都市像をつくる計画の掉尾を飾ったのが、テルミニ駅舎のプロジェクトであった。この建物をめぐる経緯は、首相が建築にもとめた様式観の展開を見るうえで、象徴的ともいえる事例となっている。ムッソリーニは一九三七年二月十六日、マッツォーニが作成した最初の設計案に、承認を与えた。正面ファサード――ここが問題の焦点となった――は、広大なポルティコで形成され、その上に、総ガラス張りの巨大なホールがのっかっていた。これはモダニズムのメタファーともいえる要素で、ここから望めば、一方には都市景観を、他方には遠くアルバーニの丘陵を眺めることができた。しかし「モニユメントを作りたかったのではない」として、ムッソリーニは「個人的に」計画案に介入し、「根本的な基準をいくつか指示した」のだった。[32] このとき出された指示のひとつに、おそらくは、入口と出口の分離があったものと思われる。この案に従うと、入口は建物の側面、プリンチペ・ディ・ピエモンテ通りに面した側に開くことになり、一方で出口は五百人広場《ピアッツァ・デイ・チンクエチェント》に面することになる。実際ピアチェンティーニもこう回顧している。「最良の解決案は、統領のアイデアから出たものである。ローマについた旅行者たちが、駅前の広壮な広場からどれほどの感銘を受けるのかを、閣下は直感的に理解なさったのだ[33]」。

このマッツォーニによる第一案は、形体の着想という点ではモダニズムを標榜するものであり、パガーノが同時期に手がけた「Ｅ４２」の第一案と、大きな径庭はないといえる。だがこの初期案は、ほどなくして放棄されてしまった。ついでマッツォーニは一九三七年八月から一九三八年一月にかけて、新案の設計に取り組み、それを一九三八年一月十五日にムッソリーニのもとに提出した。この改訂案では、駅舎の高さを一階分減らし、総ガラス張りの大ホールも取り去った。そして、ファサード幅全体にわたって強大な差し掛け屋根を走らせているのだが、それは駅舎の高さを超えるものではなくなっていた。この第二案もまた、統領を満足させるにはいたらなかった。おそらくは、迫力に欠けるからであろう。ここで思いだしておく必要があるのは、まさに同時期に、独裁者のもとに「Ｅ４２」計画のためのコンペ案が提出されていたという点だ。二月中旬、首相はふたたびマッツォーニに接見。建築家はそこで、第二案と、新たにつくった第三案の図面とを並べて提示した。マッツォーニの回想によれば、面談は三〇分におよび、都市の主景観を構成するこの旅行者用の巨大施設について話し合われたのだという。建築家はこのとき、最初の案、例のモダニズムのデザインをいま一度擁護した。この第一案は、一年前の二月に、ムッソリーニその人が、一度はうなずいてみせたものでもあった。今回の面談の席上では、統領はどちらがいいとも言わなかった。しかしながら、第一案とくらべると、この時に提示された第三案には、重要な差異が見られる。ここでも総ガラス張りの大ホールは姿を消しているのだが、それに代えて、二本ひと組の柱の列が形成する、魁偉なポルティコが導入されているのだ。柱の高さは一八メートル——これはパンテオンのファサードの円柱よりも高い——、駅舎のファサード幅にわたって延々二三〇メートルも続く列柱廊をつくるものであった。(34)

マッツォーニの後で、ムッソリーニは逓信相アントーニオ・ステーファノ・ベンニとのみ面会し、この第三案にゴーサインを出した。三月から六月にかけて、マッツォーニは列柱のデザインをさらに変更し、これに柱頭を加えて、柱身は先細りのプロポーションにした。つまり、単なる柱だったものを、巨大な古典式円柱に作り変えたのだ。同時期に進行していた「E42」計画がそうであったように、ここでもまた、モダニズムから、決定的に古典主義的なイメージへの移行が行なわれたのである。テルミニ駅舎もやはり、「E42」の定める統一的な建築方針に従うプロジェクトとなった。そしてこの変容を指揮したのが、ムッソリーニその人であった。このようにして変更を受けた計画——その後、柱頭つきの円柱の数は総計五二本にまで増え、二列に並べられることになった——の模型が、一九三九年二月にオスティエンセ駅の貨物置場にお目見えし、統領に披露された。設計案はその場で、実に数えて三度目となる統領の承認を受けたのだった。模型は後にニューヨーク博覧会にも出品され、オイェッティからの少なからぬ称賛も受けている。当時の全体主義国家においては、円柱のテーマ、あるいはその形状や巨大さといったものが、大衆を魅了する建築の要素として、真剣な議論の対象となっていたのである。そのことは、ほぼ同時期にシュペーアが設計していた、ベルリン南駅の新駅舎の事例からもわかる。駅舎のファサードは、巨大なドリス式円柱で明瞭に分節されており、ここでも、柱の高さはパンテオンに匹敵するスケールで作られていたのである。全世界に冠たるモデルを示そうとしていた体制にとっては、円柱とはすなわち永続の象徴であり、また普遍の記号でもあった。古代建築よりもさらに魁偉なスケールの円柱を採用することは、すなわち古代人を凌駕する、強力無比な新たな権力の登場を物語るものであったのである。

一九四〇年、ローマの屋外作業現場にて、彫刻家フランチェスコ・コッキアが、テルミニ駅舎に使われる円柱をかたどった、実物大の試作模型を設営した。ピアチェンティーニ自身もコッキアのかたわらに立って、円柱の代替デザイン案の作成に協力した。翌一九四一年の三月にはオイエッティが、マッツォーニと連れだって、模型が展示されていたアックエ・アルブーレの現場を訪ね、駅舎のファサードを飾る円柱の出来栄えを吟味している［図66］。オイエッティはさっそく大臣に宛てて報告書をしたため、意見を述べた。柱のささえるコーニス部分については、あれは「もっとローマ風にしたほうがよいのでは。たとえば、ピアチェンティーニが勧めているように、歯飾りを刻むなどして[35]」と。円柱に関してはさらに、自身のノートにこんなコメントを書きいれている——「パンテオンのものよりさらに大きい。先細りのプロポーションは抜群で、エンタシスは施されていない。（……）柱頭には、彫像が彫り込まれている。ピアチェンティーニは、この部分の明暗のコントラストをもっと強くするために、マッツォーニとコッキアに対して、彫像は全身を彫るのではなく、凹凸を強調した浮き彫りのかたちで、半身のみを造形したらどうか、と提案している」。かつて、ボルツァーノの凱旋門では警士《リークトル》の束棹を柱頭に施したピアチェンティーニであったが、いまでは、彫像のほうがいいと提案しているのだ。オイエッティのメモ書きには、さらにこんな文章が続く——「要するに、〝アーチ・円柱閣下〟はご満足。そしてピアチェンティーニもまたご満足[36]」。このフレーズには、九年前に円柱とアーチをめぐって激しくやりあった友人建築家に対する、一種の雪辱をはたしたという、勝利の余韻のようなものがどこか漂っている。いまやムッソリーニは、美術批評家オイエッティの意見によく耳を傾けるようになっていた。大学都市計画の折には、ピアチェンティ

［図66］アンジョロ・マッツォーニ設計、ローマ・テルミニ駅の計画、1941年、ティヴォリのアックエ・アルブーレに設営されたファサード・ポルティコ部分の実物大模型。列柱はパンテオンの柱よりも大きくされており、オイェッティとピアチェンティーニの助言にしたがってデザインされた。

ーニの意見に押しつぶされたかたちであったが、それがいまでは、状況が逆転したのだ。そのことを、パガーノがほろ苦い口調で認めている。「オイェッティの言うことは常に正しいとされ、もはやピアチェンティーニは何か反対意見をさしはさむ意志もなければ、興味も失っている」[37]。ただし、ピアチェンティーニに反対意見を述べる意志がなかったというよりは、むしろ建築家は明敏にも、ムッソリーニが建築に刻印した展開をいち早く理解し、これに共感していたといったほうが正確であろう。

　オイェッティの見るところ、テルミニ駅舎と「Ｅ４２」によって、イタリアの建築様式、すなわち「古代ローマと古典の様式」が甦るのである。この再生現象は、芸術的な感性のみを通じたものではなく、「政治的、すなわち歴史的な事由」によっても実現するものなのである。なぜならば、「いまや、血なまぐさい総力戦がローマの名のもとに闘われ、ローマの軍旗をかかげて遂行されるからである」[38]。この主張は、ムッソリーニがかかげた、例の戦闘と建設の平行政策、すなわち新しい人間を生み出し、ファシズムとイタリアとラテンの文明の優越性を諸外国に認めさせるための、破壊と建設の両面政策を肯定するものでもあった。この主張がいまや、建築の古典様式の観念のうちに、より高次で、より全体主義化の進んだ統合《ジンテーゼ》を見出したのである。その様式は、現代風に改良の手が加えられてはいたものの、帝国主義的なヴィジョン、すなわち戦争の名分でもある侵略的な政治信条がはらむ絢爛豪華なヴィジョンを、刷新してみせるものであった。華々しい戦勝を経たのち、ふたたび世に平時が訪れた際、ムッソリーニは上に見た「政治的な事由」に沿いながら、ある一つの政策を「極限まで、圧倒的な攻勢で」推し進めることを確約する。すなわち、「イタリアをその中心に据えた、ラテン民族の才幹」を世界に冠たるものとして誇示する、という政策である。文明を伝播させ、「全世界を論争」に巻きこもうとするこの文化政策のエンブレムともいえるプロジェクトが、「Ｅ４２」ではあったのだ。「革新的な芸術の規準をもとに構想された、この最初の基盤［「Ｅ４２」のこと］の上に、イタリアおよびそのイタリアが形成した帝国の、新たな叡智の神殿を築きあげようではないか[39]」。

4　一九四一年度ローマ都市調整計画大綱・部分的修正案

建築の全体主義化の流れを締めくくるものとして、最後に、ローマ都市調整計画大綱の改訂をめぐる経緯を据えることができる。この改訂作業は一九四一年一月に、ムッソリーニの指令を受けてはじまったものであった[40]。先に、「E42」をトレ・フォンターネ地区で開催する決定が下されたこと、またそれにともなって、ローマから海へと向かう発展軸の重要性が一挙に高まったこと、などを受けて、一九三一年に策定された都市調整計画大綱を見直す必要が出てきたのである。ピアチェンティーニは、ジョヴァンノーニやオッポ、パオロ・サラティーノ、ヴィルジーリオ・テスタらとともに、一九四一年度都市調整計画大綱・部分的修正案を作成する小委員会のメンバーを構成していた[41]。このうち最初にあげた三名は、ムッソリーニからじきじきに委員への指名を受けていた。ピアチェンティーニとオッポが選ばれたことは、この計画が「E42」と固く結びついていたことを強調するものであるし、モダニズム「様式」に対する鋭い舌鋒で名高いジョヴァンノーニの選出は、ムッソリーニがここでさらに古典主義の方向へと舵を取ったことを示すものであった。ローマ生まれの年配の工学士であるジョヴァンノーニが説明するところでは、「古典主義的な形態というものは、注意して見れば、いまだに活力のあるイタリアの造形言語であることがわかる」という[42]。

この都市計画の改訂作業については、おそらくはピアチェンティーニ自身も早急に着手するよう、働きかけていたものと思われる。この計画がいったいどんな意義をもちうるのか、また、ファシズム時代の建築様式の確立へとむかう流れのなかで、この改訂案がどれほど強烈なインパクトをもちうるのか。その点については、ピアチェンティーニは十分に自覚していた。都市ローマの未来像について考察をめぐらせながら、建築家はこう述べている。首都の形状は、「E42」計画の発動とともに、帝国建設以降の時節の中でも「もっとも重要な」段階へと突入するであろう。その結果、「今日こそは、過去のどの瞬間にも増して果断に挑戦を試み、遠大なヴィジョンを胸に抱く必要がある。ゆめ、みすぼらしい過去にとらわれることなどないようにしなくてはならぬ(43)」。時を一足飛びに超え、「果断なる挑戦を行なう」こと。これは、建築にも政治にも、等しく求められた緊急の課題ではあった。「果敢に挑戦すること」は、いまやムッソリーニの欲するところであり、ピアチェンティーニはそれに機敏に共鳴して見せたのだといえる。建築と政治は歩を同じくして、「文明の優位性」の確立に向かって進み始めたのである(44)。

ピアチェンティーニは都市調整計画大綱の改訂にあたって、委員会外部の、気鋭の人材からなる設計グループを活用し、担当区画を各位に割りふって仕事をさせた。計画に参加した建築家の中には、ピッチナート、デル・デッビオ、マルコーニ、フィリッポーネ、フセッリ、コンチェツィオ・ペトルッチ、ジョルジョ・カルツァ・ビーニらの名が見える。いずれも、ピアチェンティーニの手足となって働く忠実なしもべたちであった(45)。ローマの中心街区の詳細計画をまかされた者もいれば、「E42」と都心部、あるいは「E42」と海との連結ゾーンの計画を割り当てられた者もいた。またローマ市内の三つの中枢といえるヴェネツィア広場、テルミニ駅前の新広場、パンテオン前広場については、ピアチェンティーニはそれらの計画を、ローマ大学建築学部に、つまり自分自身に割り当てている。ピアチェンティーニ文書としてまとめられている資料のなかには、パンテオン区画を対象とした一幅の計画平面図が保管されている。図面では、パンテオンを取り巻く家屋群の一部取り壊しが想定され、またデッラ・ロトンダ広場とアウグスト・インペラトーレ広場とを結ぶ道路――一番狭い箇所でも三〇メートル幅がある――が描かれている(46)。

かつて、大学都市、「E42」、あるいは首都内の個々の建築に、統一的な計画方針が適用されてきたわけだが、それが今度は、都市ローマ全体にまで拡張されたのだと見ることができる。都市調整計画大綱の改訂のための個々のプロジェクト案は、やがて巨大な全体領域図面のなかに組み込まれ、それをもとに四つの巨大な模型が作成された。それは、合計で三〇〇平方メートルになんなんとする、圧倒的なスケールの模型群であった。それらはまとめて、最終報告書――「浩瀚な書物」に膨れ上がってしまったよ、とピアチェンティーニは友人のオイェッティに告げている――とともに、一九四一年十月二十九日、ナツィオナーレ通りの博覧館にてムッソリーニに提示された(47)［図67］。そもそも一九三一年に策定された都市調整計画大綱は、首都ローマの拡張をその目的としたものであったのだが、このたびの修正案はそれとは異なり、「最終案にして、より上位の」計画と位置づけられたものであった。ピアチェンティーニは報告書の中で、三一年当時の計画案は「まだ、国家的な性格の都市・建築的枠組みが、しっかりと定まっていなかった」と述懐し、両計画の差異を明らかにしている(48)。

　これら四基の模型とならんで、この時、統領にもう一つの重要な建築模型が提示された。モレッティが手がけた、フォーロ・ムッソリーニの模型がそれである。これは、このゾーンを対象とした都市計画の最終版となる第三案を表したもので、「フォーロの最終形態《フォルマ・ウルティマ・フォリー》」と銘打たれていた(49)［図68］。モレッティによるこの最終案では、かつてデル・デッビオが一九二八年から一九三二年にかけて企画した中枢施設は、非常に小さな区域を占めるにすぎなくなる一方で、総計一〇平方キロメートルをこえようという広大な領域が新たに計画の対象となっていた。面積の点では、シュペーアがニュルンベルクのナチス党大会のために設計した桁外れに広大な会場施設とも、十分に比較可能な規模といえる。ちなみにシュペーアの会場のほうは、一六平方キロメートルの計画面積をほこるものであった(50)［図69］。「フォーロの最終形態」では、マーリオ丘陵の谷間全域がフォーロの占めるところとなり、その東部は、トル・ディ・クイントを越えて、テ

［図 67］ローマのナツィオナーレ通りにある博覧館室内にて、フォーロ・ムッソリーニの都市調整計画大綱「フォーロの最終形態」を検証するムッソリーニ。その右側にたって、長い棒を持っているのがルイージ・モレッティ。一方左手には、チプリアーノ・エフィーシオ・オッポとグスターヴォ・ジョヴァンノーニの姿が見える、1941 年 10 月 29 日

［図 68］ルイージ・モレッティ設計、「フォーロの最終形態」と命名された、ローマのフォーロ・ムッソリーニのための都市調整計画大綱、模型、1941 年。10 平方キロメートル超の領域にわたって広がるこのフォーロは、シュペーアがニュルンベルクに計画した、途方もない規模の党大会用施設と競合するものであった。

［図 69］アルベルト・シュペーア設計、ニュルンベルクの党大会用エリアの計画、模型、1937 年。

ヴェレ川の蛇行部にまで達していた。フォーロの東端には、競馬競技場と、ボート競技用のドックが設けられた。またテヴェレ川の流れは、ヴィッラ・グローリのある箇所でその向きを変えられ、そこに人工の島が作られた。またモレッティの計画は、川をまたいでさらに南部にまで広がり、フラミニオ地区をも対象に含めていた。そしてこの広大な領域を貫く南北軸が新たに想定され、もって、都市ローマの新たな北門としての容貌をここに一新したのである。新たに計画対象となった領域はすべて改めてデザインし直され、庭園、スポーツ場、アリーナ、テラス、道路などが空間を埋めるにいたった。

フォーロ・ムッソリーニと「E42」は、首都を縦断するモニュメンタルな軸線の両端であった。フォーロの位置するトル・ディ・クイントの高原から発したカッシア、フラミニアの両街道は、一つの巨大な幹線道路を形成。そのまま南進して、建設中の「十月二十八日」橋を越え、「モニュメンタルに拡幅・整備をうけた」フラミニオ広場に達する。そこからさらに進んでポーポロ広場を越え、コルソ通りもしくはそれと平行に走る道路を伝って、ヴェネツィア広場にまで行きつく。都市ローマの「精神的な中枢」である。そこからさらに帝国通りに沿って軸線は進み、コロッセオのところで旋回してトリオンフィ通り、カラカラ帝浴場通りと過ぎ、新たに建設されたインペリアーレ通りへと連結する。この「幅一〇〇メートル」の新道路は、ベルリン計画の大道路より二〇メートルほど狭いものであった。さて軸線はそのまま伸びて「E42」会場に達する。そこでは、オスティエンセ通り、マルコーニ通り、そしてインペリアーレ通りの三本の道路が合流し、巨大な空間を構成する。これは、北のポーポロ広場に対して、南の三叉路広場を形成するものであった(51)。

都市を貫く南北の背骨というアイデアは、モレッティがスケッチに描いた、都市ローマの図式平面にその姿を表している。スケッチは、「国家計画ならびに帝都ローマの大計画における、フォーロ・ムッソリーニ」と題されていた。これと同じアイデアは、ピアチェンティーニの手になる走り書きのスケッチにも、その概要が見られる。[52] ピアチェンティーニといえば、ムッソリーニからイタリア建築の運命を託された建築家。そしてモレッティは、その後目を継ぐとみなされたもっとも有力な候補。この両者のあいだには、本来ならば密接な交流があってしかるべきなのだが、実際にはごくまれにしか接触はなかった。[53] さて、この南北軸のアイデアが再び強調された計画があった。それが、ピアチェンティーニが「Ｅ４２」完成後のプロジェクトとして構想した、知の国際都市であった――「首都の北部では、フォーロ・ムッソリーニ、およびイタリア・オリンピック委員会（ＣＯＮＩ）とリットーリオ・イタリア青年団の各本部が、大スタジアムにいたるまでの領域にかけて、巨大な若者教育のエリアを形成するものとして構想されました。これと呼応するかたちで、首都南部には、万博都市の主要な部分の完成を待ったうえで、海の方角に向かって、この知の国際都市が建設されなければならないでしょう」[54]。総体として見るならば、一九四一年度の都市調整計画大綱・部分的修正案は、「世界規模での重要性」を帯びた、「帝国的」な計画を構想するものであった。すなわち、「首都ならびにその瞠目すべき周辺地域をして、統一的な単体となし」、「その広壮なる規模をもって、人々の度肝を抜く」ことが、目標とされたのである。[55] イタリアではピアチェンティーニが、ドイツではシュペーアが、それぞれ建築に託していた心理的効果が、かくも似通っていたという事実には、驚くよりほかはない――はからずも両者ともに、建築の巨魁さを利用して、見る者の度肝を抜き、畏怖の念をおこさせ、大衆を支配しようとしていたのである。

　かつてとはことなり、ムッソリーニによる今回の博覧館訪問と模型検分の模様は、新聞紙上で大きく取り上げられることはなかった。目下進行中の戦争は、開戦を望んだ者が期待していたような戦果をあげていなかった。ギリシア侵略作戦では、イタリアの軍備の限界が露呈してしまった。もっとひどかったのが、アフリカ東部戦線の戦況である。五月、エチオピア皇帝ハイレ・セラシエ一世がアジス・アベバに帰還。イタリアの占領からわずかに五年とたたずに、ローマの「運命の丘《コッリ・ファターリ》」は、あれほどまで誇大に称揚していた帝国の栄冠を、再び喪失してしまったのである。六月、ドイツはソビエト連邦への侵略を開始。イタリアもその遠征軍に従った。こうした危機のさなかにあって、統領はこのたびの博覧館視察に関して箝口令《かんこうれい》を敷き、あくまで私的な訪問であるという装いをとった[56]。そして計画に携わった建築家たちに対しては、「描かれた道筋にそって、粛々と進むよう」伝えたのだった[57]。その後、模型は「Ｅ４２」会場に運ばれ、計画の細部をさらに洗練させる目的で小委員会が結成された。メンバーには、ピアチェンティーニの名も見られた。後にムッソリーニには、新たな報告書が、解説図面とともに提出されることになる[58]。

この都市調整計画大綱・部分修正案をめぐる経緯は、建築を管理下におこうとするプロセスが、さらなる加速の度を加えたことを示している。ピアチェンティーニの算段では、この修正案の定める建築規定は、ひとり首都の中枢域——テルミニ駅前広場、ポルタ・マッジョーレ、フラミニオ広場、バルベリーニ広場、サン・シルヴェストロ広場が、その区域に指定されている——のみを対象とするものではなく、居住地の拡張区域すべてに敷衍されるべきものであった。すでに一年前、首都の北部と西部にモレッティが計画した広大な丘陵盆地地帯のプロジェクトを指しながら、ピアチェンティーニはこう要請していた。「(建造物の) 位置、形状、色彩のどれをとっても、当局によって、ひとつひとつ、厳格な管理のもとに計画されねばならない[59]」。そしてこの度、都市調整計画大綱の部分的修正案をめぐっては、総督府次官に対して次のように規定している。「居住区に新たに割り当てられた地域においては、区々の建物はもはや個性的な特徴を排すべきで、個々の施主や建築家の趣向に応えるようなデザインであってはならない。代わりに、全体の調和を計算してあらかじめ規定された、厳格な統制に従うべきである。個々の建物はもはや独立したものとはみなされず、道路や広場といった上層の単位に従属する、下位単位となるのだ[60]」。こうして、帝都ローマに今後建設される建物は、統一的な方針に沿ったものとなる。個々人が家を建てる自由も、間接的なかたちで、首都がまとう新たなファシストの容貌に参与する。私邸もまた、集合的なアイデンティティを形成するプロセスの中で主役を演じるのである。この都市プログラムを実行すべく、ピアチェンティーニはこれに続く月日を費やすことになる。(61)

一九四一年というこの段階にいたってピアチェンティーニはついに、「造営官」の職制を実践する可能性を見出したのだ。これはすでに一九二九年の段階で、ぜひ自分が就任したいと望んでいた官職であったし、また後の一九四三年になると、やはりその望みのかなわぬことを、建築家はいま一度嘆くことになるものでもあった――「自分がローマの造営官に任命されるはずであったものを、すべてが霧散してしまった」(62)。とはいえ、公式な形で任命されなかったからといって、同様の職権が実行できなかったわけではなかったのだが。そもそもムッソリーニが、もうかれこれ二〇年近く側近として侍しているこの建築家に、あまりに過大な権力を与えることを望まなかったという事情もあった。独裁者はこう考えた。奴に公職を与えないほうが無難だ。下手をすると、ムッソリーニの都市であるべきローマが、ピアチェンティーニ個人の作品と同一視されることになりかねない。

5　ヒトラーのベルリン帝都計画

一九四一年度の都市調整計画大綱・部分的修正案は、大ベルリン計画の巨大構想に対するムッソリーニからの返答という意味合いを、「Ｅ４２」以上に大きく持っていた。とくに一九四一年度修正案中の「凱旋街路《ウイア・トリウムファアーリス》」――古代、ルネサンス、ファシズムの諸モニュメントを連結する道路網を指し、古代ローマ神話によって補強された古代と現代の土木建築事業を称揚するものであった――は、もう一つの「凱旋街路」の向こうを張った計画と見て取ることができる。すなわち、シュペーアが大ベルリンのために設計した、南北軸がそれである。この軸——長さ七キロというから、ローマの軸の半分の規模である——は、セットで構想されたメガロマニアックな広場群とともに、一九三八年に建造が開始され、予定では一九五〇年の万国博覧会の開催にあわせて工事が完了することになっていた。首都で開催されるという点で、このベルリン博覧会は「Ｅ４２」とのさらなる対比を示すものといえる。ベルリンを貫く二本の大街路——そのうち一方は、巨大で、整然・厳格な構成をとり、他方は、統一性をもとめつつも多様性を演出し、常に過去との対比を念頭に置きながら、高貴なエレメントを随時挿入して破格を生み出していた——は、ヒトラーとムッソリーニの建築観、あるいはシュペーアとピアチェンティーニの建築観の対比を、要約したかたちで見せてくれる作品といえる。

シュペーアがヒトラーに呼ばれて、ベルリンの再開発計画をまかされたのが一九三六年の夏。同じころ、ムッソリーニは「Ｅ４２」計画にゴーサインを出そうとしていた。一九三七年一月、シュペーアは首都計画の総合監督官に任命され、その事務局を、首相府からほど近いパリ広場の美術アカデミー内に構えた。[63]暮れ方、事前の通知もなくヒトラーが事務所を訪れることがよくあった。総統はシュペーアとともにデザインを検分し、諸課題に対する解決法をあれこれ議論し、時には紙と鉛筆を手にとって、あたかも本ものの建築家のようにスケッチに没頭するのだった。計画図面中、たとえば建物の主玄関のような迎賓空間は、その多くが、ヒトラーの直筆と確認されるスケッチによって、修正案の描きこみが行なわれている。[64]フレデリック・スポッツによれば、総統の果たした役割というのは、実際にはシュペーアが言っている以上に大きく、ヒトラーの承認を得なければなにものも実行されないというのが実情であったという。[65]シュペーアの宰領する建築総監事務局（ＧＢＩ）には、常時八〇名ほどのスタッフが働いていたが、その業務は総合計画の策定に限られていた。個々の建物の設計に関しては、事務局外の建築家に外注するかたちをとっていたのだ。ＧＢＩが統括するそれら建築家の中には、ペーター・ベーレンス、パウル・ボナッツ、ウィルヘルム・クライスらの名が見える。シュペーアは自分が設計を担当する作品として、国民会堂《フォルクスハレ》、凱旋門、首相府、南駅、ゲーリングの官邸等々の、計画中もっとも代表的な建物を選んでいる。

一九三六年の末、シュペーアは大街路に関する最初の図式案を提示。翌年の四月二十日には、ヒトラーへの誕生日の贈答品として、国民会堂の図面一式――平面、断面、透視図――を提出した。一九三八年一月、再開発計画の任を受けてからちょうど一年後に、建築家は新首都計画の準備をすっかり整えていた。七月の上旬、この計画を検分したゲッベルスは日記にこう記している――「ベルリン全体の再開発に関する計画平面図と概要模型（……）これは、驚天動地のプロジェクトだ。シュペーアは与えられた任務に、人間離れした方法で対処した。ベルリンを貫く新たな軸は、今日までに実現したいかなるプロジェクトをも凌駕するものである」。これより数日前、観光省建設のための礎石がベルリンの一画に据えられたばかりであった。これは荘厳な南北都市軸を形成する最初の建物であり、その設計に際しては、総統はとくに「建築的な均斉をよく保つよう」指示している。一九三九年四月、やはりヒトラーの誕生日に合わせて、シュペーアは高さ三メートルに達する、凱旋門の木造模型を完成させた[66]。その一方で建築家は――「Ｅ４２」建設の着工とほぼ同時期に――、国民会堂建設予定地の既存建築の取り壊しに着手。この巨大建築の造営に必要な花崗岩を発注したほか、スカンジナビアから大理石を運ぶための特別の輸送船団も組織させた[67]。国民会堂は、その荘厳さの点では群を抜く建物であり、ヒトラーの都市ベルリンを象徴する存在であった。独裁者はこの建築に、大衆を圧倒する、強大な心理的パワーを込めた。この建物を通じて、国民に忘我の境地を、戦勝にもまさる高揚した多幸感を味わわせることができるものと、強い確信を抱いていた。後には、この建築は「戦争に三度勝利したに等しい価値がある」というコメントまで残している[68]。またヒトラーは別の機会にも、ナチズムのイデオロギーにおいて建築がいかに根源的な重要性を持っているかという点を、繰り返し強調してみせている。「よく聞きたまえ、親愛なるシュペーア卿よ。これらの構築物こそは、およそ考えうるもっとも重要なものなのだ」[69]。

ヒトラーはこう主張する。古代ローマ帝国の偉大な建築群は、「ムッソリーニに、ローマの英雄的精神へと結びつく可能性を与えたのだ」[70]。ゲッベルスはさらにこう加える。統領は「古代ローマの全歴史を、その黎明期にいたるまで、自らのもとに取り戻したのである。それに比べたら、われわれは成り上がり者でしかない」[71]。そしてまさに、イタリアに対抗できるほどの歴史的遺産が欠けているという自覚が、ヒトラーとシュペーアをして、建築の巨大さにおいて優越性を確立しようとする方向へと向かわせたのだった。

桁外れの巨大さこそは、ドイツ国民に「自己の精神」を取り戻させることになるであろう。すなわちそれはそれは、自分たちは世界を支配するべく召喚された、きわめて優秀な民族なのだという自覚を持つことである。すなわちそれ国防軍の司令部に宛てた秘密の報告書の中で、シュペーアは自分の建築を、「冷静な計算」に応えるものだと説明している。それはドイツ国民に、自分たちは他のいかなる民族にも劣っていないという自覚を与えるものだという[72]。こうした理由から、ドイツではいたるところで建築に巨大なスケールが適用された。

国民会堂前の広場は、周囲を帝国議事堂、国防軍本部、新首相府に囲まれる空間であったが、ここには一〇〇万人の群衆を収容することができた。首相府、あるいはヒトラーの官邸とも呼ばれる建物は、総統の居館も兼ねており、その規模は、かのビスマルクの邸館の実に一五〇倍、昼食の間だけでも三〇〇〇平方メートルの広さを誇り、付属の劇場には一〇〇〇名の観客を収容することができた。ヒトラーの執務室に行くには、柱のずらりと並んだ五〇〇メートルの廊下を通り過ぎなければならなかった。面会に訪れた客人は、ヒトラーに拝謁するために長大な距離を歩かされることになる。そこに込められたメッセージは明瞭だ――「自分はいま、世界の支配者に会うべくやってきたのだ、という感情をいやがおうでも引き起こさせる」必要がある、というわけだ[73]。国民会堂と凱旋門のあいだには、他にも桁外れに巨大で、第三帝国の顔たるべき建物が聳立する予定であった。すなわち、各省庁、軍人会館、ゲーリング官邸、オペラ劇場、劇場や美術館などのほか、産業界の諸団体の拠点や、アーエーゲー（ＡＥＧ）本社、豪華ホテル、浴場施設なども想定されていた。さらに都市軸の両端部には、南と北にそれぞれ鉄道駅舎が計画された。「（……）思わず息をのむ壮観だ！　これならば——とヒトラーは太鼓判を押す——、われわれの世界で唯一のライバルたるローマをも顔色無からしむることができるだろう」(74)。

一九三〇年代の後半に、シュペーアが実に三度もイタリアを訪問しているのは、たいへん意義深い事実といえる。建築家のお気に入りは、もちろんヘレニズム期の作品であり、イタリア訪問の直前にも、ギリシア旅行を終えたばかりであった。だがイタリア巡検では、ドイツ国内のプロジェクトのための、大いなる刺激を手に入れることになった。シュペーアが初めてローマを訪れたのは一九三六年秋。サン・ピエトロ大聖堂の円蓋を研究するためにわざわざ日程を組んだ旅行だ。そのころ彼は、国民会堂のための大ドームの設計という課題をかかえていた(75)。ついで一九三八年十月にふたたびイタリアを訪問。この度は、ヴェネツィア、ウルビーノ、ローマ、フィレンツェと回っている。後に建築家は、ヒトラーの官邸はピッティ宮殿から着想を得たものだ、と語ることになる(76)。それから数か月後に、シュペーアは三度目のイタリア旅行を敢行。すなわち一九三九年三月、妻とマグダ・ゲッベルスを同伴してプーリアとシチリア地方を回り、その途次でピアチェンティーニとも面会する機会があった(77)。その帰路、おそらくは四月の上旬ごろと思われるが、シュペーアはそのアカデミー建築家によって晩餐に招待されている。ピアチェンティーニの所有になるローマ近郊カミッルッチャの別荘で開かれたその宴席は、シュペーアを歓待するためにわざわざ設けられたものであった。接待の席上、「ローマの高名な建築家や、当時首都に滞在していた著名なイタリア人建築家たち」に、次々と紹介されている(78)。また同じころ、シュペーアは「Ｅ４２」計画の指導者たちが企画した公式昼食会にも参加。その折に、建設現場を視察し、「ムッソリーニの都市」の完成予定模型を目にしたことは、ほぼ確実と考えてよいだろう(79)。ドイツに帰国するや、こう日記に書き記している。

「イタリア旅行での印象はどうであったか、ぜひ語って聞かせてくれと、ヒトラーにせがまれた」[80]。それからほどなくして、シュペーアは「E42」のためのドイツ館の設計準備として、いくつかのスタディ図面を作成している[81]。

旅行のあとも、シュペーアとピアチェンティーニは書簡での交流を続けた。たとえば、伊語雑誌『アルキテットゥーラ』で特集号が組まれ、ベルリン、ニュルンベルク、およびその他のドイツ諸都市における最新建築事情を紹介することになった際、シュペーアは必要な資料をピアチェンティーニのもとに送り届けている。しかしこの特集号では、国民会堂へのわずかな言及こそあれど、その模型写真はいっさい掲載されず、また凱旋門の計画についても、なんらの紹介もなかった。シュペーアが後に述懐しているように、巨大な規模の建造物については、その計画は秘中事項とされたのだった[82]。ドイツの現代建築を紹介する記事の中で、ピアチェンティーニは以下の点を強調している。いわく、これらの建築は「計画された古典主義」をまとい、スケールの巨大さを主眼としている——「今日のドイツでは、一メートルは、千センチから成る」——、またいずれも均質な特徴を帯び、個性を排除する傾向があり、まさに真の国家建築とよべるものである。とはいうものの、全面的な賛同に終わるのではなく、用心深く、一定の距離を置いてもいる。その留保は、建築の帯びる政治的用途に対して向けられたものではなかった。いやむしろ、この点に関しては「われらは、同質の英雄主義を共有している」と断言してさえいる。ピアチェンティーニがドイツの事例に留保をつけたのは、純粋に建築学に属する領域においてであった。すなわち、正真正銘の同意に基づく様式創造という点、そしてたぐいまれな芸術的「感性」という点では、イタリア建築の「動向」に軍配をあげているのである。いわく、イタリア建築には国家の「確たる伝統」を認めうるが、これはドイツには欠けている。また、イタリア建築の動向は「人々が健全なかたちで自然に納得して」作られてゆくのに対し、アルプスの北側では——ピアチェンティーニははっきりとそう言ってはいないが、言下にほのめかしている——、決定はトップダウンで下される。[83] 言い換えるなら、すでに火ぶたの切って落とされたドイツとの建築をめぐる対決のなかで、はっきりと、ムッソリーニ支配下のイタリアの方が優位であると主張しているのである。この特集号は、ピアチェンティーニからヒトラーにも贈呈された。「御仁、感謝のことばを私に直々に送って来なすった」、と建築家は後に述懐している。[84] 大学都市計画に比べれば、ドイツの独裁者は確かに、ピアチェンティーニ指揮下の「E42」計画が見せる古典主義的な展開を、高く評価することにはなる。とはいうものの、相手国の建築作品を見るに際して——これはお互いにいえることだが——、相応の敬意を払らおうとする態度が見られない点を考慮するならば、ヒトラーが送ったこの謝礼の言葉は、単なる社交辞令の域を超えるものとはいえないだろう。ここでもう一点、念頭においておくべきなのが、ピアチェンティーニがこの雑誌のドイツ語訳をつくる際に、ルイージ・レンツィ執筆の記事に含まれていたあからさまなドイツ建築批判の箇所を、削除するよう配慮した点である。ピアチェンティーニの紹介文に続くこの記事には、歯に衣着せぬ辛辣な言葉で、「芸術作品を作るに際して、重要なのは大きさではない。大きければいいというものではないのだ」、という批判が含まれていたからだ。[85]

その一年後にあたる一九四〇年、ピアチェンティーニは自身が編集主幹を務める雑誌に、ベルリン市内のムッソリーニ広場の計画案を掲載しようとした。これは、大ベルリン計画における第二の都市軸を構成する、東西街路の中に組み込まれたプロジェクトであったのだが、シュペーアから、それはちょっと、と体よく断わられている。建築をめぐる対決構造のゆえに、シュペーアは大ベルリン計画に関するいっさいの情報を、事前に公表することを望まなかったのだ。建築家はこう確信していた。この首都改造プロジェクトは、戦勝後の社会情勢において、もっと別の利点から人々に歓迎されることになるだろう、と。そんな思惑から、シュペーアはピアチェンティーニに対して、戦争終結後ただちにベルリンの開発現場を訪問くださいと伝えている。それもさほど遠くない将来、おそらくは数か月後、いや長くても向こう一年のあいだに戦争が終わるものと、この時点では考えていたのだ。短期の戦争ならば、都市改造計画の遂行になんらの支障もきたさないはずである。いやむしろ、ドイツ軍がフランスの占領を果たした一九四〇年の秋には、ベルリンのための大街路貫通プロジェクトは「かつてないほどに、総統の想像力を刺激してやまぬ計画となっていた」のだった[86]。ドイツの独裁者にとっては、大ベルリン計画の巨大な建造プロジェクトは、戦争の遂行と同じぐらい、根本的な重要性をもった事業であり、ともにドイツ民族を練磨し、世界の支配者へと鍛え上げてゆくのに必要な企図ではあったのだ。首都ベルリンの建造は、侵略戦争と分かちがたく結びついていた。一九四一年五月の時点で、ドイツ国内では三〇〇万の強制労働者がおり、そのうち一〇〇万人は、征服地から送られてきた戦争捕虜であった。ファラオじみたこの巨大建造プログラムは、当初から、三〇〇万人の奴隷労働者を二〇年間にわたって酷使することが想定されていたのである。奴隷労働要員と建設資材というかたちで国庫を潤す戦利品は、ベルリンの巨大建築を造営するのに、なくてはならない要素であったのである[87]。

さて再び一九四一年に戻るが、その夏、ピアチェンティーニとその同僚たちが都市調整計画大綱・部分的修正案の作成に没頭していたとき、ムッソリーニは、ヒトラーがベルリン改造のために準備していたプロジェクトが、どんな成り行きを見せるのか、強い興味をもって見守っていた。おそらくは一抹の不安も、同時に覚えていたことだろう。統領は、このプロジェクトに関して、在独大使のアルフィエーリとも議論を交わしている。大使は、シュペーアの事務局があるベルリンの美術アカデミーを訪れる機会が、いく度かあったからだ[88]。アカデミーにある大展示室には、大ベルリン計画のための石膏模型が飾られており、中には五〇分の一のスケールで作成されたものもあった。自然光による日照を再現するために、室内はスポットライトをつかって昼間のような照明が施されていた。「大街路をかたどった模型は、複数の部屋をまたいで、延々三〇〇メートルも続いていた」という[89]。イタリア大使と建築家の表向きの面会理由は、イタリア大使館の新館建設についての協議、ということになっていた。[90] 一九四一年八月二十日に行なわれた会談の席上、大使アルフィエーリは建築家にこう伝えている。「統領閣下はドイツ建築に深甚なる興味を抱いておられる。そしてこの私に、卿はシュペーア殿と交友関係にあるか、とお尋ねになられた」。そのシュペーアもまた、著作『第三帝国の思い出』の中で、こう述懐している。「ムッソリーニも、これらの（ベルリン）計画に対しては、並々ならぬ関心を示している」[91]。統領は対抗措置をとるために、ベルリン改造がいったいどのような性格の計画であるかを、知りたがったのだ。なるほど、軍事面ではドイツが圧倒的な優位を占めているが、建築の領野では、まだ雌雄は決していなかったのである。

6　帝都ミラノのために

ローマがムッソリーニの都市であることは言を俟たないが、ミラノもまた統領の関心の中心を占める都市であった。ミラノ市内での建築事業にムッソリーニが介入することは頻繁であったし、「細部にいたるまで、プロジェクトの進捗状況を知らせるよう」望んだケースも多々あった。相反する解決案が提示された場合には、市長は最後の決断を首相に仰ぐことを常とした。一九三〇年五月にムッソリーニが市の営繕部を訪れた折に、新たな都市調整計画大綱中の道路幅の規定について批判を行なった事例も、ここで想起しておくべきだろう。統領の考えでは、このままの道路幅では、将来の交通量の増加に対処できなくなる、というのだった。また同じく想起すべきなのは、ヴェネツィア宮にてミラノ市長マルチェッロ・ヴィスコンティ・ディ・モドローネに接見し、ヌオーヴァ門とヴェネツィア門のあいだにあるスペイン要塞の取り壊しについて話し合っている点である。この問題に関しては激しい論争が巻き起こった。オイェッティは取り壊しに断固反対していたが、ムッソリーニはそれでも、プロジェクトに承認を与える決断を下している。[92]また数年後には、市長がふたたび参内して、ミラノ市内の国防義勇軍兵舎、空軍博物館、地下鉄網の各プロジェクトについて、その進捗状況を報告している点も、特筆に値する。[93]だが、個々の事業を有機的に統括するプログラムが発動するのは、一九三六年にエチオピア戦争が終結し、帝国の建設が宣言されるのを待ってからである。この状況にいたってミラノは、古代神話の再評価の流れの中で、ローマに次いで国内でもっとも重要な都市たらんと欲したのだった。その神話こそは、ファシズム体制が、「国家の魂を熱狂へと駆り立てる、絶妙な政治的機能」を託したものであった。[94]

ムッソリーニからミラノ市を刷新する計画を任されたのは、市長のペゼンティであった。ファシズムの最初期から運動に携わっていたミラノの党員で、総統《ドゥーチェ》の信頼が厚かった人物である。[95]そのペゼンティは、一九三六―一九三九年の四か年政策の始動時に、ミラノ市のための都市調整計画大綱を稼働させ、一九三六年の七月には、ムッソリーニのもとに、時代の政治コンテクストに合致した建築プログラムを提示している。このとき示されたプロジェクトの中でも、最優先で実行すべき課題とされたのが、大聖堂前広場の整備計画であった。ムッソリーニは、ミラノ市営繕部が作成した試案をすぐさま承認しているが、この案は、「マニカ・ルンガ」の通称を持つ王宮付属棟の取り壊し、ならびに「ロッジア風」のモニュメンタルな建物の建設を想定していた。ここには、アレンガーリオと呼ばれる施設と、ファシスト殉教者のための聖所とが入る予定になっていた。同案ではまた、大聖堂に面する建物を取り壊して、ファシスト協同体の本部施設を作ることも提案されていた。これらのプロジェクトが実現したあかつきには、大聖堂広場はもはや単なる市内の宗教的中心地というにとどまらず、時代の勢いを獲得しつつあった政治的な意味合いをも帯びることになるはずであった。また、その他の主たる開発プロジェクトとしては、サン・バビーラ広場、ヴェルツィエーレ地区、ボットヌート地区、サン・フェデーレ広場、などが想定されていた。[96]それからほどなくして、統領はミラノ市に対して、プロジェクトの財源確保のために二億五〇〇〇万リラの公債を発行する許可を与えている。(97)

ペゼンティ市長はさっそく、ミラノ都市計画委員会の席上で、ムッソリーニとの会談の模様を報告。首相がプロジェクトを詳細に検討したうえで出した指示を、委員たちに委細にわたって伝えた。それらの指示のいくつかを、以下に見ておこう。たとえば、ムッソリーニはジャルディーニ通りのデザインが気に入ったのだが、「直線コースは避ける」必要があると判断。そのままだと、最近建てられたばかりの建造物にぶつかってしまう恐れもあったからだ。また、サン・バビーラ教会の北辺地区を分離する目的で、ヴェネツィア通りとサン・ダミアーノ通りの間に新しい道路を開削しようとする計画に対しては、「正当化のできぬ、看過しがたい債務を生じるだろう」と否定的な判断を下した。むしろここは、「教会の北辺に対応させて、小広場を作る」のがより適切ではないか。さらには、ドゥリーニ通りと現在のエウローパ通りで区切られている、サン・バビーラ広場の南辺のラインを、「ボルゴーニャ通りの南側に」そろえることも決定した。一方で、エウローパ通りとヴィットーリオ・エマヌエーレ通りに挟まれているサン・バビーラ広場の西側部分が、湾曲した眺望を見せている点を指して、「これで審美的な効果が得られるか、はなはだ疑問だ」と苦言を呈した。あるいは、アッファーリ広場の南辺に「連続ポルティコをそなえたパラッツォ」を建てるべきとする案に対しては、これを没とし、代わって、証券取引所の建物と並行になるまで広場の辺を直線化するよう指示を出した。また、ボルゴーニャ通りとポルタ・ヴィットーリア通りとを連絡する道路については、「必要なし」と判断。逆に、建設が決まっている裁判庁舎の前面には、交通の便と審美的な観点から、広場を作ることが不可欠とみなした。また、スカーラ広場とカイローリ広場を連結する横断道路に沿って、駐車用の小広場が作られることになっていたのだが、これを「大幅に」拡張するよう指令を出している。(98) 要するにムッソリーニは個々のプロジェクトの詳細に立ち入り、ひとつひとつコメントを与え、異なる解決案の方向性を示しているのである。これはどう見ても、彼がミラノ市の都市調整計画大綱の策定者の一人であると考えぬわけにはゆかないだろう。ムッソリーニはこのとき、大聖堂広場に関しては特に修正指示を出していないのだが、ペゼンティが述懐しているように、このエリアの計画に際して市の営繕部は、「ピアチェンティーニ卿によるスタディと、その創造的な才能」を前もって利用していたのだった。こうして出来上がった広場整備案は、「首相のお気に召す」ところとなったわけだ。(99)

一九三八年三月、ムッソリーニは元市長ジュゼッペ・デ・カピターニを鼓舞して、「ミラノ市のもつ古代ローマ性が、古代帝都の輪郭をなぞる建築作品の中に、今よりずっと明瞭に触知できるよう」、対策を講じることを命じている。(100)さらに、例のヴィガノが提案したゴシック式の塔の「事件」があってから二か月後の一九三八年十二月九日には、ローマのヴェネツィア宮で重要な会議が開かれている。参加したのは、新ミラノ市長ガッララーティ・スコッティ、戦闘ファッショ県支部長リーノ・パレンティ、その他ミラノ市の党高官たちであった。(101)一時間以上続いたこの会議では、都市調整計画大綱の実施にまつわる諸問題が話し合われた。その折、ムッソリーニの手元に一冊のアルバムが提出された。中をめくると、市の現状を伝える写真があり、そのかたわらに、ミラノがやがてまとうであろう「帝国的」な容貌を描いたプロジェクトが添えられていた。

ここでもまた、統領は個々のプロジェクトすべてに目を通し、どれから先に実行してゆくべきか、それぞれ順位を指示していった。会議で提示された計画は、大聖堂前広場を筆頭に、ディアス、カヴール、サン・バビーラ、アッファーリ、サン・フェデーレ、ボットヌート、ヴェルツィエーレの各広場の整備計画、それからジャルディーニ通り、中央駅前広場の再開発計画であった。これら十の事業は、向こう五年で完成させるものとされた。会議ではこれらの詳細な計画に加え、県知事の手からムッソリーニに、ヴィヴァイオ通りに建つムーツィオ設計のパラッツォの案も提示されている。(102)会議の後、ヴェネツィア宮を出たところで行なわれたインタヴューに答えて、パレンティはこう述べている。「統領は、都市の容貌を根本的に変容させる複合的な計画を、ご承認くださった。ミラノを刷新し、帝国の顔を与えることになるプロジェクトだ」。さらに市長が加えてコメントするには、この「帝国的」イメージを獲得するためには、「統一的な」建築の観念が追及されるのだという。[103]

上に見た十の事業には数えられていなかったが、この十二月の会議の折、ムッソリーニには、新警察署の設計案もお披露目されている。これは、ピアチェンティーニ設計の新裁判庁舎の向かいに建てられる予定のものであった。やはりミラノ市の統一的建築構想の一環をなすプロジェクトで、専門的助言をピアチェンティーニに仰いでいる。[104] このローマのアカデミー建築家は、ミラノの舞台にあっても、やはり主役であった。すでに指摘したことだが、ピアチェンティーニは一九三九年六月九日、ミラノ市長とボッタイとともに独裁者のもとを訪れ、ディアス広場南側の再整備、およびバッチョッキとアリスター・マクドナルドが設計した建物について検討を仰いだ。首相は提示された案を承認し、秋に工事が着工できるよう取り計らうことを約束した。ディアス広場の最終的な再開発案は、大聖堂前広場の計画と同時に準備されたものであった。[105]

ムッソリーニはこののち一九四〇年二月十日にも市長との長時間の会談を設け、都市調整計画大綱の実施状況に関して、じっくりと検分を行なっている。作業の進捗状況についての説明を聞きつつ、統領は、自分が計画の詳細な事情に通じていることを、相手に悟らせるようなやりとりをしている。全体計画は、すでにみたように、十か所の事業を同時に行なうことを想定していたのだが、それがここでは大幅な規模の再編が行なわれ、五つの現場に減少している。すなわち、ムーツィオとその同僚が設計したアレンガーリオを含む大聖堂前広場の整備、バッチョッキとピアチェンティーニ設計のビルを含むディアス広場、ムーツィオ設計のポーポロ・ディターリア新聞本社を含むカヴール広場、ポンティ設計のビルを含むサン・

バビーラ広場、エンリーコ・アゴスティーノ・グリッフィーニ設計のビルを含むジャルディーニ通りが、優先すべき五案として選ばれたのだった。[106]「帝都ミラノ」を建築的に実現するのに必要な財源は、戦争準備の財源を確保するために、大幅に削減を受けてしまった。そしてその戦争こそは、帝国に栄光を与えることになるはずのものであった。戦闘と建設という、例の平行アクションは、国民を「兵隊市民」へとしたてあげようと目論むムッソリーニの教化政策の要をなすものであったが、それは同時に経済との折り合いもつけなくてはならなかったのだ。

7　国家的な「方針の統一性」

ピアチェンティーニの指揮棒のもとで、建築はひとり首都の範囲にとどまらぬ、広範な方針の統一性という道を歩んでゆく。その浸透性は、おびただしい規定を通じて察知することができるものだが、遠くミラノにまで達していたことがわかる。この点で象徴的なのが、大聖堂前広場のロッジア付建物「アレンガーリオ」の事例である。一九三七年一月、ピアチェンティーニはジョヴァンノーニやオイエッティらとともに呼び出しを受け、広場の新たな整備計画、ならびにアレンガーリオ設計競技の対象となるエリアの要点をまとめるよう依頼された。[107]一九三七年四月、コンペの告示。競技は二段階選抜の方式で行なわれ、一九三八年七月に幕を閉じた。最初の段階では、ピアチェンティーニはぜひ審査員に、という誘いを断り、かわりにオイエッティを推している。第一次コンペが終わり、第二段階の選抜へとすすむ間に、先にも見たようにミラノ市長ペゼンティはムッソリーニと面会し、四名の優秀案をもとにして第二次コンペを開催する件の認可を取りつけた。後に勝者となるムーツィオも、この時期に、重要な二つの会談をこなしている。一つはオイエッティと、もう一つはピアチェンティーニとの面会であった[108]。

第一次コンペが終了した段階で、オイエッティは審査委員会の決定に反対したため、ピアチェンティーニがその後任としてメンバーに加わることになった。このアカデミー建築家を委員会に加えてコンペは第二段階へと進み、ムーツィオ率いるグループが設計した、D案とよばれるプロジェクトが最終的に選ばれた。この案は、王宮の「マニカ・ルンガ」棟を取り壊した跡地に、二棟の建築を作ることを想定したもので、ともに三階建て、地上階部分にはアーチの開口が、二階と三階には四角形の開口が、それぞれほどこされていた。だが、コンペを勝利したこの案も、ピアチェンティーニにとっては、まだ最終案とはいいがたいものであった。建築家は友人のオイエッティにこう説明している。不採用になった他の提案に比べると、この案には一つ利点がある。すなわち「控えめで、今のところ広場を危険にさらすような提案ではない。この点が一番重要なのだ」。ピアチェンティーニは頭の中で、ある明瞭な戦略を描いていた。注意してほしいのは、それが「Ｅ４２」で採用しているものと同じ戦略であるという点だ。「よろしい、この案を優秀案に選ぼうではないか。ただし、後で頭からやり直させるわけだが」。委員会の指示、とはつまりピアチェンティーニからの指図ということだが、それに従いながら、ムーツィオは受賞案の修正準備にはいった。そしてこの段階で、ふたたびオイエッティが舞台に登場する。この美術批評家は、コンペの勝利おめでとう、とムーツィオに祝賀を送り、また建築家のほうでは、自分のスタディの「大部分」は貴兄にささげたのです、とオイエッティに打ち明けている。ムーツィオはさらに、先生の「ご意見と助言をぜひうけたまわりたく存じます。もしお許しいただけるのであれば、こちらから直々にお話を伺いに足を運ぶ所存であります」と書き送っている[109]。実現された建物では、アーチのモチーフ——これは、オイエッティにもピアチェンティーニにも好まれた要素である——がデザインの全体にわたって優勢となり、アレンガーリオを「アーチによる透かし彫り細工」のように見せている。

ピアチェンティーニとオイェッティの両名は、一九三八年の時点で、勝利の枢軸を形成していた。ミラノの委員会で、ムーツィオの設計案を選定していたのと同じころ、ピアチェンティーニはこんな主張をしている。インターナショナル主義およびコスモポリタン主義に抗するかたちで、「国家の諸々の価値が全体主義権力の内に優勢となること」、これは、「やがて非常に広範な波及効果を生み出してゆくことになる」情勢であるのだ。そしてこの新たな政治的シナリオの展開と歩調を合わせるかたちで、建築の世界ではかつての合理主義が放棄され、国家の伝統への回帰が号令された。もちろん、回帰といっても、その形態言語は現代風に刷新を経たものではあった。ピアチェンティーニは、力を込めて主張する。われわれは今、「新たな再生」、「われわれのネオ・ルネサンス」ともいうべき現場に立ち合っているのだ、と。この再生現象とは、古典主義の真髄へと回帰することを意味し、アーチと円柱のモチーフを、「偽りがなく、合理的な使用」と彼が判断する基準にしたがって、デザインに再利用するものであった[110]。オイェッティもまた、主要な全国紙に載せた論評のなかで、この主張にこだまを返すかたちで、「ピアチェンティーニは正しい」と論陣を張り、この流れが決定的な展開を見せたのが「E42」であることを読者に思い出させた。なかでも、建築石材のひとつひとつに、古代ローマ帝国「当時と同じ言語を、声のトーンを変化させて」しゃべらせる決定を下したことこそ、重要な契機となったのだと結んだ[111]。この建築の傾向が、大勢を占める主流となったばかりか、今や公式な立場として当局から認められたことが、それからほどなくして、一つの権威的なテクストによって確証された。すなわち党が編纂し、ムッソリーニに献呈した『政治辞典』がそれである。この中で建築的合理主義はきっぱりと否定を受け、ファシズムの敵対勢力たる金権政治や社会主義が生み出した産物である、との定義を受けたのであった[112]。

ミラノのアレンガーリオと、「E42」のイタリア文明館。この二つの建物のデザイン要素が、「驚くべき偶然の一致」を見せている背後には、つまるところピアチェンティーニの見えざる手が働いていたわけだ[113]。当時の二枚のスケッチが、この隠れた監督の手が、いかに敏腕かつ実りの多いものであったのかを、今に語っている。そのうち一九三七年の日付が入ったスケッチでは、ローマの建築家は、大聖堂前広場とディアス広場の連結道を囲んでたつ、アレンガーリオの二棟の建物の端部を描いている。そこには、アーチを上下に重ねるよう「助言が記載されている」のだが、これはコンペ優勝者が最終的に実現した建物にも見られるモチーフだ。二枚目のスケッチでは、描かれたロッジアは、実現案にさらに近い形状をまとっている[114]。だがミラノでピアチェンティーニが鉛筆をもって修正スケッチを描いたのは、上に見たアレンガーリオ、ディアス広場のビル、新警察署の事例にとどまらなかった。ルイージ・ロレンツォ・セッキが設計した傷痍軍人会館もまた、アカデミー建築家による修正を受け、「左右に細かくぶれ」すぎている眺望の割り付けが再デザインされた。これは、すぐそばにたつ巨大な裁判庁舎に対して、不連続な印象を極力与えないようにするための措置であった[115]。

一九三七年から一九三九年にかけて、ミラノ以外のイタリアの他の都市においても、ピアチェンティーニの指導を仰いだプロジェクトがいくつか実行された。リヴォルノでは一九三八年初頭に、市長のアレアルド・カンパーナがローマの建築家に、市の中心部を再開発する計画を委託している。ピアチェンティーニは早くも一九三八年六月には、「詳細な計画綱領」を仕上げて担当オフィスに手渡し、「スタディ案の作成を管理・指導」した[116]。リヴォルノでは当時、レニャーニとサバティーニの設計になる政庁舎が建設中であったが、ピアチェンティーニは手始めに、この庁舎が面する広場のデザインをやり直した。すなわち、旧船渠に向かって広場が開かれるようにして、ファシストのフォーロを新たに形成し、それに面してカーサ・デル・ファッショとリットーリオの塔を新しく建てるようにしたのである。またサンタ・ジューリア地区についても市景の刷新を行ない、取り壊す家屋の規模を再調整して、新たな広場を一つ作った。そして忠実な協力者であるパスコレッティに命じて都市景観の透視画を作成させ、リヴォルノ市がまとう新た

［図 70］マルチェッロ・ピアチェンティーニ設計、ボルツァーノのヴィットーリア広場の計画、模型、1933−39 年。ここを一度訪れたガレアッツォ・チアーノは、『日記』の中にこう書き記している――「都市の容貌が、北欧風から地中海風へと変容している（…）十年とたたぬうちに、もはや都市ボルツァーノの内にかつての Bozen［同市のドイツ式の呼び方］の面影を認めることは難しくなるだろう」。

なファシストの容貌を描き出した。またしばらく時を置いてから、ヴィットーリオ・エマヌエーレ通りの再開発にも介入し、海からレプッブリカ広場にいたるまで、連続したポルティコを作る提案を行なった。これは、彼がトリノ市のローマ通りを整備した際の手法に範を取ったものであった(117)。

ボルツァーノでは、ピアチェンティーニは「絶対的な権力を行使できる地位を獲得した」といわれた。そもそも同市の都市調整計画大綱を策定した当人でもあった建築家は、旧市街区と、新たに建設されたイタリア側の新街区とを結ぶ要となる、ヴィットーリア広場の建築的な整備を行なった。計画原案の一部を形成していた――タルヴェラ川の川幅が狭くなった場所に、政庁舎と市庁舎を作ることを想定していた――この広場は、一九三八年に落成している［図70］。ピアチェンティーニは、広場の西面を形成する全国保険公社（ＩＮＡ）会館と全国ファシスト社会保障機構（ＩＮＦＰＳ）会館の設計を、僚友のパオロ・ロッシ・デ・パオリに割り当てた(118)。同市を訪れたガレアッツォ・チアーノは、「都市の容貌が、北欧風から地中海風へと変容している」と、日記に記しているほどだ[119]。

　ボローニャでは、ピアチェンティーニは、ローマ通り整備計画のコンペで同列一位を獲得した一一名の建築家たちの仕事をとりまとめてくれないか、と依頼を受けている。一九三九年初頭の数か月で、建築家は、あらかじめ与えた指示にしたがってグループが設計した案を当局に提出し、街路に新たな建築的表情を与えた。ローマ通りの南部区間では、二〇メートル高の建築を連ねて、二重のカーテン壁を形成する一方、北部区間では、東側に塔状の建物を四棟たてることを定めた。この最後のアイデアを構想するにあたっては、ピアチェンティーニはコンペ勝者の一人であるボットーニの案を活用しており、修正を受けているとはいえ、そのアイデアの原型は、この区画の基盤を形成する「合理主義的」なトーンのうちになお認めることができる。一見したところ、非常にかけはなれているように見える解決法を採用して、これをうまい具合に作り変えてしまう能力。また、自分とは大変異なる文化的な出自をもつ建築家たちを見事にまとめあげる手腕。ピアチェンティーニがもつこれらのただならぬ才能は、ボローニャのこの事例において、しっかりと裏書されている。その年の五月、同計画は市長の手によって、統領に報告されている[120]。近隣のパルマでも、やはり市長がこのローマの建築家の助言を活用し、市の中心部の再開発、および都市調整計画大綱の訂正の際の参考としている[121]。

　ジェノヴァでは、ピアチェンティーニはヴィットーリア広場とダンテ広場のデザインを請け負っている。ヴィットーリア広場に関しては、全国ファシスト社会保障機構（ＩＮＦＰＳ）会館を仕上げる一方で、パラッツォ・ガルバリーノ・エ・シャッカルーガの設計に着手し、これ以降広場に立つ双子ビルのモデルを定めた[122]。一方ダンテ広場のほうでは、平面・容積規定の策定に際して市の営繕部の顧問に就任し、彼の助言にもとづいた修正案が実際に採用されることになった。広場には、僚友のチプリアーニが設計した全国保険協会（ＩＮＡ）会館をはじめ、いわゆる「ピアチェンティーニ風の」建物が立ち並んでいたのだが、それらに面してピアチェンティーニ本人も高層のインヴェルニッツィ・ビルを計画している。[123]ナポリでは、ピアチェンティーニはナポリ銀行の設計を依頼されていた――彼がどれほどの権力を掌握していたかは、ライバル銀行の支店の設計も受注していることからも、うかがい知ることができる[124]――のだが、さらに、同市の傷痍軍人会館についても、建築家カミッロ・グエッラが提案した複数のデザイン案から、どれが一番よいか選んでいただけないか、と依頼を受けた。これは、ファシスト都市ナポリの顔ともいえる、ドゥーカ・ダオスタ広場に面して立つ施設であった。最終デザインのスタディは、グエッラ自身が述懐しているように、アカデミー建築家の「高尚なるご指導のもとに」、すすめられたという。[125]ピアチェンティーニは、提示されたデザイン案にあれこれと修正を加えて、計画に介入したのだった。

ヴェネツィアでは、サンタ・ルチーア鉄道駅舎の建設計画が進行していた。すでに述べたように、一九三九年二月、ローマ市のオスティエンセ駅内の一室で、ムッソリーニは同駅舎のデザイン案をテルミニ駅のプロジェクトとともに検証した。両案ともに、古典主義的スタイルへの展開を見せていた。ヴェネツィア駅のデザインは、平屋の巨大な建物が、十本の角柱で支えられて水面に張り出すもので、ファサードには連続アーチがうがたれていた。[126]この案に続いて、いくつか修正を施したデザインが提出されていて、角柱が円柱に代えられ、柱頭をまたいでアーチが密に並ぶ姿に変更を受けている。さらに古代ローマ風のスタイルに合わせた案としては、一九三九年から一九四〇年に作成されたデザインがあり、そこではカヴァーナ〔ヴェネツィアで典型的に見られる、ボートや小舟を係留するための小ドック〕のない巨大なポルティコが描かれていた。これらすべての案を、同駅舎計画の芸術顧問であったピアチェンティーニは知悉していた。[127]

以上に見た都市に加え、ピアチェンティーニが何らかの公式な役職を帯びて関与したのではないケースも、ここに加えることができる。たとえばトリエステでは、ピアチェンティーニには一九三七年、ジェネラリ保険ビルの二つ目のブロックを完成させようとしていた。同市の市長が、以降に立つ建築がアカデミー建築家のビルと調和したものとなるよう望んだことは、すでに見たとおりである。帝国の国境付近に位置するこの都市――ムッソリーニはこの地域のイタリア性を称揚すべく、市内にローマの刻印を残そうとした。彼がこの街を訪問した際には「ローマがここにある！」と宣言している――には、大学も建設された。ファニョーニとノルディオが設計した校舎の図面は、一九三八年七月に独裁者のもとに提出された。このとき統領の執務室の机の上には、ほかにも、「Ｅ42」計画用の詳細設計図が数枚置かれ、さらにはサンティ・ピエトロ・エ・パオロ教会やイタリア軍会館の設計図も広げられていた。[128]人種差別政策のあおりをうけて市長のサレムが職を解かれたため、この都市には、ピアチェンティーニを強力に支援してくれる人物がいなくなってしまった。しかしだからといって、これほどまで強烈に都市景観を決定づけ、かつ「Ｅ42」の面影を色濃く残している建築が、彼の監督をうけなかったということは、考えにくい。実際ピアチェンティーニは、大学校舎を設計した建築家のうちの一人とは、とりわけ良好な関係を保っていた。すなわちファニョーニは、ローマでアカデミー建築家の薫陶を受けた弟子の一人であったし、また教授審査委員会の委員長であったピアチェンティーニは、いずれ君をフィレンツェ大学の正教授にしてあげよう、と先般よりポストの約束をしていた。加えてファニョーニは、「Ｅ42」内の手工芸品展の会場を設計するよう、ピアチェンティーニから指名を受けてもいる。またアカデミー建築家は、このあと詳しく見る、国家規模の建築設計集団を組織する際にも、ファニョーニに声をかけることを忘れていない。

ウーディネでは、大聖堂に面する市区の再開発――これには貯蓄銀行の設計も含まれていた――がフォスキーニとパスコレッティに委託されていたのだが、その計画案がピアチェンティーニのもとに提出され、建築家はこれに「手放しの称賛」を与えている。[129]一方ノヴァーラでは、チプリアーニからの依頼を受けたピアチェンティーニは、イタリア信託銀行とカヴール通りにある全国保険公社（ＩＮＡ）会館とをポルティコで連結するための、設計のアドバイスを行なっている。[130]パレルモに目を転じれば、同地では裁判庁舎

［図 71］ガエターノ・ラピサルディ設計、ピサ裁判庁舎の計画、透視画、1936 年。ラピサルディは、ピアチェンティーニにもっとも近い協力者の一人であった。彼はまた、兄弟のエルネストと共同で、パレルモ裁判庁舎の設計も行なっているし、ミラノの裁判庁舎の計画では、ピアチェンティーニのかたわらで作業を補佐している。

の建設が行なわれていたのだが、そのデザインは明らかにミラノの裁判庁舎を彷彿とさせる。設計を担当したエルネストおよびガエターノのラピサルディ兄弟は、ピアチェンティーニの設計事務所で働く有力なスタッフであった。ガエターノには、ローマ大学都市の文学部および法学部の校舎を設計するよう、事務所長からお呼びがかかっているし、エルネストのほうは、ミラノ裁判庁舎プロジェクトの際に、ピアチェンティーニの右腕となって活躍したスタッフであった。ガエターノはまた、一九三八年初頭よりピサ市の裁判庁舎の建設も手がけている。これは設計競技を経て選ばれたプロジェクトであったが、審査員の中には、ピアチェンティーニにもっとも忠実であったフォスキーニの名があった［図71］。したがって、これらの建築家たちがピアチェンティーニのもとに設計案を提出しなかったとはちょっと考えにくいし、プロジェクトの基本構想や建築上のあれこれの問題について彼といっさい議論をしなかったということも、およそありそうにない。要するに、ピアチェンティーニは「指揮棒」を握っていたのだ。レナート・ボネッリが残している次の証言を聞けば、当時、すくなくともローマには、軍隊ともみまごう厳しい従属の雰囲気がただよっていたことがよくわかる。たとえば、何か重大なプロジェクトを一任されたりすると、フォスキーニはそのたびに、こう繰り返すのだったという――「マルチェッロ、マルチェッロ……あぁ、マルチェッロを呼ばなくては！」[131]

ローマ、ミラノ、ジェノヴァ、リヴォルノ、ボローニャ、ヴェネツィア、パレルモ、ナポリ、トリエステ、ボルツァーノ、パルマ。これらの都市では、一九三七年から一九三九年のあいだに、ピアチェンティーニが直接的といっていい仕方で事業に介入する姿が見られたことになる。彼こそは、ムッソリーニのお墨付きのもとに、イタリア建築の「方針の統一性」を取りまとめる精神であった。ただここで注意してほしいのが、「方針の統一性」といっても、それはイタリアの諸都市から建築の特徴をすべて消し去ることを意味するものではなかった、という点だ。イタリアの都市というのは、その歴史も文化も、実に多様な出自をもつものであるから、それらの地方的な特色のいっさいを否定しようというわけではない。むしろこの立場が目指したのは、お互いにどこかしら調和をもった建築を作ること、あるいは、建物がさまざまな形をまとっていたとしても全体としては統一的な特徴を示すようにすることであった。それは、かつて大学都市計画のさいに試験的に導入したシステムを、国家規模の巨大で複合的な表現へと翻案する試みであったのである。

まさに、このような超絶的な権力がピアチェンティーニのもとに集中していたために、ムッソリーニは常に彼の行動を監視下におきたかったのである。だが、北部イタリアの諜報部からあるとき届いた次の通報も、すでにムッソリーニが把握していた事柄に、なんら新しい情報を加えるものでもなかった――「この高官は、彼の絶対的支配下にある首都のみにとどまらず、他の諸都市にも介入の手を伸ばしているといわれている。各都市の委員会の中枢に、党派的で私的利権にからんだ自らの意見を浸透させてゆくのだ」[132]。ここで暗示されている私的利権は、確かに存在したわけだが、だからといってそれが、建築家が渇仰する広大な企図、すなわち建築に国家的な方針を与えようとする試みを、端へ追いやるようなことは決してなかったのである。

8　全体主義体制における私的独占体制

ファシズム時代、ピアチェンティーニは実に広範な影響力を行使していたのだが、その権力構造の見取り図をさらに完璧な形で描いて見せてくれるのが、建築設計競技をめぐる事情である。ローマの建築家はここで、「全体主義的」ともいえる独裁力を振るっていたのである。二七〇の設計競技をサンプルとして計算してみるならば、そのうち四六のコンペに、ピアチェンティーニの名が審査員として現れる。実質的に、重要な設計競技のほぼすべての審査にかかわっていたことになる。さらに、彼のもっとも忠実な僚友であったアルベルト・カルツァ・ビーニは三七回、アルナルド・フォスキーニは二八回、それぞれ設計競技の審査員をつとめている(133)。この三名が審査員に加われないケースでは、かわりに、誰か信頼のおける人物を送りこむのだった。たとえば、マルコーニ、カンチェッロッティ、リーベラなどがそうである。これによって、ほぼ常に、審査結果を左右するか、なんらかの影響を与えることができたのである。したがって当時行なわれた代表的な設計競技はいずれも、ときには間接的ではあるが、ピアチェンティーニの支配から逃れることはできなかったのである。「Ｅ４２」の諸施設、ボローニャのローマ通り、トリノの王立劇場、リエーティ市の都市調整計画大綱、ミラノのアレンガーリオ、ローマのイタリア領アフリカ省、パレルモの裁判庁舎、計画都市ポメーツィア等々、いずれもアカデミー建築家の影響圏内にあった。

だが、イタリア全土の建設プロジェクトを掌握すべく張り巡らされたこの支配網も、ピアチェンティーニが抱く権力への度し難い欲望を満たすものではなかった。一九四〇年代の初頭、アカデミー建築家はそのヘゲモニーを建築雑誌の領域にまで拡張すべく、一連の工作を展開した。ピアチェンティーニがカジーニと共謀して、一九四一年四月に、パガーノを雑誌編集長の職から解任するために手まわしを行なった件については、すでに見てある。同年七月には、雑誌『アルキテットゥーラ』が、ジョヴァンニ・ロッコ編集主幹の『ラッセーニャ・ディ・アルキテットゥーラ』誌を吸収。また、出版事業者のジョヴァンニ・マッゾッキはこのときまでにすでに『コストルツィオーニ＝カーサベッラ』、『ドムス』の両誌——ともにパガーノの編集になる雑誌——を手中に収めていたのだが、その彼が一九四一年十月に、さらに『アルキテットゥーラ』誌と『スティーレ』誌をも、傘下に収めようと画策した。それぞれ、ピアチェンティーニとポンティが編集主幹をつとめていた雑誌である。ピアチェンティーニはこのアイデアを「熱狂的に」歓迎した。おそらくは、版元が統一されることで、そこからより大きな利得を引き出すことができると計算したのではあるまいか。つまり、建築界にただ一つの雑誌しか存在しなければ、それだけ世論に対する支配力も強まることになる。すると、すでに公共建築の分野ではしばしば成果をあげている、建築の規制と方針の統一性を、雑誌メディアの領域でも獲得することができる、というわけだ。ポンティの側でも、この統合計画には賛成であったように思われる。というのも、「イタリアにはいまだに、有力な建築雑誌が存在しない」とのちに不平をもらしているからだ[134]。後にこの企図が失敗すると、ピアチェンティーニはパガーノを押しのけて、『コストルツィオーニ＝カーサベッラ』誌の編集に加わろうとした[135]。この目論見もうまくゆかぬとわかると、今度は新しい雑誌を自分の手で創刊しようと画策した。ピアチェンティーニ自身が管理する雑誌ではあるが、ぜったいに彼の名が表に出てはならない。そこで信頼のおける二名の僚友、ピッチナートとアルド・デッラ・ロッカにその編集を託したのだった[136]。

ピアチェンティーニを中心とするこの権力見取り図を完成させるとともに、さらに多角的な視点から眺めることを可能とする、最後のピースが残っている。それが、建築プロジェクトを統括する国家組織をつくろうという提案であった。一九四二年から一九四三年の初頭にかけて、ピアチェンティーニは、建築家(architetti)・技師(ingegneri)・都市計画家(urbanisti)をたばねる協会(Gruppo)、すなわちGAIUの設立を試みた。組織はピアチェンティーニ自身が統括するものとし、想定していたメンバーはおよそ二〇名から三〇名——そのうち、名前がわかっているのはファニョーニとチヴィコのみである——。地域全体を対象とする総合計画から単体の建築にいたるまで、イタリアの内外における各種プロジェクトの設計を担当することを目指すものであった。本部をローマとミラノに置くほか、組織のメンバーが居住する諸都市にも支部を展開する。そして、個々のプロジェクトを実質的に設計した建築家のほかに、図面には必ず協会長の署名をかかげるものとする。さらに給与は、組織に所属するメンバーの間で均等に割り振られるが、協会長だけは例外で、通常メンバーの三倍の額を報酬として受け取るものとされた[137]。

GAIUの立ち上げは、その少し前に発布された都市計画法と関連をもつものであった。それは、イタリアの主要都市に対し、各自が都市調整計画大綱を策定することを法として義務化するものであった。GAIUはしたがって、専門家たちによる諸計画を相互に結ぶシステムに、協会という体裁で、安定かつ組織化された形体を与えようとする試みであったといえる。それは数年来、すでに広範な規模で実験が繰返されてきたアイデアであった。ピアチェンティーニは、自分が既に舞台裏で演じてきた顧問役という仕事を、公に承認してもらいたかったわけである。いつまでも無名の監督のままでいることは、まっぴらごめんであった。堂々と、自分の名前を署名したかったのだ。「E42」計画自体もまた、彼にとってはほろ苦い思い出を残す体験となった。私が果たした指導的役割を誰も認めちゃくれない、と嘆いている。「建築を、定冠詞(La)のつく普遍的な名詞に仕立てたのはこの私なのに」、まんまと「おいてけぼりをくらってしまった」。だからこれ以降は、私のリーダーとしての資格を、はっきりと表明してゆきたい[138]。

ファニョーニが書簡で書いているように、この設計集団は、建築に「一つの方向性」を与えるものでなくてはならない[139]。建築設計を手がけるこの全国協会は、全体主義国家に固有の、かの「方針の統一性」と調和する組織体である。いや、その「方針の統一性」の結果として生まれた組織であったとさえ見える。だが、ここで一つ、問いを立ててみなくてはならない。今や惨憺たる状況にはまり込んでいる戦争の処理に忙殺されていたムッソリーニが、果たして、ことほどさようにピアチェンティーニ個人のイメージが前面にうち出ることを、望んだであろうかと。

エピローグ

一九四〇年六月に第二次大戦へ参戦したことにともない、公共事業の分野における建築作品の実現は、ほぼ全国的に遅延を見ることとなった。それでも開戦から数か月のあいだは、国内生産力の低下を可能な限り抑えるため、国民の戦争動員は部分的なものにとどまった(1)。重要な建設事業の現場では、ゆっくりとしたペースではあったが、作業が継続された。「E42」の建設現場では、一九四〇年十一月、イタリア文明館が落成。一九四一年七月には、迎賓・会議場の外壁生地仕上げのために、検査が行なわれている(2)。同じ年、アウグストゥス帝廟を取り囲む建物群が完成。ミラノでは一九四一年十月、アレンガーリオの築造が屋根部分まで進み、壁面の上塗り工事が始まった。同じくミラノでは、『ポーポロ・ディターリア』紙社屋の建設工事が一九四二年まで続けられている(3)。トリエステでは一九四二年六月、大学校舎の建設が生地仕上げの段階まで進んでいた(4)。ローマ市内では、テルミニ駅舎および外務省舎の建設工事が、ファシスト政権の崩壊まで、中断することなく続けられている(5)。

この時期ムッソリーニが建築に専心する度合いは、当然のことながら、非常に低下した。一九四〇年四月といえば、まだ開戦前の準備があわただしく行なわれていた時期にあたるが、この時ボッタイが、ピアチェンティーニといっしょに統領《ドゥーチェ》にお目にかかりたい、と願い出てきた。これに対して、統領の秘書官は、「今の時期は避けるように」という忠告のメモを残している(6)。とはいえ、代表的なプロジェクトに関してはそのまま建設作業を継続させようとする意志が働いていることに加え、前章で見たローマの都市調整計画大綱・部分的修正案の策定をめぐる経緯などからも、ファシスト政権の政策予定表から、建築が削除されてしまったのではないことがわかる。当初、ムッソリーニは戦争の短期終結を予想していた。長くても数か月で終わるだろう、と見ていたのだ。が、この目論見ははずれ、事態は複雑化することになる。とはいえ、ギリシアへの攻撃が失敗に終わり、また北アフリカ戦線での敗北——一九四〇年十月イギリス軍はトゥブルクに進攻している——を味わったのちも、なおもムッソリーニは、戦争が早期に終結するだろうと信じていた。そんなわけだから、とりわけ短期決戦を念頭に置いていた開戦初期には、建築事業を含めた国家の全体主義化政策は、なんらの変更もうけなかったのだ。「新しい人間」を生み出すには非常に長い時間が必要である、との立場からすれば、戦争というものは、当座の成果として「戦闘的人間」を生み出すものであり、また政府による政策実現の過程に、一時的な小休止をもたらすものにすぎない、とみなされていた。戦争に勝利した暁には、すべての事柄が、今よりずっと容易に展開するであろう。そして統領は、さらに強力な存在としてたち現れるであろう[7]。また、統領が発動した各種の建築プロジェクトは、よりいっそう正当なものと人々の目に映り、建設工事にさらにはずみがつくはずだ。ムッソリーニ時代の建築の「統一的な方針」は、その段階にいたってようやく、国家的な規模にまで拡張されることになるのだ。反対派からの異論——テッラーニ、パガーノ、アルガン、ボッタイなど——は、全体主義国家の絶対的価値観の名のもとに、あるいは口を封じられ、あるいは主流の中に再び取り込まれるなどして、抑えこまれてゆく。

戦争の短期終結を見込んで、一九四〇年の末に、チーニはムッソリーニのもとに「E42」の原案に修正を加えた、改訂案を提出。名称も、EUR(ローマ万国博覧会)と改称された。改訂案といっても、主要な特徴には、これといって目立った変更はない。だが、「E42」計画では、時代の空気というもっともな理由から、このイヴェントが持つ政治的な側面は目立たぬように隠されていたのだが、EUR計画ではそれが、戦時ということもあり、はっきりと前面に打ち出された。EURの唱える「文明の祭典」は、公明正大な国家間の競技という観念からは程遠く、ファシズム・イタリア国家による一方的な権力の実演の場として、あるいは権力濫用の機会として活用されるものとなった。事前に組まれた博覧会プログラムの中に、すでに、こう主張されていた。戦争――「われわれの戦う戦争とは、観念をめぐる戦争である」――の結果出来するであろう世界の新秩序の中で、ファシズムの観念が勝者となって立ち現れるであろう。そしてこの戦争は、ファシズムがみずからの正義の観念を他の民族に課すために、ぜひとも必要な戦いなのである、というのだ。そしてその「新タナ秩序《ノウス・オールドー》」を祝福すべく、チーニは、戦争が終結した暁に、一つの巨大な建築作品を「ローマの古典的な手法にならって」建造することを提案する。インペリアーレ通りの延長線上、湖を見下ろす丘の上にたつこの建築は、巨大な金属のアーチによってその上空を囲われるのだという――すなわち、ムッソリーニの平和を称える「雄大な」平和の祭壇《アーラ・パーキス》がそれであり、同時にファシズム観念の勝利をあらわすモニュメントでもあった［図72］。自らの内にファシズムの観念を内包する建築であるとともに、ファシスト党の展覧会場としても企図されたものであった[8]。

　このファシズムの平和の祭壇というアイデアを思いつき、設計を行なったのは、ピアチェンティーニであった。計画の初めに、アカデミー建築家はまず、同敷地にフランコ・ペトルッチとマーリオ・テデスキが設計した水と光の宮殿の案を没とした。この建物は、もともと巨大な金属アーチの下に建てる作品として、わざわざそのために設計競技まで開いて選定したプロジェクトであったのだが。ついで、「やがて枢軸国の大勝利をうけて出来するであろう、新たな国際情勢の構図」を鑑みて、ピアチェンティーニは、計画変更の必要性を説く。すなわち、博覧会場の中でももっとも重要かつ人目につく位置を占めるこの敷地には、「人類の平和を祝福し」、「人類史の新たな一章の幕開け、すなわち新時代の到来」を称揚する巨大なモニュメントこそを、建ててしかるべきであると主張したのである。ここで言われる新たな時代とはすなわち、ファシズムとナチズムが支配する世界を意味していた。[9] それまで、ほぼすべての計画に目を通していても、一度たりとも自分の名前を署名したことのなかったピアチェンティーニが、ここにきて演劇の急な場面展開にも似たやりかたで、「E42」計画内で最も象徴的な建築を、自分が設計すると言い出したのだ。その建物は、苛烈な政治支配のもとで確立する世界平和のイメージそのものを、体現していた。このモニュメントは、平和の祭壇と金属アーチの組み合わせからなっていた。なお、博覧会場全体を睥睨《へいげい》して聳立するこの大アーチは、「古代ローマの大アーチ」の建築タイポロジーを現代風に再解釈したものであり、またかつて統領がカンピドーリオの丘で行なった演説の中でも喚起されていたものであった。加えてそこには、新たなテクノロジーと古典のモニュメンタリティとを結合することのできる、新文明の能力を誇示する意味合いもあった。そんな雄渾なアーチと祭壇からなるこの複合モニュメントであるが、その構成は、「世界を支配する二大帝国」間の競合を、雄弁に物語っていた。[10] この両モニュメントは、シュペーアのベルリン計画に対する、イタリア側からの最新の返答であった。いかに巨大な建物をつくり、いかに効果的に権力を表象して見せるか、という点が、両国のあいだで競われていたのである。ピアチェンティーニによる平和の祭壇の計画には、一枚のスケッチが残っているのだが、ムッソリーニはこの案を一九四一年一月四日に承認した。[11]

しかしながら、建築をめぐる当時の文化の中には、チーニやピアチェンティーニが描いたような自己称賛的な立場とは一線を画する、異質な空気が流れていたところもあった。時あたかもEUR会場となったトレ・フォンターネ地区にイタリア文明館がたちあがり、各立面に五四ものアーチをうがったその姿が、非常に強い視覚的印象を放っていた。また会場内の他の建物も、おおむね円柱で覆われた姿をまとって次々と竣工していったのだが、まさにこれらの建築が、かつてないほど深い亀裂を斯界に生み出すことになった。パガーノが『コストルツィオーニ＝カーサベッラ』誌上で展開したピアチェンティーニ批判は、

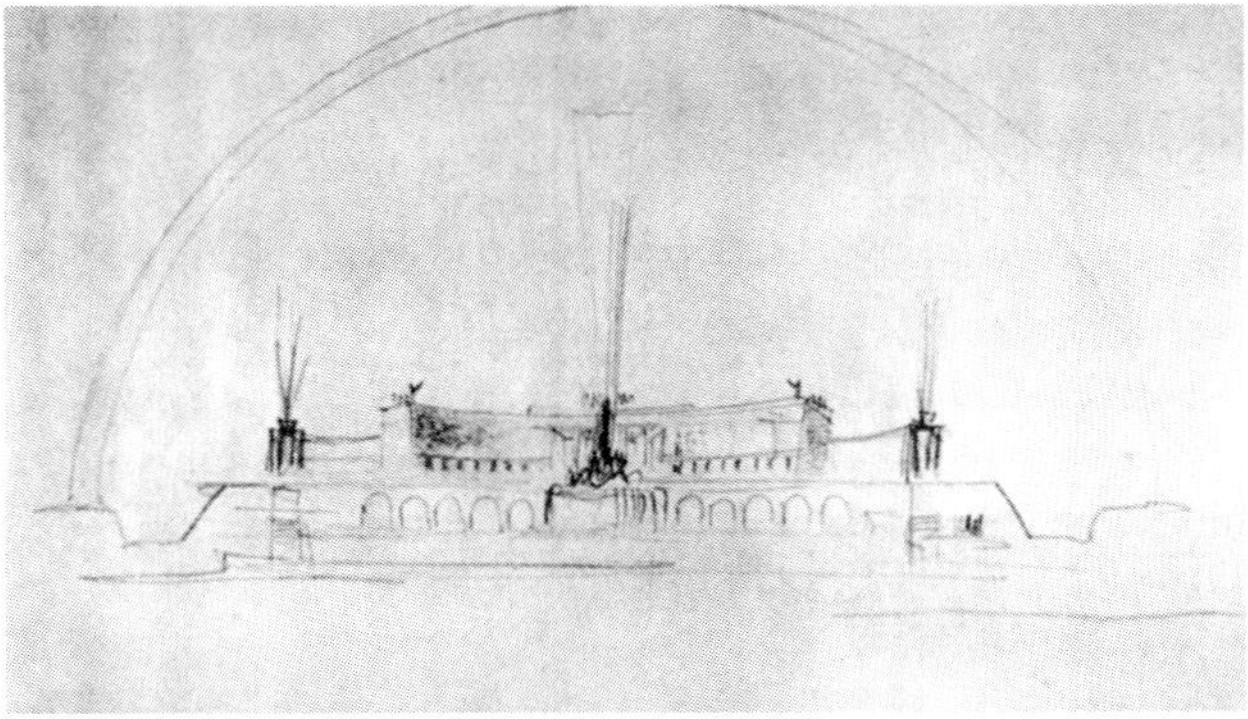

［図 72］マルチェッロ・ピアチェンティーニ画、「E42」の平和の祭壇のスケッチ、1940 年。ファシズムの平和にささげられたこの魁偉なモニュメントは、作者の言によれば、「人類史の新たな一章、すなわち新たな時代の到来」を称讃するものだという。同計画は、ムッソリーニによって承認を受けている。

かつて前例のないほど熾烈な内容で、アカデミー建築家を名指しして、奴こそがＥＵＲ計画における建築形態の選択を規定した責任者だ、と痛罵した。これに対するピアチェンティーニからの反論が、七月に発表された重要な論文「イタリア建築に栄誉あれ」である。そこでは、過去二十年にわたるファシスト政権下で実現した建築活動が幅広く回顧されていたのだが、実際に焦点があたっていたのは一九三〇年代の作品群であった。[12] この論文は、彼自身がジョヴァンノーニとともに一九二一年に創刊した『アルキテットゥーラ』誌の二十周年を記念して、同誌上に掲載されたものであった。

この論考が執筆された当時は、まだ戦局は一進一退の攻防を繰り返していた。四月にはイギリス軍がアジス・アベバを占領するものの、代わりにイタリア＝ドイツ軍がベンガジを奪還。同月、ユーゴスラヴィアが攻撃対象となり、イタリア軍はスロヴェニア、ダルマチア、モンテネグロに侵攻した。六月には、ヒトラーがスターリンに対して電撃的な攻勢をしかけ、ムッソリーニもドイツ軍に同調して進軍する構えを見せた。ピアチェンティーニはこれらの戦況の展開について、詳細な情報を得ていた。彼はまたボッタイ――「ピアチェンティーニはかつてボッタイと行動をともにし、現在もなおしっかり結びついているといわれる」、と諜報部が報告している[13]――やガレアッツォ・チアーノの近辺に出入りしていたし、さらには外交官の兄弟がおり、当時はアジス・アベバの行政官を務めていた。六月、ドイツ軍がソヴィエトに攻撃をしかける十日も前のこと、ボッタイはピアチェンティーニに告げている。「ムッソリーニは、一九四八年まで続く長期戦も辞さない構えだ[14]」。しかし、こうした警鐘が鳴らされていたにもかかわらず、建築家はなおも「戦争は短期で終わる」と信じてやまず、その後もさらに数か月にわたってその考えを改めなかった。再び諜報部――「あのアカデミーの大先生、『戦争が長引きそうだ』と知っただけで、レモンみたいな真っ黄色の顔になるだろう[15]」。おそらくピアチェンティーニはこう確信していたのだろう。戦争はもうすぐ終わる。ほどなくして、終戦の外交調整のためのテーブルが用意されることだろう、と。そして再び平和が訪れたのちには、中断していた各プロジェクトを再開し、建設現場をふたたび私が指揮しよう。建築の方針に強力な統一性を与えんとする例のプロセスにも、さらなる飛躍を与えるのだ。そうして、これらの成果を目の前に並べて見せ、あの「異端児」パガーノめが、口を閉じざるを得なくしてやるのだ。

ピアチェンティーニの先の論考が雑誌に発表されたのは、まさにこの、歴史的にも建築的にもイタリアが重大な局面を迎えていた時であったのだ。建築家の筆は語る。ファシズム統治下の二十年間、建築の生産は「膨大」であった。イタリアには「同時代の他のいかなる国の人々も、およそ夢想だにしなかった大量のもの」が建設された。それを証明するリストがこれである。そう言って、彼は「最良」かつ「最重要」だと自身がみなす一八一の作品をあげてみせる。そこには都市調整計画大綱のためのプロジェクトが三二、都市再開発のための事業が二四、鉄道駅が一一、大学が六、新造計画都市が六、といった具合に、延々と作品がリストアップされている[16]。この論考で著者が第一に意図したのは、広範な建築作品の成果をあますことなく提示してみせることであった。ここにあげられたリストに含まれる建築は、実に多様な顔ぶれを見せているが、それでも「イタリア建築の展開」の表現として、一つにくくることができるものなのである。ピアチェンティーニはこの論文でさらに、建築生産において、国家レベルの集団性がどれほど重要な価値をもっているのかを明らかにしようと意図した。実際、少なくとも本文の中には建築家の名はいっさい引かれず、ただ作品名があげられるのみである。[17] この論考ではまた、重要な作品のいくつかには、故意に言及がなされていない。たとえばコモ市にテッラーニが建てたカーサ・デル・ファッショやサン・テリア幼稚園、ミラノにパガーノが設計したボッコーニ大学校舎などがそうだ。さらには、「Ｅ４２」への言及をあえて避けているのも、非常に賢い戦略といえる。これは、まだ会場施設が完成にいたっていない点を考慮したわけではなく、むしろ、この時点で建築家たちのあいだに何か衝突がおきるのを絶対避けたかったからにほかならない。ここでも、彼らの統一性が強調されているのだ。

ピアチェンティーニは、自身の抱く計画の遂行を留保したりはしなかった。いやむしろ、「庶民の家屋」とならんで、象徴的な建築の存在が絶対的に重要であることを、ここでも繰り返しているのである。「偉大なる事業」のため、そして「民族に内在する、永遠の渇仰を表現する」ための、「偉大なる芸術」こそが必要なのだと、そう主張するのだ。「偉大なる芸術」は、「変転絶え間ない偶発的な事象」にはかかずらうこともなければ、「日常的な機能」をもつものでもない――それはむしろ「もっと高尚な何か、そう、宗教に似たようなものなのだ」。ピアチェンティーニはついで、様式の問題へと筆を進めるのだが、ここがわれわれにとっては非常に興味深い箇所だ。いわく、ここ数年来、イタリアの建築は、様式の追求という課題をその内に秘めてきた――「建築は、とりわけ近年、着実かつ段階的に洗練の度合いを示し、今日のイタリアをまことに典型する観念、すなわち一つの様式にむかって、歩み始めているのだ[18]」。ここでは建築は「一つの様式」に向かうのだと言われているが、これぞ、前章で見た、建築の統一的方針を全国規模で展開させることにあらずして、いったい何であろうか？　そして、「着実かつ段階的に洗練の度合い」を高める際に、たとえすべてに目配りはできずとも、広範な規模で監督権を握ることになる者こそ、ピアチェンティーニその人ではないのだろうか？　そしてこの偉大なる企図を遂行する際に、自らの采配で、イタリアの、とりわけ若い世代の建築家たちを統率し、かつての教え子——ピッチナート、ルイージ・ヴァニエッティ、ルイージ・オレスターノら——たちからなる緊密な隊列を指揮する者こそ、ピアチェンティーニ本人なのではあるまいか？　そしてこれをもって、かつてイタリア建築界にはリーダーがいないと嘆いたパガーノのような不遜な輩に、その考えの過てることをわからせようとする目論見ではなかったか？

一つの様式を目指すこういった傾向が可能となるのは、いまや——アカデミー建築家はさらに筆を進める——、かつての偉大なルネサンスの世紀のように、芸術が、そのよって立つところの「一つの秩序」を見出したからなのである。われらの世紀が見つけた「新たな秩序」、すなわちファシズムは、イタリア国家をふたたび「文明の供給者という、偉大なる地位へと」据え置いたのである。そしてファシズムは、「やがてわれわれの芸術を、いやわれらイタリア人の芸術を、生ぜしめることであろう。その兆候は、すでに表れているのだ」[19]。ピアチェンティーニは、「E42」のことをはっきりと名指しで引用こそしないものの、この博覧会企画の背後で稼働している文化政策や、それと連動した各種の事業が、いかにアクチュアリティをもっているのかを、はっきりと保障している——すなわちこの博覧会企画は、イタリア「文明の優位性」を賭けた挑戦の場面において、建築が果たす第一線の役割に、さらなる勢いを新たに加える意義があるのだ。ここでもまた、ムッソリーニの思惑と共同歩調をとろうとする試みが見られる。ピアチェンティーニは「われわれの用意しつつある、新たな秩序」と書いているのだが、これは、ムッソリーニのいう「新たな文明」の価値観と、そこから生じる、「古代ローマの叡智と賢慮」に彩られた「新たな秩序」という考えを参照するものといえる[20]。

そして大戦を勝ち抜いた後の新たな舞台シナリオにおいて、イタリアはまずもって、ドイツと競合することになるであろう。あの国の世界支配に対抗しなくてはならないのだ。だとすれば、文明の優位性をめぐる角逐において、建築の果たす役割は今以上に決定的なものとなるであろう。なぜならば、まさにこの分野に、ヒトラーは挑戦の場を広げようとしていたからだ。シュペーアの練ったベルリン計画には、ナチス党首もまた参画していた。それは、単に大ドイツ帝国の首府たるばかりか、「世界の首都」ともなるべき都市の姿であった。ベルリンの南北を貫通する大街路の模型がある。その前にたたずんだヒトラーは、魁偉《かいい》なドーム建築を指さしながらシュペーアに向かってこう説くのだった――「そこでは、帝国の鷲は、鉤十字の上にとまった姿で表わされるべきではない。世界で最大のこの建物の頂部を飾るのは、地球儀の上にとまった鷲の紋たるべきなのだ」。猛禽は、獰猛な鉤爪のあいだに地球儀をしっかと握りしめる。それは、苛烈な支配のもとにおかれた戦後世界の姿を象徴しているのだ。ムッソリーニもまた野望を抱いたのだが、それはせいぜいがインド洋にまで達する地中海帝国の構想にとどまり、また文化の覇権も西欧世界の内部を想定したものであった。だがヒトラーは、いっさいの限界をもうけず、全世界の制覇を目論んでいたのだ[21]。当然一方の利害が、他方の利害と衝突する。全体主義を奉ずる二つのイデオロギー、なかでもとりわけナチズムにとっては、共存などはとうてい我慢のならぬことであった。ベルリンの改造事業は、戦争の終結する一九五〇年までには、完成しているはずだった[22]。ナチスの総統は、戦争中も、ベルリン計画を中断する気など毛頭なかった。イタリアとは異なり、連戦連勝のドイツにおいては、大衆によるヒトラーの支持は頂点に達していたのだ。独裁者はお抱《かか》えの建築家にむかって、一九四一年の夏にこうもらしている――ロシアの方で、「われわれに必要な花崗岩と大理石はすべて調達できるだろう[23]」。ドイツが推進した優良民族による世界支配のプログラムが、建築の分野において、巨大さの称揚という形に荒々しく翻案されたのだとするならば、一方のイタリアがかかげるラテン文明の優越性という主張は、同じようにはいかなかった。ムッソリーニもまた、ヒトラーと径庭なく、そのラテン文明を力でもって他国に課していったわけだが、それは単に、物理的な建築の大きさに還元してしまえるようなものでは、絶対になかった。その優越さは、まさに建築作品の質の高さにこそ由来すべきものであったのだ。したがって、シュペーアとその一統たちによる巨大建築に対しては、イタリアは、同じようなファラオ的な提案をもって対抗すべきではない。そこではドイツの優位が確立しているからだ。そうではなく、かの二〇〇〇年来の伝統——過去・現在を問わず他を寄せつけぬ比類なき独創性に充ち溢れたあの伝統を、現代に喚起する方向にこそ、活路を見出すべきであった。

一九四一年の夏、ムッソリーニとピアチェンティーニの関係は、いまだに良好であった。八月、ピサ近郊での航空軍事演習中に、ブルーノ・ムッソリーニが死亡した。統領は建築家に、息子のための墓碑を設計するよう委託した。この私的な依頼にあたって、統領は若い世代の「ムッソリーニ主義者」、たとえばモレッティなどには声をかけず、パガーノに痛烈に批判されたばかりのピアチェンティーニを指名したのである。この委託は、「Ｅ４２」計画の総合責任者として名指しで非難された男に対する、統領からのさらなる信頼のしるしとして解釈することができよう。そして一九四一年の十月末、ソヴィエト侵攻作戦が冬の到来する前に完了する見込みがどうやらなくなったことがわかり、赤軍が枢軸国側の侵略に対して効果的に対抗しうる力をもっていることが明らかになってきたこのときになって、ようやく、ムッソリーニもしぶしぶ認めざるを得なくなったのだ。この戦争は短期でもお手軽でもなく、長く厳しい戦いになるであろう、ということを。だがこの時点ではまだ、未来の見通しは、ムッソリーニにとっては完全に否定的なものではなかった。ドイツとの同盟関係を見直すことによって、新たなシナリオの展開も可能となり、イタリアが好条件で和平のテーブルにつく可能性も想定できた。(24) こうした事態を十分に意識したうえで、統領は十月二十九日にナツィオナーレ通りにある博覧館に足を運び、ローマ市の都市調整計画大綱・部分的修正案、ならびにモレッティがフォーロ・ムッソリーニのために作成した「フォーロの最終形態《フォルマ・ウルティマ・フォリー》」を検証したのであった。

一九四一年度の都市調整計画大綱・部分的修正案は、この、極度に国民教化的な性格をもつ戦時動員体制の風潮から生まれ出た産物であった。ムッソリーニはかつて唱えていた。イタリア国民の生活は、「平時の事業と戦時の事業」に交互に動員されるような、そういった体制のもとで営まれるべきである、と。部分的修正案では、個々の建築作品に、トップダウン式の監視が厳格に適用されている。それは、市民の地位をあれこれとしばる規制というかたちで現れる、軍国主義的な――そしてこの意味ではファシスト的な――ヴィジョンが徐々に強くなってゆく世情を反映したものであった。この時点でムッソリーニは、これらの都市調整計画の企画が引き続き展開してゆくことを望んでいた。なぜならば、戦後の世界でイタリアを待っているのは、ドイツを相手にした大がかりな競争であり、それはイタリアにとってよりふさわしい分野――すなわち建築と芸術一般の分野――で闘われることになるであろうと想定されていたからだ。だが同時に、マスコミには、彼がいま計画しているこれらの壮大な建築プログラムを報道することを禁じた。ロシア方面の新たな戦況が、やがて膨大な経済および軍事にわたる負担を、イタリアに強いるであろうことを見越していたからだ。

一方でピアチェンティーニのほうはどうかというと、彼もまた引き続いて、統一的な建築方針の擁護を行なっていた。ほかならぬ彼自身が、もっとも力を入れて描きあげた指針である。そして一九四二年十二月には、三つの国際建築コンペにおける勝利案を、雑誌上で取り上げて解説を加えている。勝者はいずれもイタリア人で、ブルーノ・ラ・パドゥーラとエルネスト・ラ・パドゥーラはブラチスラバの大学都市計画で、ヴァニエッティ、ダンテ・タッソッティ、パスクァーレ・マラボットらはベオグラードのオペラ劇場で、フォスキーニはアンカラ市のアタチュルクの霊廟のプロジェクトにおいて、それぞれ一等を獲得したのだった。ピアチェンティーニの意図は、いまやイタリア建築が国外において獲得した優越性を示すことにあった。それはあたかも、イタリアの建築文化がやがて諸国を圧倒するであろうことを、予告するかのようでもあった［図73］。アカデミー建築家はさらにこう付け加える。これらの建築家たちがかくまで高い評価を受けたのは、イタリアとドイツを筆頭とする全体主義国家が建築の分野で行なってきた、比類なき活動の帰結であるのだ。この二つの民族――いまや彼らは「その拳と頭脳のうちに、やがて世界を支配するであろう膂力《りょりょく》と、精神的な指導力とを感じ取っている」――の再生の躍動は、建築の内に、すなわち真正なる「文明の作品」の内に反映しているのである。そして、今回の設計競技で受賞した建築家たちのほぼ全員が、「Ｅ４２」計画に参画していることを、ピアチェンティーニは指摘している。そこから帰結されるのは、かの「建築の方針」が、いまや「国の内外において凱旋行進のごとくに」歩を進めているということだ。また彼は、建築における古典主義の根本に、単に「形状」の問題のみを据えてよしとするのではなく、そこにはもっと深い何か、「民族に固有の、万古不易《ばんこふえき》の要因」があるのだと喝破する。イタリア人たちは常に、「古典主義的精神」に結びついてきた。それは、「普遍で、非個人的で、国家的な」精神ではあったのだ(25)。

ピアチェンティーニは、ムッソリーニ時代の建築の勝利を称え、これぞ「民族の表象」、国民の精神構造そのもの、「文明の伝播」の根幹をなすもの、などとほめちぎる一方で、戦争が破局的な様相を徐々に見せ始めるのと軌を一にして、徐々に統領との距離を取り始めていた。政治警察がピアチェンティーニの動静に関して入手した情報に、はじめて統領への否定的な言質が見られるのは一九四二年十一月である。「統領はすっかり柔弱になってしまった。無能きわまる連中に、十重二十重に取り囲まれている」。月日を経るにつれて、「売国奴的な中傷」が建築家の口からもれる頻度はさらに高まってゆき、さらには統領の

［図 73］アルナルド・フォスキーニ設計、アンカラ市のアタチュルク霊廟の計画、透視画、1942 年。

愛人クラレッタ・ペタッチへの個人攻撃や、不利な戦争結果に対するコメントなども増えていった(26)。

ピアチェンティーニはファシスト政権が崩壊した際、幹部らとともに北部に退避してイタリア社会共和国に同調するという選択を、拒絶した。これが原因で建築家は牢獄に収監されたのだが、当時のヴァティカン市国の国務省代理で、後の教皇となるジョヴァンニ・バッティスタ・モンティーニによって、ほどなくして解放されている。公職追放裁判にかけられた際には、法廷に提出した弁護供述調書のなかで、「ムッソリーニと個人的な友情をはぐくんだ」ことはない、と主張している。おそらく、この言葉は真実であろう――周知のように、統領には友人とよべるような人物はおらず、公務以外では誰ともつきあうことがなかった。そのことは、統領自身の言葉によっても裏づけがとれる。彼はあるときこうもらしている――「私には友人を見つけることができない／友とよべる者が、一人もいないのだ(27)」。だがピアチェンティーニは、明々白々な証拠が残っている事柄についても、こう白を切ってみせる。私は政治的には中立の立場で、体制のなかでは一介の「技術屋」にすぎず、何かを自分から組織するようなことはしておりません。統領や党から受けた指示を、ただ粛々と実行していただけ――したがって罪はなく、イデオロギーにも無関係――であります、と。さすがに、ヴェネツィア宮に足を運んでいたことまでは否定できなかったものの、それでも、あそこには同僚たちといっしょに「何度か」行っただけだと言い張り、それも、「技術責任者としての立場から」訪れたにすぎないとしている。[28]こうして政治に対する建築のいわゆる自立性というものを、偽証にもとづいて確立することで、ピアチェンティーニはこの路線に沿って弁護を展開することに成功。その主張を、建築文化全体にまで広げていったのだった。

それに引き替え、悲劇的で不名誉な末路を迎えたのが、ご存じのように、その後のムッソリーニである。ドイツ兵に身をやつし、スイス国境地帯まで脱出しようとしていたところをパルチザンに補足され、銃殺。その後、死体はミラノのロレート広場で、ガソリンスタンドに逆さに吊るされ、晒しものにされたのだった。独裁者が斃《たお》れた一方で、ピアチェンティーニは生き残り、別の岸をめざして泳ぎ続けた。だが、「ファシズム体制の建築家」という刻印は、その後もぬぐいさることができなかった。戦後、彼はファシスト政権のもとで着手していた事業についても、そのいくつかは仕事を継続し、イタリア共和国政府のもとで完成させている。代表的な事例が、コンチリアツィオーネ通りと「Ｅ４２」だ。

ムッソリーニは意識して、人が根源的にもつある要望にうったえかけた。すなわち、自己のアイデンティティの探究を強化するために、諸々のシンボルを自らまとう必要性に、うったえかけたのだ。こういった意味合いから、彼は建築を活用した。「イタリア人を造り直し」、「新しい人間」を鋳造するという、その人類学的な企図を実現させるために、建築を利用したのだ。こうして生まれるてくる新たなタイプの人間が、自らをその内に同一視する、さまざまな価値観がある。それらを大衆に伝達し、人々の心に永久に刻みこむことに成功すればするほど、それだけこの人類学的なプロジェクトもまた、より生産的なものとなることであろう、というわけだ。この政治宗教の象徴たるモニュメンタルな建築は、したがって、永続することを目的として作られるのである。それらの建物の形状は、モードのごとくに瞬時に消費されるためではなく、時の流れに抵抗するためにこそ着想されるのである。それも十年かそこらではなく、数世紀を越えて、「たとえ四百年後であっても」そのアクチュアリティを失わぬように作られるのだ。建物は、その教化的な機能を徐々に満たしてゆくべく、作られるのである。なぜならこれこそが、建築にはっきりと求められていることであるからだ。建築は、「常に存在し続けることによって、世代を超えて人々の性格を徐々に修正してゆく」――全国ファシスト党の公式文章たる『ファシズム辞典』の建築の項目には、そう読める。(29) ファシズムの定義する建築とは、それを眺める者の内に、ムッソリーニの時代を生き生きと蘇らせるものでなくてはならない。あるいは数百年の時を隔てたのちも、見る者をして、自分もまたイタリアの、ファシズムの文化に属しているのだ、この蒼古にして優越した文化に参画しているのだ、という感懐を抱かせるものでなくてはならなかったのだ。

　ファシスト政権下の二十年間、イタリア国土のいたるところで、ファシズムの記憶を後世につたえるための建築がつくられ続けた。体制は、たとえばレディプーリアの納骨堂の事例のように、死者の記憶を操作したばかりではなく、未来の世代の記憶をも拘束したのである。戦争にいずれ敗れ、自らの政治生命も終わることをムッソリーニが悟った時、ひょっとしたら同時にこんな確信も抱いていたのではないのだろうか。いずれの側に転ぶにせよ、自分が建てた建築によって、消し去ることのできぬメッセージを後世に残すことができるだろう、と。適切な儀式を欠くならば、建物に自己を投影させる仕掛けもずっと弱まってしまうことを、ムッソリーニはもちろん知っていた。だが、同時にこうも確信していた。これらの建築は意味を発しつづけるであろう。そして未来がどうあるにせよ、権力の神話を、偉大なるイタリアの優越性という観念を、建物が拡散し続けることであろう、と。

ファシスト政権が崩壊した直後も、これらの建築は、打ち壊されることはなかった。体制を表す小さなスケールの各種シンボルが破壊されたのとは、この点で違っている。ムッソリーニの死体のように、隠匿された後、盗まれるようなことも、建物には不可能であった。[30] なにしろ、数百という規模で建っていたし、国土中に分布していたからだ。だから人は、破壊したり隠蔽したりするかわりに、それらを忘れようとした。なぜこういう形をとっているのか、そしてそれらが何を意味しているのかを、忘却しようと試みたのだ。ファシズム建築を、偽りの、修辞に満ちた建築だと早急に決めつけてしまうことは、ある意味では、それらを無罪放免にしてしまうことに等しい意味合いを持つ。すると、この種の建築は一種の空っぽの聖遺物箱のような存在と化す。つまり、そこに何か別の機能をあてがってやるべき、空の箱となったのだ。終戦直後のイタリアの国土には、社会の全体主義化をめざした建設プロジェクトの断片を、いたるところで目にすることができた。それは、統領の率いるファシズムが、その配下の建築家たち、および国民と取り結んだ鉄の盟約の、残滓ではあった。

ファシズム独裁時代の証言ともなるこれら建築事業のなかでも、もっとも重要なプロジェクトのいくつかを、新興の民主主義国家が受け継いで完成させなくてはならなかったのは、いかにも歴史の逆説といえる。そのもっとも顕著な事例といえば、間違いなく、「E42」に指をさすだろう［図74］。五〇年代初頭、ピアチェンティーニは同市の都市計画監督官に任命され、ミンヌッチは営繕部の責任者の地位についた。一九五一年以降、「E42」の敷地内には、迎賓・会議場、イタリア文明博物館、サンティ・ピエトロ・エ・パオロ教会、半円回廊広場が完成している。ローマ都心部でも事情は同じで、コンチリアツィオーネ通り、外務省舎、イタリア領アフリカ省舎が戦後に完成している。同様の作品のリストは、ローマ以外の事例を加えることでさらに長くなるであろう。ミラノのアレンガーリオ、トリエステ大学、パレルモとフ

［図 74］1950 年代の EUR、航空写真。

ォルリとピサの裁判庁舎、ナポリのイタリア銀行支店などがその例だ。

一般には、全国に建てられたカーサ・デル・ファッショの建物は戦後、警察署、財務警備隊、税務署などに転用され、またファシスト市区団の拠点は、警察分署や学校、イタリア放送協会の建物などになった。さらにはファシスト国防義勇軍施設は、国防省警察の兵舎へと姿を変え、リットーリオ・イタリア青年団（ＧＩＬ）のキャンプ施設群は、社会福祉事業のために使われることになった。ローマでは、フェンシング・アカデミーの建物は法廷に、ＥＵＲ内のイタリア軍会館は国立中央文書館にそれぞれ転用され、イタリア領アフリカ省だった建物には現在、国連食糧農業機構（ＦＡＯ）が入っている。ニュルンベルクにあったツェッペリンフェルト（ナチス党大会会場）は、ヒトラー臨席下にナチス党員たちが隊列を組む会場施設としてシュペーアが設計したものであったが、戦後取り壊されてしまった。それ対してローマでは、フォーロ・ムッソリーニはその名をフォーロ・イターリコと変え、もともとこの施設が構想された当時に込められていた、「中立の」スポーツ施設という機能を戦後に取り戻した[31]。その他の、ファシスト政権下で特別な呼称を与えられなかった行政関連施設については、そのまま用途変更なく使用され続けている。戦後の新興共和国と戦前の旧体制との連続性は、建築の内にそのもっとも強い絆を見てとることができるのである。

そして、年数が経過するとともに、これらの建築は徐々に、イタリア国家の文化遺産として認識されはじめた。イタリア人たちのアイデンティティは、記憶の場の周囲に構築される。そのアイデンティティの中には、かつてファシズムの力の神話を想起させようとしたモニュメント群もまた、含まれている。それらは、ムッソリーニが国家をファシスト的に教化するために、構築しようと欲したものではあった。これらの建築は景観の中に挿入されてしまっているものだから、望むと望まないとにかかわらず、人々に共有されないわけにはゆかない。たとえば、過去の暦の中からある特定の日のみを選びだして、さあ祝福しましょう、ということはできる。つまり、歴史の中からもっとも「高尚」で教訓的だとみなせる出来事をいくつか抽出して、それを国家の共通の記憶とすることならば、それは可能なのだ。しかしながら、同じような恣意的な選択を過去の建築群に対して行なおうとしても、うまくいかない。そういった意味で、われわれはいま、歴史によって課せられ、体制の手で決定された記憶を自らの意志とは無関係に目の前につきつけられているといえる。それは、大衆に伝達され、人々の心にしっかりと根をおろす記憶なのだ(32)。それらの建築は、人々がアイデンティティを獲得するための装置であり、ムッソリーニ没後も、いやとりわけ彼の死後にこそ、その機能を発するべく作られたのである。その作用はじつに緩慢で、多くの場合は、批評家たちの厳しい検証の目をも逃れ去っているのだ。

前世紀末には、過去を均質化しようとするプロセスが進展したのだが、その中で、これらファシズム期の建築は、建設当初とくらべればその威嚇の度合いも侵略性もずいぶんやわらぎ、あれこれの意義が雑然と入り混じる、一種の混成したメッセージを発する存在と化していた。だが、それらの建物がまさに永続するために構想され、その優越さを誇示する目的で建てられたがゆえに、歴史の均質な「連続体《コンティヌウム》」のなかから、再び鋭い輪郭をまとって浮かび上がってくるのである。短期間で一挙に建設され、共通の形態的な符号をまとっているという事実が、これらの建築が一般に受容される仕方を決定づけている。誰もが、たとえ建築に熱を上げていなくとも、ああ、これは「ファシズム体制期の作品」だと、見分けることができるであろう。そして、その荘厳にして堅固、秩序然としていかにも尊大な姿は、それを仰ぎ見る大衆の内に自動的に、かの過ぎし時代が抱いた偉大さの観念を伝えるのである。ファシスト政権下の二十年のあいだにイタリア国家が獲得した力の観念とはいかなるものであったか――それを人々の心に深く刻みこむのである。これらの建築は、元来の歴史の闘争の舞台からはぎ取られ、一つの過去のヴィジョンの中へ、それも「甘く味つけされた」などという次元をはるかに超えた甘ったるいヴィジョンの中へと、投影される。

こうして、衆愚政治の表層面だけを鑑賞する、そんな対象になりさがってしまっているのだ。

イタリア人たちの間では、国家共同体への帰属意識は非常に脆弱なものである。そして建築遺産こそは、それらの建物をベースとしてその上にアイデンティティを構築できるという点で、卓越した資源なのである。[33]だがまさにこの理由から、本書で見たように、建築はファシズムによって利用されたのである。それも、かつて他のいかなる近代国家もなしえなかったほど効果的な手法でもって。だからこそ、次のように問うてみるわけである。これらの建築――いくつか例をあげるなら、ボルツァーノの凱旋門やミラノのアレンガーリオ、「E42」のイタリア文明館などを念頭におかれたし――は果たして、国家の顔となることが可能であろうか、と。作品ごとに芸術性の質にばらつきがあるものの、これらの建物が一様に告げているのは、独裁者に支配された歴史なのではないだろうか？　民主主義の自由が抑圧され、他の民族に対する侵略戦争をおこし、人種隔離政策を推進した、そんな歴史なのではないか？　それらは、いやしくも文明国であれば、とうてい共有することのできない価値観を想起させる記憶ではあるまいか？

イタリア人たちは、自らの「特殊個人的」な利益を、常にすべての事柄から引き出さねば気がすまない、そんな衝動を先祖代々、決してやむことなく受け継いできた。同時に、公共善を体現するものに対して、総じて無関心な態度を示す傾向もまた、先祖伝来のものだ。この二つの性質こそは、民主主義をじわじわと破壊し、国家を弱体化させている諸原因のなかでも、もっとも根の深いものといえる。過去の建築は、その象徴的な機能でもって、このアイデンティティの崩壊過程を食い止めるための救済手段ともなりうる。だが、ファシズム期に建設された、これらの汚染された建築遺産を、その目的で活用できるだろうか？　優越した文明の表現などと言うもおこがましいこれらの建築から、記憶を引き出して、共同体の感性をいま一度強化し、この遠心作用的な崩壊力に対抗させることなど、果たして可能であろうか？　つまりこういうことだ。かつて反民主主義教育をほどこし、実際にも民主主義に対する憎悪を政策として実行していた独裁体制。そんな体制を象徴する建築の形象に、みずからの歴史的記憶を重ね合わせてみたところで、果たして民主主義の危機にあるこの国家を救済することができるであろうか？　われわれはここでもまた、イタリアが無数にかかえるパラドックスの一つに行きあたってしまったのではあるまいか？

そうこうしているうちにも、長い沈黙の期間を経て、これらのモニュメンタルな建築はふたたび、そのもっとも内奥に秘めた機能、すなわち大衆に対する扇動的な作用を行使しはじめている。「統領によって建設された」都市や建築がふたたび放つ、新たな魅惑のとりことなるイタリア人の数は多い。それらの構築物を眺める人々は、過去――その一部は脱ファシスト化の操作を受けているが――を振り返った際に、あの時代に罪はなかったのだ、といった判断を下す方向に傾きつつある。ふたたび、建築学が秘める「深遠なる権能」が、集団的暗示能力を行使しはじめている。つまるところ、建築を通じてファシズムを後世に伝えようとしたムッソリーニの意図が、最後には、勝利をおさめているかのようにも見えるのだ。

謝辞

ここに一冊の本として上梓することになった研究の発端は、過去にまとめた、ファシズム期の建築と政治の関係についてのいくつかの考察であった。それらはやがて二〇〇一年の春に、ムッソリーニの人物像と、彼が建築において果たした役割をめぐるテーマへと、具体化していった。本書が取り上げたテーマのいくつかは、ウーディネ大学美術史学科の大学院で過ごした二年間に、論文として発表する機会を得たものである。そして、その成果を公の場で討論する最初の場となったのが、二〇〇三年五月にトリエステ大学建築学部で開催された、ファシズム時代の建築と政治に関するセミナーで、その席でマッシモ・マルティニョーニ、ジェフリー・シュナップ、マリーダ・タラモーナらと議論を交わすことができた。その後、二〇〇三年十二月にパドヴァで開かれた大学と都市をめぐる学術会議に、ジュリアーナ・マッツィの誘いを受けて参加した折には、ムッソリーニがローマ大学都市で果たした役割について考察する機会を得た。続いて、二〇〇四年三月に、ジョルジョ・チュッチの招待でローマ第三大学建築史講座ヨーロッパ修士のセミナーに参加した折には、本書で掘り下げたいくつかのテーマを発表した。

本研究のために記録資料の山をかきわけ、伝記事項をあれこれと調べ上げてゆくなかで、実に多くの方々のお世話になった。なかでも、ローマ中央国立文書館のマリーナ・ジャネット、フィレンツェ・ピアチェンティーニ文書館のジャンナ・フロサーリ、トレント・ロベレート近現代美術館のパオラ・ペッテネッラ、カルロ・プロッセル、さらにはキアーラ・カンパニョーロ、ジャングイード・フォレーナ、パオロ・ムンジョヴィーノ、マルタ・ペトリンの各氏には、特にお世話になった。また、ポルタルッピ財団のフェッルッチォ・ルッピ氏には、図版の入手ばかりではなく、実に多岐にわたって、ひとかたならぬご支援をいただいた。他にも助言や支援をいただいた研究者の方々には、本書の注記を借りて、お礼を述べさせていただいた。

また、ドナータ・バッティロッティ、クリスティーナ・ビアンチェッティ、ジャン・ルイ・コーエン、マッシモ・デ・サッバタ、ロベルト・ドゥーリオ、ヴィルマ・ファソーリ、フラヴィオ・フェルゴンツィ、ミケランジェロ・サバティーノ、マリーダ・タラモーナの各氏には、本書の原稿の一部、もしくは全体を読んでいただき、疑問点や仮説について筆者と議論をしていただいた。ここに記して、謝意を表したい。またローマに滞在した折には、マリーダとアンナがローマっ子特有のあたたかさでもてなしてくれたことも、忘れがたい。最後に、筆者の研究を信頼し、屈託のない批判やヒントや注釈をおしみなくくれた、セルジョ・ルッツァート氏に、満腔の謝意を表したい。なお、当然ながら最終稿の仕上がりの責任は、すべて筆者に属するものである。

本書をラウラにささげる。

訳者あとがき

記憶を象《かたど》る建築——石に刻まれたファシズムの神話

長旅を終えてホテルに無事チェックインをすませ、荷物を預けて軽装となり、颯爽とイタリアの街に一歩を踏み出せば、なにしろ世界の文化遺産の七割近くが集中する国である、たちどころに荘厳な古代遺跡や蒼古たる大聖堂、豪奢な宮殿、宝石のような美術館が目の前に立ち現れ、旅行者の気分はいやがおうでも高揚する。ルネサンスのフィレンツェ、バロックのローマ、ゴシックのヴェネツィア……人々がイタリアの都市に抱くイメージや思い入れは、千差万別であろう。だが、ガイドブックから顔を上げ、移動途中の都市景観にも多少の注意を払う余裕のある人は、ゆく先々で、ふとした違和感を覚える機会が少なからずあるはずだ。古代ローマに淵源するという歴史的な中心街区の一角に、ぽっかり穴があいたかのような整形の広場が突如現れ、その軸線を受け止めるように、いかにもモダンな、四角い威圧的な建築がいかめしく立っている。

たいていは裁判所だとか市役所だとか郵便局とかであるのだが、いずれもどこかスタイルが似通っていて、見てすぐに、あ、これはファシズム時代の建築だ、と誰もが了解できるような特徴を一様に備えているのだ。いわば、歴史的な都市情景の下から、ファシズムの都市が、ある時ぬっと立ち現れてくるような、そんな感じがするのである。

個人的な記憶を少し語らせてもらうなら、もう七年ちかくも前のこと、西洋建築史の本格的な勉強を思い立ち、イタリアに渡航しようと決意した。学術都市として名高いピサに居を構え、引っ越し当初のどたばたもひと段落すると、とたんに例のファシズムスタイルの建築のことが、どうしても気になってきた。大学や警察署、官公庁舎といった、留学生活でお世話になる街の施設がその種の様式をまとっているというのも一方の理由としてあるのだが、それ以外にもたとえば、車がないと行けないような近隣の小邑にぶらりと出かけて行った際にも、やはり似たような建物が、町の一等地を占めて威圧的に人々を睥睨《へいげい》している姿に出くわす機会が多々あったのだ。しかもたいていの場合、地元住民、とくにお年寄りたちの間の評判は、いたってよくない。なかにはいまだに、立ち退きを強要されたり、親しみを持っていた古い教会や広場が取り壊されたりしたことを根に持っている住人もいる。これほどまでに、イタリア国土の隅々にまで建てられたこの種の建築とは、いったい何なのか。今でも人々に威圧感と、距離感と、不可解な高揚感をもたらすこの建築とは。そんな疑問を抱いていた折も折、パオロ・ニコローゾ Paolo Nicoloso による本書『建築家ムッソリーニ』**Mussolini architetto Propaganda e paesaggio urbano nell'Italia fascista**（副題を直訳すると、「ファシズム期イタリアにおけるプロパガンダと都市風景」となる）が出版された。その魅惑的なタイトルに惹かれて手に取り、一読、たちまち積年の疑問が氷解し、またその軽妙洒脱な語り口にも深く魅了され、翻訳の企画を思い立つにいたった。

もちろん何もないところに本書がいきなり現れたわけではない。むしろ、一九八〇年代からはじまる、ファシズム時代の建築にたいする再評価の流れの一つの総括として、とらえるべき作品といえるのだ。著者自身が「はじめに」で見取り図を描いているように、戦間期イタリアの建築を、イデオロギーにとらわれず、一つの歴史的時代の作品群として客観的に分析しようとする視点が現れたのはつい最近のことで、それも、まだ足元がおぼつかないという。かつては、ファシズムと名のつくものはすべて否定しようという倫理的風潮があり、したがってこの時代につくられたものはすべて「悪」としてみたり、あるいは、建築は政治イデオロギーからは独立した中立の領域であった、などという無根拠な主張が平気でなされたりした。ファシズムの抑圧に抗して、合理主義的スタイルを守りきった少数の良い建築と、体制に迎合した装飾過多で歴史主義的な悪い建築、などという区分がなされることもあった。だがこれらの視点がいかにバランスを欠くものであるかは、本書を読み進めてゆけばたちどころに了解されよう。よく、モダニズムの前衛精神に殉教した孤高の英雄かのごとくにあがめられる建築家テッラーニも、ファシスト党の制服に嬉々として身を包み、統領《ドゥーチェ》の演説に恍惚と酔いしれる、当時の多感な若者の典型ではあったのだ。

本書の主人公はムッソリーニである。権力の座についた彼を待っていた喫緊の課題は、近代化に立ち遅れていたイタリア国家を列強に伍する水準にまで、早急に引き上げることであった。軍備よりも、まずは国内のインフラ整備が先である。こうしておよそ二〇年にわたる独裁政治のなかで、ムッソリーニは建築や都市をたてまくった。空港を開き、幹線道を敷き、橋を架け、湿地帯の大規模な干拓工事を行なった。しかも、己の天稟を信じ、かつ他人をめったに信用しない性格でもあった彼は、あらゆる計画に首を突っ込んで、敷地の選択から建物のデザインや仕様部材の選定に関するまで、いちいち口をさしはさんだ。そんなムッソリーニをさして、「建築家」と喝破したニコローゾの炯眼はさすがといえるが、同時に、なぜいままで誰も統領の建築政策に正面から取り組んでこなかったのか、という疑問もわいてくる。ことほど左様に、ファシスト政権の公共事業政策は大規模かつ徹底したものであった(1)。

本書でもたびたび言及される、地方の党本部施設「カーサ・デル・ファッショ」ひとつを例にとっても、国内外で実に五千棟近くが建設されたといわれ、近年では、当該施設の歴史にささげられた大規模な展覧会が開かれ、建築史家たちの注目をにわかにあつめている(2)。また、ファシズム期の青少年の教育を一手に担った「全国バリッラ事業団」の施設として、やはり国内各地に無数に建てられた「バリッラ会館」も、近年ようやく分析の対象となってきたところだ(3)。さらには、更地に新しい都市を丸ごとつくってしまう、そんな新造都市計画も驚くほどの規模で展開し、ファシスト政権の推し進める農業革命ならびに自給自足経済の確立に貢献した。本書でもサバウディア、リットーリア、ポンティーニアなどの事例が取り上げられているが、そうした「統領の都市」ばかりを実に一四七も収録したアントーニオ・ペンナッキの近著『束棹と鉄槌　統領の都市をめぐる旅』は、ムッソリーニ時代のユートピア都市に対する近年の関心の高まりをよく示している(4)。

そうしたファシズム期の建築に対する再評価の流れの中にあって、本書『建築家ムッソリーニ』が出色なのは、建築史家の著作でありながら、建物のデザインをめぐる議論にのみ終始するのではなく、さらに当時の建築に込められていた大衆教化の機能、あるいはファシズム神話の表象といった問題にまで踏み込んで、これを一貫したパースペクティヴのもとに語って見せたところにある。統領がいかにして、建築を通じてファシズムを未来に伝え、またイタリア国民を「新しい人間」へと鍛え上げようとしたのか。いかにして建築を媒介に集団記憶を操作し、民衆の魂を都合よく「鋳造」していったのか。本書を読み進めてゆくと、自身が建築家となって、石の中にファシズムの神話を刻みこんでゆくムッソリーニの姿がありありと目に浮かぶ[5]。だがそれは一歩間違えば、権力への建築学の完全な隷属ともなりかねない実に危うい圏域でもあり、だからこそ、ポンティの葛藤や、テッラーニの絶望、パガーノやボッタイらの反抗があったのだ。そんな建築家たちの人間模様を描く著者ニコローゾの筆致は、じつに冴えている。

だが、建築を自ら進んで権力にささげようとした建築家がいた。本書の第二の主人公ともいえる、マルチェッロ・ピアチェンティーニだ。旧套の、イデオロギー的に偏向した視点からすれば、たちどころに「悪い建築家」の烙印を押されかねない人物であるが、独裁体制下の建築政策におけるその八面六臂の働きぶりや、トータル・コーディネーターとしての目覚ましい活躍は、イデオロギーを抜きにした正当な評価がなされなくてはならないだろう。多少の飛躍を承知で言うなら、専制政治下における権力演出の総合監督という点からすれば、彼の才幹は、たとえばトスカーナ大公国下のジョルジョ・ヴァザーリ（一五一一―一五七四）だとか、バロック期ローマのベルニーニ（一五九八―一六八〇）だとかに通じるものがあるとさえ見ることができるのである。

統領の意中を汲んでピアチェンティーニが作り出していったファシズム的都市景観は、たしかに、イタリア国民の記憶を操作することに成功した。いちばん人目につく場所に、ファシズムを賛美する形状の公共施設を作り、あるいは学校や大学を同様のスタイルで建ててゆく。それはたとえば、日本の明治新政府が、官公庁や学校を擬洋風建築で建てまくり、まず視覚から欧化の風を民衆に吹き込んでいったのと同様の戦略といえなくもない。だが、石でできたファシズムの建築は、おいそれとは壊れない。いや、簡単に壊れないように、ことさら頑丈に作るよう、統領本人が指示を出しているのだ。そして好むと好まざるとにかかわらず、その効能は、それらの建物を普段目にする現代人にまで及んでいる。これこそ、ムッソリーニの呪縛ではあるまいか、というやや悲観的な考察で幕を閉じる本書は、現代社会のさまざまな問題に光を当てる、非常にアクチュアルなメッセージを秘めているといえよう。

かつては、欧州でいちばん移民に寛容的だといわれていたイタリアが、ここ数年で、その態度を百八十度変化させた。一外国人としてこの国に暮らしていると、それを肌身で感じることができる。社会システムの慢性的な機能不全や若者の粗暴化、行政・経済上の山積みの難題を前にして、「彼（Lui）がいたころは、社会にもっと規律があってよかった」などという声が、巷で聞かれるようになってきた。「彼」とは、もちろんムッソリーニのことである。著者ニコローゾが「甘く味付けされた」と皮肉った、短絡的な歴史理解が、たしかに浸透してきていることは否めない。だが、まさにその力に抗するものこそ、歴史の深い理解ではないだろうか。ファシズムスタイルの建築を見て、もし「かっこいい」と思うのなら、なぜそう感じてしまうのか、設計者や施主の意図はそも何であったのか、こういった省察を常に重ねてゆく態度を保持してゆくことが、「砂糖菓子」の魅惑に抗するための方途ではないだろうか。「建築の深淵なる権能」（ピアチェンティーニ）こそは、建物の前を通る際、常にわれわれが意識しておかなくてはならない問題なのである。街歩きも、楽ではないのだ。

本書の翻訳にあたっては、さまざまな方々のご協力をいただきました。ここに記して、謝意を表します。訳者からの度重なる質問に、迅速かつ丁寧に答えてくださった著者のパオロ・ニコローゾ氏。翻訳企画の意義をただちに認め、ご助力をくださった東京芸術大学の野口昌夫先生。イタリア現代史の専門用語を委細に解説くださった龍谷大学の高橋進先生。ドイツ建築史の専門用語をご指導くださった、千葉大学の丸山純先生。ファシズム建築に関する最新の文献を紹介くださった中部大学の稲川直樹先生。イタリア語の難解な箇所を解説してくれた、友人のニコーラ・パパザフィロプロス Nicola Papazafiropulos、アリーチェ・アゴスティーノ Alice Agostino の両氏。遅れがちな訳者の作業を常に激励し、さまざまにご支援くださった編集者の芝山博氏。以上の皆様に心より感謝いたします。なお、訳文の作成には細心の注意を払いましたが、もし誤りや不備な点があれば、それらはすべて訳者の責任であります。

二〇一〇年三月

桑木野幸司

（1） ファシズム期のイタリア建築を概観した近年の著作として次の二点を挙げておく。Giorgio Ciucci e Giorgio Muratore (a cura di), *Storia dell'architettura italiana. Il primo Novecento*, Milano, Electa 2004; Carlo Melograni, *Architettura italiana sotto il fascismo. L'orgoglio della modestia contro la retorica monumentale 1926–1945*, Torino, Ballati Boringhieri 2008. また日本語で読める良著としては、北川佳子著『イタリア合理主義：ファシズム／アンチファシズムの思想・人・運動』、鹿島出版会、二〇〇九年。

（2） P. Portoghesi, F. Mangione e A. Soffitta (a cura di), *Architettura delle case del fascio*, catalogo della mostra, Firenze, Alinea 2006.

（3） Rinaldo Capomolla, Marco Mulazzani e Rosalia Vittorini, *Casa del Balilla. Architettura e Fascismo*, Milano, Electa Mondadori 2008.

（4） Antonio Pennacchi, *Fascio e martello. Viaggio per le città del Duce*, Roma-Bari, Laterza 2008.

（5） なお、まさにこの「石のファシズム」をテーマにした著作が、ファシズム史家エミーリオ・ジェンティーレによって上梓されており、本書の次に読むべき一冊としてお勧めしておく。Emilio Gentile, *Fascismo di pietra*, Roma-Bari, Laterza 2008.

■イアン・カーショー　石田勇治訳
ヒトラー　権力の本質（新装版）

ヒトラーと彼を取り巻く政治家や官僚、教会、財界、そして民衆の動向を論じながら、ヒトラーがいかにして権力を獲得し、いかにして「カリスマ」となりえたのかを描きだしていく。

■フェーリクス・メラー　瀬川裕司、水野光二、渡辺徳美、山下眞緒訳
映画大臣　ゲッベルスとナチ時代の映画

ゲッベルスの残した克明な日記を検証しつつその天才的なメディア戦略を浮き彫りにする画期的労作。映画製作や検閲の実態、権力闘争でゆれるその真の人間像等、多面的に迫ってゆく。

■デイヴィッド・クレイ・ラージ　高儀 進訳
ベルリン・オリンピック1936　ナチの競技

各国の政治的思惑とボイコット運動、ユダヤ人や黒人への迫害、各競技の様子など、「スポーツと政治」の癒着がもっとも顕著に表れた大会を、最新資料により検証する。

■サイモン・セバーグ・モンテフィオーリ　染谷 徹訳
スターリン　赤い皇帝と廷臣たち【上・下】

「人間スターリン」を描いた画期的な伝記。権力掌握から独ソ戦まで、親族、女性、同志、敵の群像を通して、その実像に迫る労作。亀山郁夫氏推薦！　英国文学賞（歴史部門）受賞作品。

■サイモン・セバーグ・モンテフィオーリ　松本幸重訳
スターリン　青春と革命の時代

命知らずの革命家、大胆不敵な犯罪者、神学校の悪童詩人、派手な女性関係……誕生から十月革命まで、「若きスターリン」の実像に迫る画期的な伝記。亀山郁夫氏推薦！　コスタ伝記賞受賞作品。

■フランク・ロイド・ライト　山形浩生訳
フランク・ロイド・ライトの現代建築講義

アメリカの大建築家による幻の講演が、待望の完訳！　6つの連続講座で、建築デザインから都市のあり方までのすべてを語る。ル・コルビュジエとの対決をしるす、記念碑的な建築論。

訳者略歴
桑木野幸司（くわきの・こうじ）
1975年生まれ。
西洋建築史・庭園史・美術史研究者。工学修士（東京大学：建築史）、PhD.（ピサ大学：美術史）。研究テーマは、初期近代の建築空間における知識の表象の問題。

建築家ムッソリーニ　独裁者が夢見たファシズムの都市

2010年4月10日　印刷
2010年4月30日　発行

著　者　パオロ・ニコローゾ
訳　者© 桑木野幸司
発行者　及川直志
印刷所　株式会社 三秀舎

発行所　〒101-0052 東京都千代田区神田小川町3の24
電話 03-3291-7811（営業部），7821（編集部）
http://www.hakusuisha.co.jp
株式会社 白水社

乱丁・落丁本は，送料小社負担にてお取り替えいたします．

振替　00190-5-33228
松岳社 株式会社 青木製本所

ISBN978-4-560-08060-3
Printed in Japan

人名索引

カ行

サ行

タ行

ナ行

ハ行

マ行

ラ・ワ行

原注

はじめに

（1） M. Sarfatti, *Dux*, Mondadori, Milano 1982（1926）, p. 259.

（2） R. De Felice, *Mussolini il fascista*, vol. I: *La conquista del potere, 1921–1925*, Einaudi, Torino 1966; Id., *Mussolini il fascista*, vol. II: *L'organizzazione dello stato fascista*, Einaudi, Torino 1968; Id., *Mussolini il duce*, vol. I: *Gli anni del consenso. 1929–1936*, Einaudi, Torino 1974; Id., *Mussolini il duce*, vol. II: *Lo Stato totalitario. 1936–1940*, Einaudi, Torino 1981; Id., *Mussolini l'alleato*, vol. I: *L'Italia in guerra 1940–1943*, Einaudi, Torino 1990.

（3） とりわけ次を参照：E. Gentile, *Il culto del littorio. La sacralizzazione della politica nell'Italia fascista,* Laterza, Roma–Bari 2001（1993）; G. Mosse, *La nazionalizzazione delle masse. Simbolismo politico e movimenti di massa in Germania*（*1815–1933*）, il Mulino, Bologna 1975. 建築空間の聖性に関する重要な貢献として次も参照：S. Bertelli（a cura di）, *Il teatro del potere. Scenari e rappresentazione del politico fra Otto e Novecento*, Carocci, Roma 2000.

（4） E. Gentile, *Fascismo di pietra*, Laterza, Roma–Bari 2007. ジェンティーレのこの著作は、本書の出版準備中に刊行された。

（5） ゼーヴィとヴェロネージは、（二人の年齢からしても）ファシズムの歴史的経緯に直接立ち会った著述家であり、当時の建築に関する最初の分析を出版している：B. Zevi, *Storia dell'architettura moderna*, Einaudi, Torino 1950, e G. Veronesi, *Difficoltà politiche dell'architettura in Italia 1920–1940*, Comunità, Milano 1953. この二著に続いて、70年代以降、以下にあげる研究成果が出版されている：C. De Seta, *La cultura architettonica in Italia tra le due guerre,* Laterza, Bari 1972; L. Patetta, *L'architettura in Italia 1919–1943. Le polemiche,* Clup, Milano 1972; R. Mariani, *Il fascismo e città nuove*, Feltrinelli, Milano 1976; H. A. Millon and L. Nochlin, *Art and Architecture in Service of Politics*, The Mit Press, Cambridge（Mass.）–London 1978; G. Ciucci, *Il dibattito sull'architettura e le città fasciste,* in *Storia dell'arte italiana*, parte II: *Dal Medioevo al Novecento*, vol. III: *Il Novecento*, Einaudi, Torino 1982（edizione riveduta con il titolo *Gli architetti e il fascismo. Architettura e città. 1922–1944*, Einaudi, Torino 1989）; D. P. Doordan, *The Political Content in Italian Architecture during the Fascist Era*, in《Art Journal》, 1983, n. 43, pp. 121–31; C. Cresti, *Architettura e fascismo*, Vallecchi, Firenze, 1986; D. Y. Ghirardo, *Building New communities: New Deal America and Fascist Italy*, Princeton

University Press, Princeton 1989; R. A. Etlin, *Modernism in Italian Architecture. 1890–1940*, The Mit Press, Cambridge (Mass.)–London 1991; *Art and Power: Europe under the Dictators, 1930–45*, catalogo della mostra, London 1995; G. Ciucci (a cura di), *Classicismo–Classicismi. Architettura Europa/America 1920–1940*, Electa, Milano 1995; M. S. Stone, *The Patron State. Culture and Politics in Fascist Italy*, Princeton University Press, Princeton 1998; L. Benevolo, *L'architettura nell'Italia contemporanea*, Laterza, Roma–Bari 1998, pp. 81–128; P. Nicoloso, *Gli architetti di Mussolini*, Angeli, Milano 1999; S. Scarrocchia, *Albert Speer e Marcello Piacentini, L'architettura del totalitarismo negli anni trenta*, Skira, Milano 1999; F. Dal Co e M. Mulazzani, *Stato e regime*, in G. Ciucci e G. Muratore (a cura di), *Storia dell'architettura italiana. Il primo Novecento*, Electa, Milano 2004, pp. 234–59; B. W. Painter, *Mussolini's Rome. Rebuilding the Eternal City*, Palgrave MacMillan, New York 2005.

(6) G. Ciucci, *L'urbanista negli anni '30: un tecnico per l'organizzazione del consenso*, in *Il razionalismo e l'architettura in Italia durante il fascismo*, catalogo della mostra, Electa, Venezia 1976, pp. 28–31. A. Cederna, *Mussolini urbanista*, Laterza, Roma–Bari 1979; D. Y. Ghirardo, *Italian Architects and Fascist Politics: An Evaluation of the Rationalist's Role in Regime Building*, in《Journal of the Society of Architectural Historians》, n. 2, maggio 1980, pp. 109–27; J. T. Schnapp, *Anno X. La mostra della Rivoluzione fascista del 1932*, Istituti editoriali e poligrafici internazionali, Pisa–Roma 2003.

(7) R. De Felice, *Mussolini il duce*, vol. I: *Gli anni del consenso. 1929–1936* cit., pp. 3–5, 54–55; Id., *Mussolini il duce*, vol. II: *Lo Stato totalitario. 1936–1940* cit., pp. 213–53.

(8) E. Gentile, *Fascismo. Storia e interpretazione*, Laterza, Roma–Bari 2002, pp. 27–30.

(9) R. De Felice, *Mussolini il duce,* vol. II: *Lo Stato totalitario. 1936–1940* cit., pp. 266–67, 286–87.

第 1 章

(1) R. De Felice, *Mussolini il duce*, vol I: *Gli anni del consenso. 1929–1936* cit., p. 244. 統領の神話に関しては次を参照：Id. e L. Goglia, *Mussolini. Il mito*, Laterza, Roma–Bari 1983, pp. 3–17; L. Passerini, *Mussolini immaginario. Storia di una biografia. 1915–1939*, Laterza, Roma–Bari 1991.

(2) B. Biancini (a cura di), *Dizionario mussoliniano*, Hoepli, Milano 1939, p. 178.

(3) G. Le Bon, *Psicologia delle folle*, Longanesi, Milano 1980 (1895), p. 96. このフレーズは、ナポレオンの言葉だとされている。1926 年にムッソリーニ

はこの著作をさして、「たいへん重要な作品で、このところ繰り返しひもといている」と述べている。S. Falasca Zamponi, *Lo spettacolo del fascismo*, Rubbettino, Soveria Mannelli 2003, p. 42.

（4） S. Bertelli, *Il teatro del potere nel mondo contemporaneo*, in Id.（a cura di）, *Il teatro del potere. Scenari e rappresentazione del politico fra Otto e Novecento* cit., p. 17.

（5） 全国視察と大衆の関係については次を参照：M. Isnenghi, *L'Italia in piazza. I luoghi della vita pubblica dal 1848 ai nostri giorni*, Mondadori, Milano 1994, pp. 310-24; V. De Grazia, *Andare al popolo*, in Id. e S. Luzzatto（a cura di）, *Dizionario del fascismo*, Einaudi, Torino 2002-2003, vol. I, pp. 52-54.

（6） ムッソリーニにとって国民とは「コロイド溶液のような群衆で、責任能力がないものと定義される」存在であった。G. Ciano, *Diario. 1937-1943*, a cura di R. De Felice, Rizzoli, Milano 1990, p. 140（22 maggio 1938）.

（7） G. Le Bon, *Psicologia delle folle* cit., p. 74.

（8） B. Mussolini, *Opera omnia*, a cura di E. e D. Susmel, Firenze 1951-81, vol. XXII, p. 242.

（9） R. De Felice, *Mussolini il fascista*, vol. II: *L'organizzazione dello Stato fascista. 1925-1929*, Einaudi, Torino 1968, p. 362.

（10） B. Spackman, *Discorsi del duce*, in V. De Grazia e S. Luzzatto（a cura di）, *Dizionario del fascismo* cit., vol. I, p. 429.

（11） B. Mussolini, *Opera omnia* cit., vol. XXV, pp. 141-43.

（12） A. Magnaghi, M. Monge e L. Re, *Guida all'architettura moderna di Torino*, Lindau, Torino 1995, p. 141.

（13） B. Mussolini, *Opera omnia* cit., vol. XXV, pp. 146-47.

（14） *Ibid.*, p. 156.

（15） G. Mosse, *L'uomo e le masse nelle ideologie nazionaliste*, Laterza, Roma-Bari 1988, pp. 97-115. カルナーロ憲章の一章は造営司（Edilità）に充てられている。

（16） 1926年にダンヌンツィオは520万リラを受け取っている。これは330万ユーロを越える額に相当する。Cfr. R. De Felice, *D'Annunzio politico. 1918-1938*, Laterza, Roma-Bari 1978, pp. 199-200.

（17） 国民の同意形成については次を参照：P. V. Cannistraro e B. R. Sullivan, *La fabbrica del consenso. Fascismo e mass media*, Laterza, Roma-Bari 1975; V. De Grazia, *Consenso e cultura di massa nell'Italia fascista. L'organizzazione del Dopolavoro*, Laterza, Roma-Bari 1981.

（18） B. Mussolini, *Opera omnia* cit., vol. XXVI, p. 319.

（19） *Il Duce entusiasticamente accolto a Lecce e a Taranto*, in《Il Popolo d'Italia》, 8 settembre 1934.

(20) B. Tobia, *Dal Milite ignoto al nazionalismo monumentale fascista* (*1921–1940*), in *Storia d'Italia*, Annali 18: *Guerra e pace*, a cura di W. Barberis, Einaudi, Torino 2002, p. 631.

(21) *Il viaggio del Duce in Puglia*, in《Il Popolo d'Italia》, 9 settembre 1934.

(22) *Il Duce accolto a Bolzano da oltre quarantamila persone*, ivi, 27 agosto 1935.

(23) M. Martignoni, *Il territorio e la memoria dei caduti*, in P. Marchesoni e M. Martignoni (a cura di), *Monumenti della grande guerra. Progetti e realizzazioni in Trentino. 1916–1935*, catalogo della mostra, Museo storico in Trento, Trento 1998, pp. 23–49; B. Tobia, *Dal Milite ignoto al nazionalismo monumentale fascista* (*1921–1940*) cit., pp. 613–619.

(24) B. Mussolini, *Opera omnia* cit., vol. XXVII, p. 119.

(25) G. Rochat, *Le guerre del fascismo*, in *Storia d'Italia*, Annali 18: *Guerra e pace* cit., pp. 698–708.

(26) R. De Felice, *Mussolini il duce*, vol. I: *Gli anni del consenso. 1929–1936* cit., pp. 626–627; A. Molinari, *La giornata della fede*, in V. De Grazia e S. Luzzatto (a cura di), *Dizionario del fascismo* cit., vol. I, pp. 507–8; P. Terhoeven, *L'oro alla patria. Donne, guerra e propaganda nella giornata della fede fascista*, il Mulino, Bologna 2006, pp. 307–8.

(27) *Il Duce comincia con il gesto del seminatore la vita nel nuovo Comune di Pontinia*, in《Il Popolo d'Italia》, 19 dicembre 1935.

(28) Y. De Begnac, *Palazzo Venezia. Storia di un regime*, La Rocca, Roma 1950, pp. 554, 652.

(29) *La seconda trionfale giornata del Duce nel bolognese*, in《Il Popolo d'Italia》, 26 ottobre 1936.

(30) R. De Felice, *Mussolini il duce*, vol. II: *Lo Stato totalitario. 1936–1940* cit., p. 394.

(31) *Il Duce assiste nella parrocchiale di Premilcuore al rito nuziale*, in《Il Popolo d'Italia》, 25 aprile 1937. フッツィについては次を参照：l'intervista a Cesare Valle in F. Canali, *Architetti romani nella《città del Duce》*, in《Memoria e Ricerca》, n. 6, dicembre 1995, p. 189.「統領の県」については次を参照：P. Dogliani, *L'Italia fascista. 1922–1940*, Sansoni, Milano 1999, pp. 114–20.

(32) A. Forti, *La Stazione Centrale e Marittima di Messina*, in *Angiolo Mazzoni* (*1884–1979*), *Architetto nell'Italia tra le due guerre*, catalogo della mostra, Grafis, Casalecchio di Reno 1984, p. 206.

(33) G. Bottai, *Diario. 1935–1944*, a cura di G. Bruno Guerri, Rizzoli, Milano 1994, p. 119 (4 settembre 1937); L. Passerini, *Mussolini immaginario. Storia di una biografia. 1915–1939* cit., p. 179.

(34) A. Simonini, *Il linguaggio di Mussolini*, Bompiani, Milano 1978, p. 191.

（35） C. Severino, *Enna: la città al centro*, Gangemi, Roma 1996, pp. 148-150.

（36） B. Mussolini, *Opera omnia* cit., vol. XXVIII, pp. 240-41.

（37） *Ibid.*, vol. XXIX, p. 99.

（38） S. Luzzatto, *L'immagine del duce*, Editori Riuniti, Roma 2001, p. 179. このとき落成式の行なわれた地区のカーサ・デル・ファッショは、マーリオ・アンジェリーニ設計の「フェデリーコ・フローリオ」およびルイージ・ダネーリ設計の「ニコーラ・ブオンセルヴィーツィ」である。

（39） フセッリは、ローマの障害児母親会館の拡張計画に際しても、ピアチェンティーニと協働している。

（40） ACS, SPD, CR, 1922-43, b. 35, s.fasc. 9. Cfr.《Foglio d'Ordini》, n. 181, 27 settembre 1937; ivi, n. 208, 27 agosto 1938; ivi, n. 238, 24 ottobre 1939.

（41） E. Gentile, *La via italiana al totalitarismo*, Carocci, Roma 1995; Id., *Il mito dello Stato nuovo*, Laterza, Roma-Bari 2000; Id., *Fascismo. Storia e interpretazione* cit.

（42） B. Mussolini, *Opera omnia* cit., vol. XXIX, pp. 144-47; M. Knox, *Destino comune. Dittatura, politica estera e guerra nell'Italia fascista e nella Germania nazista*, Einaudi, Torino 2000, p. 166; G. Gabrielli, *Razzismo*, in V. De Grazia e S. Luzzatto（a cura di）, *Dizionario del fascismo* cit., vol. II, pp. 474-75.

（43） 1938年9月24日の電話の盗聴記録より：in ACS, SPD, CR, 1922-43, b. 38.

（44） Cfr.《Le Tre Venezie》, n. 10, ottobre 1938, pp. 351-56. 1938年8月末には、エドガルド・モルプルゴおよびアルナルド・フリジェッシの罷免が決定されている。それぞれ、ジェネラーリ保険とRASの総裁であった。R. De. Felice, *Storia degli ebrei sotto il fascismo*, Einaudi, Torino 1993, p. 283.

（45） B. Tobia,《*Salve o popolo d'eroi...*》, Editori Riuniti, Roma 2002, pp. 140-45; P. Nicoloso, *Settembre 1938: Mussolini nella Venezia Giulia. Indirizzi totalitari e architettura per il fascismo*, in E. Biasin, R. Canci e S. Perulli（a cura di）, *Torviscosa: esemplarità di un progetto*, Forum, Udine 2003, pp. 13-26. 納骨神殿は、1932年にリモンジェッリが死去してのち、プロヴィーノ・ヴァッレが一人で完成させた。

（46） G. Giuriati, *La parabola di Mussolini nei ricordi di un gerarca*, a cura di E. Gentile, Laterza, Roma-Bari, 1981, p. 56.

（47） B. Mussolini, *Opera omnia* cit., vol. XXIX, pp. 162-64; J. Goebbels, *Diario 1938*, a cura di M. Bistolfi, Mondadori, Milano 1996, p. 338（27 settembre 1938）.

（48） カルボーニアついては次を参照：A. Sanna, *Carbonia: progetto e costruzione dell'architettura e dello spazio pubblico nella città razionalista di fondazione*, tesi di dottorato, XVII ciclo.

（49） G. Bottai, *Diario 1935-1944* cit., p. 145（13 aprile 1939）.

（50） N. D'Aroma, *Mussolini segreto*, Cappelli, Bologna 1958, p. 170.

（51） B. Mussolini, *Opera omnia* cit., vol. XXIX, p. 273.

（52） ムッソリーニのフィアット工場訪問の記録は、次の資料に拠った：V. Castronovo, *Fiat: 1899–1999. Un secolo di Storia italiana*, Rizzoli, Milano 1999, pp. 560–64.

（53） ムッソリーニのミラノ訪問は、1930年5月、1931年12月、1932、1934、1936年の10月。

（54） *Alla Mostra d'arte decorativa*, in《Il Popolo d'Italia》, 22 maggio 1930. 電気館を設計したのはフィジーニ、フレッテ、リーベラ、ポッリーニ（以上、グルッポ・セッテ所属）、ボットーニであった。ムッソリーニは他にも、ルイーザ・ロヴァリーニ設計の余暇事業団員の住宅（Casa del Dopolavorista）も見ている。

（55） *L'aristocrazia della Guerra e della Vittoria dona al Duce il bastone del comando*, in《Il Popolo d'Italia》, 23 maggio 1930.

（56） Cfr. B. Tobia, *Dal Milite ignoto al nazionalismo monumentale fascista*（*1921–1940*）cit., pp. 603–4.

（57） E. Gentile, *Il culto del littorio* cit., pp. 66–67.

（58） B. Mussolini, *Opera omnia* cit., vol. XXIV, pp. 246–47.

（59） 設計に携わったのはアントーニオ・カルミナーティ、アンジェロ・ボルドーニ、ルイージ・カネーヴァ。

（60） *Al Palazzo delle Arti sede della Triennale di Milano*, in《Il Popolo d'Italia》, 27 ottobre 1932. 芸術館の計画は、ムッソリーニによって1931年7月9日に承認されている。

（61） ダルミネ（Dalmine）の1932年9月の覚え書きより。cit. in L. Falconi, *Gio Ponti. Interni, oggetti, disegni. 1920–1976*, Electa, Milano 2006, p. 90.

（62） A. Speer, *Diari segreti di Spandau*, Mondadori, Milano 1976, p. 113.

（63） *All'Esposizione dell'Aeronautica*, in《Il Popolo d'Italia》, 6 ottobre 1934.

（64） B. Mussolini, *Opera omnia* cit., vol. XXVI, p. 351.

（65） Appunto di Cobolli Gigli per Mussolini, 27 maggio 1939, in ACS, PCM 1937–39, fasc. 3. 2. 10, n. 329; Appunto di Gorla per Mussolini, 26 novembre 1940, in ACS, PCM, 1940–41, facs. 3. 2. 10, n. 2999. しかしながら、協同体省の試算では、年間60万戸の供給が必要とされた。Cfr.《Il Corriere dei Costruttori》, 15 dicembre 1940. 終戦直後の住宅危機については次を参照：P. Nicoloso, *Genealogie del Piano Fanfani. 1939–1950*, in F. Luppi e P. Nicoloso（a cura di）, *Il piano Fanfani in Friuli*, catalogo della mostra, Leonardo, Pasian di Prato 2001, pp. 37, 56–57.

（66） B. Mussolini, *Opera omnia* cit., vol. XXVIII, pp. 64–65.

（67） *Alla nuova sede del Sindacato Giornalisti*, in《Il Popolo d'Italia》, 1° novembre

1936.

(68) 《Annali del fascismo》, novembre 1936.

(69) *Starace approva il progetto e il finanziamento della nuova casa del fascio*, in《Il Popolo d'Italia》, 21 settembre 1937. 計画全体の推移に関しては次を参照：F. Luppi, *Sede della Federazione dei fasci milanesi*, in L. Molinari（a cura di), *Piero Portaluppi. Linea errante nell'architettura del novecento*, catalogo della mostra, Skira, Milano 2003, pp. 132-133.

(70) B. Mussolini, *Opera omnia* cit., vol. XXVIII, p. 72.

(71) *La visita alla nuova sede del Gruppo Mussolini*, in《Il Popolo d'Italia》, 3 novembre 1936;「ムッソリーニ市区団：そう、この新会館は45メートルの高さの塔を備えて完成することになるだろう」, ivi, 29 giugno 1937.

(72) A. Campi, *Mussolini*, il Mulino, Bologna 2001, pp. 161-64.

(73) B. Mussolini, *Opera omnia* cit., vol. XXIX, pp. 70-71.

(74) 最初の事例は1939年6月19日のことで、この日、ピアチェンツァ、クレモナ、パルマ、モデナ、ボローニャ、リミニを訪問している。また車での移動の事例は、1938年6月20日のこと。なおヒトラーは1932年、飛行機を使って6日間で20の都市を訪問している。I. Kershaw, *Il《mito》di Hitler. Immagine e realtà del Terzo Reich*, Bollati Boringhieri, Torino 1998, pp. 52-53.

(75) E. Ludwig, *Colloqui con Mussolini*, Mondadori, Milano 1970（1932), pp. 127, 132, 182-183.「イタリア人というのは、羊の群れのような粗悪な民族である。たった18年間では、やつらをつくりかえるには不十分だ。180年、いや180世紀だってかかるだろう。(…) 余に欠けているのは、素材だ。ミケランジェロだって、彫刻を掘るには、大理石が必要だったではないか。粘土しか手に入らなかったら、奴だって単なる製陶職人で終わったことだろう」。G. Ciano, *Diario. 1937-1943* cit., pp. 444-45（20 giugno 1940).

(76) S. Luzzatto, *Il corpo del duce*, Einaudi, Torino 1998, pp. 15-17.

(77) Q. Navarra, *Memorie del cameriere di Mussolini*, L'ancora del Mediterraneo, Napoli 2004（1946), p. 151. この回想録は、レオ・ロンガネージとインドロ・モンタネッリの筆写作業を経て作成されたものである。

(78) アルシアへの訪問は1936年8月7日のことである。F. Krecic, *Arsia. La bianca città del carbone: la committenza, il progettista, l'architettura, la realizzazione. 1935-1937*, tesi di laurea, Facoltà di Architettura di Trieste, a. a. 2005-2006.

(79) 芸術館を設計したのは、フィリッポ・メッリーア、ニーノ・バリッラ、ヴィンチェンツォ・ジェンティーレ、ジュゼッペ・サムビートである。

(80) F. Fergonzi, *Dalla monumentomania alla scultura arte monumentale*, in Id. e M. T. Roberto, *La scultura monumentale negli anni del fascismo: Arturo Martini e il*

monumento al duca d'Aosta, Allemandi, Torino 1992, p. 195.

（81） L. Ciacci e L. Tiberi（a cura di）, *La Roma di Mussolini*, Istituto LUCE, Roma 2003.

（82） *Morti più vivi dei vivi*, in《Il Popolo del Friuli》, 20 settembre 1938.

（83） 繊維展の設計者はデ・レンツィ、グエッリーニ、リーベラ。鉱物展のほうはデ・レンツィとグエッリーニのコンビが、パニコーニとペディコーニとともに設計している。鉱物展の企画者および設計に参画した建築家たちは、のちにヴェネツィア宮での晩餐に招待されている。

（84） G. Bottai, *Diario. 1935–1944* cit., p. 111.

第２章

（1） 首都整備の財政については次を参照：A. Cederna, *Mussolini urbanista* cit., pp. 102–3. ムッソリーニによる都市整備事業については次を参照：S. Kostof, *The Third Rome, 1870–1950: Traffic and Glory*, University Art Museum, Berkeley 1973. もっとも新しい研究としては：B. W. Painter, *Mussolini's Rome. Rebuilding the Eternal City* cit.

（2） P. V. Cannistraro e B. R. Sullivan, *Margherita Sarfatti. L'altra donna del duce*, Mondadori, Milano 1993, pp. 240, 351; G. Belardelli, *Il Ventennio degli intellettuali*, Laterza, Roma–Bari 2005, pp. 210–11. ローマの神話については次を参照：E. Gentile, *Fascismo di pietra* cit.

（3） A. Cederna, *Mussolini urbanista* cit., p. 48.

（4） B. Mussolini, *Opera omnia* cit., vol. XX, p. 234.

（5） *Ibid.*, vol. XXII, p. 48.

（6） 1873 年、1883 年、1908 年の都市調整計画で想定されていた取り壊し作業については、次を参照：I. Insolera, *Roma Moderna. Un secolo di storia urbanistica. 1870–1970*, Einaudi, Torino 2001, pp. 27, 47–50, 92–93. リッチの立てた作業仮説については：G. Ciucci, *Roma capitale imperiale*, in Id. e G. Muratore（a cura di）, *Storia dell'architettura italiana. Il primo Novecento* cit., pp. 398–99.

（7）「モニュメント群を周囲から浮かび上がらせることによって、古代ローマ人と現代イタリア人との関係は、いっそう美しく、示唆に富んだものとなるだろう」。B. Mussolini, *La mia vita*（1932）, Rizzoli, Milano 1983, p. 202.

（8） U. Ojetti, *Taccuini. 1914–1943*, Sansoni, Firenze 1954, p. 233（6 agosto 1926）.

（9） P. V. Cannistraro e B. R. Sullivan, *Margherita Sarfatti* cit., pp. 351–54.

（10） *Progetto di sistemazione del centro di Roma*, in《Capitolium》, n. 1, aprile 1925, p. 32.

（11）「つるはしと斧とハンマーを握り、こわしてくれ、あがめられてきた街

を容赦なくこわしてくれ！」F. T. Marinetti, *Manifesto del futurismo*, in L. De Maria（a cura di）, *Marinetti e il futurismo*, Mondadori, Milano 1973, p. 8.

（12） Lettera di Mussolini a Ludovico Versalli Spada Potenziani, 14 aprile 1928, in ACS, PCM, 1931–33, fasc. 7. 2, n. 2199.

（13） Lettera di Ludovico Veralli Spada Potenziani a Mussolini, 13 aprile 1928, in ACS, PCM, 1931–33, fasc. 7. 2, n. 2199.

（14） Lettera di Ludovico Versalli Spada Potenziani a Mussolini, 2 agosto 1928, in ACS, PCM, 1931–33, fasc. 7. 2, n. 2199; Appunto per S. E. il Capo del Governo, 3 settembre 1928, in ACS, PCM, 1931–33, fasc. 7. 2, n. 2199.

（15） これらのモニュメントを隔離しようという政策は、いずれにせよ、ムッソリーニ政権よりも前から企図されていたことであった。

（16） *Il Capo del Governo insedia in Campidoglio la Commissione per il piano regolatore dell'Urbe*, in《Il Popolo d'Italia》, 15 aprile 1930.

（17） *Il Capo del Governo inaugura i grandiosi lavori nella Capitale*, ivi, 29 ottobre 1930.

（18） *Il piano regolatore dell'Urbe nei rilievi della stampa romana*, ivi, 29 gennaio 1931.

（19） *Il Duce assiste alla chiusura dei lavori della Commissione per il piano regolatore di Roma*, ivi, 27 gennaio 1931. バッツァーニはこの会合を欠席している。

（20） Governatorato di Roma, *Piano regolatore di Roma 1931*, Treves–Treccani–Tuminelli, Milano–Roma 1931; ora in《Storia dell'urbanistica》, n. 5, luglio–dicembre 1983, pp. 80–83.

（21） B. Mussolini, *Opera omnia* cit., vol. XXV, p. 85.

（22） *Il piano regolatore dell'Urbe nei rilievi della stampa romana*, in《Il Popolo d'Italia》, 29 gennaio 1931.

（23） A. Muñoz, *La Roma di Mussolini*, Treves, Milano 1935, p. x. ムニョスについては次を参照：A. Cederna, *Mussolini urbanista* cit., pp. XIX–XX.

（24） Lettera di Mussolini a Francesco Boncompagni Ludovisi, 12 dicembre 1929, in ACS, SPD, CO, 1922–43, b. 839 fasc. 1927.

（25） Lettera di Pietro Fedele a Francesco Boncompagni Ludovisi, 18 settembre 1931; lettera di Mussolini a Francesco Boncompagni Ludovisi, 20 settembre 1931, in ACS, SPD, CO, 1922–43, b. 839 fasc. 1932.

（26） Lettera di Mussolini a Francesco Boncompagni Ludovisi, 1° febbraio 1932, in ACS, SPD, CO, 1922–43, b. 839 fasc. 1932.

（27） Y. De Begnac, *Taccuini mussoliniani*, a cura di F. Perfetti, il Mulino, Bologna 1990, p. 346.

（28） Lettera di Mussolini a Francesco Boncompagni Ludovisi, 3 gennaio 1934, in ACS, SPD, CO, 1922–43, b. 840 fasc. 1934.

（29） Appunto di Mussolini per Francesco Boncompagni Ludovisi, 6 maggio 1934, in ACS, SPD, CO, 1922–43, b. 840 fasc. 1934.

（30） *Il sopraluogo del capo del Governo nella zona della passeggiata archeologica*, in《Il Popolo d'Italia》, 12 dicembre 1933.

（31） Appunto di Mussolini, 19 febbraio 1934, in ACS, SPD, CO, 1922–43, fasc. 509. 428/3.

（32） Appunto di Mussolini per Francesco Boncompagni Ludovisi, 19 giugno 1934, in ACS, SPD, CO, 1922–43, b. 840 fasc. 1934.

（33） Appunto di Mussolini per Francesco Boncompagni Ludovisi, 6 agosto 1934, in ACS, SPD, CO, 1922–43, b. 840 fasc. 1934.

（34） Appunto di Mussolini per Francesco Boncompagni Ludovisi, 7 marzo e 18 giugno 1934, in ACS, SPD, CO, 1922–43, b. 840 fasc. 1934.

（35） Appunto di Mussolini per Francesco Boncompagni Ludovisi, 6 luglio 1934, in ACS, SPD, CO, 1922–43, b. 840 fasc. 1934.

（36） Appunto per Francesco Boncompagni Ludovisi, 24 settembre 1934, in ACS, SPD, CO, 1922–43, b. 840 fasc. 1934.

（37） Appunto di Mussolini per il Governatorato, 11 maggio 1936, 7 settembre 1935, 19 gennaio 1936, in ACS, SPD, CO, 1922–43, b. 841, fascc. 1935 e 1936.

（38） Appunto di Mussolini per il Governatorato, 1° aprile 1936, in ACS, SPD, CO, 1922–43, b. 841, fasc. 1936. 引用したエピソードは、決してこの手のものの唯一の事例ではない。次の文献も参照のこと：R. De Felice, *Mussolini il duce*, vol. I: *Gli anni del consenso* cit., p. 21.

（39） Appunto di Mussolini per Bottai, 23 giugno 1935, ACS, SPD, CO, 1922–43, b. 841, fasc. 1935.

（40） G. Ciano, *Diario. 1937–1943* cit., pp. 60, 121, 124（22 novembre 1937; 4 e 11 aprile 1938）.

（41） *Opere di Piano regolatore da attuare nel quadriennio 1938–1941*, 9 dicembre 1937, in ACS, SPD, CO, 1922–43, b. 841, fasc. 1936. リストに含まれているその他の作業は以下：ジャニコロのギャラリー、アウグストゥス帝墓廟広場とルンゴテーヴェレ・イン・アウグスタの連結路、フィオレンティーニ橋とヴィットーリオ・エマヌエーレ通りの連結路、マッツィーニ橋とキエーザ・ヌォーヴァ広場の連結路、ヴィットーリア通りの拡幅、ドゥエ・マチェッリ通りの拡幅、サン・ジョヴァンニ・イン・ラテラーノ通りの拡幅、ポルタ・アンジェリカ通りの拡幅、カヴァッレッジェーリ門とアウレーリア駅の連結道路、アフリカ通りの延長、ナツィオナーレ通りとパルマ通りの間の街区の整備。

（42） *Una visita del Duce ai lavori pubblici dell'Urbe e ad Ostia*, in《Il Popolo d'Italia》, 9 aprile 1930.

(43) *Il Duce inaugura solennemente a Roma la nuova sede del dopolavoro ferroviario*, ivi, 3 giugno 1930.

(44) *Il Duce visita i lavori del palazzo del Ministero dell'Aeronautica*, ivi, 3 agosto 1930.

(45) *Un'improvvisa visita del Duce ai lavori in corso nell'Urbe*, ivi, 23 settembre 1930.

(46) *Il Duce visita la nuova sede dell'Istituto Centrale di Statistica*, ivi, 2 novembre 1930.

(47) *Una visita del Duce ai lavori del Palazzo delle Esposizioni*, ivi, 5 ottobre 1930.

(48) *Il Capo del Governo inaugura i grandiosi lavori della Capitale*, ivi, 29 ottobre 1930.

(49) Lettera di Mussolini al direttore della rivista《Capitolium》, agosto 1929, citata da V. Vannelli, *Economia dell'architettura di Roma fascista*, Kappa, Roma 1981, p. 118.

(50) *Il Duce alla Casa dei ciechi di guerra*, in《Il Popolo d'Italia》, 10 novembre 1931.

(51) N. D'Aroma, *Mussolini segreto* cit., p. 35.

(52) *La visita del Duce ai lavori del Governatorato di Roma*, in《Il Popolo d'Italia》, 6 dicembre 1931; *Una visita del Duce alle opere pubbliche del Governatorato di Roma*, ivi, 5 dicembre 1931.

(53) *Il Duce visita le maggiori opere pubbliche in corso di esecuzione alla Capitale*, ivi, 7 aprile 1932.

(54) *Il Duce visita i lavori del nuovo Museo del Risorgimento*, ivi, 6 maggio 1932.

(55) A. Giardina, *Archeologia*, in V. De Grazia e S. Luzzatto (a cura di), *Dizionario del fascismo* cit., vol. I, p. 88; D. Manacorda e R. Tamassia, *Il piccone del regime*, Curcio, Roma 1985, pp. 181-94.

(56) B. Mussolini, *Opera omnia* cit., vol. XXV, p. 151.

(57) D. Alfieri e L. Freddi (a cura di), *Mostra della rivoluzione fascista*, Partito nazionale fascista, Roma 1933, p. 30.

(58) *Il Foro Mussolini inaugurato dal Duce*, in《Il Popolo d'Italia》, 5 novembre 1932; B. Mussolini, *Opera omnia* cit., vol. XXV, p. 175. 次の文献も参照：A. Greco e S. Santuccio, *Foro Italico*, Multigrafica, Roma 1991, pp. 49-52; S. Lupo, *Il fascismo. La politica in un regime totalitario*, Donzelli, Roma 2005, p. 380.

(59) *Dalla città universitaria al porto di Fiumicino*, in《Il Popolo d'Italia》, 12 marzo 1933; *Austeri riti alla capitale*, ivi, 23 aprile 1933. カルツァ・ビーニについては次を参照：Informativa, 27 ottobre 1938, in ACS, MI, PS, Pol. Polit., fasc. Personali, 1926-44, fasc. 220, s. fasc. Calza Bini.

(60) S. Poretti, *Progetti e costruzione dei palazzi delle poste a Roma. 1933-1935*, Edilstampa, Roma 1990, p. 86.

(61) *Il Duce passa in rassegna le grandiose opere in esecuzione alla Capitale*, in《Il Popolo d'Italia》, 15 settembre 1933.

(62) *Mussolini consacra l'opera del regime*, ivi, 29 ottobre 1933; A. Cederna, *Mussolini urbanista* cit., p. 19. 全国労働災害保険協会の本部ビルは、グイード・ゼーヴィとともに設計されたものであった。R. Dulio, *Bruno Zevi. Le radici di un progetto storico. 1933-1950*, tesi di dottorato, XV ciclo, p. 50. ブラジーニとムッソリーニが衝突したもう一つの事例は、モスクワのソヴィエト・パレス設計競技の際に見られる。ブラジーニの語るところによれば、1931 年秋のモスクワでの設計競技への招待を、彼が承諾したという知らせを受けるや、統領は「はなはだしく乱暴に反応した」という。*L'opera architettonica e urbanistica di Armando Brasini. Dall'Urbe Massima al ponte sullo stretto di Messina*, s. n., Roma 1979, p. 17.

(63) B. Mussolini, *Opera omnia* cit., vol. XXVI, p. 187. この演説は 1934 年 3 月 18 日に行なわれたものである。

(64) *Il Duce celebra il giorno del lavoro italiano inaugurando nuove grandiose opere nell'Urbe*, in《Il Popolo d'Italia》, 24 aprile 1934.

(65) *Il Duce assiste al Foro Mussolini alla superba parata*, ivi, 21 luglio 1934.

(66) *Il Duce presenzia al Lido di Roma all'inizio dei lavori per il Collegio IV Novembre*, ivi, 12 novembre 1934.

(67) Bando del concorso, in《Architettura》, dicembre 1934, fasc. speciale sul Concorso per il Palazzo del Littorio, p. 4.

(68) *Inviti demolizioni per costruzione Casa littoria*, in ACS, SPD, CO, 1922-43, b. 841, fasc. 1935.

(69) G. Rochat, *Le guerre italiane. 1935-1943. Dall'impero d'Etiopia alla disfatta*, Einaudi, Torino 2005, pp. 25-26.

(70) A. Del Boca, *Italiani brava gente?*, Neri Pozza, Vicenza 2005, p. 188.

(71) *Le opere pubbliche dell'anno XIII*, in《Il Popolo d'Italia》, 29 ottobre 1935. 全国ファシスト党におけるリーベラの役割については次を参照：P. Melis, *Adalberto Libera 1903-1963. I luoghi e le date di una vita*, Nicolodi, Villa Lagarina 2003, p. 141.

(72) *Mussolini dà il primo colpo di piccone alla demorizione di via delle Botteghe Oscure*, in《Il Popolo d'Italia》, 30 ottobre 1935.

(73) *Il Duce esamina i progetti per il nuovo ponte sul Tevere*, ivi, 13 dicembre 1935.

(74) *Il Duce approva il grandioso progetto per la costruzione della Città della Cinematografia*, ivi, 27 dicembre 1935; *Il Duce dà inizio ai lavori per la città della cinematografia*, ivi, 30 gennaio 1936; N. Marino e E. V. Marino, *L'Ovra a*

Cinecittà, Bollati Boringhieri, Torino 2005, p. 193.

(75) *Il Duce fra ardenti manifestazioni d'entusiasmo inaugura il monumento al Balilla e le nuove istituzioni del Foro Mussolini*, in《Il Popolo d'Italia》, 6 aprile 1936.

(76) M. Piacentini, *L'Esposizione universale dell'anno ventesimo e la più grande Roma del piano imperiale*, in《Il Giornale d'Italia》, 14 ottobre 1936.

(77) L. Iermano, *L'area della Farnesina. La trasformazione del Foro Mussolini nella Porta nord di Roma,* in *Roma. Architettura e città negli anni della seconda guerra mondiale*, Gangemi, Roma 2004, pp. 103-8; G. Ciucci, *Roma capitale imperiale* cit., pp. 403-7; P. O. Rossi, *L'esposizione del 1942 e le Olimpiadi del 1944. L'E42 e il Foro Mussolini come porte urbane della Terza Roma*, in《MdiR》, n. 1-2, gennaio-dicembre 2004, pp. 24-25.

(78) J. Fest, *Speer. Una biografia,* Garzanti, Milano 2000, pp. 70-71; A. Speer, *Memorie del Terzo Reich*, Mondadori, Milano 1995（1969）, pp. 82-83; A. Scobie, *Hitler's State Architecture. The impact of Classical Antiquity*, The Pennsylvania State University Press, University Park（Penn.）-London 1990, p. 80.

(79) Promemoria di Ricci a Mussolini, 22 giugno 1936 cit. da N. Zapponi, *Il partito della Gioventù. Le organizzazioni giovanili del fascismo 1926-1943*, in《Storia contemporanea》, n. 4-5, ottobre 1982, p. 604.

(80) 大理石の扱いについては次を参照：M. Mulazzani, *Le opere nello spazio di Luigi Moretti*, in F. Bucci e M. Mulazzani, *Luigi Moretti*, Electa, Milano 2000, p. 12; R. Vittorini, *L'arte del costruire in marmo*, in《Casabella》, n. 728-29, dicembre 2004-gennaio 2005, p. 24.

(81) Telegramma di Mussolini a Badoglio, 29 marzo 1936, in A. Del Boca, *I gas di Mussolini*, Editori Riuniti, Roma 1996, p. 152.

(82) *La prima pietra degli Uffici del Governatorato*, in《Il Popolo d'Italia》, 22 aprile 1936.

(83) *Il Duce visita le imponenti opere pubbliche in corso di esecuzione alla capitale*, ivi, 8 aprile 1936. 問題の写真は次の文献に掲載されている：S. Luzzatto,《*Niente tubi di stufa sulla testa*》, in *L'Italia del Novecento. Le fotografie e la storia*, vol. I/I: *Il potere da Giolitti a Mussolini*（*1900-1945*）, a cura di G. De Luna, G. D'Autilia e L. Crescenti, Einaudi, Torino 2005, p. 158.

(84) *Il nuovo volto della Roma mussoliniana*, in《Il Popolo d'Italia》, 21 giugno 1936.

(85) G. Bottai, *Diario 1935-1944* cit., p. 110（1° settembre 1936）.

(86) *Il Duce inaugura la nuova sede del Comando generale della Milizia e la caserma*《*Mussolini*》, in《Il Popolo d'Italia》, 23 giugno 36.

(87) *Le grandiose opere pubbliche inaugurate dal Duce*, ivi, 29 ottobre 1936.

(88) B. Mussolini, *Opera omnia* cit., vol. XXVIII, p. 63.

(89) G. Bottai, *Diario. 1935–1944* cit., p. 113 (31 ottobre 1936).

(90) S. Lupo, *Il fascismo* cit., p. 421.

(91) *Il Duce inaugura al Lido di Roma il Collegio IV novembre*, in《Il Popolo d'Italia》, 5 novembre 1936.

(92) *Il Duce e Göring acclamati da 25000 giovani al Foro Mussolini*, ivi, 16 gennaio 1937.

(93) B. Mussolini, *Opera omnia* cit., vol. XXIX, p. 117. 戦争の教育学的意味については次を参照：A. Campi, *Mussolini* cit., pp. 180–184.

(94) *Il Duce inaugura i lavori per la sistemazione ferroviaria di Roma*, in《Il Popolo d'Italia》, 17 febbraio 1937.

(95) *Il Duce inizia i lavori per l'Esposizione universale*, ivi, 29 aprile 1937.

(96) *Il Duce inaugura la nuova sede della Banca del Lavoro*, ivi, 6 maggio 1937.

(97) 二人は、これより前の、4 月 28 日と 5 月 1 日に会っている。

(98) *Mussolini inaugura il piazzale dell'Impero*, in《Il Popolo d'Italia》, 17 maggio 1937; *La mostra dell'attività edilizia dell'ONB*, ivi, 29 maggio 1937.

(99) *Nuove opere grandiose al Foro Mussolini*, ivi, 11 giugno 1937. 次の文献も参照：S. Santuccio, *Storia urbanistica*, in A. Greco e S. Santuccio, *Foro Italico* cit., p. 18.

(100) A. Speer, *Memorie del Terzo Reich*, cit., pp. 66–67.

(101) L. Iermano, *L'area della Farnesina* cit., p. 105.

(102) ファシズム体制と文化の関係において展覧会が有した、広範な背景については次を参照：M. S. Stone, *The Patron State. Culture e Politics in Fascist Italy* cit.

(103) G. Ciano, *Diario. 1937–1943* cit., p. 39 (23 settembre 1937).

(104) A. Giardina, *Archeologia* cit., p. 89.

(105) 1932 年と 1937 年のファシスト革命記念展の比較については次を参照：M. S. Stone, *The Patron State* cit., pp. 245–53.

(106) B. Mussolini, *Opera omnia* cit., vol. XXVIII, pp. 248–53.

(107) ムッソリーニに口頭で告げられた、二人の建築家の署名と 1937 年 10 月 7 日の日付が入ったこの資料については次を参照：ACS, SPD, CO, 1922–43, fasc. 7583.

(108) Lettera di Ugo Ojetti a Gustavo Giovannoni, 21 giugno 1936, in AGG, scatola varie R.

(109) 謁見は 1937 年 10 月 30 日。これより以前、ピウス 11 世は、ピアチェンティーニとスパッカレッリが 1936 年 6 月 21 日に提出した、コンチリアツィオーネ通りの模型を検討する機会を持っていた。カルロ・コンファロニエーリはこう回想している。ヴァティカンの庭園で教皇は「しばし、ステッキで地面をひっかいて、計画された道路や建物のデザインを描い

ていた」。C. Confalonieri, *Pio XI visto da vicino*, Edizioni, Paoline, Milano 1993（1957）, pp. 216, 218-19.

（110） *Il Duce pone la prima pietra del Palazzo degli Uffici*, in《Il Popolo d'Italia》, 21 ottobre 1937.

（111） ヒトラーの首相府の容積は40万立方メートル。一方、ゲーリングの官邸は58万立方メートルになる予定だった。Cfr. A. Speer, *Memorie del Terzo Reich* cit., p. 166. リットーリオ宮の大きさに関しては次を参照：V. Vidotto, *Palazzi e sacrari: il declino del culto del littorio*, in《Roma moderna e contemporanea》, n. 3, settembre-dicembre 2003, p. 585. ゲーリングの官邸は、南北の凱旋軸上、ウィルヘルム・クライス設計の軍人会館の正面に建つ予定であった。

（112） *La casa Littoria di Foro Mussolini*, in《Il Popolo d'Italia》, 20 novembre 1937.

（113） このムッソリーニの言い回しは、ピアチェンティーニが次の記事の中で引用している：*Per l'olimpiade della civiltà*, in《Giornale d'Italia》, 27 marzo 1940.

（114） *Mussolini inizia al Quadraro i lavori per la costruzione della sede dell'Istituto Luce*, in《Il Popolo d'Italia》, 11 novembre 1937.

（115） *Il Duce approva i progetti definitivi per l'Esposizione del 1942*, ivi, 7 luglio 1938. インペリアーレ通り建設へのゴーサインは、1938年4月21日に出されている。

（116） A. Speer, *Diari segreti di Spandau*, Mondadori, Milano 1976, p. 144.

（117） A. Hitler, *Conversazioni segrete*, Richter, Napoli 1954, p. 120（2 novembre 1941）.

（118） S. Santuccio, *Storia urbanistica* cit., p. 19.

（119） 「ある意味では、われわれはローマのパンテオンから着想を得たのだ」。A. Speer, *Memorie del Terzo Reich* cit., pp. 185, 616; パンテオンおよびコロッセオへの参照については：A. Scobie, *Hitler's State Architecture* cit., pp. 32, 85, 112-14.

（120） コロッセオについては次を参照：F. Spotts, *Hitler and the Power of Aethetics*, The Overlook Press, New York 2004, pp. 324-25. ケオプスのピラミッドについては：L. Lenzi, *Architettura del III Reich*, in《Architettura》, fasc. 8, agosto 1939, p. 478.

（121） J. Goebbels, *Diario 1938* cit., p. 157（12 maggio 1938）.

（122） R. Bianchi Bandinelli, *Hitler e Mussolini. 1938. Il viaggio in Italia*, E/o, Roma 1995, pp. 32 e 46-47. J. Fest, *Speer* cit., p. 118. ヒトラーのローマ訪問については次を参照：A. Scobie, *Hitler's State Architecture* cit., pp. 23-32.

（123） A. Hitler, *Conversazioni segrete* cit., p. 419（2 aprile 1942）.

（124） R. De Felice, *Mussolini il duce,* vol. II: *Lo Stato totalitario. 1936-1940* cit.,

pp. 479–83; F. Spotts, *Hitler and the Power of Aesthetics* cit., pp. 322–24.

(125) J. Goebbels *Diario 1938* cit., pp. 157 e 181 (12 e 30 maggio 1938).

(126) G. Bottai, *Diario. 1935–1944* cit., pp. 123–24 (12 luglio 1938). ヒトラーの建築については次を参照：P. Adler e G. Knopp, *L'architetto*, in G. Knopp *Tutti gli uomini di Hitler*, Corbaccio, Milano 1999, p. 293; J. Fest, *Speer* cit., pp. 83–85.

(127) J. Goebbels, *Diario 1938* cit., p. 200 (14 giugno 1938).

(128) *Il Duce esamina le prove di accesso a San Pietro*, in《Il Messagero》, 12 maggio 1938.

(129) *Mussolini pone la prima pietra della sede dell'Africa Italiana*, in《Il Popolo d'Italia》, 1° settembre 1938. 礎石は 8 月 31 日に据えられた。設計に加わった他のメンバーは、ヴィットーリオ・カフィエロ、アルベルト・レニャーニ、ジューリオ・リナルディ、エットレ・ロッシ、アルマンド・サバティーニである。

(130) I. Kershaw, *Hitler. 1936–1945*, Bompiani, Milano 2001, p. 181.

(131) G. Ciano, *Diario. 1937–1943* cit., p. 189 (29–30 settembre 1938); P. Monelli, *Mussolini piccolo borghese*, Garzanti, Milano 1983 (1950), p. 200.

(132) G. Ciano, *Diario. 1937–1943* cit., p. 56 (13 novembre 1937). ヒトラーもまた、ズデーデン地方割譲をめぐる外交協定後に、ドイツ国民が平和を希求していることを知り、失望の念をあらわにした。I. Kershaw, *Il《mito》di Hitler. Immagine e realtà del Terzo Reich* cit., p. 141.

(133) B. Mussolini, *Opera omnia* cit., vol. XXIX, p. 187; R. De Felice, *Mussolini il duce*, vol. II: *Lo Stato totalitario. 1936–1940* cit., pp. 536–39.

(134) E. Gentile, *Fascismo. Storia e interpretazione*, Laterza, Roma-Bari 2002, pp. 27–28.

(135) *Il Duce esamina i plastici delle nuove stazioni di Roma e di Venezia*, in《Il Popolo d'Italia》, 4 febbraio 1939.

(136) *Mussolini visita le opere in corso a Roma*, ivi, 1° marzo 1939.

(137) ドゥーカ・ダオスタ橋の竣工は 3 月 26 日。インペリアーレ通りは 4 月 21 日。

(138) G. Ciano, *Diario. 1937–1943* cit., p. 245 (30 gennaio 1939); B. Mussolini, *Opera omnia* cit., vol. XXIX, p. 189 (25 ottobre 1938).

(139) S. Falasca Zamponi, *Lo spettacolo del fascismo* cit., pp. 143–82.

(140) B. Mussolini, *Opera omnia* cit., vol. XXII, p. 248.

(141) G. Mosse, *La nazionalizzazione delle masse* cit., p. 283.

(142) R. De Felice, *Mussolini il duce*, vol. II: *Lo Stato totalitario. 1936–1940* cit., p. 634; C. Gentile, L. Klinkhammer e S. Prauser, *I nazisti. I rapporti tra Italia e Germania nelle fotografie dell'Istituto Luce*, Editori Riuniti, Roma 2003, p. 62.

(143) M. Knox, *Destino comune* cit., pp. 119–20.

(144) R. De Felice, *Mussolini il duce*, vol. II: *Lo Stato totalitalio. 1936–1940* cit., pp. 711–13.

(145) G. Ciucci, *Roma capitale imperiale* cit., pp. 411–14.

(146) *Il Duce inizia i lavori di grandiosi edifici lungo la via Imperiale*, in《Il Popolo d'Italia》, 5 ottobre 1939. カンベッロッティの設計グループのメンバーは、アドリアーノ・カンベッロッティ、ネッロ・エーナ、オット・マテッリであった。

(147) G. Ciano, *Diario. 1937–1943* cit., p. 362 (28 ottobre 1939).

(148) *Nuove grande opere dell'Urbe inaugurate dal Duce*, in《Il Popolo d'Italia》, 29 ottobre 1939. Cfr. G. Ciucci, *Roma capitale imperiale* cit., p. 414.

(149) N. Tranfaglia (a cura di), *Ministri e giornalisti. La guerra e il Minculpop (1939–1943)*, Einaudi, Torino 2005, p. 11.

(150) G. Gorla, *L'Italia nella seconda guerra mondiale. Diario di un milanese, ministro del re e del governo Mussolini*, Baldini Castoldi, Milano 1959, p. 74 (9 febbraio 1940). *Il Duce inaugura fra ardenti acclamazioni i lavori al Campidoglio e la borgata di Acilia*, in《Il Popolo d'Italia》, 21 aprile 1940.

(151) *Il Duce alla Scuola di ingegneria e all'Istituto d'alta matematica*, ivi, 11 aprile 1940. 次も参照：G. Bottai, *Diario. 1935–1944* cit., p. 185 (10 aprile 1940).

(152) A. Pirelli, *Taccuini 1922 / 1943*, a cura di D. Barbone, il Mulino, Bologna 1984, p. 259 (17 aprile 1940).

(153) D. Grandi, *Il mio paese. Ricordi autobiografici*, il Mulino, Bologna 1985, p. 558.

(154) *Ministri e giornalisti* cit., p. 13.

第3章

(1) スパッカレッリについては：ACS, SPD, CO, 1922–43, fasc. 7. 583; アラータについては：ACS, PNF, serie II, b. 267, fasc. Ing. Arata; フィレンツェ駅舎については：*Una lettera del Ministro Ciano al Capo del Governo*, in《La Nazione》11 luglio 1932; ヴァッカーロについては：*La scuola di Ingegneria di Bologna. Il progetto presentato al Capo del Governo*, in《Il Popolo d'Italia》, 6 agosto 1932; S. Salustri, *Sapere e politica: Umberto Puppini e la Facoltà di Ingegneria*, in M. Casciato e G. Gresleri (a cura di), *Giuseppe Vaccaro, Architetture per Bologna*, Editrice Compositori, Bologna 2006, pp. 114–17; パランティについては：ACS, SPD, CO, 1922–43, fasc. 509. 519; マッツォーニについては：ACS, SPD, CO, 1922–43, fasc. 132. 862; フィジーニとポッリーニについては：Mart, Fondo Belli, r. 40, c. 156; カッレラスについては：ACS, SPD, CO, 1922–43, fasc. 167. 694. シュペーアは先に、ツェッペリン

フェルトの観覧席を「カラカラ浴場のほぼ二倍の長さで」作ったことを自慢していた；チヴィコについては：ACS, SPD, CO, 1922–43, fasc. 104. 113/17. この計画は、ダゴベルト・オルテンシおよびロベルト・ラヴァニーノとの共同で作成された；パテルナ・バルディッツィについては：ACS, PCM, 1937–39, fasc. 14. 1, n. 200/8; フィリッポーネについては：ACS, SPD, CO, 1922–43, fasc. 509. 327; ベルトラーミについては：ACS, SPD, CO, 1922–43, fasc. 181. 646.

(2) *Direttive di Mussolini per la Triennale d'oltremare*, in《Il Popolo d'Italia》, 5 giugno 1938.

(3) Appunto del Ministero degli Affari esteri per la Segreteria particolare del Duce, in ACS, SPD, CO, 1922–43, fasc. 509. 428/3. 公会堂の計画案は、フランチェスコ・ファリエッロとサヴェリオ・ムラトーリとともに設計したものであった。

(4) ブラジーニは、エミーリオ・デ・ボーノとピエトロ・ランツァとともに、1930年4月28日に謁見を許可されている：ACS, SPD, CO, 1922–43, fasc. 174. 093/1. またオイェッティは、ムッソリーニとの面会を待っている間、パラッツォ・キージの控えの間でブラジーニに出会った、と語っている：U. Ojetti, *Taccuini* cit., p. 120. バッツァーニについては次を参照：*I ricevimenti del duce*, in《Il Popolo d'Italia》, 22 ottobre 1930; *L'accademico Bazzani ricevuto dal Duce*, ivi, 5 giugno 1932.

(5) ゼーヴィが面会を許可されたのは1929年1月3日のことだった。その際ムッソリーニが発した「この計画は気にいった」という言葉を、正確に記録に残している：R. Dulio, *Bruno Zevi* cit., p. 49. 次の文献も参照のこと：V. Vannelli, *Economia dell'architettura di Roma fascista* cit., p. 118.

(6) ムッソリーニはパランティと1928年6月12日に面会している：ACS, SPD, CO, 1922–43, fasc. 509. 519. カルツァ・ビーニについては：*I ricevimenti del Capo del Governo*, in《Il Popolo d'Italia》, 18 settembre 1929; *Calza Bini riferisce al Duce sulla ripresa edilizia dell'Urbe*, ivi, 9 febbraio 1930; *I ricevimenti del Capo del Governo*, ivi, 21 febbraio 1930.

(7) E. Ludwig, *Colloqui con Mussolini* cit., p. 201. この会談については次を参照：R. De Felice, *Mussolini il duce*, vol I: *Gli anni del consenso. 1929–1936* cit., pp. 45–47.

(8) E. Terragni, *Sala O alla Mostra della rivoluzione fascista a Roma*, in G. Ciucci (a cura di), *Giuseppe Terragni*, catalogo della mostra, Electa, Milano 1996, p. 382. *Il Duce impartisce le direttive per la Mostra della Rivoluzione fascista*, in《Il Popolo d'Italia》, 10 giugno 1932. この会見の席上には、すでに5月から展覧会のプロジェクトに従事していたリーベラとデ・レンツィの姿はなかった。

(9) *Il Duce visita i lavori della Mostra della Rivoluzione*, ivi, 9 ottobre 1932.

(10) *L'alto elogio del Duce ai camerati che hanno collaborato alla organizzazione della Mostra della Rivoluzione*, ivi, 1° dicembre 1932.

(11) *Il Duce visita per la settima volta la Mostra della Rivoluzione fascista*, ivi, 24 ottobre 1934; *Il Duce chiude la Mostra della Rivoluzione*, ivi, 30 ottobre 1934. 同展覧会については次を参照：M. Stone, *The Patron State* cit., pp. 129–76. 大衆の側の「行き過ぎ」ともいえる反応については：J. T. Schnapp, *Anno X. La mostra della Rivoluzione fascista del 1932* cit., pp. 41–49.

(12) Cfr. R. Mariani, *Il fascismo e《città nuove》* cit., pp. 96–98. ムッソリーニは設計者たちを 1933 年 7 月 27 日に引見している。また建設現場を、1933 年 12 月 18 日、1934 年 1 月 5 日と 2 月 21 日に、訪問している。

(13) 建築家たちは、1934 年 6 月 10 日にムッソリーニと面会した：ACS, PCM, 1934–36, fasc. 5. 2, n. 2776.

(14) *I progettisti degli edifici di Sabaudia ricevuti dal Capo del Governo*, in《Il Popolo d'Italia》, 28 luglio 1933.

(15) 議会の議事録については次を参照：L. Patetta, *L'architettura in Italia. 1919–1943. Le polemiche* cit., pp. 363–64.

(16) ル・コルビュジエからグイード・フィオリーニに宛てた、1934 年 11 月 23 日の書簡より。次の文献に引用されている：G. Ciucci, *A Roma con Bottai*, in《Rassegna》, n. 3, luglio 1980, pp. 66–71.

(17) この資料は次の文献で引用されている：M. Talamona, *Italia: strategie per una seduzione. 1927–1940*, in J. Lucan (a cura di), *Le Corbusier. Un' enciclopedia*, Electa, Milano 1988, p. 251.

(18) Appunto per il capo del Governo, 2 giugno 1934, in ACS, PCM, 1934–36, fasc. 14. 3, n.1475.

(19) G. Ciucci, *A Roma con Bottai* cit., pp. 66–71; M. Talamona, *Italia: strategie per una seduzione* cit., pp. 247–51. 次の文献に引用されているカルロ・ベッリの証言も参照：D. Ghirardo, *Building New Communities. New Deal America and Fascist Italy*, Princeton University Press, Princeton 1989, p. 62.

(20) ル・コルビュジエは、1934 年 6 月 4 日から 16 日にかけてローマに滞在した。M. Talamona, *Italia: strategie per una seduzione* cit., p. 250.

(21) 1935 年 4 月 1 日のムッソリーニのメモ書き：ACS, SPD, CO, 1922–43, b. 841, fasc. 1935.

(22) Lettera di Giuseppe Bottai a Mussolini, 1° aprile 1935, in ACS, SPD, CO, 1922–43, b. 841, fasc. 1935.

(23) 建築家モルプルゴはムッソリーニに、1935 年 3 月 1 日と 5 月 6 日に謁見している。

(24) アウグストゥス帝廟地区の変遷については、次の研究が正確に再構成し

ている：S. Kostof, *The Emperor and the Duce: The Planning of Piazzale Augusto Imperatore in Roma*, in *Art and Architecture in the Service of Politics* cit., pp. 270–325. 次も参照：O. Rossini, *Ara Pacis*, Electa, Milano 2005, pp. 108–13. 統領の現場視察は1936年4月7日に行なわれた。1935年と36年の二つの模型は、次の雑誌にも掲載されている：《Architettura》, dicembre 1936, fasc. speciale sull'Urbanistica della Roma Mussoliniana, pp. 88–102.

(25) A. Giardina e A. Vauchez, *Il mito di Roma. Da Carlo Magno a Mussolini*, Laterza, Roma 2000, pp. 248–58.

(26) オイェッティは1936年12月17日にムッソリーニに接見した。オイェッティの批評は次の記事に掲載されている：*Sul sepolcro di Augusto*, in《Corriere della Sera》, 26 novembre 1936.

(27) M. Pignatti e P. Refice, *Ara Pacis Augustae: le fasi della ricomposizione nei documenti dell'Archivio centrale dello Stato*, in *Roma: archeologia nel centro*, tomo II: *La città murata*, De Luca editore, Roma 1985, pp. 408–10.

(28) *Messaggio di Frank Lloyd Wright*, in Atti ufficiali: XIII Congresso internazionale architetti, Roma, 22–28 settembre 1935, pp. 735–36. Cfr. M. Casciato, *Wright and Italy: the Promise of Organic Architecture*, in A. Alofsin (a cura di), *Frank Lloyd Wright, Europe and Beyond*, University of California Press, Berkeley–Los Angeles, p. 79; R. Dulio, *Bruno Zevi* cit., p. 28. ムッソリーニの参加については次を参照：*Il discorso di Mussolini ai delegati del XIII Congresso internazionale degli architetti a Roma*, in《Casabella》, n. 96, dicembre 1935, pp. 4–5.

(29) G. Bottai, *Diario 1935–1944* cit., p. 134 (23 settembre 1938). 次も参照：M. Sommella Grossi, *Monumento a Roberto Sarfatti sul Col D'Echele. 1934–1935*, in J. T. Schnapp (a cura di), *In Cima. Giuseppe Terragni per Margherita Sarfatti. Architetture della memoria nel '900*, Marsilio, Venezia 2004, pp. 95–111.

(30) *I problemi di Brera. Nostra intervista con il presidente dell'Accademia*, in《Il Popolo d'Italia》, 2 febbraio 1937, p. 7. 建築家たちとの接見は1935年12月17日に行なわれた。

(31) 1988年5月4日の、ジーノ・ポッリーニの証言による。以下に収録されている：A. Acler e L. Travella, *Pietro Lingeri. L'uomo e l'architetto*, tesi di laurea, Politecnico di Milano, a. a. 1987–1988, vol. I, p. 87.

(32) Cfr. *Giuseppe Terragni. 1904/1943*, in《Rassegna》, n. 11, settembre 1982, pp. 62–63.

(33) フィジーニ、ポッリーニ、リンジェーリ、テッラーニらによる、ムッソリーニ宛ての1936年12月16日付けの電信より。次の文献に採録されている：C. Baglione, *Progetti per una nuova sede dell'Accademia di Brera*, in G. Ciucci (a cura di), *Giuseppe Terragni* cit., p. 487.

（34） Id., *Artigiani, artisti, industriali: il mondo di Pietro Lingeri*, in C. Baglione e E. Susani（a cura di）, *Pietro Lingeri*, Electa, Milano 2004, p. 15; C. Baglione, *Progetti per la nuova sede dell'Accademia di Brera, ibid*., p. 226.

（35） ディーノ・アルフィエーリからピエル・マリーア・バルディ宛ての1936年10月23日付けの書簡より。次の文献に引用されている：M. Sommella Grossi, *Sartoris e Terragni: la polemica sulla Casa del fascio*, in G. Ciucci（a cura di）, *Giuseppe Terragni* cit., pp. 173–74. ボンテンポッリによる時評については次を参照：N. D'Aroma, *Mussolini segreto* cit., p. 78. この建物は1941年の末になって、全国ファシスト党（PNF）の技術部から、好意的な評価を得たようだ：D. Y. Ghirardo, *Italian Architects and Fascist Politics. An Evaluation of the Rationalist's Role in Regime Building*, in《Journal of the Society of Architectural Historians》, n. 2, maggio 1980, pp. 110–11.

（36） リーノ・ヴァルダメーリの1939年2月3日付けの書簡より。次の文献に採録されている：C. Baglione, *Artigiani, artisti, industriali* cit., pp. 27–28. ムッソリーニがダンテに下した判断については：N. D'Aroma, *Mussolini segreto* cit., pp. 156–57.

（37） リーノ・ヴァルダメーリからのオズヴァルド・セバスティアーニ宛ての1938年10月19日付けの書簡より：ACS, SPD, CO, 1922–43, fasc. 509. 374/3.

（38） T. L. Schumacher, *Il Danteum di Terragni*, Officina, Roma 1980, p. 44. ファシズムのダンテ神話については次を参照：S. Albertini, *Dante Alighieri*, in V. De Grazia e S. Luzzato（a cura di）, *Dizionario del fascismo* cit., vol. I, pp. 388–91.

（39） 1988年1月8日ミラノでのカルロ・カヴァロッティの証言より。次の卒業論文に採録されている：A. Acler e L. Travella, *Pietro Lingeri* cit., p. 29.

（40） 「人々を先導する」テッラーニについては次を参照：P. Fossati, *Il pittore: ufficiale e gentiluomo*, in G. Ciucci（a cura di）, *Giuseppe Terragni* cit., pp. 105–111.

（41） 「カーサ・ヴィエッティの問題をめぐり、統領は数度にわたって、私のもとに割って入ってきた…」。ジュゼッペ・ボッタイからオズヴァルド・セバスティアーニ宛ての1940年3月8日付けの書簡；アンブロージョ・ペッシーナからラケーレ・ムッソリーニ宛ての1939年3月2日付けの書簡。両書簡とも次に収録：ACS, SPD, CO, 1922–43, fasc. 178. 018.

（42） ボッタイは、『アンブロジアーノ』1940年3月1日号に収録された「コモ市民への演説」と題する論考を、ムッソリーニに宛てて送っている。この一件の全体の推移については次を参照：P. Nicoloso, *Progetto di concorso per il piano regolatore di Como e sua esecuzione a stralci*, in G. Ciucci（a cura di）, *Giuseppe Terragni* cit., pp. 419–28.

（43） グスターヴォ・ジョヴァンノーニからアラルド・ディ・クロッラランツァに宛てた1936年3月1日付けの書簡；アラルド・ディ・クロッララ

ンツァからグスターヴォ・ジョヴァンノーニに宛てた 1936 年 3 月 12 日付けの書簡。いずれも次の文献に収録：R. Mariani, *Il fascismo e《città nuove》* cit., pp. 118–20. また次の文献も参照のこと：L. Nuti e R. Martinelli, *Le città di strapaese. La politica di《fondazione》nel ventennio*, Angeli, Milano 1981, pp. 126–128. ムッソリーニは、1936 年 4 月 9 日に、ペトルッチ、トゥファローリ、シレンツィらに接見している。ペトルッチに関しては次を参照：A. Cucciolla, *Vecchie città / città nuove. Concezio Petrucci 1926–1946*, Dedalo, Bari 2006.

(44) チェーザレ・ヴァッレは、こう回想している：「ムッソリーニに計画を提出したのは 1936 年のことだった。その時が、彼に個人的に面会した唯一の機会であった」。F. Canali, *Architetti romani nella《città del Duce》* cit., p. 178.

(45) G. Gresleri, *La《nuova Roma dello Scioa》e l'improbabile architettura dell' impero*, in G. Gresleri, P. G. Massarenti e S. Zagnoni（a cura di）, *Architettura italiana d'oltremare. 1870–1940*, catalogo della mostra, Marsilio, Venezia 1993, pp. 170, 176.

(46) A. Muñoz, *Marcello Piacentini parla di Roma e di architettura*, in《L'Urbe》, fasc. V, maggio 1937, p. 25.

(47) R. De Felice, *Mussolini il duce*, vol. II: *Lo Stato totalitario. 1936–1940* cit., p. 283.

(48) フランチェスコ・ジュンタからムッソリーニに宛てた 1937 年 2 月 15 日付けの書簡：ACS, SPD, CO, 1922–43, fasc. 174. 093/3. ブラジーニは 1937 年 2 月 11 日にムッソリーニに謁見している。ジュンタは、自分も建物の発案に携わった、と明言している。次の文献を参照：V. Vannelli, *Economia dell'architettura in Roma fascista* cit., pp. 383–85.

(49) A. Speer, *Memorie del Terzo Reich* cit., p. 185. シュペーアが計算に用いたのは建物の内側の表面積であった。

(50) J. Fest, *Speer* cit., p. 89; A. Speer, *Diari segreti di Spandau* cit., p. 23.

(51) Id., *Memorie del Terzo Reich* cit., p. 185.

(52) 「ドイツの帝国広場」と題されたこの計画については、広場を見下ろす視点で描かれた透視画が、ブラジーニ・アーカイヴに一幅現存する。この資料の複製を著者に送ってくれたエレナ・バッスィ氏に感謝する。また次も参照：A. Cederna, *Mussolini urbanista* cit., p. XVII. この文献は、この計画の作成年代を 1941 年、敷地をベルリンに同定し、発注者をゲーリングとしている。

(53) *Il Duce ordina l'esecuzione dei primi lavori per il Quartiere del Rinascimento a Roma*, in《Il Popolo d'Italia》, 22 agosto 1935. フォスキーニは統領に接見する際、INA 会長のベヴィオーネ、およびテスタの随伴を受けている。

（54） *Il Duce approva il progetto del Corso del Rinascimento*, ivi, 15 aprile 1937. この時統領に提示されたのは、道路の第三区間の模型であった。次を参照：A. Cederna, *Mussolini urbanista* cit., pp. 219–21. 全国保険公社が行なった、各地の都市の歴史的中心街区への介入については次を参照：P. Nicoloso, *Gli architetti: il rilancio di una professione,* in *La grande ricostruzione. Il piano Ina–Casa e l'Italia degli anni '50*, Donzelli, Roma 2001, pp. 85–86.

（55） ムッソリーニはデ・レンツィと 1937 年 7 月 23 日に面談している。ACS, SPD, CO, 1922–43, fasc. 175. 757. Cfr. M. De Renzi, *La Magliana nuova. Progetto di formazione del nuovo centro urbano rurale*, Roma 1937.

（56） アドリアーノ・オリヴェッティからムッソリーニに宛てた 1937 年 5 月 22 日付けの書簡：ACS, PCM, 1937–39, fasc. 7. 1. 2, n. 1644. Cfr. G. Ciucci, *Introduzione a Studi e proposte preliminari per il Piano regolatore della Valle d' Aosta*, Comunità, Torino 2001, pp. XII e XIV.

（57） *Duecento milioni all'anno per le case popolarissime*, in《Il Popolo d'Italia》, 6 gennaio 1937. 面会は 1937 年 1 月 5 日に行なわれた：*Rapporto al Capo del Governo sull'Istituto case popolari*, ivi, 13 giugno 1937.

（58） *Le direttive del Duce al Consorzio per le case popolari*, ivi, 31 ottobre 1937. この面会の際には、デル・デッビオも臨席していた。

（59） ACS, SPD, CO, 1922–43, fasc. 155. 146 e fasc. 553. 474.

（60） バッツァーニは書簡のなかでこう請け負っている。この建物は、統領閣下のご意向を正しく解釈した、「端正きわまりない」作品となること、まず間違いございません、ファサードの仕上げには「イストリア産の石と、地元で生産するスレートと煉瓦」とを使用しております。引用は、チェーザレ・バッツァーニからムッソリーニに宛てた 1938 年 10 月 10 日付けの書簡；チェーザレ・バッツァーニからオズヴァルド・セバスティアーニに宛てた 1938 年 10 月 12 日付けの書簡より。いずれも次に収録：ACS, SPD, CO, 1922–43, fasc. 509. 429.

（61） *Il campanile del Duomo sarà pronto nel 1942*, in《Il Popolo d'Italia》, 20 ottobre 1938.

（62） ボッタイにあてたピアチェンティーニの報告より。次に収録されている：*Memoria in difesa del prof. Marcello Piacentini*, s. l. s. d., in AMP, fasc. 112. 2.

（63） U. Ojetti, *Taccuini* cit., pp. 499–501（22 ottobre 1938）.

（64） Appunto della Segreteria particolare del Duce, 21 ottobre 1938; Lettera di Luigi Veratti a Mussolini, 9 dicembre 1938, in ACS, SPD, CO, 1922–43, fasc. 509. 267; G. Pini, *Filo diretto con Palazzo Venezia*, Cappelli, Bologna 1950, p. 183.

（65） U. Ojetti, *Taccuini* cit., p. 500（22 ottobre 1938）.

(66) N. D'Aroma, *Mussolini segreto* cit., p. 188. 対談は 1939 年 4 月に行なわれた。

(67) ジューリオ・バレッラからオズヴァルド・セバスティアーニに宛てた 1939 年 4 月 5 日付けの書簡：ACS, SPD, CO, 1922-1943, fasc. 545. 893. また次も参照：*La nuova sede del《Popolo d'Italia》nelle sue grandi linee tecniche ed estetiche*, in《Il Popolo d'Italia》, 6 maggio 1939; E. Camesasca（a cura di）, *Mario Sironi. Scritti editi e inediti*, Feltrinelli, Milano 1980, pp. 301-2; E. Verger, *Palazzo de Il Popolo d'Italia*, in F. Buzzi Ceriani（a cura di）, *L'architettura di Giovanni Muzio*, Segesta, Milano 1994, pp. 220-24; F. Irace, *Giovanni Muzio. 1893-1982*, Electa, Milano 1994, pp. 148-61; S. Lupo, *《Il Popolo d'Italia》*, in V. De Grazia e S. Luzzatto（a cura di）, *Dizionario del fascismo* cit., vol. II, pp. 408-10.

(68) アカデミー会員への任命は「（ムーツィオが）無償で建設している《ポーポロ・ディターリア》新聞社屋に対する報酬だ」。マルチェッロ・ピアチェンティーニからアルナルド・フォスキーニに宛てた 1939 年 6 月 12 日付けの書簡：AAF, fascicolo varie. ムーツィオは、他の新アカデミー会員とともに、ヴェネツィア宮に 1939 年 7 月 5 日に参内している。

(69) G. Rochat, *Le guerre italiane. 1935-1943* cit., p. 78.

(70) M. Talamona, *Addis Abeba capitale dell'impero*, in《Storia contemporanea》, n. 5-6, dicembre 1985, pp. 1114-19; G. Gresleri, *La《nuova Roma dello Scioa》e l'improbabile architettura dell'impero* cit., p. 175.

(71) *Udienze di Mussolini*, in《Il Popolo d'Italia》, 8 maggio 1940. 劇場案を設計した学生は、パスクアーレ・マラボット、ルイージ・オレスターノ、ダンテ・タッソッティ、ルイージ・ヴァニェッティらであった。

(72) ムッソリーニは 1940 年 5 月 31 日にロンゴとサヴェッリに面会している：ACS, SPD, CO, 1922-43, fasc. 187. 699; *Dono di case del fascio in provincia di Gorizia*, in《Messaggero》, 3 giugno 1940. また次も参照：F. Mangione, *Le case del fascio in Italia e nelle terre d'oltremare*, Ministero per i Beni e le Attività culturali, Roma 2003, pp. 271-72.

(73) *Disposizioni del Duce per la costruzione a Roma di case popolari*, in《Il Popolo d'Italia》, 19 gennaio 1940; *Rapporti al Duce*, ivi, 8 marzo 1940.

(74) 統領付き特別秘書官の 1941 年 5 月 22 日付けのメモ：ACS, SPD, CO, 1922-1943, fasc. 518. 469/3. 建築家たちは 1941 年 5 月 31 日に、統領と面談した。アルプス山岳兵中尉であったチェレギーニは、ムッソリーニとアルバニアで、1941 年 3 月 18 日に会っている。博物館の全体の経緯については、次も参照：G. Marzari, *Acropoli alpina*, in F. Irace（a cura di）, *L'architetto del lago. Giancarlo Maroni e il Garda*, Electa, Milano 1993, pp. 85-89.

(75) ジォ・ポンティからウーゴ・オイェッティに宛てた 1926 年 12 月 10 日

付けの書簡。次の文献に収録されている：F. Irace, *Giovanni Muzio* cit., p. 133.

(76) *L'altissima torre littoria che sorgerà al Palazzo della Triennale di Milano*, in《Il Popolo d'Italia》, 6 ottobre 1932.

(77) *L'interessamento di S. E. Mussolini per i problemi della Triennale*, ivi, 15 marzo 1932.

(78) ジォ・ポンティからロベルト・パピーニに宛てた1931年12月16日付けの書簡。次の文献に採録されている：F. Irace, *Gio Ponti*, Electa, Milano 1988, p. 32.

(79) G. Ponti, *Perché interessa tanto l'architettura*, in《Il Popolo d'Italia》, 13 luglio 1932.

(80) *Il dott. Barella ricevuto dal duce*, ivi, 25 aprile 1933; *Il compiacimento di Mussolini per l'andamento della Triennale*, ivi, 18 maggio 1933. バレッラは1933年9月2日にもムッソリーニと面会し、トリエンナーレの準備の進捗状況を報告している。さらにバレッラは、公園内に建設する住宅に関するプログラムの展開について、書簡を通じてムッソリーニに逐次報告を入れている。M. Savorra,《*Perfetti modelli di dimore*》*: la casa alle Triennali*, in G. Leyla Ciagà e G. Tonon (a cura di), *Le case nella Triennale. Dal parco a QT8*, Electa, Milano 2005, pp. 116-17.

(81) G. Ponti,《*Domus Lictoria*》, in《Domus》, gennaio 1934, p. 1.

(82) この記事は1936年10月に『ドムス』誌上で発表された。ポンティはある書簡の中でこう書いている：「パリ博覧会について一筆ものした時、統領はすでに、私の意見に対して賛同の意を示していた」。ジォ・ポンティからオズヴァルド・セバスティアーニに宛てた1939年2月25日付けの書簡：ACS, SPD, CO, 1922-43, fasc. 511. 102.

(83) ジォ・ポンティからムッソリーニに宛てた1937年6月5日付けの書簡：ACS, SPD, CO, 1922-43, fasc. 511. 102.

(84) *Rapporto degli architetti Del Debbio, Ponti e Vaccaro sulla costruzione di Addis Abeba italiana*, in G. Gresleri, *La*《*nuova Roma dello Scioa*》*e l'improbabile architettura dell'impero*, in *Architettura italiana d'oltremare* cit., pp. 166, 171; ポンティからムッソリーニに宛てた1936年12月16日付けの書簡。以下に収録：M. L. Neri, *Enrico Del Debbio*, catalogo della mostra, Idea Books, Milano 2006, p. 285.

(85) ポンティが送った記事は以下：*Mobilitiamo le nostre produzioni d'arte* および *Mobilitiamo le nostre produzioni d'arte con un piano per potenziarle*. それぞれ『コッリーエレ・デッラ・セーラ』紙に1939年2月17日と23日に掲載；P. Masera, *L'ospitalità ai milioni di visitatori che verranno per l'E42* および *Mobilitiamo le produzioni d'arte per l'E42*. それぞれ、『ドムス』134号、

1939年2月, pp. 73-80. 同135号、1939年3月, pp. 65-68.

(86) ジォ・ポンティからオズヴァルド・セバスティアーニに宛てた1939年4月11日付けの書簡：ACS, SPD, CO, 1922-43, fasc. 511. 102.

(87) G. Ponti, *Arte per il popolo*, in《Domus》, n. 147, marzo 1940, pp. 69-70.

(88) G. Pagano, *Potremo salvarci dalle false tradizioni e dalle ossessioni monumentali?*, in《Costruzioni-Casabella》; n. 157, gennaio 1941, ora in G. Pagano, *Architettura e città durante il fascismo*, a cura di C. De Seta, Laterza, Roma-Bari 1976, pp. 129-131.

(89) G. Ponti, *Vocazione architettonica italiana*, numero speciale della rivista《Il libro italiano nel mondo》, Milano 1940.

(90) ジォ・ポンティからオズヴァルド・セバスティアーニに宛てた1941年11月13日付けの書簡：ACS, SPD, CO, 1922-1943, fasc. 511. 102.

(91) ムッソリーニのメモ：ACS, SPD, CO, 1922-43, fasc. 511. 102.

(92) ジォ・ポンティからオズヴァルド・セバスティアーニに宛てた1940年2月14日付けの書簡：ACS, SPD, CO, 1922-1943, fasc. 511. 102.

(93) ジォ・ポンティからオズヴァルド・セバスティアーニに宛てた1941年3月5日付けの書簡：ACS, SPD, CO, 1922-1943, fasc. 511. 102.

(94) M. Martignoni, *Gio Ponti. Gli anni di stile. 1941-1947*, Abitare Segesta, Milano 2002, pp. 106-7. 第八回トリエンナーレのプログラムについては：A. Pansera, *Storia e cronaca della Triennale*, Longanesi, Milano 1978, p. 613; G. Ciucci, *Gli architetti e la guerra*, in G. Ciucci e G. Muratore (a cura di), *Storia dell'architettura italiana. Il primo Novecento* cit., pp. 478-81. ポンティは、トリエンナーレ実行委員会のメンバーに名を連ねていた。

(95)「ドイツが提案したこれらの可動式の住宅は、ヒトラー自身が奨励した"万民のための家"の研究開発計画に基づくものである。総統は激しい戦争のさなか、1941年11月15日に行なった演説でこの計画を立ち上げた」。G. Ponti, *Umanità della casa* in《Corriere della Sera》, 2 gennaio 1943. ヒトラーの打ち出した建設計画では、「戦後の最初の年だけで、30万棟の住宅」を実現するとうたっていた。*I diari di Goebbels. 1939-1941*, a cura di F. Taylor, Sperling & Kupfer, Milano 1984, p. 221 (19 novembre 1940).

(96) ジォ・ポンティからニコロ・デ・チェーザレに宛てた1942年2月2日付けの書簡：ACS, SPD, CO, 1922-1943, fasc. 511. 102.

(97) G. Ponti, *Industrie d'arte in tempo di guerra*, in《Corriere della Sera》, 15 febbraio 1942.

(98) ムッソリーニからの意見を待つ間、ポンティはデ・チェーザレに宛てて、1942年2月21日にこう書き送っている：「統領閣下が、私の文章をお読みくださったと知ることは、たいへんな喜びでございます。そこには、戦争とイタリアの労働に関する解釈が披露してございますれば、どうか

その愚見が、統領閣下のご意見に沿うものでありますよう願っております」: ACS, SPD, CO, 1922-43, fasc. 511. 102.

(99) R. De Felice, *Mussolini l'alleato,* vol. I/1: *Dalla guerra《breve》alla guerra lunga*, Einaudi, Torino 1996, pp. 103-10; 283-90; 441-48.

(100) ジォ・ポンティからムッソリーニに宛てた1943年4月22日付けの書簡: ACS, SPD, CO, 1922-1943, fasc. 511. 102. この機会にポンティは、ムッソリーニと面会させてくれるように請求をしている。

(101) 一つ注意しておくべきなのは、モレッティが全国ファシスト党に26歳で入党したという点で、これは他の建築家たちと比べて遅い方である。たとえば、クァローニとエンリーコ・ペレッスッティは17歳で入党、ファニョーニは18歳、ベルジョイオーゾは19歳、アステンゴは22歳、リーベラとアルビーニは23歳、テッラーニは24歳である。

(102) C. Rostagni, *Biografia*, in F. Bucci e M. Mulazzani, *Luigi Moretti* cit., p. 211.

(103) ACS, Fondo Renato Ricci, b. 2, fasc. 4, s.fasc. 7. Cfr. S. Setta, *Ricci Renato. Dallo squadrismo alla Repubblica sociale italiana*, il Mulino, Bologna 1987, p. 509. 自由の女神像の高さは46メートルである: A. Speer, *Memorie del Terzo Reich* cit., p. 76. デル・デッビオが提出したONB美術館計画と対決するために、モレッティの他にも、フランチェスコ・マンスッティ、ジーノ・ミオッツィ、パニコーニ、ペディコーニらが、コンペに送り込まれ た。M. Mulazzani, *Progetto di concorso per il monumento al fascismo e il museo della rivoluzione al Foro Mussolini*, in M. Mulazzani (a cura di), *Francesco Masutti, Gino Miozzi, Architetture per la gioventú*, Skira, Milano 2005, pp. 70-72.

(104) 統領の崇拝については次を参照: E. Gentile, *Fascismo. Storia e interpretazioni* cit., p. 219.

(105) 集会場については次を参照: L. Iermano, *L'area della Farnesina* cit., pp. 105-7.

(106) A. Greco (a cura di), *Gli obelischi, le piazze, gli artisti: conversazione con Ludovico Quaroni*, in M. Calvesi, E. Guidoni e S. Lux (a cura di), *E42. Utopia e scenario del regime*, vol. II: *Urbanistica, architettura, arte e decorazione*, catalogo della mostra, Marsilio, Venezia 1987, pp. 283-87.

(107) V. Vidotto, *Il mito di Mussolini e le memorie nazionali. Le trasformazioni del Foro Italico*, in *Roma. Architettura e città negli anni della seconda guerra mondiale* cit., p. 115.

(108) F. Bucci e M. Mulazzani, *Luigi Moretti* cit., p. 214.

(109) S. Santuccio, *Storia urbanistica* cit., p. 19.

(110) C. Rostagni, *Biografia* cit., p. 211.

第 4 章

（1） ムッソリーニが何でも自分でやろうとして、結局は何一つ満足にできかなった、という点については：R. De Felice, *Mussolini il duce*, vol. I: *Gli anni del consenso. 1929–1936* cit., pp. 20–24.

（2） *La Casa dei Sindacati a Milano*, in《Il Popolo d'Italia》, 27 giugno 1930.

（3） *I ricevimenti del Duce*, ivi, 6 agosto 1930.

（4） ブラジーニからムッソリーニに宛てた 1930 年 12 月 11 日付けの書簡：ACS, SPD, CO, 1922–43, fasc. 174. 093.

（5） ムッソリーニの署名が付された図面は『イル・ポーポロ・ディターリア』紙に、1932 年 12 月 7 日に掲載された；*Il Padiglione della stampa alla Triennale*, ivi, 12 febbraio 1933.

（6） *La nuova sede del gruppo rionale Cantore*, IV, 8 marzo 1932. 計画は、ステーファノ・バルツァーノとの共同作成であった。

（7） *L'approvazione del Duce al progetto della sistemazione in Santa Croce delle tombe dei caduti del fascismo fiorentino*, IV, 12 dicembre 1933. ファニョーニのデザインは、アレッサンドロ・パヴォリーニを介してムッソリーニに提出された；*Il Duce celebra il giorno del lavoro italiano inaugurando nuove grandiose opere nell'Urbe*, ivi, 24 aprile 1934.

（8） 1932 年 7 月 1 日、ムッソリーニはコスタンツォ・チアーノから、設計競技前の段階のマッツォーニ案について詳しく報告をうけている。それから数日後には、同案が芸術家や大臣たちから同意を取り付けた旨、報告をうけている。次を参照：*Una lettera del Ministro Ciano al Capo del Governo*, in《La Nazione》, 11 luglio 1932; *Stazione di Santa Maria Novella. Firenze, 1932–1935*, in C. Conforti, R. Dulio e M. Marandola, *Giovanni Michelucci. 1891–1990*, Electa, Milano 2007, pp. 133–34.

（9） R. Domenichini, *I progetti di Mazzoni per la stazione ferroviaria di Venezia Santa Lucia*, in M. Cozzi, E. Godoli e P. Pettenella（a cura di）, *Angiolo Mazzoni. Architetto, ingegnere del Ministero delle Comunicazioni*, Skira, Milano 2003, pp. 189–96. また、以下に収録されているマッツォーニ自身の証言も参照：*Appunti sulla mia formazione e sul mio lavoro di architetto e di ingegnere*, in MART, Fondo Mazzoni, S21.

（10） *Grandioso programma di opere comunali approvato dal Capo del Governo*, in《Il Popolo d'Italia》, 19 luglio 1934.

（11） *Architettura aeronautica*, ivi, 15 agosto 1934.

（12） *L'approvazione di Mussolini ai progetti del nuovo comune di Pontinia*, ivi, 16 dicembre 1934.

（13） U. Ojetti, *Taccuini* cit., p. 435（30 aprile）.

（14） R. Mariani, *Il fascismo e《città nuove》* cit., p. 102.

（15） *Mussolini approva i progetti per nuovi edifici pubblici a Napoli*, in《Il Popolo d'Italia》, 8 giugno 1935.

（16） 訪問は1935年4月15日に行なわれた。次を参照：F. Mangone, *Giulio Ulisse Arata. L'opera completa*, Electa, Napoli 1993, pp. 178–180.

（17） *Il Duce inaugurerà oggi il monumento a Corridoni*, in《Il Popolo d'Italia》, 24 ottobre 1936.

（18） F. Canali, *《Ambientamento》 e 《restauro》 a Forlì: Muzio, Giovannoni e l'Albergo della Ras（1937–1940）*, in《Parametro》, n. 216, novembre–dicembre 1996, p. 76; Id., *Architetti romani della《Città del duce》. Gustavo Giovannoni e la pratica dei diversi《restauri architettonici》a Forlì*, in《Studi romagnoli》, XLVII（1996）, pp. 736–42.

（19） *Elargizione del Duce per le case popolari e l'isolamento dell'arco di Augusto*, in《Il Popolo d'Italia》, 20 gennaio 1937.

（20） R. De Felice, *Mussolini il duce*, vol. II: *Lo Stato totalitario. 1936–1940* cit., p. 284.

（21） *Il progetto dei palazzi del Governo e della Questura di Livorno approvato dal Duce*, in《Il Popolo d'Italia》, 7 gennaio 1937; E. Pieri, *Il nuovo Palazzo del Governo di Livorno. La celebrazione del mito italico*, in《Quasar》, n. 17, gennaio–giugno 1997, pp. 149–54. ピアチェンティーニの介入については次を参照：O. Fantozzi Micali, *Livorno*, in AA. VV., *Fascismo e centri storici in Toscana*, Alinea, Firenze 1985, pp. 71–72.

（22） *La pianta definitiva della Mostra augustea della romanità presentata a Mussolini*, in《Il Popolo d'Italia》, 25 febbraio 1937. 会場の設営を計画したのは次の建築家たちである：ブルーノ・マリーア・アポッローニ、クラウディオ・バッレーリオ、パスクァーレ・カルボナーラ、ヴェネーリオ・コラサンティ、フランチェスコ・ファリエッロ、ヴィンチェンツォ・モナコ、マーリオ・パニコーニ、ジューリオ・ペディコーニ、フランコ・ペトルッチ、ルドヴィーコ・クァローニ。この展覧会については：T. Benton, *Rome reclaims its empire*, in *Art and Power* cit., pp. 121–22.

（23） *Il compiacimento di Mussolini per i lavori preparatori*, in《Il Popolo d'Italia》, 24 giugno 1937; マルチェッロ・ピアチェンティーニからグスターヴォ・ジョヴァンノーニに宛てた1937年8月3日付けの書簡：AGG, Carteggio 1930–47.

（24） *La nuova stazione di Roma secondo le direttive del Duce*, in《Il Popolo d'Italia》, 28 febbraio 1937; P. Mariani, *La stazione principale di Roma: dal nudo realismo alla folle vestizione*, in *Angiolo Mazzoni（1884–1979）, Architetto nell'Italia tra le due guerre* cit., p. 85.

（25） *Disposizioni del Duce per gli edifici doganali turistici sui valichi alpini*, in《Il

Popolo d'Italia》, 16 luglio 1937. 入賞者の中には、次の名前が見える：エウジェーニオ・モントゥオーリ、レオナルド・ブッチ、アルベルト・レニャーニ、アルマンド・サバティーニ、ヴィンチェンツォ・モナコ、アメデオ・ルッチケンティ、ルドヴィーコ・クァローニ。

(26) *Il Duce approva il progetto per il Palazzo degli uffici*, in《Il Popolo d'Italia》, 9 settembre 1937; A. La Torre, *Il Palazzo degli Uffici,* in *E42. Utopia e scenario del regime*, vol. II, p. 300.

(27) Appunto di Cobolli Giglli per Mussolini, 5 agosto 1937, in ACS, PCM, 1937–39, fasc. 1. 1. 3, n. 2366.

(28) *La Casa degli italiani all'estero. Il progetto approvato da Mussolini*, in《Il Popolo d'Italia》, 9 giugno 1937.

(29) *Mussolini approva il progetto per la nuova sede del《Luce》*, ivi, 23 ottobre 1937. この計画は、アンドレーア・ブシーリ・ヴィーチとロドルフォ・ルスティケッリとともに作成されたものである。

(30) *Direttive di Mussolini per la Mostra coloniale di Napoli*, ivi, 23 ottobre 1937.

(31) *Pomezia sarà fondata il 22 aprile*, ivi, 17 febbraio 1938. また次も参照：D. De Angelis, *Note su Concezio Petrucci. L'architetto delle《Città Nuove》*, Gangemi, Roma 2005, p. 99.

(32) 《Sottoposti al Duce i progetti di abbellimento di Roma per la visita del Führer. Li ha trovati buoni》, G. Ciano, *Diario. 1937–43* cit., p. 93 (4 febbraio 1938). *Addobbi e illuminazioni dell'Urbe*, in《Il Popolo d'Italia》, 22 marzo 1938. ナルドゥッチの計画への称賛については次も参照：*La nuova stazione ferroviaria di Roma–Ostiense*, in《Rassegna dello sviluppo dell'Italia imperiale nelle opere e nelle industrie》, 1940, n. 11–12, novembre–dicembre 1940, pp. 147–56. オスティエンセ駅の仮設パヴィリオンについては次を参照：A. Morgera, *Roberto Narducci e la monumentalizzazione delle stazioni ferroviarie*, tesi di laurea, Facoltà di Architettura di Trieste, a. a. 2005–2006.

(33) Q. Navarra, *Memorie del cameriere di Mussolini* cit., p. 93.

(34) ACS, PCM, 1937–39, fasc. 4.11, n. 3711/2.

(35) J. Goebbels, *Diario 1938* cit., pp. 142–43.

(36) F. Mastrigli, *Roma pavesata*, in《Capitolium》, maggio 1938, pp. 119–234.

(37) I. Sardei, *Due monumenti per il nuovo volto fascista di Trieste: il teatro Romano e la casa del fascio*, tesi di laurea, Facoltà di Architettura di Trieste, a. a. 2004–2005, p. 73.

(38) *Il Duce approva il progetto della nuova Università elaborato dagli architetti Fagnoni e Nordio*, in《Il Piccolo》, 23 luglio 1938.

(39) *Il Duce approva i progetti di due nuovi ponti sul Tevere*, in《Il Popolo d'Italia》, 26 giugno 1938; *Il terzo ponte sul Tevere*, ivi, 8 agosto 1938.

(40) *Mussolini pone la prima pietra della sede del Ministero dell'A.I.*, ivi, 1° settembre 1938; *La Mostra autarchica del minerale italiano*, ivi, 3 settembre 1938.

(41) *Il progetto approvato dal Duce per la tomba di Gabriele D'Annunzio*, ivi, 20 novembre 1938; Y. De Begnac, *Taccuini mussoliniani* cit., pp. 508-81. ダンヌンツィオの訃報に接してムッソリーニは大いに心を痛めた、というこのド・ベニャクの記述に対して、チアーノの以下の証言は矛盾をしめしている：「統領が（文人の死に）非常に心を痛めていた、などとはとてもいえぬ」G. Ciano, *Diario. 1937-1943* cit., pp. 106-7（2 marzo 1938）.

(42) *Il Duce esamina i plastici delle nuove stazioni di Roma e di Venezia*, in《Il Popolo d'Italia》, 4 febbraio 1939.

(43) F. Canali,《*Ambientamento*》*e*《*restauro*》*a Forlì: Muzio, Giovannoni e l'Albergo della Ras*（*1937-1940*）cit., p. 80; *La nuova sede dell'Istituto di Previdenza sociale*, in《Il Popolo d'Italia》, 18 giugno 1939.

(44) ACS, PNF, serie II, b. 261, fasc. Scuola di Mistica fascista. Cfr. B. Mussolini, *Opera omnia* cit., vol. XXIX, p. 331.「Covo」はもとポーポロ・ディターリア新聞社の本部社屋であったが、1939 年に、ファシスト神秘学院の拠点となった。

(45) ACS, SPD, CO, 1922-43, fasc. 509. 519. M. Palanti, *L'Eternale: Mole Littoria*, Rizzoli, Milano 1926; また次も参照のこと：E. Gentile, *Il culto del littorio* cit., pp. 213-15.

(46) F. Fergonzi, *Dalla monumentomania alla scultura arte monumentale*, in Id. e M. T. Roberto, *La scultura monumentale negli anni del fascismo: Arturo Martini e il monumento al duca d'Aosta* cit., p. 177.

(47) M. Lupano, *Marcello Piacentini*, Laterza, Roma-Bari 1991, p. 184. また次も参照：U. Soragni, *Il monumento alla vittoria di Bolzano. Architettura e scultura per la città italiana*（*1926-1938*）, Neri Pozza, Vicenza 1993, p. 50.

(48) F. Fergonzi, *Dalla monumentomania alla scultura arte monumentale* cit., p. 145.

(49) ジォ・ポンティからウーゴ・オイェッティに宛てた 1926 年 12 月 10 日付けの書簡：F. Irace, *Giovanni Muzio. 1893-1982* cit., p. 133.

(50) Cfr. R. Giolli, *La casa dei fasci milanesi*, in《1927-Problemi d'arte attuale》, n. 3, 20 novembre 1927, pp. 29-30; 現在は次に収録されている：Id., *L'architettura razionale*, a cura di C. De Seta, Laterza, Roma-Bari 1972, pp. 24-26.

(51) アレッサンドロ・キアヴォリーニからニッコロ・ガヴァッティに宛てた 1928 年 1 月の書簡：ACS, SPD, CO, 1922-43, fasc. 509. 602/4. ガヴァッティは、グラッパ山上戦没者慰霊碑建立ローマ委員会の会長であった。カトリックよりの委員会と、ファシズムよりの委員会とのあいだで起こった、この慰霊碑をめぐる論争については次を参照：L. Vanzetto, *Monte*

Grappa, in M. Isnenghi (a cura di), *I luoghi della memoria. Simboli e miti dell' Italia unita*, Laterza, Roma-Bari 1996, pp. 367-72.

(52) *Mussolini approva il progetto per la sistemazione del Cimitero di guerra sul Monte Grappa*, in《Il Popolo d'Italia》, 13 settembre 1933.

(53) ピエロ・パリーニに宛てた 1932 年 12 月 3 日付けの書簡に加えられた鉛筆書きのメモより：ACS, SPD, CO, 1922-1943, fasc. 138. 673/1.

(54) *Il Duce inaugura a Cattolica la muova Colonia Marina dei Fasci all'estero*, in《Il Popolo d'Italia》, 29 giugno 1934; C. Baldoli, *Le Navi. Fascismo e vacanze in una colonia estiva per i figli degli italiani all'estero*, in《Memoria e Ricerca》, n. 6, luglio-dicembre 2000, pp. 163-73.

(55) Appunto per il capo del Governo, 2 dicembre 1931, in ACS, PCM, 1931-33, fasc. 14/1, fasc. 1628.

(56) E. Gentile, *Il culto del littorio* cit., p. 200.

(57) S. Poretti, *Progetti e costruzioni dei Palazzi delle Poste a Roma. 1933-35* cit., p. 128. 現場の視察は 1933 年 4 月 14 日に行なわれた。

(58) R. Mariani, *Il fascismo e《città nuove》* cit., pp. 96-98.

(59) Verbale della riunione del 10 settembre 1934; riunione del 16 ottobre 1934, in AMP, fasc. 81. この設計競技については次を参照：M. G. Messina, *L'orma fermata nella pietra. Il concorso per il palazzo del Littorio del 1934*, in S. Bertelli (a cura di), *Il teatro del potere. Scenari e rappresentazione del politico fra Otto e Novecento* cit., pp. 117-47.

(60) C. Rushe, *Progetto di concorso di primo grado per il Palazzo del Littorio a Roma. Progetti A e B*, in G. Ciucci (a cura di), *Giuseppe Terragni* cit., p. 439.

(61) M. Sommella Grossi, *Progetti di concorso per il Palazzo del Littorio* cit., p. 210.

(62) *Direttive di Mussolini per la costruenda Casa Littoria*, in《Il Popolo d'Italia》, 13 novembre 1934.

(63) ジョヴァンニ・マリネッリからティート・ヴェスパシアーニに宛てた 1934 年 10 月 23 日付けの書簡。次に収録されている：M. Zammerini, *Concorso per il Palazzo Littorio*, Testo e immagine, Torino 2002, p. 12.

(64) *Il concorso per il Palazzo del Littorio*, in《Il Popolo d'Italia》, 30 dicembre 1934.

(65) M. Sommella Grossi, *Progetti di concorso per il Palazzo del Littorio* cit., pp. 210-12.

(66) ジュゼッペ・テッラーニからアントーニオ・カルミナーティに宛てた 1934 年 8 月 14 日付けの書簡：*ibid.*, p. 210. オイェッティはサルファッティに関してこう書いている：「ムッソリーニは彼女に、芸術に関する一切のことを任せている」。U. Ojetti, *Taccuini* cit., p. 204 (4 novembre 1925).

(67) ジューリオ・アラータから CONI（イタリア・オリンピック委員会）会長への 1933 年 9 月 11 日付けの書簡：ACS, PNF, serie II, b. 267, fasc. Ing.

Arata. 建築家が任務を承ったのは1932年12月であった。

(68) A. Forti, *Ricevitoria postelegrafonica in Littoria,* in *Angiolo Mazzoni* (*1884–1979*), *Architetto nell'Italia tra le due guerre* cit., p. 148.

(69) A. M. Fiore, *La monumentalizzazione dei luoghi teatro della Grande Guerra: il sacrario di Redipuglia di Giovanni Greppi e Giannino Castiglioni*, in《Annali di architettura》, 2003, n. 15, p. 239. レディプーリアについては次も参照：M. Bortolotti, *Progetti e realizzazioni in Friuli Venezia Giulia, 1931–1938*, in《Paramento》, n. 213, marzo–aprile 1996, pp. 33–40.

(70) ウーゴ・チェイからオズヴァルド・セバスティアーニに宛てた1935年12月6日付けの書簡：ACS, SPD, CO, 1922–43, fasc. 509. 602/4.

(71) P. Dogliani, *Redipuglia*, in Mario Isnenghi (a cura di), *I luoghi della memoria. Simboli e miti dell'Italia unita*, Laterza, Roma–Bari 1996, p. 382.

(72) E. Gentile, *Il culto del littorio* cit., p. 48.

(73) 検査総監からジュゼッペ・ボッタイに宛てた1936年6月5日付けの書簡：ACS, E42, b. 1023, fasc. 9770, s. fasc. 18, ins. 5. また次も参照：R. Mariani, *E42. Un progetto per l'《Ordine Nuovo》*, Comunità, Milano 1987, pp. 16–17; E. Guidoni, *L'E42 città della rappresentazione*, in *E42*, *Utopia e scenario del regime*, vol. II cit., pp. 20–22. この計画の図版は次の文献にも収録されている：S. Maffioletti (a cura di), *BBPR*, Zanichelli, Bologna 1994, pp. 52–53.

(74) E. Gentile, *Il culto del littorio* cit., pp. 217–19;《Foglio d'Ordini》, 20 novembre 1932.

(75) 似たような議論——リンツの鐘楼は、ウィーンの聖シュテンファン大聖堂より背が高く、だがウルム大聖堂よりは低くなくてはならぬ——に、ヒトラーも頭を痛めていた。A. Speer, *Diari segreti di Spandau* cit., p. 196.

(76) G. Pini, *Filo diretto con Palazzo Venezia* cit., p. 125.

(77) M. Sommella Grossi, *Progetti di concorso per il Palazzo del Littorio* cit., pp. 210–16; エンリーコ・デル・デッビオからオズヴァルド・セバスティアーニに宛てた書簡：ACS, SPD, CO, 1922–43, fasc. 531. 835; *La Mole Littoria a Roma*, in《Il Popolo d'Italia》, 13 ottobre 1937; *Il grandioso progetto della Casa Littoria*, ivi, 23 ottobre 1937.

(78) マルチェッロ・ピアチェンティーニからウーゴ・オイェッティに宛てた1938年1月付けの書簡：Gnam, Fondo Ojetti, Cass. 58, I. この設計競技でオイェッティが果たした役割については：M. Petrin, *Ugo Ojetti e l'architettura italiana, 1936–1942*, tesi di laurea, Facoltà di Lettere e Filosofia di Udine, a. a. 2005–2006, pp. 28–40. また次も参照：M. Savorra, *Enrico Agostino Griffini*, Electa Napoli, Napoli 2000, p. 121.

(79) F. Irace, *Giovanni Muzio* cit., p. 132. エルネスト・ラ・パドゥーラの他に、ジョヴァンニ・グエッリーニとマーリオ・ロマーノが、設計チームの構

成員だった。

（80） C. Alvaro, *Case e uomini di Milano*, in《La Stampa》, 24 maggio 1939.

（81） チェーザレ・バッツァーニからムッソリーニに宛てた 1938 年 8 月 24 日付けの書簡：ACS, SPD, CO, 1922–43, fasc. 155. 146. また次も参照：*Il Palazzo del Governo*, in L. Prati e U. Tramonti（a cura di）, *La città progettata: Forlì, Predappio, Castrocaro. Urbanistica e architettura fra le due guerre*, Comune di Forlì, Forlì 2000, pp. 182–85.

（82） F. Canali, *Chiesa di Sant'Antonio a Predappio*, in *La città progettata: Forlì, Predappio, Castrocaro. Urbanistica e architettura fra le due guerre* cit., p. 279. ムッソリーニはすでに 1925 年に、計画村落プレダッピオの建設プロジェクト案についても、検証を行なっていた。D. Y. Ghirardo, *Building New Communities* cit., p. 35.

（83） 不明差出人（署名読めず）からニコロ・デ・チェーザレに宛てた 1941 年 8 月 19 日付けの書簡：in ACS, SPD, CO, 1922–1943, fasc. 553. 474.

（84） フランチェスコ・レオーニからオズヴァルド・セバスティアーニに宛てた 1938 年 11 月 11 日付けの書簡：ACS, SPD, CO, 1922–43, fasc. 553. 474.

（85） フランチェスコ・レオーニからムッソリーニに宛てた 1941 年 9 月 13 日付けの書簡；同 1941 年 10 月の書簡：ACS, SPD, CO, 1922–43, fasc. 553. 474.

（86） フランチェスコ・レオーニからムッソリーニに宛てた 1941 年 9 月 13 日付けの書簡：ACS, SPD, CO, 1922–43, fasc. 553. 474.

（87）「建築家モナコの件。モルフィーノに電話で情報収集。彼によればモナコが勝つという。統領は昨日の視察の際、モナコのプロジェクトを称賛。審査委員会が数日中に決定するだろう」。統領特別秘書の 1939 年 10 月 5 日のメモより；ジョルジョ・モルフィーノからオズヴァルド・セバスティアーニに宛てた 1939 年 10 月 18 日付けの書簡：in ACS, SPD, CO, 1922–42, fasc. 197. 242. モナコ設計のヴィッラおよびその住人に関する記述が、軍諜報部の士官の報告書中に一か所見られる（cfr. R. De. Felice, *Mussolini l'alleato*, vol. I: *L'Italia in guerra 1940–43*, tomo II: *Crisi e agonia del regime*, Einaudi, Torino 1990, pp. 1536–40）。次も参照：P. Monelli, *Mussolini piccolo borghese* cit., pp. 186–87.

（88） Cfr. G. Bottai, *Diario. 1935–1944* cit., p. 577.

（89） リーノ・ヴァルダメーリからジュゼッペ・テッラーニに宛てた 1940 年 4 月 13 日付けの書簡：AGT, Accademia Brera.

（90） Y. De Begnac, *Palazzo Venezia* cit., p. 337.

（91） この言葉は、ブラジーニに送られた一幅の写真に、ムッソリーニが自らの手で書きくわえたものである：ACS, SPD, CO, 1922–43, fasc. 174. 093/1. ゴリツィアの計画に関しては：U. O.［Ugo Ojetti］, *Il colle del Castello di*

Gorizia e il monumento alla Vittoria, in《Dedalo》, V（1922-24）, pp. 327-30. この計画は、ムッソリーニに承認された。

（92） ACS, SPD, CO, 1922-43, b. 838, fasc. 1928; A. Cederna, *Mussolini urbanista* cit., pp. 56-57.

（93） Y. De Begnac, *Taccuini* cit., p. 326.

（94） F. Tentori, *P. M. Bardi*, Mazzotta, Milano 1990, pp. 49-51. アンジェロ・ドルシによれば、バルディは「少なくともある一時期、OVRA（反ファシスト検束秘密警察）に雇用されていたと、かなりの信ぴょう性をもって断言できる」という。A. D'Orsi, *Bardi Pier Maria*, in V. De Grazia e S. Luzzatto（a cura di）, *Dizionario del fascismo* cit., vol. I, p. 146.

（95） *Il Duce inaugura una mostra di architettura razionalista*, in《Il Popolo d'Italia》, 31 marzo 1931.

（96） A. Libera, *La mia esperienza di architetto*, in《La Casa》, s. d., n. 6, p. 173.

（97） M. Cennamo（a cura di）, *Materiali per l'analisi dell'architettura moderna. Il Miar*, Società editrice napoletana, Napoli 1976, pp. 448-50.

（98） S. Salvagnini, *Il sistema delle arti in Italia*, Minerva, Bologna 2000, p. 303.

（99） *Mostra della rivoluzione fascista* cit., p. 8［=J. T. Schnapp, *Anno X. La mostra della Rivoluzione fascista del 1932* cit.］.

（100） N. D'Aroma, *Mussolini segreto* cit., p. 65. このエピソードは1933年4月のことであった。

（101） ムッソリーニからマルゲリータ・サルファッティに宛てた1929年7月9日付けの書簡。次に収録：S. Salvagnini, *Il sistema delle arti in Italia*, cit., pp. 54-55.

（102） ムッソリーニからガブリエーレ・ダンヌンツィオに宛てた1928年6月20日付けの書簡。以下に収録：R. De Felice e E. Mariano（a cura di）, *Carteggio D'Annunzio-Mussolini*（*1919-1938*）, Mondadori, Milano 1971, p. 250.

（103） *Mussolini in volo a Vicenza, Padova e Ferrara*, in《Il Popolo d'Italia》, 28 luglio 1937.

（104） Cfr. R. De Felice, *D'Annunzio politico. 1918-1938*, Laterza, Roma-Bari 1978, pp. 141-223.

（105） U. Ojetti, *Taccuini* cit., p. 436（1° maggio 1934）. オイェッティのムッソリーニに対する追従ぶりに関しては：R. De Felice, *Mussolini il duce*, vol. II: *Lo Stato totalitario. 1936-1940* cit., p. 569.

（106） *Il progetto per la Casa Littoria approvato per acclamazione alla Camera*, in《Il Popolo d'Italia》, 27 maggio 1934.

（107） この資料は次に収録されている：F. Malusardi, *Luigi Piccinato e l'urbanistica moderna*, Officina, Roma 1993, p. 364.

（108） G. Pagano, *Mussolini salva l'architettura italiana*, in《Casabella》, n. 78, giugno 1934; ora in Id., *Architettura e città durante il fascismo* cit., pp. 19–27.

（109） U. Ojetti, *Taccuini* cit., p. 437（19 giugno 1934）. ムッソリーニの注意を引いたロシア館の彫刻は、ヴェラ・ムーヒナが作成した「農婦」である。

（110） M. Sarfatti, *Dux* cit., pp. 257–58.

（111） U. Ojetti, *Taccuini* cit., p. 475（20 marzo 1937）.

（112） Y. De Begnac, *Taccuini mussoliniani* cit., pp. 43, 307, 326, 345, 579. ムッソリーニは、ルートヴィヒに向かっては自分には友人はいないと打ち明けているものの、オイェッティとは「ずいぶんとながいつきあいの友だ」と公言している。

（113） A. Cederna, *Mussolini urbanista* cit., p. 135.

（114） A. Hitler, *Conversazioni segrete* cit., p. 223（13 gennaio 1942）.

（115） N. Timmermann, *Repräsentative《Staatsbaukunst》im faschistischen Italien und im nationalsozialistischen Deutschland–der Einfluß der Berlin–Planung auf die Eur*, Ibidem, Stuttgart 2001, pp. 245–46.

（116） A. Speer, *Diari segreti di Spandau* cit., p. 145.

（117） M. Knox, *Destino comune* cit., p. 121.

（118） A. Hitler, *Gli edifici del Terzo Reich*, in A. Teut, *L'architettura del Terzo Reich*, Mazzotta, Milano 1976, pp. 81–82.

（119） A. Speer, *Diari segreti di Spandau* cit., pp. 144–45. ヒトラーが建築の分野でムッソリーニに与えた影響については、次も参照：S. Helmer, *Hitler's Berlin: the Speer Plans for Reshaping the Central City*, UMI Research Press, Michigan 1985, pp. 89–93.

（120） U. Ojetti, *Taccuini* cit., p. 491（2 febbraio 1938）. ムッソリーニは1937年10月、グイドーニア市の竣工式の場で、ファシストの建築は「モダンな」ものである、と述べている。だがグイドーニは「航空都市」という特殊な性格を持つものであり、近代性のシンボルでもあった点を念頭におくべきである。計画は1936年に行なわれた。

（121） BNF, Fondo Ojetti, mss da ord. Manoscritti 5, 1 III, cc. 5–7.

（122） 「今や統領自身がはっきりとこう自覚していた。お国のおかかえの建築家ピアチェンティーニがつくるものが、まったく無意味であることを。ミュンヘンとベルリンで何を学んでいったのかは、1942年のローマ万国博覧会が示してくれることになろう」: A. Speer, *Diari segreti di Spandau* cit., pp. 144–46. ムッソリーニのミュンヘン訪問は1937年9月25日に行なわれた。

第5章

（1） E. Gentile, *Il mito dello Stato nuovo* cit., p. 248.

（2） M. e P. Piacentini, *Idea per la residenza del Governo e per quella del municipio di Roma. Residenza del Governo al Campidoglio*, dicembre 1923, in ACS, PCM, 1928-30, fasc. 5. 1, n. 5499.

（3） Y. De Begnac, *Palazzo Venezia* cit., p. 337.

（4） *La grande Roma. Intervista con Marcello Piacentini*, dattiloscritto, s. d.（ma dopo il 26 gennaio 1926）, in AMP, fasc. 56. 2.

（5） M. Piacentini, *La Grande Roma*, in《Capitolium》, ottobre 1925, pp. 413-20; A. Nezi, *Le sistemazioni metropolitane moderne: La《Grande Roma》di Marcello Piacentini*, in《Emporium》, n. 376, aprile 1926, pp. 254-63; Id., *Artisti contemporanei accademici d'Italia. Marcello Piacentini*, ivi, n. 422, febbraio 1930, pp. 94-98.

（6） P. V. Cannistraro e B. R. Sullivan, *Margherita Sarfatti* cit., pp. 357-58, 374; AMP, fasc. 50. 6.

（7） G. Mosse, *La nazionalizzazione delle masse* cit., p. 68.

（8） F. Fergonzi, *Dalla monumentomania alla scultura arte monumentale* cit., p. 177.

（9） ファシスト党への支持に関連して、ピアチェンティーニはこう書いている。「（…）党のために――かなり以前に――私の精神的な作品、ボルツァーノのモニュメントを贈った。それは、ファシストの魂をあらわす建築の印章である」：マルチェッロ・ピアチェンティーニからジョヴァンニ・マリネッリに宛てた1928年10月17日付けの書簡：in ACS, PNF, serie II, b. 267, fasc. Corrispondenza arch. Piacentini.

（10） G. Ponti, *Architettura*, in《L'Illustrazione italiana》, 29 ottobre 1933.

（11） Cfr. U. Soragni, *Il Monumento alla Vittoria di Bolzano* cit., pp. 1-81.

（12） たとえば、ローマのリットーリオ宮コンペの際に、パランティが提案した船舶形の建物をムッソリーニが支持したことも思い合わせるべきだろう。

（13） M. Piacentini, *Di alcune particolarità del Monumento alla Vittoria in Bolzano*, in《Architettura e Arti Decorative》, fasc. 6, febbraio 1929, pp. 255-58.

（14） マルチェッロ・ピアチェンティーニからムッソリーニに宛てた1929年9月28日付けの電報：ACS, SPD, CR, 1922-43, b. 103.

（15） マルチェッロ・ピアチェンティーニからムッソリーニに宛てた1929年10月4日付けの書簡：ACS, SPD, CO, 1922-43, fasc. 104. 113. この書簡に書き込まれた（秘書の手による）メモ書きにはこう読める：「閣下はこの展覧会に各方面から招待を受けたが、常に断ってきたことを、差出人に伝えること」。

（16） Cfr. V. Vannelli, *Economia dell'architettura in Roma fascista* cit., p. 118.

（17） ブラジーニからムッソリーニに宛てた1930年3月31日付けの書簡：

ACS, SPD, CO, 1922–43, fasc. 174. 093. また次も参照：G. Consoli, *Armando Brasini（1879–1963）*, tesi di laurea, Facoltà di Architettura di Roma《La Sapienza》, a. a. 1983–84.

（18） A. Muñoz, *La Roma di Mussolini* cit., pp. 76–77.

（19） *Ibid.*, p. 102.

（20） *L'approvazione del progetto del Mausoleo a Cadorna*, in《Il Popolo d'Italia》, 18 marzo 1930.

（21） 後に見るように、ピアチェンティーニは同協会のナポリ支部とミラノ支部を手がけている。おそらくジェノヴァ支部も彼の手になるものだろう。

（22） *Il Duce conclude l'ispezione delle opere pubbliche alla Capitale*, in《Il Popolo d'Italia》, 24 settembre 1930.

（23） マルチェッロ・ピアチェンティーニからフランチェスコ・ボンコンパーニ・ルドヴィージに宛てた 1932 年 8 月 18 日付けの書簡：ACS, SPD, CO, 1922–43, b. 839, fasc. 1932.

（24） 次も参照：F. Tentori, *P. M. Bardi* cit., p. 54.

（25） G. Morolli, *Il palazzo, la sua architettura*, in F. Borsi, G. Morolli e D. Fonti, *Il Palazzo dell'Industria*, Editalia, Roma 1986–90, p. 46.

（26） ムッソリーニからアントーニオ・モスコーニに宛てた 1929 年 7 月 14 日付けの書簡。次に収録：G. Morolli, *Il palazzo, la sua architettura* cit., p. 59.

（27） ボッタイからムッソリーニに宛てた 1932 年 1 月 5 日付けの報告書：ACS, PCM, 1931–33, 7. 2 n. 3916.

（28） マルチェッロ・ピアチェンティーニからグイード・ベールに宛てた 1932 年 8 月 11 日付けの書簡：ACS, PCM, 1931–33, 7. 2, n. 3916.

（29） U. Ojetti, *Taccuini* cit., pp. 396–97（28 luglio 1932）.

（30） *Il Capo del Governo approva il progetto per il nuovo Palazzo di Giustizia*, in《Il Popolo d'Italia》, 6 febbraio 1932.

（31） 「かくも偉大な事業を手がける大任をおおせつかり、閣下に満腔の謝意を申し述べます。粉骨砕身、この事業が閣下ならびにファシズム都市ローマを表すものとなるよう、努力いたす所存です」。マルチェッロ・ピアチェンティーニからムッソリーニに宛てた 1932 年 4 月 4 日付けの電報：ACS, SPD, CR, 1922–43, b. 103.

（32） *La città universitaria è stata visitata da 500000 visitatori*, in《Il Popolo d'Italia》, 10 novembre 1935.

（33） マルチェッロ・ピアチェンティーニからジュゼッペ・ヴォルピに宛てた 1934 年 11 月 18 日付けの書簡：AMP, fasc. 82.

（34） *Il progetto per la nuova sede della Banca Nazionale del Lavoro sottoposto al capo del Governo*, in《Il Popolo d'Italia》, 4 giugno 1933.

（35） 首相に宛てた報告書［s. d. ma 1934］：アルトゥーロ・オーシオからムッ

ソリーニに宛てた1934年6月29日付けの書簡：ACS, SPD, CO, 1922–43, b. 840, fasc. 1934.

(36) A. Nezi, *Le sistemazioni metropolitane moderne: la《Grande Roma》di Marcello Piacentini* cit., pp. 254–63.

(37) マルチェッロ・ピアチェンティーニからジョヴァンニ・マリネッリに宛てた1928年10月17日付けの書簡：ACS, PNF, Servizi vari, serie II, b. 276, fasc. Corrispondenza arch. Piacentini. マリネッリは、ピアチェンティーニから送られた2万リラの銀行小切手の受取を拒否している。

(38) ACS, SPD, CO, 1922–43, fasc. 104. 113/21. 同展をめぐる経緯については次を参照：G. Scussolino, *Un disegno inedito di Marcello Piacentini per la Mostra della Rivoluzione fascista in via dell'Impero*, tesi di laurea, Facoltà di Lettere e Filosofia di Udine, a. a. 2004–2005.

(39) *La decisione del Duce per la costruzione sulla via dell'Impero della sede del Partito e della Mostra fascista*, in《Il Popolo d'Italia》, 2 dicembre 1932. 帝国通りの選択に関しては次を参照：M. G. Messina, *L'orma fermata nella pietra. Il concorso per il palazzo del Littorio del 1934* cit., p. 122; V. Vidotto, *Palazzi e sacrari: il declino del culto del littorio* cit., pp. 584–85.

(40) *Memoria del prof. Marcello Piacentini al Presidente della Commissione di epurazione del personale universitario*, s. d.（ma successiva al 3 febbraio 1945）, dattiloscritto, in AMP, fasc. 112. 2.

(41) マルチェッロ・ピアチェンティーニからムッソリーニに宛てた1936年5月16日および25日の書簡。次に収録：G. Gresleri, *La《nuova Roma della Scioa》e l'improbabile architettura dell'Impero* cit., pp. 165–66.

(42) 「奴が手がけた建物の写真を全部、一冊の本にまとめてみたらいい。とても一人の建築家の作品集には見えないだろう。建築家が20人でもあつまったみたいだ」。U. Ojetti, *Taccuini* cit., pp. 396–97（28 luglio 1932）.

(43) *Memoria del prof. Marcello Piacentini al Presidente della Commissione di epurazione del personale universitario*, s. d.（ma successiva al 3 febbraio 1945）, dattiloscritto, in AMP, fasc. 112. 2.

(44) *Il programma della XIX Biennale sottoposto al Capo del Governo*, in《Il Popolo d'Italia》, 15 dicembre 1933; *Il Duce approva i progetti definitivi per la Casa dei Mutilati in Roma*, ivi, 16 dicembre 1933.

(45) 「閣下のご着想のもとに仕事をすすめることができ、たいへん光栄であります」。アリスター・マクドナルドからムッソリーニに宛てた1934年2月8日付けの書簡：ACS, SPD, CO, 1922–43, fasc. 510. 505. 建築家2名は、SCIA側の責任者Alvise Bragadinとともに、1934年1月18日に統領と面会している。R. De Felice, *Mussolini il duce*, vol. I: *Gli anni del consenso. 1929–1936* cit., p. 328.

(46) ベッルッツォ、ブラジーニ、ピアチェンティーニから提出された1934年2月27日付けの覚書き：ACS, SPD, CO, 1922–43, fasc. 104. 113/1. ベッルッツォに関しては次を参照：F. H. Adler, *Belluzzo Giuseppe*, in V. De Grazia e S. Luzzatto (a cura di), *Dizionario del fascismo* cit., vol. I, p. 154.

(47) ACS, SPD, CO, 1922–43, fasc. 135. 015.

(48) パヴィリオンの計画案はムッソリーニのもとに、一度目は1936年3月、二度目は1936年7月11日に提出されている。M. Talamona, *Italie*, in *Paris 1937. Cinquantenaire de L'Exposition Internationale des arts et des techniques dans la vie moderne*, catalogo della mostra, Institut Française d' Architecture / Paris–Musées, Paris 1987, pp. 166–71. また次も参照：*Direttive di Mussolini circa la partecipazione italiana all'Esposizione internazionale di Parigi*, in《Il Popolo d'Italia》, 12 luglio 1936; *Il Padiglione italiano pronto all' Esposizione di Parigi*, ivi, 2 maggio 1937. パヴィリオン前の騎馬像は彫刻家ジョルジョ・ゴーリの作品である。

(49) K. A. Fiss, *The German Pavilion*, in D. Ades *et alii* (a cura di), *Art and Power. Europe under Dictators. 1930–45*, catalogo della mostra, Thames and Hudson e Hayward Gallery, London 1995, pp. 108–9; Id., *In Hitler's Salon: The German Pavilion at the 1937 Paris Exposition Internationale*, in R. A. Etlin (a cura di), *Art, Culture and Media Under the Third Reich*, The University of Chicago Press, Chicago–London 2002, pp. 316–42; A. Speer, *Memorie del Terzo Reich* cit., p. 98. シュペーアのパヴィリオンの塔は、ニュルンベルクに再建されるはずであった。

(50) *Il Duce approva e dispone la rapida esecuzione dei lavori*, in《Il Popolo d'Italia》, 10 giugno 1939.

(51) ルイージ・フェデルツォーニからムッソリーニに宛てた1939年11月28日付けの書簡：ACS, SPD, CO, 1922–43, fasc. 104. 113/25.

(52) それぞれ1930年4月14日と、10月28日。なおここでは、1929年以降の事例のみを考察の対象とした。

(53) *Il Duce conclude l'ispezione delle opere pubbliche alla capitale*, in《Il Popolo d'Italia》, 24 settembre 1930.

(54) 《ローマ総督より伝えられた統領閣下のご印象とご意見を勘案し、スパッカレッリと私とで計画を検証いたしました》。マルチェッロ・ピアチェンティーニからムッソリーニに宛てた1937年4月1日付けの書簡：ACS, SPD, CO, 1922–43, fasc. 7583. ボルゴ地区への視察が行なわれたのは、1936年6月20日、1937年10月8日、1939年5月11日である。

(55) G. Ponti, *Idee di Gio Ponti sulla politica dell'architettura*, in《Il Giornale d'Italia》, 19 luglio 1938.

(56) 「E42」への視察が行なわれたのは、1937年4月28日、1938年7月6日、

1939年4月18日であった。

(57) 模型のプレゼンテーションが行なわれたのは10月29日。ムッソリーニはその際、ジョヴァンノーニとオッポも随伴していた。Cfr. V. Quilici (a cura di)., *E42–Eur. Un centro per la metropoli*, Olmo, Roma 1996, p. 34.

(58) たとえば、ピアチェンティーニとムッソリーニが、息子のブルーノのための墓碑計画に関して何らのコンタクトもとらなかったなどとは、とても考えられない。

(59) ACS, SPD, CO, 1922–43, fasc. 104. 113/10.

(60) B. Mussolini, *Opera omnia* cit., vol. XXIV, p. 269.

(61) マルチェッロ・ピアチェンティーニからムッソリーニに宛てた1930年6月16日付けの書簡：ACS, SPD, CR, 1922–43, b. 103. *Discussioni sul Vittoriano*, in《Il Popolo d'Italia》, 26 settembre 1931.

(62) 該当資料が、アレッサンドロ・キアヴォリーニからマリアーノ・ピエッロに宛てた書簡の中に引用されている：ACS, SPD, CO, 1922–43, fasc. 500. 505/1.

(63) マルチェッロ・ピアチェンティーニからムッソリーニに宛てた1934年6月13日付けの手紙：ACS, SPD, CO, 1922–34, fasc. 132. 862.

(64) Y. De Begnac, *Taccuini mussoliniani* cit., p. 328.

(65) マルチェッロ・ピアチェンティーニからムッソリーニに宛てた1934年7月7日付けの書簡：ACS, SPD, CO, 1922–43, fasc. 132. 862.

(66) マルチェロ・ピアチェンティーニからムッソリーニに宛てた1935年12月2日付けの書簡：ACS, PCM, 1934–36, fasc. 5. 1, n. 5568. この手紙に関しては、公記録上の登記のみが残っている。ピアチェンティーニのリオ・デ・ジャネイロ滞在に関しては：M. Lupano, *Marcello Piacentini* cit., p. 186.

(67) 時のブラジルの教育相はモルプルゴに対し、10月までに完成案の提出をするよう要求している。ヴィットーリオ・モルプルゴからアルナルド・フォスキーニに宛てた1937年10月2日付けの書簡：AAF, fasc. Varie.

(68) マルチェッロ・ピアチェンティーニからニコロ・デ・チェーザレに宛てた1942年4月23日付けの書簡：ACS, SPD, CO, 1922–1943, fasc. 536. 663/4.

(69) Y. De Begnac, *Taccuini mussoliniani* cit., p. 326. 本文に引いたムッソリーニの建築家に対する判断は、30年代の後半のものと推測される。

(70) R. De Felice, *Mussolini il duce*, vol. II: *Lo Stato totalitario. 1936–1940* cit., p. 275.

(71) Y. De Begnac, *Taccuini mussoliniani* cit., p. 357.

(72) P. Nicoloso, *Gli architetti di Mussolini. Scuole e sindacato, architetti e massoni, professori e politici negli anni del regime* cit., pp. 157–58.

第６章

（1） 本節および次節は、以下のタイトルで出版された拙稿を発展させたものである：*Piacentini e Mussolini nella Città universitaria di Roma. 1932–35*, in G. Mazzi（a cura di）, *L'Università e la città: il ruolo di Padova e degli altri atenei italiani nello sviluppo urbano*, Clueb, Bologna 2006, pp. 231–45.

（2） ムッソリーニからバルビーノ・ジュリアーノに宛てた 1932 年 2 月 18 日付けの書簡：ACS, PCM, 1934–36, 5. 1 n. 2866/1.

（3） ピアチェンティーニからムッソリーニに宛てた 1932 年 4 月 4 日付けの電報：ACS, SPD, CR, 1922–43, b. 103.

（4） *Il Duce visita le maggiori opere pubbliche in corso di esecuzione alla Capitale*, in《Il Popolo d'Italia》, 7 aprile 1932.

（5） ムッソリーニからバルビーノ・ジュリアーノに宛てた 1932 年 4 月 26 日付けの書簡：ACS, SPD, CO, 1922–43, fasc. 509. 826/2.

（6） M. Piacentini, *Metodi e caratteristiche*, in《Architettura》, dicembre 1935, fascicolo speciale sulla Città Universitaria, p. 2.

（7） *Il Duce visita le maggiori opere pubbliche in corso di esecuzione alla capitale*, in《Il Popolo d'Italia》, 7 aprile 1932.

（8） *Memoria del prof. Marcello Piacentini al Presidente della Commissione di epurazione del personale universitario*, s. d.（ma successiva al 3 febbraio 1945）, dattiloscritto, in AMP, fasc. 112. 2.

（9） M. Piacentini, *Metodi e caratteristiche* cit., p. 2.

（10） *Il Duce visita le maggiori opere pubbliche in corso di esecuzione alla capitale* cit.

（11） G. Minnucci, *La Città Universitaria di Roma*（conferenza tenuta all'Istituto di Studi Romani, 26 aprile 1937）, in ACS, Fondo Minnucci, b. 10, fasc. 67.

（12） 教育相ジュリアーノによれば、ピアチェンティーニは「あらかじめ選んだ六名の建築家たち」に仕事を割り振った、という。バルビーノ・ジュリアーノからムッソリーニに宛てた 1932 年 5 月 14 日付けの書簡：ACS, PCM, 1934–36, 5. 1, n. 2866/2. また次も参照：G. Caniggia, *Il clima architettonico romano e la città universitaria*, in《La casa》, s. d.［1960］, n. 6, p. 285.

（13） マルチェッロ・ピアチェンティーニからムッソリーニに宛てた 1932 年 5 月 2 日付けの書簡：ACS, SPD, CR, 1922–43, b. 103. 大学都市でもっとも使用された石材は、結局、カッラーラの白大理石ではなく、トラバーチンであった。

（14） ムッソリーニからバルビーノ・ジュリアーノに宛てた 1932 年 5 月 13 日付けの書簡：ACS, PCM, 1934–36, 5. 1 n. 2866/2.

（15） バルビーノ・ジュリアーノからムッソリーニに宛てた 1932 年 5 月 14 日付けの書簡：ACS, PCM, 1934–36, 5. 1 n. 2866/2.

（16） ピアチェンティーニからムッソリーニに宛てた1932年8月12日付けの電報；エドモンド・ロッソーニからピアチェンティーニに宛てた電報：ACS, PCM, 1934-36, 5. 1 n. 2866/2.

（17） Y. De Begnac, *Palazzo Venezia* cit., p. 567.

（18） アルナルド・フォスキーニからマルチェッロ・ピアチェンティーニに宛てた1932年8月17日付けの書簡：AAF, fasc. Università di Roma.

（19） C. Conforti, *Istituto di Mineralogia, Geologia, Paleontologia e Istituto di Fisiologia generale, Psicologia e Antropologia della Città universitaria di Roma*, in Id. e A. Belluzzi（a cura di）, *Giovanni Michelucci*, Electa, Milano 1986, p. 94.

（20） G. P. P.［Giuseppe Pagano］, *Registro*（*Dell'Università di Roma*）, in《Casabella》, gennaio 1933, n. 61, p. 41.

（21） ムッソリーニからアルナルド・ディ・クロッラランツァに宛てた1932年9月27日付けの書簡：ACS, PCM, 1934-1936, 5. 1 n. 2866/2. ムッソリーニとピアチェンティーニの面談は、1932年9月26日に行なわれた。

（22） *Il piano generale per la costruzione della Città Universitaria di Roma*, in《Il Popolo d'Italia》, 20 dicembre 1932.

（23） ムッソリーニからロッコに宛てた1933年1月23日付けの電報：ACS, PCM, 1934-36, 5. 1 n. 2866/2.

（24） *Programma di lavoro di Marcello Piacentini* ..., dattiloscritto, 24 gennaio 1933, in ACS, PCM, 1934-36, 5. 1 n. 2866/2.

（25） アルフレード・ロッコからアレッサンドロ・キアヴォリーニに宛てた1933年2月18日付けの書簡：ACS, PCM, 1934-36, 5. 1 n. 2866/2.

（26） *Dalla Città Universitaria al Porto di Fiumicino*, in《Il Popolo d'Italia》, 12 marzo 1933. R. Pacini, *Il grandioso progetto della città universitaria*, in《Emporium》, n. 475, marzo 1933, p. 180. 最初と、その次の模型は、それぞれ、ルパーノが模型「A」、「B」と呼んだものに対応する：M. Lupano, *Marcello Piacentini* cit., figg. 121 e 123.

（27） S. Mornati, *La scuola di Matematica di Gio Ponti a Roma* cit., p. 282.

（28） G. Caniggia, *Il clima architettonico* cit., p. 294.

（29） *Il Duce passa in rassegna le grandiose opere in esecuzione*, in《Il Popolo d'Italia》, 15 settembre 1933.

（30） Appunto, 29 settembre 1933, in ACS, SPD, CO, 1922-43, fasc. 509. 826/2.

（31） マルチェッロ・ピアチェンティーニからムッソリーニに宛てた1934年8月30日付けの書簡：ACS, CR, 1922-43, b. 103.

（32） 1935年3月17日付けのムッソリーニのメモ書き：ACS, SPD, CO, 1922-43, fasc. 509. 826/2.

（33） R. Papini, *Architetture se Dio vuole italiane*, in《L'Illustrazione Italiana》, n. 44, 3 novembre 1935, pp. 862-64; ora in R. De Simone（a cura di）, *Cronache di*

architettura. 1914–1957, Edifir, Firenze 1998, pp. 287–90.

(34) G. Ciucci, *Gli architetti e il fascismo*, Einaudi, Torino 1989, pp. 132–33.

(35) M. Piacentini, *Metodi e caratteristiche* cit., p. 6.

(36) B. Mussolini, *Opera omnia* cit., vol. XXVII, p. 178.

(37) P. De Francisci, *Università del tempo fascista*, in《Architettura》, dicembre 1935, fasc. speciale sulla Città Universitaria, p. 1.

(38) *S. E. l'arch. Marcello Piacentini preside della Facoltà di architettura dell'Università di Roma*, in《Architettura. Supplemento sindacale》, fasc. 2, 15 febbraio 1936, pp. 13–14.

(39) R. Mariani, *E42. Un progetto per l'《Ordine Nuovo》* cit., p. 18.

(40) 戦後、チーニはムッソリーニをこう評している：「偉大な才能を備えた男だったが、バランスを欠くこともしばしばあった。果てしない能力を持つ一方、表面的で、流されやすかった。感情に駆られることもしばしばで、追従には弱かった」。ムッソリーニとチーニの複雑な関係については：R. De Felice, *Mussolini l'alleato*, vol. I/2: *Crisi e agonia del regime* cit., p. 1062.

(41) T. Cianetti, *Memorie dal carcere di Verona*, Rizzoli, Milano 1983, p. 293.

(42) B. Mussolini, *Opera omnia* cit., vol. XXIX, pp. 265–66.

(43) Id., *Opera omnia* cit., vol. XXVI, p. 259.

(44) ムッソリーニが大評議会で 1939 年 2 月 4 日と 5 日に行なった報告を参照のこと。資料は次に収録：R. De Felice, *Mussolini il duce*, vol. II: *Lo Stato totalitario. 1936–1940* cit., pp. 319–25. 次も参照：D. Grandi, *Il mio paese* cit., p. 524.

(45) A. Pirelli, *Taccuini 1922/1943* cit., p. 217（4 maggio 1939）.

(46) *Un sopralluogo di Mussolini alla zona nella quale sorgerà l'Esposizione Universale del 1941*, in《Il Popolo d'Italia》, 22 ottobre 1936.

(47) L. Di Majo e I. Insolera, *L'Eur e Roma dagli anni Trenta al Duemila*, Laterza, Roma–Bari 1986, pp. 24–26; R. Mariani, *E 42. Un progetto per l'《Ordine Nuovo》* cit., p. 18.

(48) ACS, Fondo Cini, b. I, fasc. 42.

(49) *Programma dell'Esposizione Universale e Mondiale di Roma, XX Annuale*, novembre 1935, in ACS, Fondo Cini, b. 3, fasc. 61. Cfr. P. Ferrara, *L'Eur: un ente per l'E42*, in T. Gregory e A. Tartaro（a cura di）, *E42. Utopia e scenario del regime*, vol. I: *Ideologia e programma dell'Olimpiade delle Civiltà*, catalogo della mostra, Roma 1986, Marsilio, Venezia 1987, pp. 74–75.

(50) M. Piacentini, *L'Esposizione universale dell'anno ventesimo e la più grande Roma del piano imperiale*, in《Il Giornale d'Italia》, 14 ottobre 1936.

(51) ピアチェンティーニが大学においてふるった権力については：

P. Nicoloso, *Gli architetti di Mussolini* cit.

(52) *Il Duce elogia l'attività del podestà di Torino*, in《Il Popolo d'Italia》, 2 novembre 1934.

(53) *Il rapporto al Duce del podestà di Torino*, ivi, 13 ottobre 1935.

(54) Cfr. 同紙 1937 年 11 月 1 日の写真より。

(55) *L'alto elogio del Duce ai Gerarchi delle Province di Trieste e di Gorizia*, ivi, 21 novembre 1934.

(56) D. Barillari, *Architettura e committenza a Trieste: Piacentini e le Assicurazioni Generali*, in《Archeografo Triestino》, LXIII（2003）, p. 607; P. Nicoloso, *Architetture per la città fascista. 1933–1939*, in P. Nicoloso e F. Rovello（a cura di）, *Trieste 1918–1954*, Mgs Press, Trieste 2005, pp. 48–52.

(57) *Il Duce riceve le gerarchie di Trieste*, in《Il Piccolo di Trieste》, 13 febbraio 1937.

(58) *Il Prefetto e il Podestà di Genova ricevuti dal Capo del Governo*, in《Il Popolo d'Italia》, 23 maggio 1934.

(59) *Rapporto al Capo del Governo sul risanamento di Bologna*, ivi, 20 dicembre 1936.

(60) 「1 月 5 日：総統はシュペーアを相手に、再建プロジェクトについて議論を交わした。（…）総統は私に、ベルリン改造計画のことを説明してくださった。（…）度肝を抜くような計画といわねばらない」。ゲッベルスの日記より、1937 年 1 月 5 日の記述。次に収録：F. Spotts, *Hitler and the Power of Aesthetics* cit., p. 356.

(61) *L'Esposizione del ventennale fascista secondo le precise direttive del Duce ampiamente illustrate dal sen. Cini*, in《Il Popolo d'Italia》, 13 gennaio 1937.

(62) E. Guidoni, *L'E42 città della rappresentazione* cit., p. 36.

(63) マルチェッロ・ピアチェンティーニからヴィットーリオ・チーニに宛てた 1937 年 1 月 23 日付けの書簡：ACS, Fondo Cini, b. 1, fasc. 7.

(64) マルチェッロ・ピアチェンティーニからチプリアーノ・エフィーシオ・オッポに宛てた、1937 年 3 月 4 日付けの書簡。次に収録：E. Guidoni, *L'E42 città della rappresentazione* cit., p. 37.

(65) 先に言及したものと同じ図面である。そしておそらくはこのデザインが、7 月にミュンヘンを訪れたヒトラーの否定的な反応を引き出したことも、先に見たとおりである。

(66) パガーノの言葉は次に収録：M. Lupano, *Marcello Piacentini* cit., p. 176.

(67) R. Mariani, *E42. Un progetto per l'《Ordine Nuovo》* cit., p. 66.

(68) E. Guidoni, *L'E42 città della rappresentazione* cit., p. 49.

(69) R. Mariani, *E42. Un progetto per l'《Ordine Nuovo》* cit., p. 67.

(70) L. Di Majo e I. Insolera, *L'Eur e Roma dagli anni Trenta al Duemila* cit., pp. 47–

48.
(71) ヴィットーリオ・チーニからディーノ・アルフィエーリに宛てた1937年9月8日付けの書簡。次に収録：E. Guidoni, *L'E42 città della rappresentazione* cit., p. 50.
(72) I. Kershaw, *Hitler. 1936–1945* cit., p. 48.
(73) マルチェッロ・ピアチェンティーニからウーゴ・オイェッティに宛てた1937年9月18日付けの書簡：GNAM, Fondo Ojetti, Cass. 58, I. ピアチェンティーニは、1937年9月4日にミュンヘンに滞在している。
(74) E. Guidoni, *L'E42 città della rappresentazione* cit., p. 51.
(75) U. Ojetti, *Piacentini ha ragione,* in L. Patetta, *L'architettura in Italia* cit., p. 382.
(76) *Memoria riguardante l'arch. Marcello Piacentini*, dattiloscritto, in AMP, fasc. 112. 2.
(77) E. Guidoni, *L'E42 città della rappresentazione* cit., p. 51.
(78) マルチェッロ・ピアチェンティーニからヴィットーリオ・チーニに宛てた1937年12月13日付けの書簡：ACS, Fondo Cini, b. 1, fasc. 7.
(79) *Ibid.*
(80) *Ibid.* イタリア文明館については次を参照：M. Casciato, *Palazzo della Civiltà Italiana: cronaca del concorso*, in Id. e S. Poretti（a cura di）, *Il Palazzo della Civiltà Italiana*, Motta editore, Milano 2002, pp. 39–65.
(81) ジュゼッペ・テッラーニからルイージ・ピッチナートに宛てた1938年1月5日付けの書簡。次に収録：E. Mantero, *Giuseppe Terragni e la città del razionalismo italiano*, Dedalo, Bari 1983, p. 147.
(82) テッラーニによるならば、といっても彼自身も直接関与していたのだが、審査委員会の席は「大いに紛糾した」という。ジュゼッペ・テッラーニからアキッレ・フーニに宛てた1938年1月17日付けの書簡。次に収録：E. Mariani, *E42. Un progetto per l'《Ordine Nuovo》* cit., p. 125.
(83) 例えば、ダヴィデ・パカノウスキからドメーニコ・フィリッポーネに宛てた1938年1月8日付けの書簡を参照：「私はミラノにいるときすでに、パドゥーラが勝つであろうことを知った」。*E42–Eur. Un centro per la metropoli* cit., p. 74.
(84) 次を参照：A. Muntoni, *Progetto di Concorso di primo e secondo grado per il Palazzo dei ricevimenti e congressi all'E42*, in G. Ciucci（a cura di）, *Giuseppe Terragni* cit., p. 540.
(85) R. Mariani, *E 42. Un progetto per l'《Ordine Nuovo》* cit., p. 125.
(86) ジュゼッペ・テッラーニからアキッレ・フーニに宛てた1938年1月17日付けの書簡。前掲書。
(87) ジュセッペ・パガーノからチプリアーノ・エフィーシオ・オッポに宛てた1938年1月14日付けの書簡。前掲書181ページ。

（88） ヴィットーリオ・チーニからオズヴァルド・セバスティアーニに宛てた1938年1月7日付けの書簡：ACS, SPD, CO, 1922–1943, fasc. 509. 832.

（89） *III° rapporto sull'attività svolta al 31 dicembre 1937*, in ACS, SPD, CO, 1922–1943, fasc. 509. 832.

（90） U. Ojetti, *Piacentini ha ragione* cit., p. 382.

（91） R. Mariani, *E 42. Un progetto per l'《Ordine Nuovo》* cit., p. 71.

（92） 特別秘書官によるムッソリーニのための2月2日付けのメモ書き：ACS, SPD, CO, 1922–43, fasc. 509. 832.

（93） A. Libera, *La mia esperienza di architetto*, in《La Casa》, 1954, n. 6, p. 174. 最初の二つは、第一段階と第二段階のコンペのもの。三つ目と四つ目が、この時に行なった修正のこと。五つ目はおそらく、後にピアチェンティーニから指図されたその他の修正のことを言っているのではないか。

（94） U. Ojetti, *Piacentini ha ragione*, in L.Patetta, *L'architettura in Italia* cit., p. 382.

（95） Relazione di Pinna Berchet a Mussolini, 15 marzo 1938, in ACS, SPD, CO, 1922–43, fasc. 509. 832. ピンナ・ベルケットは、3月8日の会談の折に、口頭で批判を述べたのだが、ムッソリーニは文章で問題点を報告するよう命じたのだった。

（96） 特別秘書官によるムッソリーニのための7月5日付けのメモ書き：ACS, SPD, CO, 1922–43, fasc. 509. 832.

（97） S. Scarrocchia, *Albert Speer e Marcello Piacentini* cit., p. 109.

（98） A. Speer, *Diari segreti di Spandau* cit., p. 146.

（99） A. Hitler, *Conversazioni segrete* cit., p. 89（21 ottobre 1941）.

（100） リーノ・ヴァルダメーリからジュゼッペ・ボッタイに宛てた1939年2月3日付けの書簡。次に収録：C. Baglione, *Progetto per il Danteum*, in A. Acler e L. Travella, *Pietro Lingeri* cit., p. 262.

（101） P. Lingeri e G. Terragni, *Danteum in Roma. Note illustrative*, in《Casabella》, n. 522, marzo 1986, pp. 40–41. 次も参照のこと：G. Ciucci, *La ragione teorica del Danteum*, ivi.

（102） リーノ・ヴァルダメーリからジュゼッペ・テッラーニに宛てた1940年4月13日付けの書簡。以下に引用：P. Nicoloso, *Lingeri e Terragni*, in A. Acler e L. Travella, *Pietro Lingeri* cit., p. 68.

（103） *Architettura nazionale*, in《Casabella》, gennaio 1935; ora in G. Pagano, *Architettura e città durante il fascismo* cit., pp. 47–48.

（104） E. Guidoni, *L'E42, la città della rappresentazione* cit., p. 51. 当時の2万6000リラは、およそ現在の2万ユーロに相当する額である。

（105） イタリア文明館コンペの審査報告書に、パガーノが署名を行なわなかった点については次を参照：R. Mariani, *E42. Un progetto per l'《Ordine Nuovo》* cit., p. 183.

（106） G. Pagano, *Potremo salvarci dalle false tradizioni e dalle ossessioni monumentali?*, in《Costruzioni-Casabella》, gennaio 1941; Id., *Occasioni perdute*, ivi, febbraio 1941; ora in G. Pagano, *Architettura e città durante il fascismo* cit., pp. 129-41; 142-45.

（107） マリーノ・ラッツァーリからヴィットーリオ・チーニに宛てた書簡（日付はないが、1941 年 2 月以降と思われる）：ACS, Fondo Cini, b. I, fasc. 30.

（108） マルチェッロ・ピアチェンティーニからゲラルド・チーニに宛てた 1941 年 4 月 28 日付けの書簡。次に引用：E. Guidoni, *L'E42, la città della rappresentazione* cit., p. 81.

（109） ACS, SPD, CR, 1922-43, b. 36, fasc. 242.

（110） P. Nicoloso, *La《Carta del restauro》di Giulio Carlo Argan*, in《Annali di architettura》, 1994, n. 6, pp. 101-15. アルガンについては次を参照：M. Serri, *I redenti*, Corbaccio, Milano 2005, pp. 135-39.

（111） G. Bottai, *Diario 1935-1944* cit., pp. 323, 328（10 settembre e 7 ottobre 1942）.

（112） マルチェッロ・ピアチェンティーニからウーゴ・オイェッティに宛てた 1943 年 3 月 25 日付けの書簡：Gnam, Fondo Ojetti, Cass. 58, III.

第 7 章

（1） R. De Felice, *Mussolini il duce*, vol. II: *Lo Stato totalitario. 1936-1940* cit., pp. 254-330.

（2）「E42」計画の持つ「深遠な権能」について、ピアチェンティーニはチーニに宛てた 1943 年 3 月 11 日付けの書簡で語っている：ACS, Fondo Cini, b. 3, fasc. 7.

（3） これは R. De Felice, *Mussolini il duce*, vol. II: *Lo Stato totalitario. 1936-1940* cit., p. 320 の解釈である。

（4） A. Gatti, *Abbozzo per un ritratto di B. Mussolini*, in《Popolo d'Italia》, 27 marzo 1938.

（5） M. Piacentini, *Classicità dell'E42*, in《Civiltà》, n. 1, aprile 1940, pp. 23, 28.

（6） U. Ojetti, *Taccuini* cit., p. 538（1° ottobre 1939）.

（7） 引用したムッソリーニのフレーズは、クァローニが伝えているものである。*Giorgio Ciucci intervista Ludovico Quaroni*, in《Casabella》, n. 515, luglio 1985, p. 32.

（8） M. Piacentini, *Classicità dell'E42* cit., p. 23.

（9） 引用したムッソリーニのフレーズについては次を参照：R. Bianchi Bandinelli, *Hitler e Mussolini. 1938. Il viaggio in Italia* cit., pp. 30-31.

（10） *L'architettura del tempo fascista e l'edilizia moderna. Intervista a Marcello Piacentini di Alberto Simeoni*, in《L'Impero》, 31 marzo 1929.

(11) M. Piacentini, *Il nostro programma*, in《Architettura》, fasc. 1, gennaio 1932.

(12) *S. E. l'arch. Marcello Piacentini preside della Facoltà di Architettura dell' Università di Roma*, in《Architettura. Supplemento sindacale》, n. 2, 15 febbraio 1936, pp. 13-14.

(13) M. Piacentini, *Metodi e caratteristiche*, in《Architettura》, dicembre 1935, numero speciale sulla Città Universitaria, p. 2.

(14) Id., *L'urbanistica e l'architettura*, ivi, dicembre 1938, fascicolo speciale sull' Esposizione universale di Roma, pp. 725-26; Id., *Architettura del tempo di Mussolini*, in《L'Illustrazione italiana》, n. 53, 18 dicembre 1938, p. 1034.

(15) PNF, *Il cittadino soldato*, Roma 1936, cit. in E. Gentile, *Interpretazioni del fascismo* cit., p. 251.

(16) ピアチェンティーニが「ファシズム様式」という言葉を使ったのは、ごく限られた機会のみであった。過去には、たとえば1929年に、都市ローマの未来像をめぐってジョヴァンノーニと激しくやりあっていた際、ピアチェンティーニは旧市街区を保存するかたわらで、新たな街区の建設を提案したのだが、そこでこの言葉を使っている。新しい都市は「敬愛すべきベニート・ムッソリーニの名」に捧げられるべきである、と建築家は書いているのだが、その都市は「われわれの、真にファシスト的で、イタリア国家的なる様式」の表現になるだろう、としている。M. Piacentini, *Roma e l'arte edilizia*, in《Pegaso》, n. 9, settembre 1929, p. 319.

(17) Id., *Per l'autarchia. Politica dell'architettura. II. Nuova rinascita*, in《Il Giornale d'Italia》, 15 luglio 1938; ora in M. Pisani (a cura di), *Marcello Piacentini. Architettura moderna*, Marsilio, Venezia 1996, p. 220.

(18) M. Piacentini, *Nuovi orizzonti dell'edilizia cittadina*, in《Nuova Antologia》, fasc. 1199, 1° marzo 1922, pp. 60-72.

(19) 1925年頃、「上院議長T. ティットーニから首相B. ムッソリーニに宛てられた推薦状を介して、(ピアチェンティーニは) ローマ総督区に造営長官の新役職を設立してはどうかと言ってきている。その職には、自分がぜひ就任したいという」。次に引用されている：M. Lupano, *Marcello Piacentini* cit., p. 183; *L'architettura del tempo fascista e l'edilizia moderna. Intervista a Marcello Piacentini di Alberto Simeoni*, in《L'Impero》, 31 marzo 1929.

(20) ヴィットーリオ・モルプルゴからオズヴァルド・セバスティアーニに宛てた1938年9月5日付けの書簡：ACS, SPD, CO, 1922-43, fasc. 509. 428/2.

(21) マルチェッロ・ピアチェンティーニおよびアッティーリオ・スパッカレッリからムッソリーニに宛てた1940年2月24日付けの書簡：ACS, SPD, CO, 1922-43, fasc. 7583.

(22) マルチェッロ・ピアチェンティーニからアルナルド・フォスキーニに宛てた 1936 年 4 月 30 日付けの書簡：AAF, fasc. Varie.

(23) *Architettura, Premessa e criteri generali*, in《Architettura》, dicembre 1936, fasc. speciale sull'Urbanistica della Roma mussoliniana, pp. 5–6.

(24) M. Piacentini, *L'esposizione universale dell'anno ventesimo e la più grande Roma del piano imperiale*, in《Il Giornale d'Italia》, 14 ottobre 1936.

(25) M. Piacentini e A. Spaccarelli, *Dal ponte Elio a San Pietro*, in《Capitolium》, gennaio 1937, p. 19; *Una nuova grande via a Roma*, in《Il Popolo d'Italia》, 10 luglio 1936; M. Piacentini, *L'Esposizione universale dell'anno ventesimo e la più grande Roma del piano imperiale*, in《Il Giornale d'Italia》, 14 ottobre 1936; A. Cederna, *Mussolini urbanista* cit., p. 82.

(26) A. Muñoz, *Marcello Piacentini parla di Roma e di architettura* cit., p. 25.

(27) ブラジーニからブルーノ・ビアジに宛てた 1938 年 9 月 12 日付けの書簡：Archivio Brasini, Porano. ブラジーニが計画の対象とした地区は、ウンベルト通り、ボッテーゲ・オスクーレ通り、スクローファ通り、トマチェッリ通りに囲まれたゾーンである。建築家とムッソリーニの面談は、6 月 12 日に行なわれた。

(28) クァローニの計画は、バルベリーニ広場とルネサンス通りに挟まれる区画を対象とした、より大規模な都市整備プロジェクトの一つである。次を参照：P. Ciorra, *Ludovico Quaroni. 1911–1987*, Electa, Milano 1989, pp. 81 e 164.

(29) *Il concorso di secondo grado per la casa Littoria in Roma. Progetto vincitore: arch. Enrico Del Debbio, Arnaldo Foschini, Vittorio Morpurgo*, in《Architettura》, fasc. 12, dicembre 1937, pp. 707–13.

(30) M. Piacentini, *Il progetto definitivo della Casa Littoria a Roma*, ivi, fasc. 12, dicembre 1937, p. 699.

(31) G. Ciucci, *Roma capitale imperiale* cit., pp. 411–14.

(32) *La nuova stazione di Roma secondo le direttive del Duce*, in《Il Popolo d'Italia》, 28 febbraio 1937; G. Pini, *Filo diretto con Palazzo Venezia* cit., p. 86. テルミニ駅舎については次を参照：P. Mariani, *La stazione principale di Roma: dal nudo realismo alla folle vestizione,* in *Angiolo Mazzoni（1884–1979）* cit., pp. 81–94; E. Godoli, *Roma Termini: dai progetti di Mazzoni al concorso del 1947*, in E. Godoli e A. I. Lima（a cura di）, *Architettura ferroviaria in Italia. Novecento*, Flaccovio, Palermo 2004, pp. 283–316.

(33) M. Piacentini, *La nuova stazione di Roma imperiale*, in《Architettura》, dicembre 1939, fasc. speciale, p. 76.

(34) *Come sarà la nuova Stazione di Roma*, in《Il Popolo d'Italia》, 27 febbraio 1938.

(35) ウーゴ・オイェッティからジョヴァンニ・ホスト・ヴェントゥーリに宛

てた 1941 年 3 月 13 日付けの書簡：BNF, Fondo Ugo Ojetti, mss da ord. 250, Manoscritti 5, 8, c. 32. Cfr. M. Petrin, *Ugo Ojetti e l'architettura italiana* cit., pp. 105-12.

(36) U. Ojetti, *Taccuini* cit., pp. 556-57 (15 marzo 1941). オイェッティがその前の週の火曜日に、円柱の模型を見学している

(37) G. Pagano, *Una solenne paternale*, in《Costruzioni-Casabella》, n. 149, maggio 1940; ora in Id., *Architettura e città durante il fascismo* cit., p. 114.

(38) U. Ojetti, *L'ultima internazionale*, in《Corriere della Sera》, 22 maggio 1941.

(39) N. D'Aroma, *Mussolini segreto* cit., p. 230.

(40) I. Insolera, *Roma moderna* cit., pp. 170-74.

(41) *E42 Eur. Un centro per la metropoli* cit., p. 20.

(42) G. Giovannoni, *Restauro dei monumenti e urbanistica*, in《Palladio》, 1943, n. 2-3, p. 38.

(43) M. Piacentini, *Per l'Olimpiade della civiltà. La Capitale dell'Impero dovrà assumere nel '42 la fisionomia definitiva*, in《Il Giornale d'Italia》, 27 marzo 1940.

(44) R. De Felice, *Mussolini il duce*, vol. II: *Lo Stato totalitario. 1936-1940* cit., pp. 286-87.

(45) A. Bruschi, *La Variante Generale del 1942 al Piano Regolatore di Roma,* in *Roma Architettura e città negli anni della seconda guerra mondiale*, Gangemi, Roma 2004, p. 55.

(46) AMP, b. 193.1. 渦巻き装飾の枠内に「部分的修正案」と記載された、日付のないこの図面は、1941 年度・都市調整計画の部分的修正案のことを指すものと見て、間違いない。

(47) マルチェッロ・ピアチェンティーニからウーゴ・オイェッティに宛てた 1941 年 10 月 22 日付けの書簡：AMP, fasc. 98.

(48) 委員会から統領への報告書：AMP, fasc. 195. 1.

(49) S. Santuccio, *Storia urbanistica* cit., p. 19.

(50) J. Fest, *Albert Speer* cit., p. 69.

(51) 南北軸のモニュメンタルな両端施設については次を参照：P. O. Rossi, *L'esposizione del 1942 e le Olimpiadi del 1944* cit., pp. 13-28.

(52) このスケッチは、マルチェッロ・ピアチェンティーニからヴィルジーリオ・テスタに宛てた 1942 年 9 月 18 日付けの書簡の裏に見られる：AMP, fasc. 200.

(53) たとえば、ルイージ・モレッティからマルチェッロ・ピアチェンティーニに宛てた 1941 年 3 月付けの書簡がある。これは、都市調整計画の部分的修正案にかんする問い合わせであった：AMP, fasc. 197. 3.

(54) マルチェッロ・ピアチェンティーニからヴィットーリオ・チーニに宛て

た1942年8月18日付けの書簡：ACS, Fondo Cini, b. I, fasc. 7.

（55） Relazione di Borghese a Mussolini, dattiloscritto, s. d., in AMP, fasc. 195. 2. Pubblicata in《Urbanistica》, n. 62, aprile 1974, p. 69.

（56） A. Bruschi, *La Variante Generale del 1942 al Piano Regolatore di Roma* cit., p. 59.

（57） I. Insolera, *Roma moderna* cit., p. 171.

（58） この報告書――イタロ・インソレーラとアルベルト・マンチーニの手によって『ウルバニスティカ』誌62号に掲載された――は、1942年8月17日以降に作成されたものである。この日付の確証となるのはピアチェンティーニ文書に保管されている草稿で、雑誌に掲載されたものとは微妙な差異がみられるほか、「つい最近発布された」都市計画法案への言及がなされている。Relazione della commissione al duce, s. d., in AMP, fasc. 195. 1. ピアチェンティーニはこの報告書の第二章、四章、五章、八章を執筆担当し、ジョヴァンノーニは第一章、六章、十二章を手がけている。

（59） M. Piacentini, *Per l'Olimpiade della civiltà*, in《Il Giornale d'Italia》, 27 marzo 1940.

（60） マルチェッロ・ピアチェンティーニからメリスに宛てた1941年10月29日付けの書簡。次に収録：A. Bruschi, *La Variante Generale del 1942* cit., p. 60.

（61） 「少し前から（…）、とりわけ、ローマの総合都市調整計画との折り合いをどうつけるか、という点を考察している。卿もご存じのように、自分はこの調整計画に全霊を傾けているのだ」。マルチェッロ・ピアチェンティーニからヴィットーリオ・チーニに宛てた1942年8月18日付けの書簡：ACS, Fondo Cini, b. 1, fasc. 7. この書簡のなかで建築家は、「E42」の持つ「荘厳で統一的なトーン」と対比を成すような「住宅」の建設には、自分は反対である、と述べている。

（62） マルチェッロ・ピアチェンティーニからヴィットーリオ・チーニに宛てた1943年2月11日付けの書簡：ACS, Fondo Cini, b. 1, fasc. 7.

（63） A. Speer, *Memorie del Terzo Reich* cit., p. 92; J. Fest, *Speer* cit., p. 74.

（64） G. Mosse, *La nazionalizzazione delle masse* cit., p. 213.

（65） F. Spotts, *Hitler and the Power of Aesthetics* cit., pp. 311-13.

（66） L. O. Larsson, *Alberto Speer*, AAM, Bruxelles 1983, p. 59; J. Goebbels, *Diario 1938* cit., p. 225（8 luglio 1938）e p. 200（15 giugno 1938）; A. Speer, *Memorie del Terzo Reich* cit., pp. 180, 184; I. Kershaw, *Hitler. 1936-1945* cit., pp. 291-93.

（67） A. Speer, *Diari segreti di Spandau* cit., p. 175. これらの作業は1938年に着手されている。次を参照：W. Schäche, *From Berlin to《Germania》*, in *Art and Power* cit., p. 329.

（68） J. Fest, *Speer* cit., p. 89.

(69) A. Speer, *Diari segreti di Spandau* cit., p. 175.
(70) Id., *Memorie del Terzo Reich* cit., p. 67.
(71) J. Goebbels, *Diario 1938* cit., p. 190 (5 giugno 1938).
(72) F. Spotts, *Hitler and the Power of Aethetics* cit., p. 321.
(73) J. Fest, *Speer* cit., p. 23.
(74) A. Hitler, *Conversazioni segrete* cit., p. 89 (21 ottobre 1941).
(75) 「私は国民会堂を設計している最中、サン・ピエトロ大聖堂をじっくり観察するために、ローマまで足を運んだ」。A. Speer, *Memorie del Terzo Reich* cit., p. 187. シュペーアによる古代ローマ建築モデルの活用については次を参照：A. Scobie, *Hitler's State Architecture* cit. シュペーアによるイタリア旅行については：S. Scarrocchia, *Albert Speer e Marcello Piacentini, L'architettura del totalitarismo negli anni trenta* cit., pp. 163-69.
(76) A. Speer, *Diari segreti di Spandau* cit., p. 412.
(77) シュペーアはシチリアから戻ると、さっそくヒトラーに上伸して、パレルモ大聖堂に保管されているフェデリーコ2世の石棺をベルリンに移管するよう、勧めている。A. Speer, *Diari segreti di Spandau* cit., p. 460.
(78) マルチェッロ・ピアチェンティーニからアレッサンドロ・パヴォリーニに宛てた1940年7月12日付けの書簡。次の文献に収録されている：S. Scarrocchia, *Albert Speer e Marcello Piacentini* cit., p. 351. シュペーアのローマ滞在については：A. Speer, *Diari segreti di Spandau* cit., p. 142.
(79) E. Guidoni, *L'E42 città della rappresentazione* cit., p. 35. シュペーアによる現場訪問については：R. Mariani, *E42, Un progetto per l'《Ordine Nuovo》* cit., p. 148. シュペーアはまた、アルフィエーリからオペラ座に招待されてもいる：A. Speer, *Memorie del Terzo Reich* cit., p. 179.
(80) *Ibid*.『備忘録（*Memorie*）』の中でシュペーアは、故意に、このイタリア旅行の意義を減殺しながら、自分がもっとも感銘を受けたのは、壁に書かれたプロパガンダの語句であった、とうそぶいている。
(81) S. Scarrocchia, *Albert Speer e Marcello Piacentini* cit., pp. 108-9. 図面は1939年5月に作成されている。
(82) A. Speer, *Memorie del Terzo Reich* cit., pp. 161, 204.
(83) M. Piacentini, *Premesse e caratteri dell'architettura attuale tedesca*, in《Architettura》, fasc. 8, agosto 1939, pp. 467-68.
(84) S. Scarrocchia, *Albert Speer e Marcello Piacentini* cit., p. 351.
(85) L. Lenzi, *Architettura del III Reich*, in《Architettura》, fasc. 8, agosto 1939, p. 479.
(86) アルベルト・シュペーアからマルチェッロ・ピアチェンティーニに宛てた1940年9月10日付けの書簡。次に収録：S. Scarrocchia, *Albert Speer e Marcello Piacentini* cit., p. 352; A. Speer, *Diari segreti di Spandau* cit., p. 56.

（87） W. Schäche, *From Berlin to《Germania》* cit., pp. 326–29. 戦争捕虜の使用ならびに大理石材の強制収用については：A. Scobie, *Hitler's State Architecture* cit., pp. 129–31; P. B. Jaskot, *The Architecture of Oppression. The SS, Forced Labour and the Nazi Monumental Building Economy*, Routledge, London–New York 2000, pp. 94–100. Jaskot の研究は、煉瓦の製造、ならびに大理石の掘削に際して、SS がいかにして戦争捕虜を活用したのかという点を明らかにしているほか、その SS が、ベルリンやニュルンベルクにシュペーアが計画した建物への資材供給の現場で、筆頭の役割を果たした点についても論証を行なっている。

（88） 一例をあげるなら、アルフィエーリはシュペーアの事務局を 1940 年の 6 月に訪問している。その折、大使は、ベルリン計画中の顔ともいえるべき建築群が古代ローマ風の容貌をまとっていることを強調している。N. Timmermann, *Repräsentative《Staatsbaukunst》im faschistischen Italien und im nationalsozialistischen Deutschland–der Einfluß der Berlin–Planung auf die Eur* cit., p. 243.

（89） A. Speer, *Memorie del Terzo Reich* cit., p. 160.

（90） D. Alfieri, *Due dittatori di fronte*, Rizzoli, Milano 1948, p. 275. 古い大使館は、シュペーアの都市改造計画ゾーンにあたっていたため、放棄された。

（91） S. Scarrocchia, *Albert Speer e Marcello Piacentini* cit., p. 136. アルフィエーリはシュペーアの事務局を 1940 年の 6 月にも訪問している。大使は、1932 年にイタリアで開催されたファシスト革命記念展を企画運営した主要メンバーの一人でもあった。A. Speer, *Memorie del Terzo Reich* cit., pp. 160–72.

（92） *I lavori pubblici e quelli in progetto approvati dal duce. Il ritorno del Podestà dalla capitale*, in《Il Popolo d'Italia》, 29 gennaio 1931; A. Bona, *Il Club degli urbanisti: una battaglia per Milano*, in C. Bianchetti（a cura di）, *Città immaginata e città costruita*, Angeli, Milano 1992, pp. 91–111.

（93） *Grandioso programma di opere comunali approvato dal Capo del Governo*, in《Il Popolo d'Italia》, 19 luglio 1934.

（94） L. Venturini, *La pianta di Milano romana ed i piani regolatori*, ivi, 8 febbraio 1935.

（95） D. Bardelli e P. Zuretti, *L'Amministrazione comunale nel periodo podestarile*, in *Storia di Milano*, Istituto dell'Enciclopedia Italiana, Roma 1995, p. 660.

（96） *Il Duce per Milano. La sistemazione di Piazza duomo ed altre importanti opere di piano regolatore*, in《Il Popolo d'Italia》, 31 luglio 1936. ムッソリーニは、フィウーメ広場（現在のレプッブリカ広場）の凱旋門計画、およびドゥーカ・ダオスタ広場の噴水計画について、承認を与えている。

（97） D. Bardelli e P. Zuretti, *L'Amministrazione comunale nel periodo podestarile*

cit., p. 659.

(98) FLLS, A. 18, fasc. 1. Registro verbali delle sedute della commissione consultiva per l'esecuzione del Piano regolatore 1935-36-37, verbale della seduta del 3 agosto 1936. 次も参照：C. Bianchetti, *Portaluppi e Milano*, in L. Molinari (a cura di), *Piero Portaluppi* cit., pp. 262-66. この資料を参照させてくれたクリスティーナ・ビアンケッティ氏に謝意を表す。

(99) 「(…) 1936年7月20日、首相と面会した折に提出したプロジェクトは、首相のお気に召すところとなった。それはとりわけ、ピアチェンティーニ卿のスタディとその才能のおかげであったといえる」。グイード・ペゼンティからジュゼッペ・ボッタイに宛てた1937年12月4日付けの書簡：Gnam, Fondo Ojetti, Cass. 86, Roma.

(100) Appunto per il Duce, 18 marzo 1938, in ACS, PCM, 1937-39, fasc. 7. 1. 2, n. 4264.

(101) 1938年5月24日、ペゼンティは市長職を辞し、後任にはガッララーティ・スコッティが任命された。次を参照：D. Bardelli e P. Zuretti, *L'Amministrazione comunale nel periodo podestarile* cit., p. 660.

(102) *Il Duce approva la sistemazione di dieci principali località cittadine*, in《Il Popolo d'Italia》, 11 dicembre 1938.

(103) *L'esultanza di Milano espressa dal federale*, ivi, 11 dicembre 1938.

(104) *La nuova sede della Questura*, ivi, 7 dicembre 1938; *La nuova sede della Questura*, ivi, 5 marzo 1940.

(105) *Il Duce approva e dispone per la rapida esecuzione dei lavori*, ivi, 10 giugno 1939. ピアチェンティーニはこの時、SCIAの後を継いだ、ディアス不動産協会のコンサルタントを務めていた。

(106) *Il Duce riceve le gerarchie milanesi*, ivi, 11 febbraio 1940; *Il Duce per Milano*, ivi, 17 febbraio 1940.

(107) 設計競技の経緯については次を参照：F. Irace, *Giovanni Muzio* cit., pp. 124-32; M. Savorra, *Enrico Agostino Griffini* cit., pp. 118-32; Id., *Piazza Duomo*, in *Piero Portaluppi* cit., pp. 134-37.

(108) マルチェッロ・ピアチェンティーニからウーゴ・オイェッティに宛てた1938年1月13日付けの書簡：Gnam, Fondo Ojetti, Cass. 58, I, Roma. 優秀案には、ムーツィオの他に、グリッフィーニ、マジストレッティ、ポルタルッピらがいた。

(109) マルチェッロ・ピアチェンティーニからウーゴ・オイェッティに宛てた1938年7月25日付けの書簡；ジョヴァンニ・ムーツィオからウーゴ・オイェッティに宛てた1938年7月26日付けの書簡：Gnam, Fondo Ojetti, Cass. 58, I e Cass. 51, 20. Cfr. M. Petrin, *Ugo Ojetti e l'architettura italiana* cit. オイェッティは、ムーツィオらのグループの第二次コンペ用の提案は、

第一次のものよりも各段に優れている、と評価したうえで、ピアチェンティーニが果たした役割を称賛している。U. Ojetti, *Piacentini ha ragione*, in *In Italia l'arte ha da essere italiana*, Mondadori, Milano 1942, pp. 271–78.

（110） M. Piacentini, *Per l'autarchia politica dell'architettura. 2. Nuova rinascita*, in《Il Giornale d'Italia》, 15 luglio 1938.

（111） U. Ojetti, *Piacentini ha ragione*, in《Corriere della Sera》, 24 agosto 1938.

（112） *Architettura*, in PNF, *Dizionario di politica*, Istituto dell'Enciclopedia Italiana, Roma 1940, vol. I, p. 159. この事典は1940年4月26日に、ムッソリーニに贈呈された。次を参照：A. Pedio, *La cultura del totalitarismo imperfetto. Il Dizionario di politica del Partito nazionale fascista*（*1940*）, Unicopli, Milano 2000.

（113） F. Irace, *Giovanni Muzio* cit., pp. 131–32.

（114） 一枚目のスケッチは次に採録：M. Lupano, *Marcello Piacentini* cit., p. 141; 二枚目のスケッチは次に収録：*Marcello Piacentini e Roma*, in《Bollettino della Biblioteca della Facoltà di Architettura dell'Università degli studi di Roma La Sapienza》, 1995, n. 53, p. 68.

（115） マルチェロ・ピアチェンティーニからマーリに宛てた1938年9月19日付けの書簡：AMP, fasc. 52. 1. 次も参照：E. Susani, *La resistenza al moderno: l'architettura maggiore*, in E. Susani（a cura di）, *Milano dietro le quinte. Luigi Lorenzo Secchi*, Electa, Milano 1999. P. 78.

（116） 1938年6月18日付けの報告書より。以下に採録されている：D. Matteoni, *Città e architettura: dalla《Livorno scomparsa》alla ricostruzione*, in *Livorno, la costruzione di un'immagine, tradizione e modernità nel Novecento*, Silvana, Cinisello Balsamo 2003, pp. 54–57. 本書に記載したリヴォルノ計画の経緯は、この研究を参照したものである。

（117） パスコレッティは、トリノにおけるピアチェンティーニの右腕として働いた協力者で、作業の期間はわざわざこの街に引っ越しまでしている。彼はトリノ大学の卒業生でもあった。

（118） A. Toffali, *Cronache urbanistiche. Piani e monumenti a Bolzano*（*1927–1943*）, in U. Soragni, *Il Monumento alla Vittoria di Bolzano* cit., pp. 101–15.

（119） G. Ciano, *Diario 1937–1943* cit., p. 206（1° novembre 1938）.

（120） *Direttive del Duce al Prefetto e al Podestà di Bologna*, in《Il Popolo d'Italia》, 10 maggio 1939. コンペの経緯については次を参照：F. Legnani, *Via Roma, 1936–1937*, in G. Gresleri e P. G. Massarenti（a cura di）, *Norma e arbitrio. Architetti e ingegneri a Bologna. 1850–1950*, Marsilio, Venezia 2001, pp. 287–97.

（121） M. Lupano, *Marcello Piacentini* cit., p. 198.

（122） *Ibid.*, p. 199.

（123） L. Lagomarsino, *Lo sviluppo urbanistico di Genova nel periodo 1925–1955*, in *Architetture in Liguria dagli anni Venti agli anni Cinquanta*, Abitare Segesta, Milano 2004, pp. 37–42.

（124） ピアチェンティーニはナポリ銀行の他にも、イタリア労働銀行の設計も手がけている。両銀行の頭取であるジュゼッペ・フリニャーニとアルトゥーロ・オーシオは、激しい対立関係にあった。次を参照：V. Castronovo, *Storia di una banca. La Banca Nazionale del Lavoro nell'economia italiana, 1913–2003*, Einaudi, Torino 2003, pp. 163–64, 212–13.

（125） マルチェッロ・ピアチェンティーニからフェリチャーノ・レーポリに宛てた 1938 年 6 月 18 日付けの書簡；カミッロ・グエッラからマルチェッロ・ピアチェンティーニに宛てた 1938 年 7 月 3 日付けの書簡：AMP, fasc. 52. 1. 次も参照：P. Giordano（a cura di）, *Napoli*, Officina, Roma 1994, p. 24.

（126） *Come sarà sistemata la stazione di Venezia*, in《Il Popolo d'Italia》, 4 febbraio 1939.

（127） Cfr. R. Domenichini, *I progetti di Mazzoni* cit., p. 194.

（128） M. De Sabbata, *L'università*, in *Trieste 1918–1954* cit., pp. 227–34.

（129） *Il piano regolatore di Udine. Nostra intervista con il Podestà*, in《Il Popolo del Friuli》, 25 aprile 1939.

（130） マルチェッロ・ピアチェンティーニからジーノ・チプリアーニに宛てた 1939 年 11 月 13 日付けの書簡：AMP, fasc. 102.

（131） *Protagonisti: Filiberto Guala e Renato Bonelli*, interviste a cura di P. Di Biagi e P. Nicoloso, in P. Di Biagi, *La grande ricostruzione* cit., p. 145.

（132） 1938 年 4 月 20 日付けの通報：ACS, MI, PS, Pol. Polit., fasc. Personali, 1926–44, fasc. 1051, s. fasc. Marcello Piacentini.

（133） P. Nicoloso, *I concorsi di architettura durante il fascismo*, in《Casabella》, n. 683, novembre 2000, pp. 4–7. 設計競技については以下も参照：M. Casciato, *I concorsi per gli edifici pubblici: 1927–1936*, in G. Ciucci e G. Muratore（a cura di.）, *Storia dell'architettura italiana. Il primo Novecento* cit., pp. 208–33. ジョヴァンノーニも審査員を務める機会は多く、その数は 43 回を数えているが、ピアチェンティーニに対してはより独立性の強い立場を保持していた。そのことは、アプリリアの都市調整計画をめぐる経緯が示している。

（134） G. Ponti, *La prossima Triennale e l'attrezzatura artistica italiana*, in《Corriere della Sera》, 4 maggio 1942.

（135） Cfr. F. Irace, *Gio Ponti* cit., p. 39; G. Ciucci, *Gli architetti e la guerra* cit., pp. 483–84; R. Piccinetti, *Una rivista tra le due guerre. Da《Architettura e arti decorative》ad《Architettura》. 1921–1944*, tesi di laurea, Politecnico di Milano,

a. a. 2005–2006, pp. 117, 154, 218.

（136） この二名を編集主幹の候補として挙げたのはフォスキーニであった。アルナルド・フォスキーニからマルチェッロ・ピアチェンティーニに宛てた 1942 年 10 月 15 日付けの書簡：AMP, b. 111.

（137） *GAIU. Statuto*, in AMP, fasc. 337. 協会設立の計画は 1943 年 3 月にご破算となっている。「御存じかと思いますが、すべてはご破算となりました。嫉妬が生み出した批判の声が、たけり狂う喚声となって襲いかかってきたのです！」。マルチェッロ・ピアチェンティーニからラッファエッロ・ファニョーニに宛てた 1943 年 3 月 30 日付けの書簡：AMP, fasc. 337.

（138） マルチェッロ・ピアチェンティーニからヴィットーリオ・チーニに宛てた 1943 年 2 月 11 日付けの書簡：ACS, Fondo Cini, b. 1, fasc. 7.

（139） ラッファエッロ・ファニョーニからマルチェッロ・ピアチェンティーニに宛てた 1943 年 3 月 26 日付けの書簡：AMP, fasc. 337.

エピローグ

（1） R. De Felice, *Mussolini l'alleato*, vol. I/1: *Dalla guerra《breve》alla guerra lunga* cit., p. 97.

（2） A. Muntoni, *Il Palazzo della civiltà italiana*, in *E42. Utopia e scenario del regime*, vol. II: *Urbanistica, architettura e decorazione* cit., p. 356; A. La Torre, *Il Palazzo dei ricevimenti e congressi, ibid.*, p. 324.

（3） M. Savorra, *Enrico Agostino Griffini* cit., p. 132.

（4） M. De Sabbata, *L'università* cit., p. 233.

（5） A. Forti, *La Stazione principale di Roma,* in *Angiolo Mazzoni*（*1894–1979*）cit., p. 212; L. Iermano, *L'area della Farnesina* cit., p. 109.

（6） ACS, SPD, CO, 1922–43, fasc. 203. 426.

（7） R. De Felice, *Mussolini l'alleato*, vol. 1/2: *Crisi e agonia del regime* cit., p. 975.

（8） *Revisione del《Programma di massima》del 1937*, dicembre 1940, in ACS, PCM, 1937–1939, fasc. 14. 1 n. 200/6. 3. 関連資料はまとめて次に採録されている：*E42. Utopia e scenario del regime*, vol. I: *Ideologia e programma dell' Olimpiade delle Civiltà* cit., pp. 166–70.

（9） マルチェッロ・ピアチェンティーニからヴィットーリオ・チーニに宛てた 1940 年 8 月 25 日付けの書簡。次に収録：R. Mariani, *E42, Un progetto per l'《Ordine Nuovo》* cit., pp. 140–42.

（10） 「すべてが、巨大なローマ風の一基のアーチによって支配されるだろう」。B. Mussolini, *Opera omnia* cit., vol. XXIX, p. 266. この演説は 1939 年 4 月 20 日に行なわれた。アルミニウムによって径間 300 メートル、せり高 170 メートルの大アーチを建設しようという提案は、技術上の困難にもかか

わらず、1941年3月にも、ふたたび繰り返されている。A. La Torre, *Arco monumentale*, in *E42. Utopia e scenario del regime*, vol. II: *Urbanistica, architettura, arte e decorazione* cit., pp. 467–70.

(11) ヴィットーリオ・チーニからムッソリーニに宛てた1941年1月4日付けの書簡。次に収録：R. Mariani, *E42. Un progetto per l'《Ordine Nuovo》* cit., pp. 142–43. 平和の祭壇のスケッチは以下に収録：S. Scarrocchia, *Albert Speer e Marcello Piacentini* cit., p. 115. 次も参照：P. O. Rossi, *L'esposizione del 1942 e le Olimpiadi del 1944* cit., pp. 24–25.

(12) M. Piacentini, *Onore all'architettura italiana*, in《Architettura》, fasc. 7, luglio 1941, pp. 263–73; ora in M. Piacentini, *Architettura moderna* cit., pp. 255–63.

(13) Informativa, 8 gennaio 1943, in ACS, MI, PS, Pol. Polit., fasc. Personali, 1926–44, fasc. 1051, s. fasc. Marcello Piacentini. 次も参照：G. Bottai, *Diario 1935–1944* cit., p. 352（16 gennaio 1943）.

(14) U. Ojetti, *Taccuini* cit., p. 562（22 giugno 1941）.

(15) Informativa, 8 gennaio 1943, in ACS, MI, PS, Pol. Polit., fasc. Personali, 1926–44, fasc.1051, s. fasc. Marcello Piacentini.

(16) リストはさらに次のように続く：郵便局が一二、海洋駅が三、空港が一、省庁が四、病院が八、戦没者記念碑が五、幼稚園が二、バリッラ会館が三、リットーリオ・イタリア青年団会館が四、カーサ・デル・ファッショが五、海岸コロニーが一二、高校が七、軍事学校が三、スタジアムが五、公営集合住宅が五。

(17) 建築家の名は、論考に挿入された写真の解説文の中にのみ記載されている。

(18) M. Piacentini, *Onore all'architettura italiana* cit., p. 263.

(19) *Ibid.*, pp. 259, 263.

(20) R. De Felice, *Mussolini l'alleato*, vol. I/2: *Crisi e agonia del regime* cit., p. 975.

(21) M. Knox, *Destino comune* cit., p. 84.

(22) J. Fest, *Albert Speer* cit., pp. 88, 89. 105.

(23) A. Speer, *Memorie del Terzo Reich* cit., pp. 214–15, 218. 戦争中にヒトラーが獲得した国民からの熱狂的な支持については次を参照：I. Kershaw, *Il 《mito》 di Hitler* cit., pp. 153–162.

(24) R. De Felice, *Mussolini l'alleato*, vol. I/1: *Dalla guerra《breve》alla guerra lunga* cit., pp. 398–400.

(25) M. Piacentini, *Architettura romana nel mondo*, in《Augustea》, n. 23–24, dicembre 1942, pp. 791–96.

(26) Informative, 4 dicembre 1942 e 8 gennaio 1943, in ACS, MI, PS, Pol. Polit., fasc. Personali, 1926–44, fasc. 1051, s. fasc. Marcello Piacentini.

(27) E. Ludwig, *Colloqui con Mussolini* cit., p. 209; R. De Felice, *Mussolini il duce*,

vol. II: *Lo Stato totalitario. 1936–1940* cit., pp. 274–75.

(28) *Memoria del prof. Marcello Piacentini al Presidente della Commissione di epurazione del personale universitario*, s. d. (ma successiva al 3 febbraio 1945), dattiloscritto, in AMP, fasc. 112. 2.

(29) *Architettura,* in PNF, *Dizionario di politica*, Istituto dell'Enciclopedia Italiana, Roma 1940, vol. I, p. 159.

(30) Cfr. S. Luzzatto, *Il corpo del duce* cit., pp. 98–206.

(31) リットーリオ宮の建物を外務省へと用途変えする決定は、すでにファシスト政権のもとで下されていた。次を参照：V. Vidotto, *Il mito di Mussolini e le memorie nazionali* cit., p. 115.

(32) 国家のアイデンティティと文化遺産との関係については次を参照：S. Settis, *Italia S. p. A.*, Einaudi, Torino 2002, pp. 3–29. 歴史と記憶の違いについては次を参照：S. Luzzatto, *La crisi dell'antifascismo*, Einaudi, Torino 2004.

(33) 二〇世紀のイタリアにおける様々な国家観念の歴史については：E. Gentile, *La Grande Italia. Il mito della nazione nel XX secolo*, Laterza, Roma–Bari 2006.

掲載図版一覧

［図 1］ Marcello Piacentini, Piazza della Vittoria a Brescia. 1929–32.
Da《Architettura》, dicembre 1932, *p. 659*.
［図 2］ Francesco Fichera, progetto del Palazzo di Giustizia a Catania, modello, 1937.
Da《Architettura》, ottobre 1939, *p. 602*.
［図 3］ Mussolini sul podio di piazza della Vittoria a Genova, 14 maggio 1938.
Roma, Istituto LUCE, Archivio fotografico.
［図 4］ Alberto Alpago Novello, Tommaso Buzzi, Ottavio Calbiati, Giovanni Muzio, Gio Ponti, Monumento ai Caduti, Milano, 1926–29.
Da《Architettura e Arti Decorative》, gennaio-febbraio 1931, *p. 266*.
［図 5］ Piero Portaluppi, progetto per la sede della Federazione dei fasci milanesi, modello, 1936.
Milano, Fondazione Piero Portaluppi.
［図 6］ Giuseppe Vaccaro, Palazzo delle Poste e dei Telegrafi a Napoli, 1931–36.
Da《Architettura》, agosto 1936, *p. 361*.
［図 7］ Alberto Ressa, progetto per la nuova Casa Littoria a Torino, 1938.
Da《Architettura italiana》, luglio 1938, *p. 211*.
［図 8］ Armando Brasini, progetto per Roma, prospettiva, 1925.
Da《Capitolium》, marzo 1928, *p. 643*.
［図 9］ Gio Ponti（con la collaborazione di Guglielmo Ulrich, R. Angeli, Carlo De Carli, L. Olivieri）, progetto per il Ministero degli Affari esteri a Roma, 1940.
Da《Architettura》, novembre 1940, *p. 538*.
［図 10］ Luigi Moretti, progetto per il Ministero degli Affari esteri a Roma, 1940.
Da《Architettura》, novembre 1940, *p. 534*.
［図 11］ Enrico Del Debbio, Stadio dei marmi nel Foro Mussolini a Roma, 1928–32.
Da《Architettura》, febbraio 1933, *p. 79*.
［図 12］ Mussolini pone la prima pietra del Collegio IV Novembre, Roma, 12 novembre 1934.
Roma, Istituto LUCE, Archivio fotografico.
［図 13］ Mussolini inaugura il Palazzo delle Poste presso Porta San Paolo a Roma（alla sua destra Adalberto Libera e Mario De Renzi）, Roma 28 ottobre 1935.
Ibidem.
［図 14］ Albert Speer, progetto per lo stadio di Norimberga, modello, 1937.
Da《Architettura》, agosto 1939, *p. 515*.
［図 15］ Mussolini e Marcello Piacentini sul terrazzo della nuova sede della Banca Nazionale del Lavoro a Roma, maggio 1937.
［図 16］ Albert Speer, Zeppelinfeld a Norimberga, 1934–36.

Da《Architettura》, agosto 1939, *p. 513.*

［図 17］ Mussolini, Marcello Piacentini e Attilio Spaccarelli visitano i lavori di sistemazione dei Borghi, 8 ottobre 1937.
Roma, Istituto LUCE, Archivio fotografico.

［図 18］ Mussolini traccia il solco perimetrale dove sorgerà il Palazzo del Littorio nel Foro Mussolini a Roma. A sinistra, in seconda fila, Enrico Del Debbio e Arnaldo Foschini, 28 ottobre 1937.
Ibidem.

［図 19］ Mussolini, Piacentini, Oppo e Cini davanti al plastic dell'E42, 6 luglio 1938.
Ibidem.

［図 20］ Mussolini e Hitler, mentre ascoltano le spiegazioni di Ranuccio Bianchi Bandinelli, in visita alla Galleria Borghese a Roma, 7 maggio 1938.
Ibidem.

［図 21］ Albert Speer, progetto per il centro di Berlino, modello, 1937–40.

［図 22］ Vittorio Cafiero, Wolfgang Frankl, Alberto Legnani, Mario Ridolfi, Ettore Rossi, Armando Sabatini, progetto per il Ministero dell'Africa italiana a Roma, 1938.
Da《Architettura》, novembre 1939, *p. 685.*

［図 23］ Giuseppe Vaccaro, progetto per la seda centrale dell' AGIP a Roma, prospettiva, 1939.
Da《Architettura》, marzo 1943, *p. 69.*

［図 24］ Mario De Renzi e Adalberto Libera, Mostra della rivoluzione fascista a Roma, 1932.
Da《Moderne Bauformen》, agosto 1933, *p. 436.*

［図 25］ Vittorio Morpurgo progetto di sistemazione della zona dell'Augusteo a Roma, 1939.
Da《Architettura》, dicembre 1936, fascicolo speciale, *p. 92.*

［図 26］ Luigi Figini, Pietro Lingeri, Gino Pollini e Giuseppe Terragni, progetto per l'ampliamento dell'Accademia di Brera a Milano, 1935.
Milano, Archivio Terragni.

［図 27］ Giuseppe Terragni, Casa del Fascio a Como, 1932–36.
Da《Quadrante》, ottobre 1936, *p. 19.*

［図 28］ Concezio Petrucci Mario Tufaroli, Filiberto Paolini, Riccardo Silenzi, veduta della piazza di Aprilia, 1936.
Da《Architettura》, luglio 1938, *p. 393.*

［図 29］ Gruppo BBPR（Luigi Banfi, Ludovico Belgioioso, Enrico Peressutti, Ernesto Rogers）, Piero Bottoni, Luigi Figini e Gino Pollini, Piano regolatore della Valle d'Aosta, 1937.
Da《Architettura》, novembre 1937, *p. 674.*

［図 30］ Giovanni Muzio, Palazzo del《Popolo d'Italia》, 1938–42.
Da《Milano》, novembre 1942, *p. 474.*

［図 31］ Plinio Marconi, progetto per il Municipio di Addis Abeba, 1939.
Da《Architettura》, aprile 1940, *p. 165.*

［図 32］ Luigi Vagnetti, Luigi Orestano, Dante Tassotti, Pasquale Marabotto, progetto per il nuovo teatro di Belgrado, 1939.
Da《Architettura》, marzo 1940, *p. 111.*

［図 33］ Gio Ponti, progetto di I grado per il concorso per il Palazzo del Littorio a Roma, 1934.
Da《Architettura》, dicembre 1934, fascicolo speciale, *p. 15.*

［図 34］ Aroldo Bellini, testa della statua di Ercole con le sembianze di Mussolini, Roma 1936.
Da OPERA NAZIONALE BALILLA, *Il Foro Mussolini*, Bompiani, Milano 1937.

［図 35］ Luigi Moretti, Accademia di Scherma al Foro Mussolini a Roma, 1933-36.
Da《Architettura》, agosto 1937, *p. 441.*

［図 36］ Luigi Moretti, Arengo delle Nazioni al Foro Mussolini, Roma 1936.
Da OPERA NAZIONALE BALILLA, *Il Foro Mussolini*, Bompiani, Milano 1937.

［図 37］ Luigi Moretti, appartamento-palestra per Mussolini al Foro Mussolini a Roma, 1936-37.
Da《Architettura》, dicembre 1940, *p. 586.*

［図 38］ Luigi Moretti, Sacratio dei martiri fascisti nel Foro Mussolini a Roma 1940.
Da《Architettura》, settembre-ottobre 1943, *p. 235.*

［図 39］ Alberto Legnani, Armando Sabatini, progetto del Palazzo del Governo a Livorno, modello, 1937.
Da《Architettura》, febbraio 1937, *p. 97.*

［図 40］ Mario Loreti, Cesare Valle, progett per la nuova sede dell' INFPS a Roma, 1939.
Da《Aruchitettura》, gennaio 1940, *p. 17.*

［図 41］ Alessandro Limongelli, progetto per il Monumento ai Caduti sul Monte Grappa, modello, 1927.
Milano, Archivio Touring Club.

［図 42］ Clemente Busiri Vici, colonia marina《Le navi》a Cattolica, 1933-1934.
Da《Architettura》, ottobre 1934, *p. 618.*

［図 43］ Adalberto Libera e Antonio Valente, Sacrario dei martiri alla Mostra della rivoluzione fascista a Roma, 1932.
D. ALFIERI e L. FREDDI（a cura di）, *Mostra della rivoluzione fascista*, Partito nazionale fascista, Roma 1933.

［図 44］ Enrico Del Debbio, Arnaldo Foschini e Vittorio Morpurgo, progetto A di concorso di I grado per il Palazzo del Littorio a Roma. Soluzione A, modello, 1934.
Da《Architettura》, dicembre 1934, fascicolo speciale, *p. 69.*

［図 45］ Mario Palanti, progetto di concorso di I grado per il Palazzo del Littorio a Roma, prospettiva, 1934.
Da《Architettura》, dicembre 1934, fascicolo speciale, *p. 39*.

［図 46］ Antonio Carminati, Pietro Lingeri Ernesto Saliva, Giuseppe Terragni, Luigi Vietti con Marcello Nizzoli e Mario Sironi, progetto di concorso di I grado per il Palazzo del Littorio a Roma. Soluzione A, modello, 1934.
Ibidem.

［図 47］ Giovanni Greppi e Giannino Castiglioni, Sacrario di Redipuglia, 1935-38.
Udine, Civici Musei di Storia e Arte, Fondo Friuli.

［図 48］ Enrico Del Debbio, Arnaldo Foschini e Vittotio Morpurgo, progetto per il Palazzo Littotio al Foro Mussolini a Roma, prospettiva, 1937.
Da《Architettura》, dicembre 1934, fascicolo speciale, *p. 701*.

［図 49］ Mussolini visita la II Esposizione di architettura razionale a Roma, 30 marzo 1931.
Roma, Archivio Centrale di Stato, PNF, Ufficio propaganda, Attività del duce, b. 7, f. 17.

［図 50］ Giovanni Michelucci, Nello Baroni, Pier Niccolò Bernardi, Italo Gamberini, Sarre Guarnieri e Leonardo Lusanna, Stazione di Firenze, 1932-35.
Da《Architettura》, aprile 1936, *p. 145*.

［図 51］ Gino Cancellotti, Eugenio Montuori, Luigi Piccinato e Alfredo Scalpelli, Sabaudia, 1933-34.
Da《Architettura》, giugno 1934, *p. 327*.

［図 52］ Marcello Piacentini, progetto per la Grande Roma, prospettiva, 1925-26.
Da《Emporium》, aprile 1926, *p. 259*.

［図 53］ Marcello Piacentini, Arco della Vittoria a Bolzano, 1925-26.
Da《Architettura e Arti Decorative》, febbraio 1929, *p. 259*.

［図 54］ Marcello Piacentini e Attilio Spaccarelli, progetto per l'apertura di via della Conciliazioe a Roma, modello, 1936.
Da《Architettura》, dicembre 1936, fascicolo speciale, *p. 48*.

［図 55］ Marcello Piacentini, Giuseppe Pagano e Cesare Valle, progetto per il Padiglione italiano all'Esposizione internazionale di Parigi, prospettiva, 1936-37.
Da《Rassegna di architettura》, maggio 1937, *p. 250*.

［図 56］ Mussolini percorre il primo tratto di via del Mare. Secondo e tetzo alla sua destra Marcello Piacentini e Armando Brasini, Roma, 28 ottobre 1930.
Roma, Istituto LUCE, Archivio fotografico.

［図 57］ Marcello Piacentini con Augusto Baccin, Beniamino Barletti, Adriano Cambellotti, Nello Ena, Pasquale Marabotto, Otto Matelli, Luigi Orestano, Aldo Tomassini Barbarossa, Luigi Vagnetti progetto per la via Imperiale a Roma tra le Mura Aureliane el'E42, prospettiva, 1938-39.
De《Architettura》, dicembre 1939, fascicolo speciale, *p. 23*.

［図 58］ Gruppo La Burbera（Pietro Aschieri, Enrico Del Debbio, Gustavo Giovannoni,

Vincenzo Fasolo, Arnaldo Foschini, Alessandro Limongelli, Giuseppe Boni, Giacomo Giobbe, Felice Nori, Ghino Venturi), progetto per la sistemazione del centro di Roma, prospettiva della grande piazza, 1929.
Da《Architettura e Arti Decorative》, gennaio-febbraio 1930, *p. 226.*

[図 59] Marcello Piacentini, Palazzo di Giustizia a Milano, 1931-41.
Da《Architettura》, gennaio-febbraio 1942, *p. 8.*

[図 60] Città universitaria di Roma, veduta aerea, 1932-35.
Da《Architettura》, dicembre 1935, fascicolo speciale, *p. 5.*

[図 61] Giuseppe Pagano, Marcello Piacentini, Luigi Piccinato, Ettore Rossi, Luigi Vietti, progetto per l'E42, prospettiva dell'asse monumentale, 1937.
Da《Architettura》, aprile 1937, *p. 192.*

[図 62] Marcello Piacentini, progetto urbanistico dell'E42, modello, 1937-38.
Da《Architettura》, dicembre 1938, fascicolo speciale, *p. 764.*

[図 63] Ernesto La Padula, Giovanni Guerrini e Mario Romano, progetto di concorso di II grado per il Palazzo della Civiltà Italiana all'E42, 1937-38.
Da《Architettura》, dicembre 1938, fascicolo speciale, *p. 787.*

[図 64] Adalberto Libera, progetto di concorso di II grado per il Palazzo dei Ricevimenti e Congressi all'E42, modello, 1937-38.
Da《Architettura》, dicembre 1938, fascicolo speciale, *p. 785.*

[図 65] Giuseppe Terragni e Pietro Lingeri, progetto per il Danteum a Roma, assonometria, 1938.
Milano, Archivio Pietro Lingeri.

[図 66] Angiolo Mazzoni, Progetto per la Stazione Termini a Roma, 1941, modello al vero del portico della facciata realizzato alle Acque Albule presso Tivoli, 1941.
Rovereto, Mart, Museo d'Arte Moderna e Contemporanea, Fondo Mazzoni.

[図 67] Mussolini esamina il plastico del piano regolatore *Forma ultima Fori* del Foro Mussolini nelle sale del Palazzo delle Esposizioni di via Nazionale a Roma.
Roma, lstituto LUCE, Archivio fotografico.

[図 68] Luigi Moretti, Piano regolatore per il Foro Mussolini a Roma denominato *Forma ultina Fori*, modello, 1941.
Roma, Archivio Centrale di Stato, Archivio Moretti, busta 71.

[図 69] Albert Speer, Progetto peer l'area delle manifestazioni di partio a Norimberga, modello, 1937.
Da *Neue Deutsche Baukunst*, Volk und Reich, Berlino 1941, *p. 26.*

[図 70] Marcello Piacentini, progetto di piazza della Vittoria a Bolzano, modello, 1933-39.
Da《Architettura》, febbraio 1939, *p. 103.*

[図 71] Gaetano Rapisardi, progetto per il Palazzo di Giustizia di Pisa, prospettiva, 1936.
Da《Architettura》, novembre 1936, *p. 556.*

[図 72] Marcello Piacentini, schizzo per l'Ara Pacis all'E42, 1940.

Roma, Archivio Centrale di Stato, Archivio disegni, S. 18/14.

［図 73］ Arnaldo Foschini, progetto per il Monumento ad Ataturk ad Ankara, prospettiva, 1942.
Da《Architettura》, novembre 1942, *p. 349.*

［図 74］ L'EUR negli anni Cinquanta, veduta aerea.
Da《Urbanistica》, ottobre 1959, *p. 59.*